问答中国

之江会客厅

潘如龙 编著

中央党校出版集团
国家行政学院出版社
NATIONAL ACADEMY OF GOVERNANCE PRESS
·北京·

图书在版编目（CIP）数据

问答中国 ：之江会客厅 / 潘如龙编著 . —北京 ：国家行政学院出版社，2024. 5

ISBN 978-7-5150-2859-0

Ⅰ. ①问… Ⅱ. ①潘… Ⅲ. ①中国特色社会主义-社会主义建设模式-浙江 Ⅳ. ①D675. 5

中国国家版本馆 CIP 数据核字（2024）第 070720 号

书　　名	问答中国——之江会客厅 WENDA ZHONGGUO——ZHIJIANG HUIKETING
作　　者	潘如龙　编著
统筹策划	王　莹
责任编辑	王　莹　孔令慧
责任校对	许海利
责任印制	吴　霞
出版发行	国家行政学院出版社 （北京市海淀区长春桥路 6 号　100089）
综 合 办	（010）68928887
发 行 部	（010）68928866
经　　销	新华书店
印　　刷	北京新视觉印刷有限公司
版　　次	2024 年 5 月北京第 1 版
印　　次	2024 年 5 月北京第 1 次印刷
开　　本	170 毫米×240 毫米　16 开
印　　张	16
字　　数	267 千字
定　　价	75. 00 元

本书如有印装问题，可联系调换，联系电话：（010）68929022

序

了解中国的一扇窗口

浙江是个神奇的地方。她是资源小省，却在改革开放以后，一夜之间跃居全国前列，成为全国最具经济活力、社会发展最均衡的省份之一。奥秘何在？我认为，其间的体制机制因素起着决定性作用。这对于经济体制改革研究者来说，是一个很好的研究样本。浙江凭着体制机制改革走在了全国的前列，新时代其他省份通过高质量发展，实现中国式现代化，也需要不断深化体制机制改革。改革是发展的动力所在，浙江的今天就是中国的明天。

为了总结和推广浙江的改革发展经验，浙江日报评论理论部主任潘如龙博士，近年来采访了数十位全国知名的专家学者，立足浙江，问答中国，一定程度上解释了为什么从今天的浙江能看到明天的中国。因此，我对这本结集了 40 篇访谈文章的《问答中国：之江会客厅》产生了兴趣，并对其中文章进行了品读。

看到《问答中国：之江会客厅》书稿，脑海里马上跳出这样一句话："之江会客厅"就像一扇窗，从中可以窥见中国。本书正是着重从体制机制上纵论如何构建新发展格局，实现高质量发展建设共同富裕示范区，努力成为新时代全面展示中国特色社会主义制度优越性的重要窗口。

这可以从本书的两篇文章略见端倪。2017 年党的十九大闭幕不久，浙江日报开设"之江会客厅"专栏，邀请了中国宏观经济研究院教授常修泽深入探讨"中国：如何推进动力变革"。2023 年 7 月，《中共中央　国务院关于促进民营经济发展壮大的意见》出台，提出要强化民营经济发展法治保障，着力推动民营经济实现高质量发展。作者很快邀请了迟福林和史晋川等民营经济研究专家，就浙江如何在法治护航下，深化改革开放，实现民营经济高质量发展进行了思想碰撞，形成了《"三轮驱动"促进浙江民营经济新飞跃》。

显然，改革、开放、发展是本书的一条主线。改革方面，如《改革进入新阶段：完善产权是重点》等；开放方面，如《用高水平开放倒逼深化改革》等；发展方面，如《中国：如何高质量发展实体经济》《数字经济引领浙江高质量发展》等。我们可以从中看到浙江在思考如何进一步深化改革开放，如何探索高质量发展。这对于全国其他地方都有借鉴意义，对于我国经济体制改革研究具有参考价值。书中还探讨了如何以制度型开放推动高水平对外开放，以高水平开放促进深层次改革，这对于从事经济体制改革研究的我来说，感到相当的欣慰，看到这些思想火花的闪耀，感到非常的高兴。

通读此书，还可以发现，除了经济发展，作者还涉及了政治思想、文化事业、社会治理、生态文明各个领域。难能可贵的是，在马克思诞辰 200 周年之际，作者与中宣部原副部长徐光春探讨了如何续写马克思主义中国化新篇章；在中国共产党成立 100 周年之际，与中国社会科学院原党组副书记、副院长李慎明，探讨如何以坚定信仰筑牢百年党史丰碑；在习近平总书记赋予浙江努力成为新时代全面展示中国特色社会主义制度优越性的重要窗口的新目标新定位之际，经与专家探讨明确提出，优化政府治理是打造“重要窗口”的着力点。

浙江是文化大省，从文化强省建设可以看到文化强国建设的影子。作者与中国宋史研究会会长包伟民教授畅谈如何让宋韵文化成为浙江文化金名片；与文物考古专家进行文明对话，探讨如何增强文化自信。

浙江是社会发展最均衡的省份之一。在明确浙江为高质量发展建设共同富裕示范区后，作者采访香港中文大学（深圳）教授郑永年，探讨如何构建共富型制度政策体系，与社会治理专家探讨如何构建基层社会治理新格局。

浙江是“绿水青山就是金山银山”理念诞生地。作者与生态文明专家研讨积极探索碳达峰碳中和的实现路径，告诉读者农村垃圾分类看浙江……

之所以说“之江会客厅”是一扇窗口，可以从中看见中国，还因为作者看问题的独特思维和视角。在思维上，作者与原中央党校校委委员韩庆祥教授认为，要以“八八战略”引领“重要窗口”建设；与中国社会科学院研究生院原院长刘迎秋提出，要以创新思维建设“重要窗口”。在视角上，作者与专家认为，要以发展大格局看共同富裕，要以国际比较视野看共同富裕之路等。

“之江会客厅”和它的升级版“高端访谈”一样，是浙江日报的一个栏目，也是一间网络会客厅，专家学者来此解读浙江，展望中国。

多年来，浙江干在实处、走在前列、勇立潮头。新征程上，中国特色社会主义共同富裕先行和省域现代化先行，努力谱写中国式现代化新篇章的浙江，将依然是人们了解中国的一扇亮丽新窗口。

彭森

中国经济体制改革研究会会长
国家发改委原副主任

目 录

思想引领

改革创新

新发展格局

共同富裕

政府治理

思想
引领

续写马克思主义中国化新篇章

——访中央马克思主义理论研究与建设工程咨询委员会主任徐光春

本报记者 潘如龙

之江会客厅

4月23日，中共中央政治局就《共产党宣言》及其时代意义举行第五次集体学习。习近平总书记在主持学习时强调，学习马克思主义基本原理是共产党人的必修课。

5月5日是马克思200周年诞辰，怎样纪念马克思、学习马克思，怎样坚持和发展马克思主义，本报记者就此专访中央马克思主义理论研究与建设工程咨询委员会主任徐光春。

马克思的《自白》

“您的特点——目标始终如一”
“您对幸福的理解——斗争”

记者：今年是马克思诞生200周年，您认为马克思身上最值得纪念和学习的优秀品质是什么？

徐光春：今年5月5日是马克思主义创始人之一、无产阶级和革命人民伟大导师马克思诞生200周年的纪念日。以《共产党宣言》问世为标志，马克思和他的战友恩格斯创立的马克思主义学说，随同马克思和恩格斯的名字，深深地印在共产党人和广大无产阶级、革命人民的心中，深刻地影响着人类社会的发展变化，极大地动摇了资本主义的根基，推动了社会主义、共产主义的发展，为人类社会的发展进步提供了科学的理论指导和正确的前进方向。可以说，作为马克思主义主要创始人的马克思，为人类社会发展进步作出了无与伦比的伟大贡献，不愧为人类有史以来最伟大的思想家、理论家、政治家、革命家。在马克思身上最值得纪念和学习的优秀品质，我觉得一是目标始终如一，二是不懈斗争的精神。马克思的女儿劳拉在父亲完成《资本论》写作第一卷前难得的片刻休息时间，让父亲填写了一份调查表，这就是举世闻名的《马克思的自白》。《自白》中的一项是“您的特点——目标始终如一”，另一项是“您对幸福的理解——斗争”。因此，我认为“目标始终如一”和“不懈斗争”是马克思身上最值得纪念和学习的优秀品质。

1844年马克思和卢格一起在巴黎创办《德法年鉴》，当时马克思不仅从事杂志的编辑和文章的写作，还结交了一些工人运动的领导人和进步作家，并参加他们的活动，这标志着马克思实现了从唯心主义向唯物主义、从革命民主主义向共产主义的转变，开始着手研究和探索消灭资本主义旧制度、建立共产主义、社会主义新社会，解放无产阶级和全人类的途径和目标。这以后他撰写了一大批经典著作：《1844经济学——哲学手稿》《神圣家族》《德意志意识形态》《关于费尔巴哈的提纲》《哲学的贫困》等等，特别是《共产党宣言》的出版和《资本论》的问世，标志着马克思主义学说的正式形成和成熟发展。在马克思去世前这四十年间，马克思始终矢志不渝、呕心沥血地在研究和探索着如何消灭资本主义旧制度，如何建立共产主义、社会主义新社会，如何解放无产阶级和全人类这一重大的历史命题。可以说，马克思一生就做了一件事：要消灭资本主义、建立共产主义。而这件事是人类历史发展中最神圣、最伟大、最光辉的事情。马克思这种“目标始终如一”的精神，充分表现了作为马克思主义、共产主义主要创始人，无产阶级和广大革命人民伟大导师的崇高革命风范和坚定理想信念。

马克思为实现消灭资本主义、建立共产主义的革命目标和理想信念，进行了艰苦卓绝的斗争。他高举斗争的旗帜，创立斗争的哲学，团结斗争的力量，在斗争中发现真理、宣传真理、捍卫真理、实践真理。他坚定地相信斗争是一个战士最幸福的人生道路。当他成为一个真正的马克思主义者、真正的共产主义战士以后，就致力于用自己的所有智慧和全部精力来为消灭资本主义、建立共产主义而奋斗。为了斗争，他被拘禁过，他被流放过，他被驱逐过，直到去世，他仍是一个没有国籍的斗士；他穷困潦倒，重病缠身，仍顽强英勇地奋斗着；他不仅要与旧制度斗，与旧势力斗，还要与社会上形形色色的反共产主义、反社会主义的思想斗，与党内各种修正主义、机会主义斗。他的斗争精神浸透着他的一系列经典著作，左右着他的一系列革命实践，影响着各国工人运动和人民革命的发展。斗争才是幸福的，马克思的这一革命信念和人生哲学，是一切共产党人和广大无产阶级、革命人民宝贵的精神遗产。

千年最伟大思想家

马克思的思想理论历经170多年的历史，至今仍放射出真理的光芒，焕发出蓬勃生机和活力

记者：20世纪即将结束时，英国广播公司在全球范围举行过一次“千年最伟大思想家”评选，马克思超过著名物理学家爱因斯坦成为最伟大思想家。对此，您怎么看？

徐光春：在千年之交和世纪更替时，马克思数次被西方媒体和学界评为“人类纪元第二个千年的第一思想家”、千年“最伟大的思想家”“千年伟人”，我认为是名副其实的。称他为“最伟大的思想家”，理由有五：

一是他研究和探索的命题是最伟大的。消灭资本主义旧制度、建立共产主义新社会，解放无产阶级和全人类，这是关乎人类社会发展进步的最伟大的命题，也是关乎全人类解放和幸福的最伟大的命题，没有其他的命题比这个命题更重大、更紧迫、更神圣。

二是他的思想理论破解了这个最重大、最伟大的历史命题，不仅发现了人类社会发展进步的客观规律，而且对人类思想、对世界社会主义运动、对人类社会发展都产生了极为深远的影响，成为共产党人的精神旗帜和广大无产阶级、革命人民的思想武器。

三是他不仅是伟大的思想家、理论家，而且是伟大的革命家、实践家，他的思想理论不是空泛的、纯粹的思想理论，而是从革命实践中产生、又指导革命实践发展的思想理论，是真理不是空理。

四是他的思想理论历经170多年的历史，既有重大的历史意义，又有深远的现实意义，至今仍放射出真理的光芒，焕发出蓬勃生机和活力。

五是在他的思想理论指导下，消灭资本主义旧制度、建设共产主义、社会主义新社会、解放无产阶级和全人类的伟大实践，已取得重大成果。中国特色社会主义取得的历史性成就、进行的历史性变革，使科学社会主义在21世纪焕发出强大生机活力的事实，有力地证明了马克思主义的真理力量。

不朽的科学真理

马克思和马克思主义在一次又一次的被征讨和围剿中，不仅没有从历史舞台上消失，反而越战越强，越来越被人们所认识和接受

记者：进入21世纪，世界形势发生了翻天覆地的变化，“马克思主义过时论”在某些地方某些领域一定程度地存在。您怎样认识这种现象？

徐光春：对一些地方一些领域存在的“马克思主义过时论”的现象，既要重视，又不要大惊小怪。出现这种现象，一是由于马克思主义是代表无产阶级和广大劳动人民根本利益的科学理论、革命思想，要反对一切剥削制度，消灭资本主义，建立共产主义，因此必然会招致剥削阶级及其代言人的仇恨和攻击，千方百计削弱和淡化马克思主义的影响力。

二是马克思主义在发展进程中曾遭遇过严重挫折，特别是上世纪九十年代初，由于苏联共产党主要领导放弃马克思主义信仰，放弃共产主义信念，放弃共产党的宗旨，导致苏共垮台和苏联解体，并导致东欧所有社会主义国家剧变，一时马克思主义不行了、共产主义失败了的声浪响彻全球，影响各国，在中国也有一些人随声附和，念起了“马克思主义过时论”的歪经。

三是一些人骨子里就没有马克思主义的精髓，对马克思主义、共产主义有一种排斥的心态，崇尚西方的思想、政治、制度，在讲坛上、在教材里不敢明目张胆地反对马克思主义，但用“马克思主义过时论”来排斥、挤压、淡化马克思主义，这种情况在一些领域是存在的。

尽管如此，马克思和马克思主义的生命力、影响力、战斗力、感召力，多少年来在一次又一次的被征讨和围剿中，在数不清的被贬斥和诽谤中，在不断出现的被淡化和否定中，不仅没有从历史舞台上消失，反而越战越强，越来越被人们所认识和接受，成为认识世界、改造世界、推进人类社会发展进步的锐利思想武器，这是马克思主义本质特征所决定的。

永恒的行动指南

中国共产党始终把马克思主义基本原理与中国的具体实际和时代特征结合起来，不断推进理论创新和实践创新

记者：从世界社会主义500年的大视野来看，我们依然处在马克思主义所指明的历史时代。习近平总书记在十八届中央政治局第四十三次集体学习时指出，锲而不舍推进马克思主义中国化、时代化、大众化。在新时代，您认为如何推进马克思主义中国化、时代化、大众化？

徐光春：近一个世纪以来，中国共产党领导中国革命、建设和改革不断取得伟大胜利，使中国社会主义彰显出蓬勃生机活力，其中一个根本原因就是中国共产党始终把马克思主义基本原理与中国的具体实际和时代特征结合起来，不断推进理论创新和实践创新，不断推进马克思主义中国化、时代化、大众化。这一进程中，产生了毛泽东思想、邓小平理论、“三个代表”重要思想、科学发展观、习近平新时代中国特色社会主义思想等一系列马克思主义中国化重大理论成果，有力地指导中国革命、建设和改革取得重大胜利，也创造和积累了推进马克思主义中国化、时代化、大众化的丰富经验。

在新时代要不断推进马克思主义中国化、时代化、大众化，我认为要着力做好这样几件事：

一是坚定不移地以马克思主义特别是以马克思主义中国化最新理论成果——习近平新时代中国特色社会主义思想来指导和解决新时代的重大现实问题。马克思主义是科学理论，永远不会过时，既是过去共产主义运动的指导思想，也是新时代社会主义事业发展的指导思想。习近平新时代中国特色社会主义思想，既与马克思主义、毛泽东思想、中国特色社会主义理论体系一脉相承，又是马克思主义中国化最新成果。只有把马克思主义基本原理、习近平新时代中国特色社会主义思想与新时代的具体实际结合起来，指导和解决新时代重大现实问题，才能推进马克思主义中国化、时代化、大众化。

二是在新时代进行伟大斗争、建设伟大工程、推进伟大事业、实现伟大梦想的进程中，坚持和发展马克思主义。新时代我们党要带领全党全国人民进行伟大斗争、推进伟大事业、实现伟大梦想，使命光荣、任务艰巨、困难很大，既是对党的领导能力和执政能力的重大考验，又是坚持和发展马克思主义的重大机遇。我们要抓住这个机遇，使马克思主义、习近平新时代中国特色社会主义思想在坚持中得到新发展，在坚持和发展中不断推进马克思主义中国化、时代化、大众化。

三是要深化马克思主义理论研究和建设。党中央组织实施的马克思主义理论研究和建设工程，已取得一系列重大成果，有力地推动马克思主义中国化、时代化、大众化。党的十九大报告指出：深化马克思主义理论研究和建设，其目的在于巩固马克思主义理论研究和建设的成果，同时结合新时代的新使命新任务进一步推进马克思主义中国化、时代化、大众化。

四是加强马克思主义理论特别是马克思主义中国化理论成果的宣传教育，使广大党员干部、青年学生、基层群众，更好地学习、理解、掌握马克思主义的基本原理和马克思主义中国化理论成果的基本精神，感受马克思主义中国化理论成果的理论魅力和真理力量，真心热爱和热心学习马克思主义特别是马克思主义中国化理论成果，有利于推进新时代马克思主义中国化、时代化、大众化。

悉心聆听时代声音

一头是掌握好马克思主义这一“矢”，另一头是找准当代中国发展具体实际这一“的”

记者：习近平总书记在中国共产党成立95周年大会上强调，“我们要以更加宽阔的眼界审视马克思主义在当代发展的现实基础和实践需要，坚持问题导向，坚持以我们正在做的事情为中心，聆听时代声音，更加深入地推动马克思主义同当代中国发展的具体实际相结合”。您认为，如何使马克思主义与当代中国发展的具体实际相结合？

徐光春：要把马克思主义与当代中国发展的具体实际相结合，关键是要抓好两头：一头是掌握好马克思主义这一“矢”，另一头是找准当代中国发展具体实际这一“的”，用马克思主义之“矢”射中国发展具体实际之“的”，这样就把马克思主义与当代中国发展的具体实际结合起来了。

4月23日，中共中央政治局就《共产党宣言》及其时代意义举行第五次集体学习，要求深刻感悟和把握马克思主义真理力量，提高全党运用马克思主义基本原理解决当代中国实际问题的能力和水平，把《共产党宣言》蕴含的科学原理和科学精神运用到统揽伟大斗争、伟大工程、伟大事业、伟大梦想的实践中去。

习近平新时代中国特色社会主义思想，是马克思列宁主义、毛泽东思想、邓小平理论、“三个代表”重要思想、科学发展观的继承和发展，是马克思主义中国化最新成果，是党和人民实践经验和集体智慧的结晶，是中国特色社会主义理论体系的重要组成部分，是全党全国人民为实现中华民族伟大复兴而奋斗的行动指南。我们要认真学习、努力掌握、全面贯彻习近平新时代中国特色社会主义思想这一当代中国的马克思主义，也就是说要首先掌握好马克思主义的这一“矢”。

然后，要找准当代中国发展具体实际之“的”，这个“的”就是在新时代党团结带领全国人民要实现的“两个一百年”奋斗目标和实现中华民族伟大复兴中国梦，这是新时代中国特色社会主义事业发展的最重大的实际。以习近平新时代中国特色社会主义思想为指导，来解决新时代中国特色社会主义发展中一系列重大的理论问题和实践问题，来夺取伟大斗争、伟大工程、伟大事业、伟大梦想的胜利，这样就把马克思主义与当代中国发展的具体实际紧密地结合起来了。

当代中国的马克思主义

习近平新时代中国特色社会主义思想是当代中国的马克思主义，必须长期坚持并不断发展

记者：习近平新时代中国特色社会主义思想，在党的十九大被确立为党的指导思想，是马克思主义中国化最新成果，是21世纪中国的马克思主义，有力地开辟了马克思主义发展的新境界。您认为如何让当代中国马克思主义放射出灿烂的真理光芒？

徐光春：党的十九大报告指出，习近平新时代中国特色社会主义思想是中国特色社会主义理论体系的重要组成部分，是全党全国人民为实现中华民族伟大复兴而奋斗的行动指南，必须长期坚持并不断发展。

显然，要让习近平新时代中国特色社会主义思想这一当代中国马克思主义放射出更加灿烂的真理光芒，务必要做好两件事：

一是必须长期坚持。只有长期坚持，才能更好地发挥习近平新时代中国特色社会主义思想对于决胜全面小康社会、夺取新时代中国特色社会主义伟大胜利的理论指导作用，对于实现“两个一百年”奋斗目标和实现中华民族伟大复兴中国梦的行动指南作用。而新时代中国特色社会主义的胜利和成功，就能愈加有力地证明习近平新时代中国特色社会主义思想是科学的理论，是正确的思想，是工作的指针，是革命的真理，使之放射出灿烂的真理光芒。

二是必须不断发展。时代在前进，社会在发展，理论不仅要紧随时代前进而前进，还要随着社会发展而发展，只有这样理论才能更完善、更丰富、更有力，更好地推动时代前进，更好地指引社会发展。在新时代中国特色社会主义发展的新征程中，习近平新时代中国特色社会主义思想将以更加宽阔的眼界审视马克思主义在当代发展的现实基础和实践需要，坚持问题导向，坚持以正在做的事情为中心，聆听时代声音，把理论与实际更加紧密地结合起来，不断推进理论创新和实践创新，进一步开辟马克思主义中国化新境界，进一步开创21世纪马克思主义发展的新局面，从而使习近平新时代中国特色社会主义思想这一当代中国马克思主义放射出更加灿烂的真理光芒。

嘉宾简介

徐光春，浙江绍兴人，中央马克思主义理论研究和建设工程咨询委员会主任、高级记者、教授、博士生导师，中国社会科学院马克思主义研究院顾问，中国人民大学、北京大学、清华大学习近平新时代中国特色社会主义思想研究院顾问，中国人民大学党史党建研究院名誉院长。中央宣传部原副部长，原国家广播电视电影总局局长，中央宣传思想工作领导小组原成员，中共河南省委原书记，河南省人大常委会原主任。不担任党政领导职务后，专门从事马克思主义理论研究、马克思主义理论研究和建设工程咨询、审稿工作，是《马克思主义大辞典》主编、马克思主义理论研究和建设工程首席专家。我国著名马克思主义理论研究学者，先后在《人民日报》《光明日报》《求是》杂志发表大量论文。

重读经典

正像达尔文发现有机界的发展规律一样，马克思发现了人类历史的发展规律，即历来为繁芜丛杂的意识形态所掩盖着的一个简单事实：人们首先必须吃、喝、住、穿，然后才能从事政治、科学、艺术、宗教等等；所以，直接的物质的生活资料的生产，从而一个民族或一个时代的一定的经济发展阶段，便构成基础，人们的国家设施、法的观点、艺术以至宗教观念，就是从这个基础上发展起来的，因而，也必须由这个基础来解释，而不是像过去那样做得相反。

——恩格斯《在马克思墓前的讲话》

马克思主义在理论上的胜利，逼得它的敌人装扮成马克思主义者，历史的辩证法就是如此。内里腐朽的自由派，试图在社会主义的机会主义形态下复活起来。他们把为伟大的战斗准备力量的时期解释成放弃这种战斗。他们把改善奴隶的生活状况以便去同雇佣奴隶制作斗争解释成奴隶们为了几文钱而出卖自己的自由权。他们怯懦地宣扬“社会和平”（即同奴隶制讲和平），宣扬背弃阶级斗争，等等。在社会党人议员中间，在工人运动的各种官员以及知识分子“同情者”中间，他们有很多信徒。

——列宁《马克思学说的历史命运》

中国人找到马克思主义，是经过俄国人介绍的。在十月革命以前，中国人不但不知道列宁、斯大林，也不知道马克思、恩格斯。十月革命一声炮响，给我们送来了马克思列宁主义。十月革命帮助了全世界的也帮助了中国的先进分子，用无产阶级的宇宙观作为观察国家命运的工具，重新考虑自己的问题。走俄国人的路——这就是结论。

——毛泽东《论人民民主专政》

续写马克思主义中国化新篇章

嘉　宾

徐光春
中宣部原副部长、河南省委原书记

2018年4月23日，中共中央政治局就《共产党宣言》及其时代意义举行第五次集体学习。习近平总书记在主持学习时强调，学习马克思主义基本原理是共产党人的必修课。

2018年5月5日是马克思200周年诞辰，怎样纪念马克思、学习马克思，怎样坚持和发展马克思主义，记者就此专访了中宣部原副部长、河南省委原书记徐光春。

马克思的《自白》

“您的特点——目标始终如一”“您对幸福的理解——斗争”。

记者：2018年是马克思诞生200周年，您认为马克思身上最值得纪念和学习的优秀品质是什么？

徐光春：2018年5月5日是马克思主义创始人之一、无产阶级和革命人民伟大导师马克思诞生200周年的纪念日。以《共产党宣言》问世为标志，马克思和他的战友恩格斯创立的马克思主义学说，随同马克思和恩格斯的名字，深深地印在共产党人和广大无产阶级、革命人民的心中，深刻地影响着人类社会的发展变化，极大地动摇了资本主义的根基，推动了社会主义、共产主义的发展，为人类社会的发展进步提供了科学的理论指导和正确的前进方向。可以说，作为马克思主义主要创始人的马克思，为人类社会发展进步作出了无与伦比的伟大贡献，不愧为人类有史以来最伟大的思想家、理论家、政治家、革命家。在马克思身上最值得纪念和学习的优秀品质，我觉得一是目标始终如一，二是不懈斗争的精神。马克思的女儿劳拉在父亲完成《资本论》第一卷前难得的片刻休息时间，让父亲填写了一份调查表，这就是举世闻名的马克思的《自白》。其中的一项是“您的特点——目标始终如一”，另一项是“您对幸福的理解——斗争”。因此，我认为“目标始终如一”和“不懈斗争”是马克思身上最值得纪念和学习的优秀品质。

1844年马克思和卢格一起在巴黎创办《德法年鉴》，当时马克思不仅从事杂志的编辑和文章的写作，还结交了一些工人运动的领导人和进步作家，并参加他们的活动，这标志着马克思实现了从唯心主义向唯物主义、从革命民主主义向共产主义的转变，开始着手研究和探索消灭资本主义旧制度，建立共产主义、社会主义新社会，解放无产阶级和全人类的途径和目标。这以后他撰写了一大批经典著作，如《1844年经济学哲学手稿》《神圣家族》《德意志意识形态》《关于费尔巴哈的提纲》《哲学的贫困》等，特别是《共产党宣言》的出版和《资本论》的问世，标志着马克思主义学说的正式形成和成熟发展。在马克思去世前的40年间，马克思始终在矢志不渝、呕心沥血地研究和探索着如何消灭资本主义旧制度，如何建立共产主义、社会主义新社会，如何解放无产阶级和全人类这一重大的历史命题。可以说，马克思一生就做了一件事：要消灭资本主义、建立共产主义。而这件事是人类历史发展中最神圣、最伟大、最光辉的事情。马克思这种“目标始终如一”的精神，充分表现了作为马克思主义、共产主义主要创始人，无产阶级和广大革命人民伟大导师的崇高革命风范和坚定理想信念。

马克思为实现消灭资本主义、建立共产主义的革命目标和理想信念，进行了艰苦卓绝的斗争。他高举斗争的旗帜，创立斗争的哲学，团结斗争的力量，在斗争中发现真理、宣传真理、捍卫真理、实践真理。他坚定地相信斗争是一个战士最幸福的人生道路。当他成为一个真正的马克思主义者、真正的共产主义战士以后，就致力于用自己的所有智慧和全部精力来为消灭资本主义、建立共产主义而奋斗。为了斗争，他被拘禁过，被流放过，被驱逐过，直到去世，他仍是一个没有国籍的斗士；他穷困潦倒，重病缠身，仍顽强英勇地奋斗着；他不仅要与旧制度斗，与旧势力斗，还要与社会上形形色色的反共产主义、反社会主义的思想斗，与党内各种修正主义、机会主义斗。他的斗争精神浸透着他的一系列经典著作，左右着他的一系列革命实践，影响着各国工人运动和人民革命的发展。斗争才是幸福的，马克思的这一革命信念和人生哲学，是一切共产党人和广大无产阶级、革命人民宝贵的精神遗产。

千年最伟大思想家

马克思的思想理论历经 170 多年的历史，至今仍放射出真理的光芒，焕发出蓬勃生机和活力。

记者：20 世纪即将结束时，英国广播公司在全球范围举行过一次“千年最伟大思想家”评选，马克思超过著名物理学家爱因斯坦成为最伟大思想家。对此，您怎么看?

徐光春：在千年之交和世纪更替时，马克思数次被西方媒体和学界评为“人类纪元第二个千年的第一思想家”“千年最伟大的思想家”“千年伟人”，我认为是名副其实的。称他为“最伟大的思想家”，有以下五个方面的理由。

一是他研究和探索的命题是最伟大的。消灭资本主义旧制度、建立共产主义新社会，解放无产阶级和全人类，这是关乎人类社会发展进步的最伟大的命题，也是关乎全人类解放和幸福的最伟大的命题，没有其他的命题比这个命题更重大、更紧迫、更神圣。

二是他的思想理论破解了这个最重大、最伟大的历史命题，不仅发现了人类社会发展进步的客观规律，而且对人类思想、对世界社会主义运动、对人类社会发展都产生了极为深远的影响，成为共产党人的精神旗帜和广大无产阶级、革命人民的思想武器。

三是他不仅是伟大的思想家、理论家，而且是伟大的革命家、实践家，他的思想理论不是空泛的、纯粹的思想理论，而是从革命实践中产生又指导革命实践发展的思想理论，是真理不是空理。

四是他的思想理论历经 170 多年的历史，既有重大的历史意义，又有深远的现实意义，至今仍放射出真理的光芒，焕发出蓬勃生机和活力。

五是在他的思想理论指导下，消灭资本主义旧制度，建设共产主义、社会主义新社会，解放无产阶级和全人类的伟大实践，已取得重大成果。中国特色社会主义取得的历史性成就、进行的历史性变革，使科学社会主义在 21 世纪焕发出强大生机活力的事实，有力地证明了马克思主义的真理力量。

不朽的科学真理

马克思和马克思主义在一次又一次的被征讨和围剿中，不仅没有从历史舞台上消失，反而越战越强，越来越被人们所认识和接受。

记者：进入 21 世纪，世界形势发生了翻天覆地的变化，“马克思主义过时论”在某些地方某些领域一定程度地存在。您怎样认识这种现象？

徐光春：对一些地方一些领域存在的“马克思主义过时论”的现象，既要重视，又不要大惊小怪。出现这种现象，一是由于马克思主义是代表无产阶级和广大劳动人民根本利益的科学理论、革命思想，要反对一切剥削制度，消灭资本主义，建立共产主义，因此必然会招致剥削阶级及其代言人的仇恨和攻击，千方百计削弱和淡化马克思主义的影响力。

二是马克思主义在发展进程中曾遭遇过严重挫折，特别是 20 世纪 90 年代初，由于苏联共产党主要领导人放弃马克思主义信仰，放弃共产主义信念，放弃共产党的宗旨，导致苏共垮台和苏联解体，并导致东欧所有社会主义国家剧变，一时“马克思主义不行了”、“共产主义失败了”的声浪响彻全球，影响各国，在中国也有一些人随声附和，念起了“马克思主义过时论”的歪经。

三是一些人骨子里就没有马克思主义的精髓，对马克思主义、共产主义有一种排斥的心态，崇尚西方的思想、政治、制度，在讲坛上、在课件里不敢明目张胆地反对马克思主义，但用“马克思主义过时论”来排斥、挤压、淡化马克思主义，这种情况在一些领域是存在的。

尽管如此，马克思和马克思主义的生命力、影响力、战斗力、感召力，多少年来在一次又一次的被征讨和围剿中，在数不清的被贬斥和诽谤中，在不断出现的被淡化和否定中，不仅没有从历史舞台上消失，反而越战越强，越来越被人们所认识和接受，成为认识世界、改造世界、推进人类社会发展进步的锐利思想武器，这是马克思主义本质特征所决定的。

永恒的行动指南

中国共产党始终把马克思主义基本原理与中国的具体实际和时代特征结合起来，不断推进理论创新和实践创新。

记者：从世界社会主义500年的大视野来看，我们依然处在马克思主义所指明的历史时代。习近平总书记在十八届中央政治局第四十三次集体学习时指出，锲而不舍推进马克思主义中国化、时代化、大众化。在新时代，您认为如何推进马克思主义中国化、时代化、大众化？

徐光春：近一个世纪以来，中国共产党领导中国革命、建设和改革不断取得伟大胜利，使中国特色社会主义彰显出蓬勃生机活力，其中一个根本原因就是中国共产党始终把马克思主义基本原理与中国的具体实际和时代特征结合起来，不断推进理论创新和实践创新，不断推进马克思主义中国化、时代化、大众化。这一进程中，产生了毛泽东思想、邓小平理论、“三个代表”重要思想、科学发展观、习近平新时代中国特色社会主义思想等一系列马克思主义中国化重大理论成果，有力地指导中国革命、建设和改革取得重大胜利，也创造和积累了推进马克思主义中国化、时代化、大众化的丰富经验。

在新时代要不断推进马克思主义中国化、时代化、大众化，我认为要着力做好以下几件事。

一是坚定不移地以马克思主义特别是以马克思主义中国化最新理论成果——习近平新时代中国特色社会主义思想来指导和解决新时代的重大现实问题。马克思主义是科学理论，永远不会过时，既是过去共产主义运动的指导思想，也是新时代社会主义事业发展的指导思想。习近平新时代中国特色社会主义思想，既与马克思主义、毛泽东思想、中国特色社会主义理论体系一脉相承，又是马克思主义中国化最新成果。只有把马克思主义基本原理、习近平新时代中国特色社会主义思想与新时代的具体实际结合起来，指导和解决新时代重大现实问题，才能推进马克思主义中国化、时代化、大众化。

二是在新时代进行伟大斗争、建设伟大工程、推进伟大事业、实现伟大梦想的进程中，坚持和发展马克思主义。新时代我们党要带领全党全国人民进行伟大斗争、推进伟大事业、实现伟大梦想，使命光荣、任务艰巨、困难很大，既是对党的领导能力和执政能力的重大考验，又是坚持和发展马克思主义的重大机遇。我们要抓住这个机遇，使马克思主义、习近平新时代中国特色社会主义思想在坚持中得到新发展，在坚持和发展中不断推进马克思主义中国化、时代化、大众化。

三是要深化马克思主义理论研究和建设。党中央组织实施的马克思主义理论研究和建设工程，已取得一系列重大成果，有力地推动马克思主义中国化、时代化、大众化。党的十九大报告指出，深化马克思主义理论研究和建设，其目的在于巩固马克思主义理论研究和建设的成果，同时结合新时代的新使命新任务进一步推进马克思主义中国化、时代化、大众化。

四是加强马克思主义理论特别是马克思主义中国化理论成果的宣传教育，使广大党员干部、青年学生、基层群众更好地学习、理解、掌握马克思主义的基本原理和马克思主义中国化理论成果的基本精神，感受马克思主义中国化理论成果的理论魅力和真理力量，真心热爱和热心学习马克思主义特别是马克思主义中国化理论成果，有利于推进新时代马克思主义中国化、时代化、大众化。

悉心聆听时代声音

一头是掌握好马克思主义这一“矢”，另一头是找准当代中国发展具体实际这一“的”。

记者：习近平总书记在中国共产党成立95周年大会上强调：“我们要以更加宽阔的眼界审视马克思主义在当代发展的现实基础和实践需要，坚持问题导向，坚持以我们正在做的事情为中心，聆听时代声音，更加深入地推动马克思主义同当代中国发展的具体实际相结合。”您认为，如何使马克思主义与当代中国发展的具体实际相结合？

徐光春：要把马克思主义与当代中国发展的具体实际相结合，关键是要抓好两头：一头是掌握好马克思主义这一“矢”，另一头是找准当代中国发展具体实际这一“的”。用马克思主义之“矢”射中国发展具体实际之“的”，这样就把马克思主义与当代中国发展的具体实际结合起来了。

2018年4月23日，中共中央政治局就《共产党宣言》及其时代意义举行第五次集体学习，要求深刻感悟和把握马克思主义真理力量，提高全党运用马克思主义基本原理解决当代中国实际问题的能力和水平，把《共产党宣言》蕴含的科学原理和科学精神运用到统揽伟大斗争、伟大工程、伟大事业、伟大梦想的实践中去。

习近平新时代中国特色社会主义思想，是对马克思列宁主义、毛泽东思想、邓小平理论、“三个代表”重要思想、科学发展观的继承和发展，是马克思主义中国化最新成果，是党和人民实践经验和集体智慧的结晶，是中国特色社会主义理论体系的重要组成部分，是全党全国人民为实现中华民族伟大复兴而奋斗的行动指南。我们要认真学习、努力掌握、全面贯彻习近平新时代中国特色社会主义思想这一当代中国的马克思主义，也就是说要首先掌握好马克思主义的这一“矢”。

然后，要找准当代中国发展具体实际之“的”，这个“的”就是在新时代党团结带领全国人民要实现的“两个一百年”奋斗目标和实现中华民族伟大复兴中国梦，这是新时代中国特色社会主义事业发展的最重大的实际。以习近平新时代中国特色社会主义思想为指导，来解决新时代中国特色社会主义发展中一系列重大的理论问题和实践问题，来夺取伟大斗争、伟大工程、伟大事业、伟大梦想的胜利，这样就把马克思主义与当代中国发展的具体实际紧密地结合起来了。

当代中国的马克思主义

习近平新时代中国特色社会主义思想是当代中国的马克思主义，必须长期坚持并不断发展。

记者：习近平新时代中国特色社会主义思想，在党的十九大被确立为党的指导思想，是马克思主义中国化最新成果，是21世纪中国的马克思主义，有力地开辟了马克思主义发展的新境界。您认为如何让当代中国马克思主义放射出灿烂的真理光芒？

徐光春：党的十九大报告指出，习近平新时代中国特色社会主义思想是中国特色社会主义理论体系的重要组成部分，是全党全国人民为实现中华民族伟大复兴而奋斗的行动指南，必须长期坚持并不断发展。

显然，要让习近平新时代中国特色社会主义思想这一当代中国马克思主义放射出更加灿烂的真理光芒，务必要做好两件事：

一是必须长期坚持。只有长期坚持，才能更好地发挥习近平新时代中国特色社会主义思想对于决胜全面建成小康社会、夺取新时代中国特色社会主义伟大胜利的理论指导作用，对于实现“两个一百年”奋斗目标和实现中华民族伟大复兴中国梦的行动指南作用。新时代中国特色社会主义的胜利和成功，就能愈加有力地证明习近平新时代中国特色社会主义思想是科学的理论，是正确的思想，是工作的指针，是革命的真理，使之放射出灿烂的真理光芒。

二是必须不断发展。时代在前进，社会在发展，理论不仅要紧随时代前进而前进，还要随着社会发展而发展，只有这样理论才能更完善、更丰富、更有力，更好地推动时代前进，更好地指引社会发展。在新时代中国特色社会主义发展的新征程中，习近平新时代中国特色社会主义思想将以更加宽阔的眼界审视马克思主义在当代发展的现实基础和实践需要，坚持问题导向，坚持以正在做的事情为中心，聆听时代声音，把理论与实际更加紧密地结合起来，不断推进理论创新和实践创新，进一步开辟马克思主义中国化新境界，进一步开创21世纪马克思主义发展的新局面，从而使习近平新时代中国特色社会主义思想这一当代中国马克思主义放射出更加灿烂的真理光芒。

以坚定信仰铸牢百年党史丰碑

——访中国政治学会会长李慎明

本报记者 潘如龙 周宇晗 章 忻

京华特稿·真理的力量　庆祝中国共产党成立100周年

习近平总书记说："中国共产党人的理想信念建立在对马克思主义的深刻理解之上，建立在对历史规律的深刻把握之上。历史和实践反复证明，一个政党有了远大理想和崇高追求，就会坚强有力，无坚不摧，无往不胜，就能经受一次次挫折而又一次次奋起；一名干部有了坚定的理想信念，站位就高了，心胸就开阔了，就能坚持正确政治方向，做到'风雨不动安如山'。"今年是中国共产党建党100周年，百年来，一代代中国共产党人投身革命、建设、改革事业，团结汇聚在马克思主义旗帜下，用伟大创造精神、伟大奋斗精神、伟大团结精神和伟大梦想精神为信仰信念注入新的内涵，铸就了崇高精神。筑牢信仰之基、补足精神之钙、把稳思想之舵是在新时代坚持和发展中国特色社会主义的题中之义。围绕这一主题，记者采访了中国政治学会会长、中国社会科学院世界社会主义研究中心主任李慎明教授。

记者：*在庆祝中国共产党百年华诞的重大时刻，在"两个一百年"奋斗目标历史交汇的关键节点，理想信念是共产党人的政治灵魂，是胜利之"钥"、精神之"钙"。请您谈谈对理想信念的理解。*

李慎明：什么是正确的理想信念？正确的理想信念绝不是一种空洞的说教和理论。它是被一种理论所征服，并不管遇到任何艰难险阻，依然自觉自愿、斗志昂扬、一往无前、义无反顾地去为之奋斗的精神、信仰，这才叫理想信念。千万不要认为理想、信念、主义、道路虚无缥缈，与我们离得很远或没有一点关系。

俄罗斯近几十年的社会发展实践告诉我们，那些似乎虚无缥缈和我们每个人没有直接关系的"理想、信念、主义、道路"，实际上同国家民族的命运乃至我们每个人和家庭的命运都是息息相关的。一定年岁的俄罗斯人对苏联解体前后的社会发展状况都有一个直观的感受和对比。2003年，我在伏尔加格勒大学与一位30多岁的年轻女教师交谈，问她苏联解体的经验教训时，她这样回答我："过去我总认为，理想、信念、主义、道路虚无缥缈，与我们这些普通人毫无关系，现在看来，绝非如此。"

实践证明，当世界范围内的社会主义思潮、理论、运动和制度处于高潮时，人们对社会主义革命的长期性、复杂性、曲折性往往估计不足，急于求成；反之，则容易信心不足，悲观失望，甚至导致各种机会主义盛行。而信仰正确和坚定，就是"真金"，真金不怕火炼。

记者：*习近平总书记强调，要把共产主义远大理想同中国特色社会主义共同理想统一起来。您认为怎样理解共产主义远大理想同中国特色社会主义共同理想的统一关系？*

李慎明：我认为，这完全体现了我们党的最高纲领与最低纲领的有机统一。把远大理想置于不同社会阶段的现实基础之上加以切实推进，才能使宏伟的共产主义事业在其各个发展阶段上都始终显示出无比的优越性和旺盛的生命力。在为实现党在现阶段的基本纲领而奋斗时，胸怀共产主义远大理想也是十分重要的。

同时，我们要扎扎实实做好现阶段的每一项工作，为实现党在现阶段的基本纲领而奋斗。毛泽东在《论联合政府》中曾指出："一切中国共产党人，一切中国共产主义的同情者，必须为着现阶段的目标而奋斗……如果不为这个目标奋斗……对它稍许放松，稍许怠工，稍许表现不忠诚、不热情，不准备付出自己的鲜血和生命，而空谈什么社会主义和共产主义，那就是有意无意地、或多或少地背叛了社会主义和共产主义。"毛泽东的这一论述，现在仍有强烈的现实意义。其实，共产主义一是作为无产阶级的整个思想体系即马克思主义的理论形态，二是作为初级形式的社会主义在内的共产主义社会的制度形态，三是作为共产党人为崇高理想而奋不顾身、牺牲一切的精神道德形态，四是作为工人阶级及其政党的存在和运动的物质形态，这四种形态早已在世界和我国现实生活中不同程度地存在并发展着。

记者：*请您具体谈谈对共产党人理想信念本质内涵的理解。*

李慎明：从根本上说，中国共产党人的信仰就是人民，即全心全意相信人民、依靠人民、为了人民。在党的百年历史进程中，我们党始终坚持以人民为中心，充分调动广大人民群众的积极性主动性创造性，得到人民群众的衷心拥护和支持，从人民群众中汲取了无穷无尽的力量，这使我们的信仰无比坚定。

信仰人民，这一信仰高尚而光荣，是社会的现实和历史的真实，而不是社会和历史的虚幻。人民是历史的创造者，是决定党和国家前途命运的根本力量。坚持以人民为中心是中国共产党人的生命所系、力量所在。中国共产党本身就是人民的一部分，除了人民利益，没有自己的特殊利益。从根本上说，我们党是凭借为了人民、相信人民、依靠人民这一马克思主义政党的本色来巩固执政地位的。实现中华民族伟大复兴的中国梦，必然要遇到各种风险挑战甚至惊涛骇浪，但只要坚持以人民为中心，紧紧依靠人民，就没有迈不过去的坎。人民的力量是我们坚定信仰的坚实基础。

记者：*请您谈谈坚持以人民为中心的思想主要表现在哪些方面。*

李慎明：习近平同志在中央政治局2016年12月召开的民主生活会上明确指出："人民立场是马克思主义政党的根本政治立场，人民是历史进步的真正动力，群众是真正的英雄，人民利益是我们党一切工作的根本出发点和落脚点。"坚持以人民为中心的思想就是要始终不渝地坚持人民立场。坚持以人民为中心的思想，我认为主要体现在以下两个方面：

一是全心全意为着人民。为什么人的问题，是根本问题，原则问题。这是检验任何个人、任何集团、任何政党和任何国家先进与落后、进步与反动的根本分水岭与试金石。共产党人把全心全意为人民谋利益作为自己的唯一宗旨，以此作为自己最高和最为光荣的历史使命，并与其他任何剥削阶级及其政党根本区别开来。

二是全心全意依靠人民。我们之所以说人心向背是最大的政治，相信人民群众，依靠人民群众，为着人民群众是我们党的根本路线，这是因为，在阶级或有阶级的社会里，广大工人、农民、知识分子始终占社会的绝大多数，绝大多数人的利益、意愿、意志和力量是创造历史的真正动力，并最终决定历史的发展方向。

在贯彻"五大发展理念"的每一个发展理念中，在贯彻"四个全面"战略布局过程中，我们都必须坚持以人民为中心的思想，作出更有效的制度安排，使全体人民在共建共享发展中有更多获得感，以增强发展动力、增进人民团结，朝着共同富裕方向稳步前进。

总之，以人民为中心的思想，既是我们的根本立场和根本目的，又是达到目的的根本路径和根本办法；既是全党各项工作的出发点，又是各项工作的落脚点；既是历史唯物主义的真谛，又是共产党人的本色；既是对党的优良传统的总结和继承，又是在新的历史条件下对党的建设理论的新认识和新发展，是我们党全心全意为人民服务的根本宗旨在新的发展实践中的生动体现。

记者：*怎样理解党性和人民性是统一的？*

李慎明：党政军民学、东西南北中，党是领导一切的。习近平总书记多次强调要坚持和加强党的全面领导。在建设中国特色社会主义宏伟事业中，我们为什么反复强调坚持和加强中国共产党的全面领导呢？我个人认为，主要原因如下：一是坚持党的领导是马克思主义的一个重要原则。二是坚持党的领导是我国历史发展和人民必然正确的抉择。三是我们党是中国特色社会主义事业统揽全局、协调各方的坚强领导核心。四是由我国是工人阶级领导的、以工农联盟为基础的人民民主专政的社会主义国家这一根本制度性质所决定的。五是坚持党的领导的最为根本原因在于党的宗旨是全心全意为人民服务。毛泽东说："为什么人的问题，是一个根本的问题，原则的问题。"习近平总书记说："我们讲宗旨，讲了很多话，但说到底还是为人民服务这句话。"

衡量一个党的性质是不是一个真正的马克思主义的政党，衡量一个政权的性质是不是一个真正为着绝大多数人服务的人民政权，最终落足点就是看能否全心全意为人民服务。习近平总书记明确指出："中国共产党是领导和团结全国各族人民建设中国特色社会主义伟大事业的核心力量，肩负着历史重任，经受着时代考验，必须坚持立党为公、执政为民，坚持党要管党、从严治党，全面加强党的建设。"我们之所以特别强调坚持和全面加强党的领导的根本原因，是我们党能够始终坚持真理、修正错误，始终坚持全心全意为人民服务的宗旨。

国际共产主义运动的历史已经证明，坚持党的领导不仅是无产阶级夺取和掌握国家政权的首要条件与普遍规律，同时也是社会主义事业和改革的首要条件与普遍规律。从一定意义上讲，没有中国共产党思想上、政治上和组织上的坚强正确的领导，就没有中国特色社会主义。

随着我们党领导人民不断取得中国特色社会主义建设事业的新胜利，有的人提出了党性和人民性的大小和高低问题，不少人对此有模糊的认识。其实，早在1944年7月14日，毛泽东在延安与英国记者斯坦因的谈话中就明确地回答了这一问题。一是党性和人民性是高度有机的统一。二是在党的各项具体工作中，由于对实际情况掌握得不够和情况的不断变化，我们党也会有这样那样的失误甚至错误。党的一些具体政策必须根据实际情况的变化和人民利益的需求而及时进行必要的调整与改变。我们党历来主张，坚持真理、修正错误。三是自发的群众运动往往会被眼前局部的经济利益所阻碍，人民群众的彻底解放，必须在有先进理论武装的共产党领导下才能实现。

记者：*习近平总书记明确指出，坚持中国特色社会主义政治发展道路，关键是要坚持党的领导、人民当家作主、依法治国有机统一。您认为该如何深刻理解习近平总书记这一重要论述？*

李慎明：第一，坚持党的领导是人民当家作主制度体系的根本政治保障。国际共产主义运动的历史证明，党的领导不仅是无产阶级夺取和掌握国家政权的首要条件和普遍规律，同时也是社会主义建设和改革的首要条件和普遍规律。中国共产党在社会主义中国的领导地位，不仅是历史和人民的选择，同时也有着充分的法律依据。其一是中华人民共和国的宪法序言明确记载，中国新民主主义革命的胜利和社会主义事业的成就，是中国共产党领导中国各族人民，在马克思列宁主义、毛泽东思想的指引下取得的。宪法序言还明确指出，中国各族人民将继续在中国共产党领导下，把我国建设成为富强民主文明和谐美丽的社会主义现代化强国，实现中华民族伟大复兴。其二是宪法正文总纲中的第一条"中华人民共和国是工人阶级领导的、以工农联盟为基础的人民民主专政的社会主义国家"的明确规定，开宗明义地确立了中国共产党在国家事务中的领导地位。第十三届全国人民代表大会通过的宪法修正案，在总纲第一条中明确规定："中国共产党领导是中国特色社会主义最本质的特征。"这是对新中国成立以来特别是改革开放以来波澜壮阔实践经验的深刻总结，同时又是对中国特色社会主义理论体系和马克思主义国家学说与政治学理论的本质升华。

第二，坚持以人民为中心是健全人民当家作主制度体系的宗旨和灵魂。《习近平谈治国理政》第三卷第十七篇《人民是我们党执政的最大底气》强调："人民是我们党执政的最大底气，是我们共和国的坚实根基，是我们强党兴国的根本所在。"为了人民，相信人民，依靠人民，是我们党的力量生命之源。人民当家作主既是目的，又是手段。只有不断巩固与增强人民群众当家作主的地位，人民群众才会更加自觉地把个人命运与国家、民族和社会主义的命运紧密联系在一起，更加自觉地发挥自己的积极性、主动性和创造性，进行更加丰富生动的历史活动，而中国共产党的执政也就会有最为先进的阶级基础和最为深厚的群众基础，就有了最为深厚的实质上的执政合法性。因此，坚持党的领导、人民当家作主和依法治国，都必须始终相信和依靠人民群众，始终为着人民群众。这是唯物史观和最广大人民群众的根本利益对我们的要求。

第三，坚定不移走中国特色社会主义法治道路。依法治国是实现党领导人民当家作主的基本途径和法治保证，无论是党的领导还是人民当家作主，都必须得到法治的保障并在法治范围内实施，严格依法办事，任何组织和个人都不允许有超越宪法和法律的特权。只有坚持共产党的领导，才能正确实施依法治国方略，建设社会主义法治国家。我们党提出了科学执政、民主执政、依法执政。依法治国是实现人民当家作主的重要手段。党的领导、人民当家作主与依法治国三者是有机统一的，但三者并非并列的关系。习近平总书记指出："人民当家作主是社会主义民主政治的本质和核心。"依法治国是人民民主专政的国家政权行使职能的具体反映和体现，是推进国家治理体系和治理能力现代化的治国理政的重大方略，是实现人民当家作主不能或缺的手段，所以，依法治国所依据的法和所要实施的法治，必须是"良法""良治"，即真正体现人民意志、维护人民利益的法律和治理，即确保人民当家作主的法和治。

记者：*习近平总书记指出，当今世界正经历百年未有之大变局。请您谈谈如何正确认识形势，坚定信心。*

李慎明：党的十八大以来，中央政治局一次专门学习历史唯物主义，一次专门学习辩证唯物主义，意味深长。2019年1月21日，习近平总书记指出："面对波谲云诡的国际形势、复杂敏感的周边环境、艰巨繁重的改革发展稳定任务，我们必须始终保持高度警惕。"2020年全球新冠肺炎疫情的不期而至，对世界格局、中美关系乃至全球经济、政治、文化以及经贸、外交、军事、教育、科技等造成极大的震荡与冲击。新冠肺炎疫情在全球的暴发极大冲击了世界格局，产生以下新变化、新特点：

第一，世界已经进入大动荡、大变革、大发展的新时期。新冠肺炎疫情加剧了世界范围内的贫富两极分化，加速世界各国人民的觉醒和世界历史进程，加速检验社会主义与资本主义制度的长短优劣。

第二，抗击新冠肺炎疫情全面展示了我国的软、硬两种实力。新冠肺炎疫情这场新时代波澜壮阔的人民战争，使社会主义制度优势进一步得到极大发挥，新中国成立70余年来形成的和平时期的临战动员体制机制得到坚持和发展。

第三，坏事在一定条件下能变成好事。疫情让我国人民经受了生动深刻的爱国主义、集体主义、社会主义乃至共产主义思想教育。经过抗疫，全党的思想、理论、组织、作风、纪律、制度建设都将迈上新的台阶。

记者：*习近平总书记今年春在福建考察时指出，实现第二个百年奋斗目标，实现中华民族伟大复兴，青年一代责任在肩。您对于青年如何树立科学的信仰、坚定理想信念都有哪些建议呢？*

李慎明：习近平总书记在纪念五四运动100周年大会上，饱含深情地鼓励广大青年："中国青年是有远大理想抱负的青年！中国青年是有深厚家国情怀的青年！中国青年是有伟大创造力的青年！无论过去、现在还是未来，中国青年始终是实现中华民族伟大复兴的先锋力量！"青年如何成为中华民族伟大复兴的先锋力量，我认为应包含以下四个方面：

第一，坚定对马克思主义的信仰。毛泽东曾对斯诺说，1920年夏天他自己确立了马克思主义的世界观后，就从来没有动摇过。习近平总书记高度重视坚持和发展马克思主义。在纪念五四运动100周年大会上的讲话中，习近平总书记又特别强调指出："新时代中国青年要增强学习紧迫感，如饥似渴、孜孜不倦学习，努力学习马克思主义立场观点方法。"理论异常重要，绝不可忽视，理论正确，党、国家、民族和人民便有无比辉煌的明天。文化可以多样性，社会思潮可以多元化，但真理不能也绝不会多极化、多样性、多元化。正确的理论即真理即事物的本质和规律只能有一个，这就是揭示了自然界、人类社会和思想最一般规律的放之四海而皆准的马克思主义。

第二，认真刻苦读书。正确的理想信念的确立，首先来自对马克思主义以及各种科学知识的学习和掌握。毛泽东曾经说自己看《共产党宣言》不下一百遍。习近平总书记在陕西插队期间，读马克思主义的经典，读历史、读法律、读文学和自然科学等，在上大学前，他就通读《资本论》3遍，并写了厚厚的18本读书笔记。学习马克思主义和人类全部知识，是有正确理想信念的人一辈子的事。

第三，到实践中读无字大书。书本的知识必须与实践相结合，毛泽东在青年时代就深深懂得了这一点。1917年7月中旬—8月16日，毛泽东和萧子升步行漫游长沙、宁乡、安化、益阳、沅江五县，历时一个月，行程九百余里。这次长途旅行，他们未带一文钱，用游学的方法或写些对联送人以解决食宿，沿途接触城乡社会各阶层的人，了解风土民情，获得许多新鲜知识。2016年12月7日，习近平总书记在全国高校思想政治工作会议上的讲话中指出："社会是个大课堂。青年要成长为国家栋梁之材，既要读万卷书，又要行万里路。社会实践、社会活动以及校内各类学生社团活动是学生的第二课堂"；"当年，我在梁家河插队，实际上就是在上社会大学，向群众学习，向实践学习，那段经历让我受益匪浅。"

第四，在理论与实践的结合中改造自己的世界观，牢固树立以人民为中心的思想。人为什么而活着是根本的问题、原则的问题，本质上是人应该有什么信仰。习近平总书记在党的十九大报告中第一次明确提出了"坚持以人民为中心"的思想。习近平总书记关于以人民为中心的思想，是在新形势、新时代下对马克思主义关于为什么人的问题是根本的问题、原则的问题的坚持和创新。从一定意义上讲，以人民为中心的发展思想仍然是对科学发展观的继承和发展，它明确指明了科学发展观的根本灵魂和目的所在。但马克思主义决不仅仅是一个发展观所能囊括的，正如习近平总书记在纪念马克思诞辰200周年大会上的归纳，马克思主义除了发展观外，还有实践观、群众观、阶级观、矛盾观等，而以人民为中心的思想这一归纳和提炼，对于马克思主义的根本内容和目的指向来说，则更具本质性与深刻性。为着人民和依靠人民，相互依存，互为前提，高度统一于党的全心全意为人民服务这一唯一的宗旨和人民这一立场，同时也贯穿于习近平总书记系列重要讲话、治国理政和"四个全面"战略布局之中。当然，强调为人民服务绝不排斥合理合法的个人利益。1959年底、1960年初，毛泽东在读苏联《政治经济学教科书》的谈话中就明确指出："公是对私来说的，私是对公来说的。公和私是对立的统一，不能有公无私，也不能有私无公。我们历来讲公私兼顾，早就说过没有什么大公无私，又说过先公后私。个人是集体的一分子，集体利益增加了，个人利益也随着改善了。"

青年们要自觉地听党的话，坚定地跟党走。习近平总书记在中央政治局就五四运动的历史意义和时代价值专门举行第十四次集体学习时指出：要"讲清楚为什么中国共产党能够担负起领导人民实现民族独立、人民解放和国家富强、人民幸福的历史重任"；"要阐明中国共产党和中国青年运动的关系，加强对广大青年的政治引领，引导广大青年自觉坚持党的领导，听党话、跟党走。"在纪念五四运动100周年大会上，习近平总书记指出："新时代中国青年要听党话、跟党走，胸怀忧国忧民之心、爱国爱民之情，不断奉献祖国、奉献人民。"有了坚定正确的世界观，青年们就会有正确的方向、远大的志向、广阔的胸襟，就能勇于解放思想，敢于担当历史的责任，激发改造社会和创造世界的激情，为着国家、民族的前途和命运勇于接受各种困难的磨砺和挑战；就会真正能够做到自尊、自爱、自信、自强、自立，苦学多思，深入实践，扎实苦干，坚韧不拔，顽强拼搏，勇于创造；就会有着应有的社会正义与良知，而不是社会不良现象的漠视者、旁观者或简单批评者；就会有着更加乐观积极的人生态度，把理想主义、现实主义和英雄主义完满地结合起来，容易聆听和接受别人的意见，不断调整和改进自己的实践方向；就会增强互助合作精神和集体意识，与同学互帮互学、相互交流、共同探讨，不断激发起心中新的求知欲望，并走近普通工农群众，触摸时代的脉搏，倾听人民的呼唤；就可能经受住各种风浪的考验，使自己成长为党、国家和民族的有用之材直至栋梁之材。

嘉宾简介

李慎明，河南温县人，中国社会科学院世界社会主义研究中心主任，中国社会科学院原副院长、党组副书记，中央马克思主义理论研究和建设工程咨询委员会委员、首席专家，研究员、博士生导师、少将军衔。

全国哲学社会科学评审委员会国际问题组组长、国务院学位委员会第六、七届学科评议组政治组成员。第十二届全国人大内务司法委员会副主任委员。

主持多项国家哲学社会科学基金项目。著有《忧患百姓忧患党——毛泽东关于党不变质思想探寻》等20多部学术著作；在《人民日报》《光明日报》《求是》等报刊上发表论文300余篇。

以坚定信仰铸牢百年党史丰碑

嘉　宾

李慎明
中国社会科学院原党组副书记、副院长

习近平总书记指出，中国共产党人的理想信念建立在对马克思主义的深刻理解之上，建立在对历史规律的深刻把握之上。历史和实践反复证明：一个政党有了远大理想和崇高追求，就会坚强有力，无坚不摧，无往不胜，就能经受一次次挫折而又一次次奋起；一名干部有了坚定的理想信念，站位就高了，心胸就开阔了，就能坚持正确政治方向，做到“风雨不动安如山”。2021 年是中国共产党建党 100 周年，百年来，一代代中国共产党人投身革命、建设、改革事业，团结汇聚在马克思主义旗帜下，用伟大创造精神、伟大奋斗精神、伟大团结精神和伟大梦想精神为信仰信念注入新的内涵，铸就了崇高精神。筑牢信仰之基、补足精神之钙、把稳思想之舵是在新时代坚持和发展中国特色社会主义的题中之义。围绕这一主题，记者采访了李慎明教授。

记者：在庆祝中国共产党百年华诞的重大时刻，在“两个一百年”奋斗目标历史交汇的关键节点，理想信念是共产党人的政治灵魂，是胜利之“钥”、精神之“钙”。请您谈谈对理想信念的理解。

李慎明：什么是正确的理想信念？正确的理想信念绝不是一种空洞的说教和理论。它是被一种理论所征服，并不管遇到任何艰难险阻，依然自觉自愿、斗志昂扬、一往无前、义无反顾地去为之奋斗的精神、信仰。千万不要认为理想、信念、主义、道路虚无缥缈，与我们离得很远或没有一点关系。俄罗斯近几十年的社会发展实践告诉我们，那些似乎虚无缥缈、和我们每个人没有直接关系的理想、信念、主义、道路，实际上同国家民族的命运乃至我们每个人和家庭的命运都是息息相关的。俄罗斯人对苏联解体前后的社会发展状况都有一个直观的感受和对比。2003 年，我在伏尔加格勒大学与一位 30 多岁的年轻女教师交谈，问她苏联解体的经验教训时，她这样回答我："过去我总认为，理想、信念、主义、道路虚无缥缈，与我们这些普通人毫无关系，现在看来，绝非如此。"

实践证明，当世界范围内的社会主义思潮、理论、运动和制度处于高潮时，人们对社会主义革命的长期性、复杂性、曲折性往往估计不足，急于求成；反之，则容易信心不足，悲观失望，甚至导致各种机会主义盛行。而信仰正确和坚定，就是"真金"，真金不怕火炼。

记者：习近平总书记强调，要把共产主义远大理想同中国特色社会主义共同理想统一起来。您认为怎样理解共产主义远大理想同中国特色社会主义共同理想的统一关系？

李慎明：我认为，这完全体现了我们党的最高纲领与最低纲领的有机统一。把远大理想置于不同社会阶段的现实基础之上加以切实推进，才能使宏伟的共产主义事业在其各个发展阶段上都始终显示出无比的优越性和旺盛的生命力。在为实现党在现阶段的基本纲领而奋斗时，胸怀共产主义远大理想也是十分重要的。

同时，我们要扎扎实实做好现阶段的每一项工作，为实现党在现阶段的基本纲领而奋斗。毛泽东在《论联合政府》中曾指出："一切中国共产党人，一切中国共产主义的同情者，必须为着现阶段的目标而奋斗……如果不为这个目标奋斗……对它稍许放松，稍许怠工，稍许表现不忠诚、不热情，不准备付出自己的鲜血和生命，而空谈什么社会主义和共产主义，那就是有意无意地、或多或少地背叛了社会主义和共产主义。"毛泽东的这一论述，现在仍有强烈的现实意义。其实，共产主义一是作为无产阶级的整个思想体系即马克思主义的理论形态，二是作为初级形式的社会主义在内的共产主义社会的制度形态，三是作为共产党人为崇高理想而奋不顾身、牺牲一切的精神道德形态，四是作为工人阶级及其政党的存在和运动的物质形态。这四种形态早已在世界和我国现实生活中不同程度地存在并发展着。

记者：请您具体谈谈对共产党人理想信念本质内涵的理解。

李慎明：从根本上说，中国共产党人的信仰就是人民，即全心全意相信人民、依靠人民、为了人民。在党的百年历史进程中，我们党始终坚持以人民为中心，充分调动广大人民群众的积极性主动性创造性，得到人民群众的衷心拥护和支持，从人民群众中汲取了无穷无尽的力量，这使我们的信仰无比坚定。

信仰人民，这一信仰高尚而光荣，是社会的现实和历史的真实，而不是社会和历史的虚幻。人民是历史的创造者，是决定党和国家前途命运的根本力量。坚持以人民为中心是中国共产党人的生命所系、力量所在。中国共产党本身就是人民的一部分，除了人民利益，没有自己的特殊利益。从根本上说，我们党是凭借为了人民、相信人民、依靠人民这一马克思主义政党的本色来巩固执政地位的。实现中华民族伟大复兴的中国梦，必然要遇到各种风险挑战甚至惊涛骇浪，但只要坚持以人民为中心，紧紧依靠人民，就没有迈不过去的坎。人民的力量是我们坚定信仰的坚实基础。

记者：请您谈谈坚持以人民为中心的发展思想主要表现在哪些方面。

李慎明：习近平总书记在中央政治局 2016 年 12 月召开的民主生活会上明确指出："人民立场是马克思主义政党的根本政治立场，人民是历史进步的真正动力，群众是真正的英雄，人民利益是我们党一切工作的根本出发点和落脚点。"坚持以人民为中心的思想就是要始终不渝地坚持人民立场。坚持以人民为中心的思想，主要体现在以下两个方面。

一是全心全意为着人民。为什么人的问题，是根本问题、原则问题。这是检验任何个人、任何集团、任何政党和任何国家先进与落后、进步与反动的根本分水岭与试金石。共产党人把全心全意为人民谋利益作为自己的唯一宗旨，以此作为自己最高和最为光荣的历史使命，并与其他任何剥削阶级及其政党根本区别开来。

二是全心全意依靠人民。我们之所以说人心向背是最大的政治，相信人民群众，依靠人民群众，为着人民群众是我们党的根本路线，这是因为，在阶级或有阶级的社会里，广大工人、农民、知识分子始终占社会的绝大多数，绝大多数人的利益、意愿、意志和力量是创造历史的真正动力，并最终决定历史的发展方向。

在贯彻新发展理念的每一个发展理念中，在贯彻"四个全面"战略布局过程中，我们都必须坚持以人民为中心的发展思想，作出更有效的制度安排，使全体人民在共建共享发展中有更多获得感，以增强发展动力、增进人民团结，朝着共同富裕方向稳步前进。

总之，以人民为中心的发展思想，既是我们的根本立场和根本目的，又是达到目的的根本路径和根本办法；既是全党各项工作的出发点，又是各项工作的落脚点；既是历史唯物主义的真谛，又是共产党人的本色；既是对党的优良传统的总结和继承，又是在新的历史条件下对党的建设理论的新认识和新发展，是我们党全心全意为人民服务的根本宗旨在新的发展实践中的生动体现。

记者：怎样理解党性和人民性是统一的？

李慎明：党政军民学、东西南北中，党是领导一切的。习近平总书记多次强调要坚持和加强党的全面领导。在建设中国特色社会主义宏伟事业中，我们为什么反复强调坚持和加强中国共产党的全面领导呢？我个人认为，主要原因如下：一是坚持党的领导是马克思主义的一个重要原则。二是坚持党的领导是我国历史发展和人民必然正确的抉择。三是我们党是中国特色社会主义事业总揽全局、协调各方的坚强领导核心。四是由我国是工人阶级领导的、以工农联盟为基础的人民民主专政的社会主义国家这一根本制度性质所决定的。五是坚持党的领导的最为根本原因在于党的宗旨是全心全意为人民服务。毛泽东说："为什么人的问题，是一个根本的问题，原则的问题。"习近平总书记说："我们讲宗旨，讲了很多话，但说到底还是为人民服务这句话。"

衡量一个党是不是真正的马克思主义的政党，衡量一个政权是不是真正为着绝大多数人服务的人民政权，最终落足点就是看其能否全心全意为人民服务。习近平总书记明确指出："中国共产党是领导和团结全国各族人民建设中国特色社会主义伟大事业的核心力量，肩负着历史重任，经受着时代考验，必须坚持立党为公、执政为民，坚持党要管党、全面从严治党，全面加强党的建设。"我们特别强调坚持和全面加强党的领导的根本原因，是我们党能够始终坚持真理、修正错误，始终坚持全心全意为人民服务的宗旨。

国际共产主义运动的历史已经证明，坚持党的领导不仅是无产阶级夺取和掌握国家政权的首要条件与普遍规律，同时也是社会主义事业和改革的首要条件与普遍规律。从一定意义上讲，没有中国共产党思想上、政治上和组织上的坚强正确的领导，就没有中国特色社会主义。

随着我们党领导人民不断取得中国特色社会主义建设事业的新胜利，有的人提出了党性和人民性的大小和高低问题，不少人对此有模糊的认识。其实，早在 1944 年 7 月 14 日，毛泽东在延安与英国记者斯坦因的谈话中就明确地回答了这一问题。一是党性和人民性是高度有机的统一。二是在党的各项具体工作中，由于对实际情况掌握得不够和情况的不断变化，我们党也会有这样那样的失误甚至错误。党的一些具体政策必须根据实际情况的变化和人民利益的需求而及时进行必要的调整与改变。我们党历来主张，坚持真理、修正错误。三是自发的群众运动往往会被眼前局部的经济利益所阻碍，人民群众的彻底解放，必须在有先进理论武装的共产党领导下才能实现。

记者：习近平总书记明确指出，坚持中国特色社会主义政治发展道路，关键是要坚持党的领导、人民当家作主、依法治国有机统一。您认为该如何深刻理解习近平总书记这一重要论述？

李慎明：第一，坚持党的领导是人民当家作主制度体系的根本政治保障。国际共产主义运动的历史证明，党的领导不仅是无产阶级夺取和掌握国家政权的首要条件和普遍规律，同时也是社会主义建设和改革的首要条件和普遍规律。中国共产党在社会主义中国的领导地位，不仅是历史和人民的选择，同时也有着充分的法律依据。其一是中华人民共和国的宪法序言明确记载，中国新民主主义革命的胜利和社会主义事业的成就，是中国共产党领导中国各族人民，在马克思列宁主义、毛泽东思想的指引下取得的。宪法序言还明确指出，中国各族人民将继续在中国共产党领导下，把我国建设成为富强民主文明和谐美丽的社会主义现代化强国，实现中华民族伟大复兴。其二是宪法正文总纲中的第一条“中华人民共和国是工人阶级领导的、以工农联盟为基础的人民民主专政的社会主义国家”的明确规定，开宗明义地确立了中国共产党在国家事务中的领导地位。第十三届全国人民代表大会通过的宪法修正案，在总纲第一条中明确规定：“中国共产党领导是中国特色社会主义最本质的特征。”这是对新中国成立以来特别是改革开放以来波澜壮阔实践经验的深刻总结，同时又是对中国特色社会主义理论体系和马克思主义国家学说与政治学理论的本质升华。

第二，坚持以人民为中心是健全人民当家作主制度体系的宗旨和灵魂。《习近平谈治国理政》第三卷中的《人民是我们党执政的最大底气》强调：“人民是我们党执政的最大底气，是我们共和国的坚实根基，是我们强党兴国的根本所在。”为了人民，相信人民，依靠人民，是我们党的力量生命之源。人民当家作主既是目的，又是手段。只有不断巩固与增强人民群众当家作主的地位，人民群众才会更加自觉地把个人命运与国家、民族和社会主义的命运紧密联系在一起，更加自觉地发挥自己的积极性、主动性和创造性，进行更加丰富生动的历史活动，而中国共产党的执政也就会有最为先进的阶级基础和最为深厚的群众基础，就有了最为深厚的实质上的执政合法性。因此，坚持党的领导、人民当家作主和依法治国，都必须始终相信和依靠人民群众，始终为着人民群众。这是唯物史观和最广大人民群众的根本利益对我们的要求。

第三，坚定不移走中国特色社会主义法治道路。依法治国是实现党领导人民当家作主的基本途径和法治保证，无论是党的领导还是人民当家作主，都必须得到法治的保障并在法治范围内实施，严格依法办事，任何组织和个人都不允许有超越宪法和法律的特权。只有坚持共产党的领导，才能正确实施依法治国方略，建设社会主义法治国家。我们党提出了科学执政、民主执政、依法执政。依法治国是实现人民当家作主的重要手段。党的领导、人民当家作主与依法治国三者是有机统一的，但三者并非并列的关系。习近平总书记指出："人民当家作主是社会主义民主政治的本质和核心。"依法治国是人民民主专政的国家政权行使职能的具体反映和体现，是推进国家治理体系和治理能力现代化的治国理政的重大方略，是实现人民当家作主不能或缺的手段。所以，依法治国所依据的法和所要实施的法治，必须是"良法""良治"，即真正体现人民意志、维护人民利益的法律和治理，即确保人民当家作主的法和治。

记者：习近平总书记指出，当今世界正经历百年未有之大变局。请您谈谈如何正确认识形势，坚定信心。

李慎明：党的十八大以来，中央政治局一次专门学习历史唯物主义，一次专门学习辩证唯物主义，意味深长。2019 年 1 月 21 日，习近平总书记指出："面对波谲云诡的国际形势、复杂敏感的周边环境、艰巨繁重的改革发展稳定任务，我们必须始终保持高度警惕。"2020 年全球新冠疫情的不期而至，对世界格局、中美关系乃至全球经济、政治、文化以及经贸、外交、军事、教育、科技等造成极大的震荡与冲击。新冠疫情在全球的暴发极大冲击了世界格局，产生以下新变化、新特点。

第一，世界已经进入大动荡、大变革、大发展的新时期。新冠疫情加剧了世界范围内的贫富两极分化，加速世界各国人民的觉醒和世界历史进程，加速检验社会主义与资本主义制度的长短优劣。

第二，抗击新冠疫情全面展示了我国的软、硬两种实力。新冠疫情这场新时代波澜壮阔的人民战争，使社会主义制度优势进一步得到极大发挥，新中国成立 70 余年来形成的和平时期的临战动员体制机制得到坚持和发展。

第三，坏事在一定条件下能变成好事。新冠疫情让我国人民经受了生动深刻的爱国主义、集体主义、社会主义乃至共产主义思想教育。经过抗疫，全党的思想、理论、组织、作风、纪律、制度建设都将迈上新的台阶。

记者：习近平总书记2021年春在福建考察时指出，实现第二个百年奋斗目标，实现中华民族伟大复兴，青年一代责任在肩。您对于青年如何树立科学的信仰、坚定理想信念都有哪些建议呢？

李慎明：习近平总书记在纪念五四运动100周年大会上，饱含深情地鼓励广大青年："中国青年是有远大理想抱负的青年！中国青年是有深厚家国情怀的青年！中国青年是有伟大创造力的青年！无论过去、现在还是未来，中国青年始终是实现中华民族伟大复兴的先锋力量！"青年如何成为中华民族伟大复兴的先锋力量，我认为应包含以下四个方面。

第一，坚定对马克思主义的信仰。毛泽东曾对斯诺说，1920年夏天他自己确立了马克思主义的世界观后，就从来没有动摇过。习近平总书记高度重视坚持和发展马克思主义。在纪念五四运动100周年大会上的讲话中，习近平总书记又特别强调："新时代中国青年要增强学习紧迫感，如饥似渴、孜孜不倦学习，努力学习马克思主义立场观点方法。"理论异常重要，绝不可忽视，理论正确，党、国家、民族和人民便有无比辉煌的明天。文化可以多样性，社会思潮可以多元化，但真理不能也绝不会多极化、多样性、多元化。正确的理论，即真理，即事物的本质和规律，只能有一个，这就是揭示了自然界、人类社会和思想最一般规律的放之四海而皆准的马克思主义。

第二，认真刻苦读书。正确的理想信念的确立，首先来自对马克思主义以及各种科学知识的学习和掌握。毛泽东曾经说自己看《共产党宣言》不下一百遍。习近平总书记在陕西插队期间，读马克思主义的经典著作，读历史、读法律、读文学和自然科学等，在上大学前，他就通读《资本论》3遍，并写了厚厚的18本读书笔记。学习马克思主义和人类全部知识，是有正确理想信念的人一辈子的事。

第三，到实践中读无字大书。书本的知识必须与实践相结合，毛泽东在青年时代就深深懂得了这一点。1917年7月中旬至8月16日，毛泽东和萧子升步行漫游长沙、宁乡、安化、益阳、沅江五县，历时一个月，行程九百余里。这次长途旅行，他们未带一文钱，用游学的方法或写些对联送人以解决食宿，沿途接触城乡社会各阶层的人，了解风土民情，获得许多新鲜知识。2016年12月7日，习近平总书记在全国高校思想政治工作会议上的讲话中指出："社会是个大课堂。青年要成长为国家栋梁之材，既要读万卷书，又要行万里路。社会实践、社会活动以及校内各类学生社团活动是学生的第二课堂。”“当年，我在梁家河插队，实际上就是在上社会大学，向群众学习，向实践学习，那段经历让我受益匪浅。”

第四，在理论与实践的结合中改造自己的世界观，牢固树立以人民为中心的发展思想。人为什么而活着是根本的问题、原则的问题，本质上是人应该有什么信仰。习近平总书记在党的十九大报告中明确提出了“坚持以人民为中心”的思想。习近平总书记坚持以人民为中心的发展思想，是在新形势、新时代下对马克思主义关于为什么人的问题是根本的问题、原则的问题的坚持和创新。从一定意义上讲，以人民为中心的发展思想仍然是对科学发展观的继承和发展，它明确指明了科学发展观的根本灵魂和目的所在。马克思主义绝不仅仅是一个发展观所能囊括的，正如习近平总书记在纪念马克思诞辰 200 周年大会上的归纳，马克思主义除了发展观外，还有实践观、群众观、阶级观、矛盾观等，而以人民为中心的思想这一归纳和提炼，对于马克思主义的根本内容和目的指向来说，更具本质性与深刻性。为着人民和依靠人民，相互依存，互为前提，高度统一于党的全心全意为人民服务这一唯一的宗旨和人民这一立场，同时也贯穿于习近平总书记系列重要讲话、治国理政和“四个全面”战略布局之中。当然，强调为人民服务绝不排斥合理合法的个人利益。1959 年底、1960 年初，毛泽东在《读苏联〈政治经济学教科书〉的谈话》中就明确指出：“公是对私来说的，私是对公来说的。公和私是对立的统一，不能有公无私，也不能有私无公。我们历来讲公私兼顾，早就说过没有什么大公无私，又说过先公后私。个人是集体的一分子，集体利益增加了，个人利益也随着改善了。”

青年们要自觉地听党的话，坚定地跟党走。习近平总书记在中央政治局就五四运动的历史意义和时代价值专门举行第十四次集体学习时指出，要讲清楚为什么中国共产党能够担负起领导人民实现民族独立、人民解放和国家富强、人民幸福的历史重任；要阐明中国共产党和中国青年运动的关系，加强对广大青年的政治引领，引导广大青年自觉坚持党的领导，听党话、跟党走。在纪念五四运动 100 周年大会上，习近平总书记指出：“新时代中国青年要听党话、跟党走，胸怀忧国忧民之心、爱国爱民之情，不断奉献祖国、奉献人民。”有了坚定正确的世界观，青年们就会有正确的方向、远大的志向、广阔的胸襟，就能勇于解放思想，敢于担当历史的责任，激发改造社会和创造世界的激情，为着国家、民族的前途和命运勇于接受各种困难的磨砺和挑战；就真正能够做到自尊、自爱、自信、自强、自立，苦学多思，深入实践，扎实苦干，坚韧不拔，顽强拼搏，勇于创造；就会有着应有的社会正义与良知，而不是社会不良现象的漠视者、旁观者或简单批评者；就会有着更加乐观积极的人生态度，把理想主义、现实主义和英雄主义完满地结合起来，容易聆听和接受别人的意见，不断调整和改进自己的实践方向；就会增强互助合作精神和集体意识，与同学互帮互学、相互交流、共同探讨，不断激发起心中新的求知欲望，并走近普通工农群众，触摸时代的脉搏，倾听人民的呼唤；就可能经受住各种风浪的考验，使自己成长为党、国家和民族的有用之才直至栋梁之材。

浙江日報

ZHEJIANG DAILY

中共浙江省委机关报

浙江日报报业集团 ZHEJIANG DAILY PRESS GROUP

2020年9月14日 星期一 庚子年七月廿七

国内统一连续出版物号:CN 33-0001

邮发代号:31-1 今日12版 第26043期

7月1日,"从起航地出发——浙江日报迎接建党百年大型融媒体报道"寻访从嘉兴南湖启程。今日本报五版推出第七篇《踏访三代铁人的足迹,为信仰"加油"——在大庆,读懂"奋斗"》。

忠实践行"八八战略" 奋力打造"重要窗口"

以"八八战略"引领"重要窗口"建设

——访马克思主义理论研究和建设工程首席专家韩庆祥

本报记者 潘如龙

高端访谈①

编者按:进入新发展阶段,我省如何忠实践行"八八战略"、奋力打造"重要窗口"?为帮助广大干部群众更好地理解"八八战略"和"重要窗口"的关系,回答好新阶段面临的新课题,进一步增强理论自觉和行动自觉,坚定不移沿着习近平总书记指引的路子走下去,本报开设《高端访谈》栏目,专访全国相关领域知名专家,展开深入探讨。敬请关注。

坚定不移沿着习近平总书记为浙江指引的路子走下去,忠实践行"八八战略"、奋力打造"重要窗口",是浙江各项工作一以贯之的主题、一贯到底的主线。如何深刻理解"八八战略"与"重要窗口"之间的关系,如何以"八八战略"为主线奋力打造"重要窗口"?我们就这些问题采访了马克思主义理论研究和建设工程首席专家、中央党校一级教授、中央党校专家工作室领衔专家韩庆祥。

本报记者:作为从事马克思主义理论、中国道路、习近平新时代中国特色社会主义思想研究的知名专家,您怎样理解"八八战略"与"重要窗口"两者之间的关系?

韩庆祥:首先,习近平总书记今年赋予浙江"努力成为新时代全面展示中国特色社会主义制度优越性的重要窗口"的新目标新定位,与2018年习近平总书记对浙江提出的"干在实处永无止境,走在前列要谋新篇,勇立潮头方显担当"的新期望,以及习近平同志于2003年在浙江工作时提出的"八八战略",一脉相承、一以贯之。"八八战略"是当年习近平同志通过充分深入的调查研究而提出的事关浙江发展全局、根本、长远的重大战略。浙江只要实施好"八八战略",就一定能够在全国乃至世界走在前列、勇立潮头,就一定能够成为新时代全面展示中国特色社会主义制度优越性的重要窗口。

其次,浙江有能力全面展示新时代中国特色社会主义制度的优越性。"八八战略"是习近平新时代中国特色社会主义思想在浙江萌发与实践的集中体现,为浙江全面协调发展打下了坚实基础。如今,浙江不仅在创新发展、协调发展方面走在全国前列,而且在绿色发展、开放发展、共享发展方面也走在全国前列。实现这五大发展,是成为强省的根本之道。

最后,"八八战略"本身具有"窗口"意义。"八八战略"在新时代已经展现出对全国发展的某些引领作用。浙江属于我国发达地区,具有开放性、国际性与先行性、示范性等特征,在全国能担当起特殊的职责使命,能起到全面展示中国特色社会主义制度优越性的作用。

具体地说,一是集中力量办大事。"八八战略"中的每一项战略都是浙江的一件大事,八个方面战略作为一个有机整体,是浙江的总体性大事。浙江历届省委、省政府坚持全省"一盘棋",调动各方面积极性,集中力量办大事,从而使"八八战略"不断取得新成效。

二是发挥并运用好基本经济制度。大力推动以公有制为主体的多种所有制经济共同发展,不断完善社会主义市场经济体制,民营经济为浙江经济社会发展发挥了重要作用,既激活了自主发展的动力,也使浙江经济社会发展趋于平衡、和谐、稳定。

三是坚持改革创新、与时俱进。注重自我完善、自我发展。"八八战略"及其每一个战略,都体现了改革创新、与时俱进,都是自我完善、自我发展的具体体现。

(下转第四版)

专家名片

韩庆祥 十八届中央政治局第十一次集体学习主讲专家,第十三届全国政协委员。马克思主义理论研究和建设工程首席专家,中央党校一级教授、中央党校专家工作室领衔专家,中央党校原校委委员、副教育长兼科研部主任。

完善产业集群 拥抱『智造』浪潮

龙游加快培育新兴产业

本报讯 (记者 梅玲玲 共享联盟龙游站 徐月永张锋)"别看高频阀体积小,纺织机械、医疗设备等想要提高工作效率,都离不开它。"这几天,在龙游经济开发区的威仕喜(浙江)流体技术有限公司智能化车间,技术人员正忙着新研发产品高端电磁阀的打样工作。公司董事长王庆灏表示,预计下月就能投入生产。

据了解,电磁阀是流体控制自动化系统的执行器之一,国内高端电磁阀领域一直依赖进口。凭借在气动领域的丰富经验和技术积累,威仕喜持续加大研发投入,加强新产品开发,加速实现高端电磁阀的进口替代。王庆灏说,公司之所以把总部搬到龙游,就是冲着龙游的浙江禾川科技股份有限公司来的。威仕喜也是禾川科技"产业链招商"引入的第5家智能化高端企业。

产业链集群发展,降低了集群内企业的经营风险和成本,形成产业链相关企业的竞争优势。"禾川科技生产机器人'大脑',威仕喜生产'四肢',我们整机组装。"台钰精机(浙江)有限公司有关负责人表示,通过这样一条上下游产业链,一台机床的成本至少下降20%。

产业链更完整,才能赢得更大市场。作为龙游县经济发展的主战场,经济开发区聚焦高端装备制造、战略新材料、数字智能制造三大新兴产业融合发力,在双循环中抢占先机,完善横向、纵向产业体系,优化集聚载体和创新平台,提升产业长效综合竞争力。

连日来,中浙高铁轴承有限公司厂区内各条生产线火力全开,赶订单、忙生产,一派热火朝天的景象。"公司已经从疫情的影响中恢复,生产订单也已处于饱和状态,排到了明年。"中浙高铁轴承副总经理许云说,公司一直在增加技术研发投入,改善生产中的"瓶颈"工序,提高生产效率。规划用地1000亩、总投资50亿元的中浙高铁轴承产业园项目,建成投产后可实现年生产400万套高铁轴承、特种轴承和高端精密轴承,打破高端轴承技术长期被国外垄断的局面。

"产业链持续向高端发力,构建良好'智造'生态,为产业发展增添了强劲动力。"龙游经济开发区管委会主任缪建立介绍,今年前8月,龙游经济开发区150家规上企业实现产值108.25亿元,同比增长3.28%,其中8月实现产值15.65亿元,同比增长8.48%,有力巩固了二季度转正的良好态势。

努力交出高分报表进行时③

让"第一动力"更加澎湃

本报记者 夏丹 黄慧仙

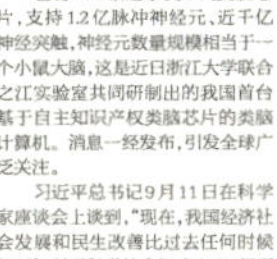

包含792颗达尔文2代类脑芯片,支持1.2亿脉冲神经元、近千亿神经突触,神经元数量规模相当于一个小鼠大脑,这是近日浙江大学联合之江实验室共同研制出的我国首台基于自主知识产权类脑芯片的类脑计算机。消息一经发布,引发全球广泛关注。

习近平总书记9月11日在科学家座谈会上谈到,"现在,我国经济社会发展和民生改善比过去任何时候都更加需要科学技术解决方案,都更加需要增强创新这个第一动力。"聚力科技创新的时代号角已经吹响,浙江正围绕创新平台、创新人才和创新主体等关键要素,下好先手棋,让"第一动力"催生新动能,交出创新高分报表,有力推动浙江经济高质量发展。

围绕"互联网+"、生命健康、新材料三大科创高地全力建设全球创新策源地,浙江正在创新平台上提能造峰。

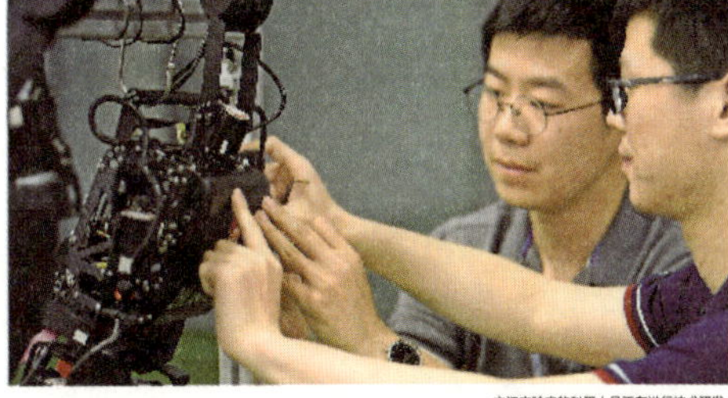

之江实验室的科研人员正在进行技术研发。

就在两个月前,之江实验室、良渚实验室、西湖实验室和湖畔实验室4家浙江省实验室正式授牌。4家省实验室布局明晰:之江实验室和湖畔实验室聚焦"互联网+"科创高地建设,良渚实验室和西湖实验室聚焦生命健康科创高地建设。据了解,每家省实验室平均总投资为100亿元左右,以建设国家科技创新基地"预备队"为目标,以高起点打造面向世界、引领未来、辐射全省的创新策源地为使命,首批4家省实验室的布局,鲜明地展现出浙江以超常规力度建设世界级科创高地的决心和魄力。

目前,4家省实验室正加快各自领域科技研发步伐。"我们已在智能感知、智能网络、智能计算、大数据与区块链、智能系统五大研究方向布局相关项目,并积极谋划智能计算研究院建设。"之江实验室主任朱世强说。西湖实验室则聚焦代谢与衰老疾病和肿瘤机制研究两大重点领域,推动转化应用研究和应急医学研究;

(下转第三版)

湖州公安打造生态警务

"绿色警长"守青山护绿水

本报讯 (记者 李攀 李世超 通讯员 马俊)穿上救生衣、登上巡逻艇……湖州市公安局滨湖派出所民警丁学华开始了巡查工作。如今,这已成了他日常工作的一部分。滨湖派出所管辖的约300平方公里水域连通太湖,作为湖州市公安局任命的"绿色警长",丁学华也成为了一名太湖生态守护者。

湖州是绿水青山就是金山银山理念诞生地,湖州公安自觉扛起守护绿水青山的使命,近年来持续严厉打击破坏生态环境违法犯罪行为,为当地高质量赶超发展全力保驾护航。今年,湖州公安再次部署开展"守青山、护绿水——湖州公安再行动",并首创"绿色警长制",在湖州全市林区、矿区、湖泊、河道、路段、市场等六大环保重点区域全面配备"警长",并建立了打防结合、上下联动、区域协同的生态警务机制。

"生态环保涉及面广、监管战线长、监管点位多。以河道为例,湖州全市有大小河流7000余条。"湖州市生态环境局相关负责人说,公安机关发挥自身优势,广泛配备"绿色警长",让环保执法更加"硬气"。

"严"字当头,是"绿色警长"必须严格遵守的铁律。环境案件线索一律追踪溯源,倒查监管责任;环境案件办理一律快侦快诉;重大环境案件一律实行市局挂牌督办等"硬核"举措的出台为"绿色警长"赋能增力。

"防"字为先,是"绿色警长"预防生态"破窗效应"的秘诀。日前,安吉县递铺街道老庄村的几户村民因千亩茶山的归属产生纠纷,有人声称要上山砍伐茶树,"绿色警长"良展超得知情况后立刻和村干部上门释法说理,最终成功劝阻。"绿色警长"在日常工作中实行包干排查,定时定人定点开展巡逻,对排查出来的风险隐患,实行"ABC"分级分类管控,加快整改解决。

湖州公安依托"绿色警长",建立完善了多部门联动执法联席会议、常设联络员、重大案件会商督办和案件移送、联合调查、信息共享等机制,实现从"事后移交、被动处置"向"主动对接、共享共治"的转变。

据了解,目前湖州共配备1078名"绿色警长",实现全市7373条9380公里河道、153个湖泊、157个水库、113个农贸市场以及林区矿区主要路段全覆盖。

以不懈奋斗交出10张高分报表

——四论忠实践行"八八战略"、奋力打造"重要窗口"

本报评论员

打造"重要窗口",是习近平总书记赋予浙江的新目标新定位。宏伟目标的实现,需要脚踏实地、一步一履,把大目标落实落细落小。忠实践行"八八战略"、奋力打造"重要窗口",当前和今后一个时期,浙江要集中精力做好自己的事,努力交出防疫、经济、创新、改革、开放、平安、民生、文化、生态和党建等10张高分报表。

这10张高分报表涉及浙江经济社会发展各个方面,彰显浙江在服务全国大局中的担当,贯穿以人民为中心的发展理念,关乎人民群众过上美好生活的期待,体现浙江高质量发展的鲜明导向,事关"五位一体"总体布局和"四个全面"战略布局,是忠实践行"八八战略"的必然要求,是展示"重要窗口"风采的关键指标。这10张高分报表为我们当前和今后一个时期事业发展标明了着力点和奋斗目标。目标既明,号令既出,当动若风发,只争朝夕。"高分"意味着各项工作不是要追求及格,而是要追求卓越。因此,交出10张高分报表绝不是轻轻松松就能完成的,浙江要在"八八战略"指引下踔厉风发、殒强拼搏。

强化政治担当。改革推进到今天,强化认识更要坚定决心,注重方法更要勇于担当。全省广大党员干部要站在政治高度,扛起政治担当,充分认识到交出10张高分报表的极端重要性,激发"等不起"的紧迫感、"慢不得"的危机感、"坐不住"的责任感,在交出高分报表的实践中检验守初心、担使命的成色。

突出实干导向。打造"重要窗口"靠干,来不得虚。全省上下各部门、各条线要迅速行动起来,聚焦真抓实干,积极发挥预见性、主动性和创造性,紧密结合具体实际,努力把10张高分报表化为生动风景。要对照高分报表的要求找差距、抓落实,把各项工作做深、做细、做实、做透,朝着样板、标杆的方向全力奋进,好了还要再好。

涵养问题意识。事业发展的一切成就和进步,无不在破解问题中实现。浙江有很多工作走在全国前列,但仍要精益求精,而且新情况新问题新挑战不断涌现。交出10张高分报表,需要我们敢于刀刃向内。要深入调研、倾听民意,立足当前、着眼长远,增强发现问题的敏锐、正视问题的清醒、解决问题的自觉,在攻坚克难中朝着新目标新定位迈进。

确保成色十足。要树立正确的政绩观,出实招不搞形式,鼓实劲不务虚功,真正出经验、出成果,使高分报表不含一丝水分。高分报表的最终落脚点仍在于让人民群众产生实实在在的获得感、幸福感和安全感。要把工作做到群众心坎上,使高分报表经得起实践和历史检验。

以“八八战略”引领“重要窗口”建设

嘉　宾

韩庆祥

国家哲学社会科学一级教授，原中央党校校委委员、副教育长

坚定不移沿着习近平总书记为浙江指引的路子走下去，忠实践行“八八战略”、奋力打造“重要窗口”，是浙江各项工作一以贯之的主题、一贯到底的主线。如何深刻理解“八八战略”与“重要窗口”之间的关系，如何以“八八战略”为主线奋力打造“重要窗口”？记者就这些问题采访了韩庆祥教授。

记者：作为从事马克思主义理论、中国道路、习近平新时代中国特色社会主义思想研究的知名专家，您怎样理解“八八战略”与“重要窗口”两者之间的关系？

韩庆祥：首先，习近平总书记2020年赋予浙江“努力成为新时代全面展示中国特色社会主义制度优越性的重要窗口”的新目标新定位，与2018年习近平总书记对浙江提出的“干在实处永无止境，走在前列要谋新篇，勇立潮头方显担当”的新期望，以及习近平同志于2003年在浙江工作时提出的“八八战略”，一脉相承、一以贯之。“八八战略”是当年习近平同志通过充分深入的调查研究而提出的事关浙江发展全局、根本、长远的重大战略。浙江只要实施好“八八战略”，就一定能够在全国乃至世界走在前列、勇立潮头，就一定能够成为新时代全面展示中国特色社会主义制度优越性的重要窗口。

其次，浙江有能力全面展示新时代中国特色社会主义制度的优越性。“八八战略”是习近平新时代中国特色社会主义思想在浙江萌发与实践的集中体现，为浙江全面协调发展打下了坚实基础。如今，浙江不仅在创新发展、协调发展方面走在全国前列，而且在绿色发展、开放发展、共享发展方面也走在全国前列。实现这五大发展是成为强省的根本之道。

最后，“八八战略”本身具有“窗口”意义。“八八战略”在新时代已经展现出对全国发展的某些引领作用。浙江属于我国发达地区，具有开放性、国际性、先行性、示范性等特征，在全国能担当起特殊的职责使命，能起到全面展示中国特色社会主义制度优越性的作用。

具体地说，一是集中力量办大事。“八八战略”中的每一项战略都是浙江的一件大事，八个方面的战略作为一个有机整体，是浙江的总体性大事。浙江历届省委、省政府坚持全省“一盘棋”，调动各方面积极性，集中力量办大事，从而使“八八战略”不断取得新成效。

二是发挥并运用好基本经济制度。大力推动以公有制为主体的多种所有制经济共同发展，不断完善社会主义市场经济体制，民营经济为浙江经济社会发展发挥了重要作用，既激活了自主发展的动力，也使浙江经济社会发展趋于平衡、和谐、稳定。

三是坚持改革创新、与时俱进。注重自我完善、自我发展。“八八战略”及其每一个战略都体现了改革创新、与时俱进，都是自我完善、自我发展的具体体现。

四是坚持选贤任能、聚天下英才而用之。进一步发挥浙江的人文优势，积极推进科教兴省、人才强省。加快建设文化大省，注重的就是人才的力量，要培养造就更多更优秀的人才。

五是坚持对外开放。进一步发挥浙江的区位优势，主动接轨上海、积极参与长江三角洲地区交流与合作，不断提高对内对外开放水平，注重的就是提高开放水平。此外，从“绿水青山就是金山银山”理念的提出到打造“绿色浙江”的实践，都是“八八战略”中进一步发挥浙江生态优势和山海资源优势，推动欠发达地区跨越式发展等战略的生动写照。

浙江结合发展实际，对习近平总书记当年提出的“八八战略”与近来提出的“重要窗口”的理解和把握，是全面的、精准的、深入的，具有高度的理论自觉和实践自觉。

记者：新的发展阶段，如何围绕“重要窗口”这个新目标新定位，准确把握浙江阶段性特征，忠实践行“八八战略”？

韩庆祥：“八八战略”本质上是极具治理效能的治理理念、治理体系、治理目标、治理方法，是能治理好浙江并体现中国特色社会主义制度优越性的总纲领、总方略。

新的发展阶段，国内国际形势发生了深刻变化，浙江可以紧密结合本地实际，准确把握阶段性特征，根据“八八战略”这个治理理念、治理体系，创新性地推进经济社会发展各项事业。

“八八战略”体现了发挥比较优势、补齐发展短板、打牢发展支点的哲学精髓。它强调经济社会发展的动力、平衡和治理三大机制之间的关系及协调，是整合党的领导力量、市场配置力量、人民主体力量并形成合力的治理。践行“八八战略”是中国特色社会主义省域治理的生动范例。

对一个地区发展来说，首要是战略谋划、方略实施。其中最基本的，就是要根据本地区的比较优势、发展短板和发展支点来谋划和推进。运用哲学思维来分析“八八战略”，它实质上就是讲浙江发展所具有的8大比较优势。如果浙江及其市、县在这8个方面的优势还没有充分发挥出来，那实际上就是当地在这8个方面还存在短板，应尽快补上；“八八战略”提出的浙江面对未来发展的8项举措，实际上就是浙江省未来发展的8个根本支点。所以，“发挥比较优势-补齐发展短板-打牢发展支点”，既是“八八战略”的哲学精髓，也是浙江发展的有效路径。浙江省委忠实践行“八八战略”，认真思考和回答新阶段的10大新课题，解答好这10大新课题，是打造“重要窗口”的最现实最紧迫任务。从中可以看出，浙江省委对以“八八战略”为主线奋力打造“重要窗口”，是心中有数、出手有招的，是善于作战略规划的。

记者：您长期研究“八八战略”，关注浙江的改革发展，您对忠实践行“八八战略”、奋力打造“重要窗口”有哪些建议？

韩庆祥：最为关键的，就是要以习近平新时代中国特色社会主义思想为指导，在浙江省委、省政府领导下，党员干部和人民群众要咬定目标、迎难而上、勇于奋斗、敢于斗争、久久为功。打造“重要窗口”不是轻而易举的。习近平总书记强调“打铁必须自身硬”，就蕴含着咬定目标、敢于担当、迎难而上、越挫越勇、越险越进、勇于奋斗、敢于斗争、久久为功这一中国共产党人的基因和特质。

为此，浙江一方面要依靠干部队伍自身“硬”来克服各种艰难险阻，把浙江真正建成新时代全面展示中国特色社会主义制度优越性的“重要窗口”。全省各级领导班子和党员干部要按照习近平总书记提出的“信念过硬、政治过硬、责任过硬、能力过硬、作风过硬”的要求，坚持把政治标准作为第一标准，着力提升政治素养、理论水平、专业能力、实践本领，努力在“重要窗口”建设中树立新形象、展现新担当、干出新作为。

要紧紧依靠广大人民群众。人民群众是我们干成任何事业的最大底气，是浙江建成新时代全面展示中国特色社会主义制度优越性的“重要窗口”的依靠力量。实践证明，每当浙江在应对重大挑战的关键时刻，总是能依靠浙江人民渡过难关，取得胜利。离开浙江人民群众的支持，难以有效应对各种挑战，也难以真正建成新时代全面展示中国特色社会主义制度优越性的“重要窗口”。

要依靠制度优势和治理效能来克服各种艰难险阻。党的十九届四中全会第一次对我国国家制度和国家治理体系的显著优势作出了精辟概括。这是基于新中国成立以来我国经济社会发展的实践经验而作出的提炼概括。正是基于制度优势和治理效能，我们创造了经济快速发展奇迹和社会长期稳定奇迹。当今，浙江要结合自身实际，充分发挥国家以及浙江多方面的制度体制优势，尤其是在政府数字化转型创新实践上积累的优势，通过数字化赋能，大力推进党政机关治理体系和治理能力的现代化，带动经济、社会、文化、生态治理的数字化，补齐在区域治理能力方面的某些短板，更好地把制度优势转化为治理效能，提升治理能力，以“浙江之窗”展示“中国之治”。

新发展阶段 新发展理念 新发展格局

——2021理论热点访谈录

本报记者 潘如龙 周宇晗 章 忻

2020年是极不平凡的一年。我们决胜全面建成小康社会取得决定性成就，即将开启全面建设社会主义现代化国家新征程。新年将至，盘点2020理论热点，展望2021理论前沿，我们聚焦"三个新"——新发展阶段、新发展理念、新发展格局，邀请3位国内知名专家进行深度访谈，为2021年育先机、开新局增添更多理论思考。

新发展理念：新内涵新特征

【嘉宾简介：张占斌，中央党校（国家行政学院）马克思主义学院院长，一级教授、博士生导师，第十三届全国政协委员。国家社科基金重大项目首席专家。入选国家"四个一批"社科理论人才和国家万人计划领军人才。】

党的十九届五中全会强调"把新发展理念贯穿发展全过程和各领域"。创新、协调、绿色、开放、共享的新发展理念，最早出现在党的十八届五中全会，为制定"十三五"规划而提出。在我国开启全面建设社会主义现代化国家新征程之际，更加强调坚持新发展理念，有着怎样深刻的内涵和新的特征？本报采访了中央党校马克思主义学院院长张占斌教授。

新发展理念背景的深刻变化

记者：与"十三五"时期相比，"十四五"时期以及未来更长一段时间，国际形势将面临哪些新的发展变化？我国将面临怎样的挑战？

张占斌：当今世界正经历百年未有之大变局。从国际层面看，不稳定性、不确定性已然形成逆风逆水的外部环境。经济全球化遭遇逆流，少数国家奉行单边主义、保护主义，对世界和平与发展构成威胁。突如其来的新冠肺炎疫情全球大流行，使全球产业链供应链受到冲击，国际经济、科技、文化、安全、政治等格局都在发生深刻调整。

从国内层面看，我国发展不平衡不充分问题仍然突出。不充分方面，2019年我国人均GDP尚低于世界平均水平；创新能力不适应高质量发展要求。不平衡方面，区域城乡之间存在发展差距，打赢精准脱贫攻坚战解决了绝对贫困问题，但如何建立不返贫的长效机制成为新课题。

新发展理念内涵的螺旋演进

记者：根据不同的发展背景，新发展理念的内涵有哪些重大变化？

张占斌："十四五"时期强调坚持的新发展理念，其内涵发生了螺旋演进。

创新突出了全局核心地位下的科技自立自强。创新是引领发展的第一动力，强调把科技自立自强作为国家发展的战略支撑，要全面塑造发展新优势，完善国家创新体系、健全新型举国体制，打好关键核心技术攻坚战，加快建设科技强国。

协调突出了持续健康要求下的现代产业体系。协调发展通常包括区域协同、城乡一体、物质文明精神文明并重、经济建设国防建设融合。"十四五"时期在此基础上，提出了加快发展现代产业体系的要求，一方面要推动经济体系优化升级，另一方面强调统筹发展和安全。

绿色突出了人与自然和谐共生下的生态文明制度建设。与"十三五"时期相比，新发展阶段将更加强调构建生态文明体系，完善生态文明领域统筹协调机制，意味着要从生态文明制度建设上发力。

开放突出了高水平目标下的国内国际双循环。"十四五"时期，对外开放不再是单纯地引进来和走出去，而是立足国内大循环，融合供给侧结构性改革与需求侧管理，形成强大的国内市场。

共享突出了逐步实现共同富裕本质下的高品质。强调人民生活将更加美好，人的全面发展、全体人民共同富裕取得更为明显的实质性进展。提出了要实现巩固脱贫攻坚成果同乡村振兴有效衔接，扎实推进共同富裕，与高质量发展相适应提出高品质的要求，强调改善人民生活品质。

新发展理念特征的精准指向

记者：党的十九届五中全会强调坚持的新发展理念有哪些主要特征？

张占斌：一是新发展理念体现系统性。新发展理念主旨相通、目标指向一致，构成一个系统化的内在逻辑体系。如果将我国的发展比作一辆飞驰在高速公路上的汽车，那么"创新"是引领发展的第一动力；"协调"确保汽车方向盘平衡平稳；"绿色"保障汽车自身节能环保和行车环境优美安全；"开放"可以为汽车更换更优质的零部件；"共享"确保每个人都能坐上汽车。

二是新发展理念更具针对性。"十四五"时期的新发展理念坚持问题导向、聚焦突出问题，旨在解决当前和今后一个时期我国面临的突出挑战与矛盾，具有十分明显的针对性。分别针对关键核心技术"卡脖子"、发展不平衡不充分、环境保护、发展环境深刻变化、面临"中等收入陷阱"等问题。

三是新发展理念彰显高质量。习近平总书记强调，"高质量发展，就是能够很好满足人民日益增长的美好生活需要的发展，是体现新发展理念的发展"。要构建协调发展体制机制，促进人与自然和谐共生，增强全体人民的获得感、幸福感、安全感。

浙报绘图 潘泓璇

新发展阶段：创新社会治理

【嘉宾简介：何艳玲，中国人民大学杰出学者、特聘教授、二级教授、博士生导师。国家社科基金重大项目"中国改革开放创造的治理经验及政府理论提升"首席专家和负责人。】

"十四五"时期我国将进入新发展阶段。从社会治理的角度看，新发展阶段有哪些本质属性和要求？本报采访了中国人民大学公共管理学院何艳玲教授。

社会治理既要回应差异性 更要回应多元性

记者：我国发展仍处于重要战略机遇期，但机遇和挑战都有新的发展变化。从社会治理的角度来看，我们需要应对哪些新变化？

何艳玲：新发展阶段的"新"，其本质就是当前社会结构、社会问题、社会挑战已经发生深刻变化，而相应的社会治理模式也随之发生变化。在中国改革开放上半程，回应、吸纳、消弭"社会差异性"成为社会治理的核心任务。但在新发展阶段，市场化与全球化、信息化不断交织和叠加，社会多元性变成了越来越重要的维度。特别是互联网对社会多元性的塑造以及对社会治理的影响日益凸显。互联网将"线下群众"转变为"线上个人"，并表现为数量庞大的网民，他们出于共同的价值观、兴趣爱好，通过网络联结形成了无数不确定、跨边界的新社群、新阶层，产生了新议题。"以人民为中心"的治理要求意味着新发展阶段的社会治理必须回应这种更为复杂的社会多元性。

在新发展阶段，作为个体的"我"的意义的凸显，决定了社会治理视角必须从无区别的群众视角向群体视角乃至个体视角转变，手段必须从粗放向精准转变。具体而言，包括更精确的民意识别、更精细的政策制定、更精巧的贯彻落实、更精当的制度设计等。必须拿出更大的勇气、更多的举措调解分歧、解决痛点、清除深层次体制机制障碍。

借助技术既要改变社会 更要改善社会

记者：中央和浙江省委"十四五"规划《建议》都将"加强和创新社会治理"列为重要内容，并提出了一系列具体举措。在您看来，落实这些举措的"金钥匙"是什么？

何艳玲：技术。无论是在制度层面健全城乡基层治理体系、建设社会治理共同体，还是在实践层面更好发挥政府和基层作用、畅通各社会主体参与治理的途径，大数据、人工智能、云计算等技术都应发挥更大作用。事实上，技术已经在大力助推社会治理特别是市域社会治理创新，如浙江的"最多跑一次"改革、杭州的"城市大脑"等，改变着社会管理、服务供给和办事流程。进入新发展阶段，技术治理也必须进入高质量发展轨道，实现从"改变社会"到"改善社会"的更高要求。

技术改善社会意味着一个重要转变，即从大场景到小场景的拓展。大场景关注宏观层面、城市层面、基础设施层面，而小场景则要求在社区层面、家庭层面、个人层面上有更多考量。在新发展阶段，技术运用既要注重大场景，也要慢慢渗透到更接近个人日常生活的小场景，并在更精准、更注重细节上下功夫，如改善居民日常生活体验、提升社区的便民性等。

深化改革既要建成数字政府 更要推动整体智治

记者：浙江省委十四届八次全会在自治、法治、德治的基础上，增添了"智治"，并提出建成"整体智治、唯实惟先"的现代政府的目标。在您看来，"整体智治"与一贯倡导的数字政府之间是什么样的关系？

何艳玲：数字政府强调信息化和智能化，主要目的还是提升政府的治理效率。"整体智治"则是人、社、数三者的统一，即将人民需求的满足、实体设施的优化、数字能力的应用提升深度融合、形成系统。从数字政府到"整体智治"，不仅意味着发现人们的需求，而且还要甄别不同人群的需求；不仅能甄别人群需求，而且可以探究不同需求的社会机理；不仅能生成数据，而且能让数据优化政策；不仅让人们获得更好服务，而且让人们能更好地自我服务等。

"整体智治"将解决社会治理三个关键问题：其一，社会信任链的建设与低成本获得。可信机制是社会治理的深层机制，而区块链等技术为保障参与主体交互数据的可信度提供了有效手段，同时也降低了社会管理成本。其二，智慧城市和智慧乡村的结合。如何从整体、系统、全周期的角度，推进新的空间融合、服务融合和文明融合，这是解决区域发展和群体发展不均衡问题的关键。其三，人们如何成为价值的主动创造者。进入新发展阶段，不仅要将人民作为治理对象，更要进一步激发和运用好人民的智慧，对社会主体全面赋能，鼓励其与政府共同应对公共问题。

新发展格局：于变局中开新局

【嘉宾简介：郁建兴，浙江工商大学校长，浙江大学公共管理学院教授、院长，Journal of Chinese Governance（SSCI期刊）主编，2012年入选教育部"长江学者"特聘教授。】

党的十九届五中全会明确提出要加快构建以国内大循环为主体、国内国际双循环相互促进的新发展格局。如何理解新发展格局的深刻内涵和创新之处，政府、市场等该发挥怎样的作用？本报采访了浙江工商大学校长郁建兴教授。

新发展格局是把握战略主动的先手棋

记者：党中央提出构建新发展格局这一重大战略举措的意义是什么？

郁建兴：在危机中育先机，于变局中开新局。党中央提出构建新发展格局的时机，与中美发生经贸摩擦、新冠肺炎疫情大流行的时间点基本重合，但并不意味着这是应对当前复杂形势的权宜之计。构建新发展格局是党中央立足长远发展大势和我国比较优势变化，为把握战略主动而采取的先手棋。我们需要充分理解新发展格局的战略性、思想性和指导性。

新发展格局新在哪里

记者：如何理解构建新发展格局的创新之处？

郁建兴：超大规模的国内市场决定了我们要更重视国内大循环。当前，我国在供需两端都占据世界前列。未来，随着我国经济总体规模的不断成长，无论外部环境如何变化，国内大循环的主体地位都将持续增强。因此，构建新发展格局是我国提高经济增长的自主性和内生稳定性的必然选择，具有战略意义上的长期性。

供需不平衡不充分是畅通国内大循环的主要挑战。构建新发展格局，需要把深化供给侧结构性改革与扩大内需结合在一起；同时需要延续以开放促改革的成功经验，确保国内国际双循环相互促进。

自主自立的科技创新是新发展阶段的关键任务。当前，我国经济规模位居世界前列，各行业开始向产业链价值链的高端环节攀升，与发达经济体之间的产业纵向合作关系更多地转变为横向竞争关系，技术引进与合作的难度不断加大。只有自主创新，才能让我国企业更上一层楼。

因此，构建新发展格局，需要深入实施创新驱动发展战略，充分发挥新型举国体制优势和市场的决定性作用，突破"卡脖子"技术，完善国家创新体系，夯实经济发展的科技支撑。

新发展格局要激发全社会创新活力

记者：在构建新发展格局中，如何充分发挥政府、市场和社会组织的作用？

郁建兴：政府部门要打破市场区间樊篱，建设统一大市场。杜绝地方保护主义，不断消除各种形式的制度樊篱；要大力营造一流营商环境，充分释放和激活各类市场主体创业创新的潜能。

市场主体要围绕国内市场需求，开展各类创新创业活动。通过开发和深耕国内消费市场，形成规模经济基础上的成本优势，并努力将市场优势转化为创新优势，带动消费与投资的"双升级"。

金融机构要为产业创新和扩大内需提供高效率的金融支持。提升服务能力，为产业链的核心企业和上下游企业提供集成化的金融解决方案。加快产品创新，不断提升支付和征信服务功能，大力发展内容更丰富、覆盖更广的普惠金融、消费金融。

行业协会、商会要发挥政府与市场间的纽带作用。协助企业疏通各种梗阻，帮助企业应对地方保护、融资困难等，组织行业内企业开展协同创新。

哲学社会科学工作者要勇担历史使命

记者：构建新发展格局中，哲学社会科学工作者要承担哪些使命？

郁建兴：构建新发展格局的进程是中国特色哲学社会科学体系形成的大好时机，值得哲学社会科学工作者昂扬斗志、倾情投入。

向世界发出中国声音，形成先进理论解释中国成就。哲学社会科学工作者要传承中华民族的人文精神，在构建新发展格局的进程中，不断增强思想原创性，构建起与"四个自信"相匹配的学术话语体系和理论体系。

聚焦重大社会现实问题，用中国理论引领中国发展。在构建新发展格局的进程中，哲学社会科学工作者应以重大现实问题为导向，打破学科边界，开展跨学科、有组织的科研合作，进行多视角多领域的综合性研究。用中国话语解释中国现象，用中国理论指导中国实践、引领中国发展。

新发展理念：新内涵新特征

嘉　宾

张占斌

国家哲学社会科学一级教授、中央党校（国家行政学院）马克思主义学院原院长

党的十九届五中全会强调“把新发展理念贯穿发展全过程和各领域”。创新、协调、绿色、开放、共享的新发展理念，最早出现在党的十八届五中全会上，为制定“十三五”规划而提出。在我国开启全面建设社会主义现代化国家新征程之际，更加强调坚持新发展理念，有着怎样深刻的内涵和新的特征？就此，记者采访了张占斌教授。

新发展理念背景的深刻变化

记者：与“十三五”时期相比，“十四五”时期以及未来更长一段时间，国际形势将面临哪些新的发展变化？我国将面临怎样的挑战？

张占斌：当今世界正经历百年未有之大变局。从国际层面看，不稳定性、不确定性已然形成逆风逆水的外部环境。经济全球化遭遇逆流，少数国家奉行单边主义、保护主义，对世界和平与发展构成威胁。突如其来的新冠疫情全球大流行，使全球产业链供应链受到冲击，国际经济、科技、文化、安全、政治等格局都在发生深刻调整。

从国内层面看，我国发展不平衡不充分问题仍然突出。不充分方面，2019年我国人均 GDP 尚低于世界平均水平，创新能力不适应高质量发展要求。不平衡方面，区域城乡之间存在发展差距，打赢精准脱贫攻坚战解决了绝对贫困问题，但如何建立不返贫的长效机制成为新课题。

新发展理念内涵的螺旋演进

记者：根据不同的发展背景，新发展理念的内涵有哪些重大变化？

张占斌：“十四五”时期强调坚持的新发展理念，其内涵发生了螺旋演进。

创新突出了全局核心地位下的科技自立自强。创新是引领发展的第一动力，强调把科技自立自强作为国家发展的战略支撑，要全面塑造发展新优势，完善国家创新体系，健全新型举国体制，打好关键核心技术攻坚战，加快建设科技强国。

协调突出了持续健康要求下的现代产业体系。协调发展通常包括区域协同、城乡一体、物质文明精神文明并重、经济建设国防建设融合。“十四五”时期在此基础上，提出了加快发展现代产业体系的要求，一方面要推动经济体系优化升级，另一方面强调统筹发展和安全。

绿色突出了人与自然和谐共生下的生态文明制度建设。与“十三五”时期相比，新发展阶段将更加强调构建生态文明体系，完善生态文明领域统筹协调机制，意味着要从生态文明制度建设上发力。

开放突出了高水平目标下的国内国际双循环。“十四五”时期，对外开放不再是单纯地引进来和走出去，而是立足国内大循环，融合供给侧结构性改革与需求侧管理，形成强大的国内市场。

共享突出了逐步实现共同富裕本质下的高品质。强调人民生活将更加美好，人的全面发展、全体人民共同富裕取得更为明显的实质性进展。提出了要实现巩固脱贫攻坚成果同乡村振兴有效衔接，扎实推进共同富裕。与高质量发展相适应提出高品质的要求，强调改善人民生活品质。

新发展理念特征的精准指向

记者：党的十九届五中全会强调坚持的新发展理念有哪些主要特征？

张占斌：一是新发展理念体现系统性。新发展理念主旨相通、目标指向一致，构成一个系统化的内在逻辑体系。如果将我国的发展比作一辆飞驰在高速公路上的汽车，那么“创新”是引领发展的第一动力，“协调”确保汽车方向盘平衡平稳，“绿色”保障汽车自身节能环保和行车环境优美安全，“开放”可以为汽车更换更优质的零部件，“共享”确保每个人都能坐上汽车。

二是新发展理念更具针对性。“十四五”时期的新发展理念坚持问题导向、聚焦突出问题，旨在解决当前和今后一个时期我国面临的突出挑战与矛盾，具有十分明显的针对性，分别针对关键核心技术“卡脖子”、发展不平衡不充分、环境保护、发展环境深刻变化、面临“中等收入陷阱”等问题。

三是新发展理念彰显高质量。习近平总书记强调，“高质量发展，就是能够很好满足人民日益增长的美好生活需要的发展，是体现新发展理念的发展”。要构建协调发展体制机制，促进人与自然和谐共生，增强全体人民的获得感、幸福感、安全感。

浙江日報

ZHEJIANG DAILY

中共浙江省委机关报

浙江日报报业集团 ZHEJIANG DAILY PRESS GROUP

2020年9月21日 星期一 庚子年八月初五

国内统一连续出版物号：CN 33-0001

邮发代号：31-1 今日16版 第26050期

浙江在线 浙江新闻

坚守人民情怀，走好新时代的长征路

——习近平在湖南考察并主持召开基层代表座谈会纪实

习近平指出，我们即将胜利完成“十三五”规划主要目标任务，乘势而上开启全面建设社会主义现代化国家新征程。要从党的光辉历史中汲取砥砺奋进的精神力量，站稳人民立场，不忘初心使命，坚持一切为了人民、紧紧依靠人民，走好新时代的长征路。

■ 不忘人民 ■ 问计于民 ■ 强国富民

（据新华社 全文详见第五版）

忠实践行“八八战略” 奋力打造“重要窗口”

浙江文化研究工程实施十五周年——

坚定文化自信 熔铸浙江精神

本报记者 沈听雨

“今天，我们踏着来自历史的河流，受着一方百姓的期许，理应负起使命，至诚奉献，让我们的文化绵延不绝，让我们的创造生生不息。”

在《浙江文化研究工程成果文库总序》的结尾处，时任浙江省委书记的习近平同志写下了这段深沉的寄语。如今，在浙江文化研究工程实施15周年之际，这一期待正转化为可触可感的现实。

自2005年启动以来，浙江文化研究工程系统梳理浙江文化的传承脉络，挖掘浙江文化的深厚底蕴，研究浙江现象，总结浙江经验，初步形成了具有中国气派、浙江特色的当代“浙学”品牌。

良渚古城遗址是实证中华五千多年文明史的圣地。图为游客在良渚古城遗址游览。 本报记者 潘海松 摄

缘起：筑实文化家底

文化是民族的血脉，是人民的精神家园。

在杭州余杭瓶窑葡萄畈遗址，考古工作者用一把洛阳铲发现了一条良渚时期南北向古河道，由此揭开了良渚古城遗址的面纱，实证了中华文明五千多年的灿烂。

仿佛一条大河，浙江的文化之脉生生不息。从史前星火到古代辉煌、从近代变革到当代发展，历史悠久、人文荟萃，始终熠熠生辉。

今日浙江，经济社会持续快速健康发展，其深层原因，就在于深厚的文化底蕴与时代精神的有机结合，就在于发展先进生产力与发展先进文化的有机结合。

由此，我们不难理解15年前这个有着战略高度的智慧决定。

2005年7月，中共浙江省委十一届八次全会后，“文化研究工程”被列为浙江文化大省建设的“八项工程”之一。在“文化大发展大繁荣”的号角声中，一项有关浙江历史文化和当代发展的系统研究，以前所未有的规模在之江大地徐徐展开。

浙江文化研究工程相继启动一期、二期，从容布局，始终围绕着“今、古、人、文”四个字做文章。

一“今”一“古”，互为观照。“今”即“浙江当代发展研究”，既深入总结浙江经验，科学解读省委、省政府的重大决策；又系统研究浙江经济社会发展进程中的重大发现和理论问题。“古”即“浙江历史文化专题研究”，以浙江文化的起源、发展、变迁及其在中国文化史上的地位、影响为重点。

一“人”一“文”，相映成辉。“人”即“浙江名人研究”，对在浙江历史上产生重大影响的名人生平、思想等进行系统考订与研究，撰写出版名人传记。“文”即“浙江历史文献整理”，收集、整理、出版浙江经济、政治、文化、社会等方面的重要文献资料。

这项工程的启动和运行，是浙江以项目化、工程化方式推动文化传统赓续发展所下的一盘先手棋，也是浙江在文化领域“秉持浙江精神，干在实处、走在前列、勇立潮头”的重要举措。

发展：传统启迪当下

不久前，《浙江现代文学名家年谱》（第一辑）项目召开结题评审会。经过两年的努力，这部著述第一辑已经完成了8位重要作家的年谱编纂，总字数达300万，即将出版。 （下转第三版）

推动全面从严治党向纵深发展

本报记者 戴睿云 翁浩浩 通讯员 颜新文

努力交出高分报表进行时⑩

9月初，桐庐县分水镇举行村社干部离任荣退暨新任干部就职仪式。这标志着该县圆满完成3个试点乡镇51个村社组织换届工作，实现了“一肩挑”比例100%、“一肩挑”一次性选举成功率100%。截至9月17日，全省1461个试点村（社区）全部完成党组织和村（居）委会换届选举，村（社区）组织换届试点工作基本完成。

高标准推进村社换届工作，事关党的执政根基稳固和群众切身利益，也是推动全面从严治党向基层延伸的要求。全面从严治党，既是政治保障，也是政治引领。今年以来，我省坚持把政治建设摆在首位，全力保障“重要窗口”建设，压紧压实全面从严治党主体责任，全面加强党的建设，加强党的全面领导，推动全面从严治党走向纵深。

全面从严治党，以更高标准、更强担当做好监督文章。今年7月，省纪委省监委出台《关于在“重要窗口”建设中彰显纪检监察担当 奋力推进中国特色社会主义监督制度在浙江生动实践的意见》（下称《意见》）。《意见》提出，到2022年重点形成12项与“重要窗口”相匹配、与中央纪委工作要求相符合、具有浙江纪检监察工作辨识度的标志性成果，包括当好保障习近平新时代中国特色社会主义思想落实落地的标杆、探索做实做细监督第一职责的浙江路径等。眼下，全省纪检监察机关正按照《意见》明确的任务书、时间表和路线图部署，一体推进、重抓落实。

全面从严治党，落实管党治党责任。今年以来，我省持续探索实践党委主体责任、纪委监督责任、党委书记第一责任和班子成员“一岗双责”“四责协同”创新机制，构建主体明晰、有机协同、层层传导、问责有力的管党治党责任落实机制。日前，宁波市奉化区一位副区长收到了一份《落实党风廉政建设责任制情况函告书》，因其分管领域出现问题，被要求认真履行党风廉政建设“一岗双责”责任，约谈相关责任人，督促及时整改，加强日常管理。“‘四责协同’就是要确保一旦有关责任主体出现‘卡壳’，其他责任主体能够及时跟进‘纠偏’。”省纪委省监委相关负责人说。 （下转第四版）

以创新思维建设“重要窗口”

——访著名经济学家、中国社科院研究员刘迎秋

本报记者 潘如龙 周宇晗 章 忻

良好的精神状态是做好一切工作的前提。应对新形势新情况新问题新挑战，必须创新思维、振奋精神，做到始终保持奋进姿态、创造性张力。改革开放以来，浙江经济社会的快速发展离不开全省人民坚忍不拔、艰苦创业、勇于创新的精神。新的发展阶段，浙江如何以创新思维忠实践行“八八战略”、奋力打造“重要窗口”？记者采访了著名经济学家、中国社科院研究员刘迎秋。

振奋精神，捕捉创新发展先机

当今世界正经历百年未有之大变局，不稳定性不确定性明显增加。在我国即将向第二个百年奋斗目标奋进的重要历史节点，如何使人们统一思想、振奋精神，对于顺利开启全面建设社会主义现代化国家新征程至关重要。

刘迎秋长期关注浙江经济社会发展，先后两次参与浙江省与中国社科院合作开展的浙江发展经验总结课题组。他认为，精神源于认识，认识上的模糊必然带来思想上的含糊，思想上的含糊必然导致行动上的犹豫。因此，要振奋精神，首先要提高认识。当前，在浙江，提高认识的重点和中心议题就是如何在省委领导下忠实践行“八八战略”、奋力打造“重要窗口”，推动浙江经济社会发展再上新台阶。

自改革开放以来，浙江一直带有“窗口”特征。特别是在坚持“两个毫不动摇”、积极发展多种经济成分、鼓励支持引导民营经济发展方面，浙江有创造、有探索，有典型、有成效。在浙江省委的带领下，浙江坚持探索、鼓励发展，并由此逐渐培育和形成了健康和谐的生产关系和社会关系，包括劳动与资本、企业与政府、企业与社会等各方面关系，成为全国的一个样板，“经济民本多元”也成为浙江经济社会发展的一个典型特征和基本经验。

浙江是资源小省，但有区位、体制机制等优势。“八八战略”就是一种优势论。发现优势、发挥优势既是浙江人的一大创造，又是浙江人解放思想、创新思维、无中生有、开拓进取的必然结果。

浙江省委提出要“振奋精神”，刘迎秋认为，就是要积极应对新发展、新变化中出现的新问题，就是要坚持新发展理念，把坚持发展是硬道理、不发展没有道理、科学发展是大道理始终放在前面。 （下转第五版）

扫一扫 看访谈视频

专家名片

刘迎秋 著名经济学家，中国社会科学院研究员、博士生导师，中国社会科学院院级突出贡献专家，原中国社会科学院研究生院院长兼中国社会科学院学位委员会秘书长。

全面建成小康社会
“百城千县万村调研行”·浙江①

开栏的话：今年是全面建成小康社会之年，全国主流媒体开展“百城千县万村调研行”，充分反映各地为实现全面小康而奋斗的生动实践。本报今起推出《全面建成小康社会“百城千县万村调研行”·浙江》栏目，呈现浙江高水平全面建成小康社会的精彩故事，展现人民群众实实在在的获得感幸福感安全感。敬请垂注。

数字赋能打造幸福宜居城市 美好生活 杭州『有数』

本报记者 张 彧 张梦月

早上8时，65岁的卢丽敏拿起手机，熟练地点开App开始买菜，家中的菜篮已搁置许久；在医院配药的老伴章荣天亮出手机上的“健康码”，“嘀嘀”一扫就完成了挂号、就诊、缴费；去上班的儿子章欣阳，一脚油门开出收费车库，“先离场后付费”让出行畅行无阻。

这是杭州一家人最普通不过的日常，也是这座城市数字赋能生活的缩影。忠实践行“八八战略”，杭州坚持以数字赋能持续推动城市高质量发展，书写着高水平全面小康的时代答卷：

杭州全市生产总值从2003年的1782亿元增长到2019年的15373亿元，人均GDP达2.2万美元，达到发达国家水平。从千亿级到万亿级的跨越，数字经济成为杭州转型发展的主动力，也成为提升居民幸福感的“压舱石”。

数字赋能便捷生活 城市幸福宜居的新密码

“手机一扫，不到半分钟就能入住，太方便了！”近日，记者在杭州昊丽酒店见到陕西游客高婷时，她已第一时间感受到了数字赋能带来的便捷。这源于杭州城市大脑升级后开拓的种种新场景：停车“先离场后付费”替车主分忧、看病“最多付一次”为患者减负、旅游“多游一小时”让游客舒心……

应用场景中越来越强的获得感，源于城市数字治理实战能力的不断提升。自2016年城市大脑诞生以来，杭州就在不断探索它的“成长路径”，从治堵“工具”到治城“中枢”再到防疫“利器”，杭州不断升级数字化治理城市的能力。11大系统、168个数字驾驶舱和48个应用场景的数字赋能，正让杭州城市治理变得更加精准、高效，也让“用一部手机治理一座城市”变为现实。

今年抗疫之初，杭州率先研发推出“健康码”，目前累计申领量已经突破2100万人，使用量超过15亿次，为抗击疫情提供了杭州方案。江干区丁兰街道综合信息指挥室值班人员倪锋明说，抗疫值班期间，他通过城市大脑的“数字驾驶舱”，能实时看到无人机传回的画面。当发现有人在居民楼楼顶打牌，且有两人未戴口罩，他便迅速通知正在附近值守的志愿者前去处置，从发现情况到化解问题，前后不到10分钟。

首创“亲清在线”，杭州让企业点对点线上报送信息，让惠企政策“瞬间兑付”给企业和员工。目前，“亲清在线”不断开发出民生应用版。前不久，家住华亭社区的钱女士，在江干区“民生直达”平台上申请了大病一次性补助政策，不到半小时，就收到了补助款到账的短信通知。截至目前，“亲清在线”已累计为15.5万家企业、78万群众点对点兑付政策资金13.3亿元。

从群众需求导向出发，杭州一直致力于在民生公共服务领域全力推广运用大数据技术，最近正在全力推进交通场所、旅游景区、文化场馆、商圈等九大领域公共场所服务大提升，不断丰富应用场景。数字“基因”，已成为杭州幸福宜居的新密码。 （下转第五版）

扫一扫 看视频

壮丽画卷，就在千门万户间

本报评论员

今年是全面建成小康社会之年，全国主流媒体开展“百城千县万村调研行”。从今天起，本报开设《全面建成小康社会“百城千县万村调研行”·浙江》栏目，展示浙江高水平全面建成小康社会的火热实践，展现全省上下忠实践行“八八战略”、奋力打造“重要窗口”的蓬勃激情。

今年非同寻常，既是浙江高水平全面建成小康社会的决胜之年、“十三五”规划的收官之年，也是打造“重要窗口”的开局之年。尽管疫情突如其来，但在之江大地上，拼搏之风劲吹，每一天都在发生鼓舞人心的变化，老百姓的获得感、幸福感、安全感越来越强。

一路走来，浙江保持一股永不懈怠的精神状态和一往无前的奋斗姿态，坚定不移践行“八八战略”，坚持以人民为中心的发展思想，全面推进经济、政治、文化、社会、生态文明各领域建设，取得了历史性成就。浙江城乡居民收入分别连续19年和35年居全国各省区第一；浙江成为城乡收入差距最小的省份之一、区域发展最为协调的省份之一、最平安的省份之一……这些成就，就体现在老百姓柴米油盐酱醋茶的生活细节上，洋溢在广大人民群众的笑脸上。

发展永无止境，事业未有穷期。我们仍要再接再厉，创新思维、振奋精神，保持创造性张力，以只争朝夕、时不我待的精神和不畏艰难、舍我其谁的担当，善始善终，走好高水平全面建成小康社会的征程，为忠实践行“八八战略”、奋力打造“重要窗口”而不懈奋斗，努力提升高水平全面小康的成色和实效，让更多幸福之花在之江大地绽放。

以创新思维建设“重要窗口”

嘉　宾

刘迎秋
中国社会科学院研究员、研究生院原院长

良好的精神状态是做好一切工作的前提。应对新形势新情况新问题新挑战，必须创新思维、振奋精神，做到始终保持奋进姿态、创造性张力。改革开放以来，浙江经济社会的快速发展离不开全省人民坚忍不拔、艰苦创业、勇于创新的精神。新的发展阶段，浙江如何以创新思维忠实践行“八八战略”、奋力打造“重要窗口”？记者采访了著名经济学家刘迎秋。

振奋精神，捕捉创新发展先机

当今世界正经历百年未有之大变局，不稳定性不确定性明显增加。在我国即将向第二个百年奋斗目标奋进的重要历史节点，如何使人们统一思想、振奋精神，对于顺利开启全面建设社会主义现代化国家新征程至关重要。

刘迎秋长期关注浙江经济社会发展，先后两次参与浙江省与中国社科院合作开展的浙江发展经验总结课题组。他认为，精神源于认识，认识上的模糊必然带来思想上的含糊，思想上的含糊必然导致行动上的犹豫。因此，要振奋精神，首先要提高认识。当前，在浙江，提高认识的重点和中心议题就是如何在省委领导下忠实践行“八八战略”、奋力打造“重要窗口”，推动浙江经济社会发展再上新台阶。

自改革开放以来，浙江一直带有“窗口”特征。特别是在坚持“两个毫不动摇”、积极发展多种经济成分、鼓励支持引导民营经济发展方面，浙江有创造、有探索，有典型、有成效。在浙江省委的带领下，浙江坚持探索、鼓励发展，并由此逐渐培育和形成了健康和谐的生产关系和社会关系，包括劳动与资本、企业与政府、企业与社会等各方面关系，成为全国的一个样板，“经济民本多元”也成为浙江经济社会发展的一个典型特征和基本经验。

浙江是资源小省，但有区位、体制机制等优势。“八八战略”就是一种优势论。发现优势、发挥优势既是浙江人的一大创造，又是浙江人解放思想、创新思维、无中生有、开拓进取的必然结果。

浙江省委提出要“振奋精神”，刘迎秋认为，就是要积极应对新发展、新变化中出现的新问题，就是要坚持新发展理念，把坚持发展是硬道理、不发展没有道理、科学发展是大道理始终放在前面。

因此，广大党员领导干部首先要振奋精神，抓住用好干事创业谋发展的机遇期，捕捉转瞬即逝的创新发展先机，闯出一片新天地、干成一番大事业。

创新思维，从“两破两立”切入

忠实践行“八八战略”、奋力打造“重要窗口”需要创新思维，将创新思维扎根于脑海里、落实在行动上、运用到工作中。即将踏上新的征程，浙江人民在创新思维上需要坚守什么样的原则？

刘迎秋认为，创新思维的重点是理念创新、手段创新、方法创新、机制创新、团队文化创新，关键是冲破因循守旧的条条、破除惯性思维的框框、摆脱墨守成规的束缚，切入点可以考虑“两破两立”，即破除惯性思维和惰性思维、树立客观思维和目标思维。

惯性思维是一种定势型思维。在世界形势发生急剧而深刻变化的今天，我们要大力破除惯性思维的条条框框，鼓励和践行大胆闯、大胆试，允许和包容探索性试错以及试错过程中可能发生的失败，开创各项事业发展的新局面。

惰性思维的一个突出问题是使人缺失积极主动的思考判断与辨别能力。因此，必须坚决破除惰性思维，并由此走出“舒适区”，彻底告别“庸政懒政怠政”和“不作为慢作为乱作为”，在谋划上先人一步、在创新上快人一拍、在举措上高人一筹。

树立客观思维，就是要理性客观地看待问题、分析问题和解决问题。

首先要充分而深刻地认识到，按年度国民经济活动总量，我国虽然已经成为世界第二经济大国，但按人均收入水平和全国国民财富存量，我国还是一个典型的发展中国家，我国仍处于并将长期处于社会主义初级阶段。相应地，我国生产技术水平、科技创新能力等都还远未达到世界领先水平。总之，我们要用客观眼光理性看待和认识自己的水平和能力。只有这样，我们才有可能具备安下心来踏踏实实谋发展的思想和理念基础。

我们发展是为了人民福祉的改善，是为了满足广大人民群众日益增长的美好生活需要，也就是习近平总书记反复强调的以人民为中心的发展思想和浙江省委提出的“利民为本”的理念。这便是目标思维的落脚点。

目的性是动力的重要源泉。人民对美好生活的需要，不仅包括吃得好一点、穿得好一点、住得好一点、用得好一点、行路便捷一点，还包括社会稳定一点、法制健全一点、遇到困难和问题解决的方法和机制健康一点等。把这些“一点”作为我们建设中国特色社会主义的目标，是我们真正建设好中国特色社会主义的动力源泉。

全民创新，推动浙江经济再腾飞

“重要窗口”建设既是习近平总书记赋予浙江的新目标新定位，也是给浙江提出的重要战略任务。建设“重要窗口”，需要全民动员。首先，需要一支政治素养好、理论水平高、专业能力强、实践本领大的领导干部队伍。其次，需要全省广大干部群众上下同心、踔厉奋发、开拓进取。其中，最重要的一条是全民创新。

刘迎秋认为，改革开放以来，浙江之所以能够一跃成为全国经济强省，靠的就是创新。自强创新是浙江的一种文化，全民创新是浙江最鲜明的特征。

首先是领导干部的创新。领导干部是否已经把精神振奋起来，一个重要参照就是看干部有无干劲、闯劲、创劲，看能否科学创新领导方式方法、创新体制机制、创新市场和社会管理、创新各项事业等。习近平总书记分别主持召开了企业家座谈会、经济社会领域专家座谈会和科学家座谈会并发表了一系列重要讲话，其中反复强调创新。在世界这样一个大变局、大调整背景下，我们要切实做好自己的事，要学会用好“互联网＋”，要跟上数字经济快速发展的步伐，要动员各方面力量投身到创新大潮中来，要通过政府管理数字化创新推动技术创新、产业创新、市场创新、业态创新以及企业运营管理和产品与技术创新，大力促进经济发展。浙江省委提出的以政府数字化转型带动经济、社会、文化、生态治理的数字化转型，可谓抓住了党政机关创新工作和经济社会发展的“牛鼻子”。

其次是企业主体创新。一是要引导企业特别是民营企业加强与政府沟通的能力和本领。二是要引导企业努力担当起创新主体任务，鼓励原创、奖励创新。三是要引导企业适应国际形势和市场格局的变化，主动走出去与其他国家的企业、机构和经济组织合作。此外，对广大企业来说，除了技术问题，还有品牌问题。要大力发掘传统品牌，积极研究和开发新品牌，着力将创新主体从一些技术研发机构逐步转到企业中来。

最后是广大人民群众参与创新。探索和实现广大职工参与的全员创新。在激活创新理念、激发创新行为、提高创新成效上下功夫。要让创新从实验室走向大众化，从创新平台进入生产车间，使创新成为一个全员参与、全民参与的各方面都有效的活动。

浙江在这方面有优势，浙江人有创造力，敢“第一个吃螃蟹”。相信在浙江省委领导下，全民创新将推动浙江经济再腾飞。

浙江日報

ZHEJIANG DAILY

中共浙江省委机关报

浙江日报报业集团 ZHEJIANG DAILY PRESS GROUP

2020年10月9日 星期五 庚子年八月廿三

国内统一连续出版物号：CN 33-0001

邮发代号：31-1 今日12版 第26068期

行进中读懂山河无恙 奋斗中实现家国梦圆

——“坐着高铁看中国”大型主题宣传活动侧记

心安处是故乡，行进处是中国。

直播报道、纪实故事、景观航拍、大小屏融合……10月1日至8日，“坐着高铁看中国”大型主题宣传活动各种报道形式异彩纷呈，报道内容鲜活生动，借铁路线串联起经济社会发展的地理线和动人暖心的故事线，展示历经风雨磨砺出的民族自信心、精气神。

（图文据新华社 全文详见第四版）

浙江日报、浙江新闻客户端推出融媒体报道，带你喜看我省“十三五”新变化，首篇聚焦宁波舟山港——

东方大港，汽笛声声再起航

扫一扫
看720° VR视频

开栏的话：今年是全面建成小康社会的决胜之年、“十三五”规划的收官之年。“十三五”期间，我国经济、政治、文化、社会、生态文明各领域建设取得了历史性成就。浙江忠实践行“八八战略”，发展再上新台阶。浙江日报、浙江新闻客户端今起推出《720° VR看“十三五”》融媒体报道，用720° 视频浸入式体验，带您走进我省一批“窗口”地标，以最直观的方式感受“十三五”期间的城乡之变、发展之美。

国庆假日期间，海希号集装箱轮在宁波舟山港大浦口集装箱码头进行装卸作业。 拍友 姚峰 摄

本报宁波10月8日电（记者 王凯艺 徐婷）10月8日，假日中的宁波舟山港丝毫没有停歇，穿山港区仍有几百人在忙碌着。船只络绎不绝，集卡穿梭如流，桥吊装卸不停。

“十三五”期间，从“宁波—舟山港”到“宁波舟山港”，从全省港口各自为政到“五港合一”，浙江海港为全国区域港口一体化发展立下“浙江样板”。2016年11月，浙江省海港集团与宁波舟山港集团全面融合，就此开启新时代浙江海洋港口一体化发展的新篇章。

5年来，乘着“一体化”东风，宁波舟山港取得累累硕果。

（下转第二版）

永康“龙山经验”人大代表联络站加强诉源治理

纠纷庭前解 小站大能量

本报记者 蒋欣如 徐贤飞 通讯员 陈凌洲

日前，全国人大代表、“龙山经验”永康市人大代表联络站联络员黄美媚收到永康市人民法院诉讼服务中心的消息：“有个朋友间借贷纠纷的案子，两年了没能解决，希望帮助调解。”黄美媚一口答应，开始思考该从什么角度切入，更能引起当事人的共鸣。人大代表和法官一起调解纠纷，在永康已成为常态。

发源于永康市人民法院龙山人民法庭的“龙山经验”，是强调坚持党委领导、法庭职能前移、各方力量联动、分层过滤、递进调解的基层社会治理创新之举。由永康市人大常委会、永康市人民法院联合设立的“龙山经验”人大代表联络站，在“龙山经验”的基础上，充分发挥人大代表密切联系群众的优势，由代表接受法院收案委派或者委托，与案件承办人一起开展调解。代表说理、法官释法，双管齐下，不少矛盾纠纷都能实现庭前化解。自2019年12月成立以来，设在永康法院的这个联络站已参与处理矛盾纠纷60起，化解率达97%。

黄美媚记得联络站啃下的第一块“硬骨头”，申请执行人和被执行人都存在实际困难。调解当天，一边是失去家庭支柱的傅大爷一家，一边是生活困难无力赔偿的李某。“我们听了他们各自的难处，仔细评估后，决定从专项救助金里拨3万元给傅大爷，又自掏腰包给李某家买了过年的物资，帮他找回生活的信心。最后双方当场和解。”黄美媚回忆。

永康法院院长楼常青说：“现在年轻法官多，他们专业知识过硬，但缺乏社会阅历，人大代表很好地实现了‘法理’和‘人情’间的平衡。联络站把调解放在前头，有力推动了纠纷实质性解决，是深化‘龙山经验’、加强诉源治理的有益尝试。”

联络站选取了48名全国、省、市、县四级人大代表作为联络员，覆盖永康16个镇（街道、区）。分配案件时，通常优先选择属地人大代表。属地人大代表懂情况、有口碑，当事人更愿意和他们说心里话。不少法院做不通的工作，人大代表三言两语就能让问题得到解决。

代表们还自发筹集了400万元救助资金，发放给生活确有困难的当事人，推动纠纷化解。永康市人大常委会、市法院、市慈善总会联合出台“龙山经验”人大代表联络站救助案件办理规定，对救助标准、条件、办理程序、发放形式等进行了严格规定。目前，联络站已发放救助金65.4万元。

今年8月，联络站对受台风“黑格比”影响严重的乡镇进行了走访，对走访地区所涉执行案件进行调解，并对需要帮助的当事人进行救助。一位申请人主动向法院递交了结案申请书，他动情地说：“代表自己家被淹了，一整天都没进过家门，现在为了我家的事赶过来。他们这么关心我们，我们也要将心比心！”一周内，联络站救助化解了6起受灾群众司法案件。

永康市人大常委会副主任章锦水说：“‘龙山经验’人大代表联络站依靠代表走到群众身边，解决矛盾纠纷，拓宽了权力监督的方式和渠道。下一步，我们将调动更多代表参与进来，帮助法院把案卷‘变薄’。”

现在，“龙山经验”人大代表联络站已成永康广受好评的调解站、救助站、连心站、监督站，促进了法院各项工作提升。截至8月底，永康市法院民商事收案量同比下降23.6%、长期未结案量较去年底下降47.8%，诉前化解和民事可调率、当庭宣判率分别同比上升4.2%和10.3%。

忠实践行“八八战略” 奋力打造“重要窗口”

以创造性张力建设“重要窗口”

——访中国人民大学杰出学者特聘教授何艳玲

本报记者 潘如龙 吴 晔 章 忻

忠实践行“八八战略”、奋力打造“重要窗口”，需要创新思维、振奋精神。如何深入理解创造性张力，并以此推动“重要窗口”建设？记者就此采访了中国人民大学杰出学者特聘教授何艳玲。

创新和创造
将系统张力转换为发展动能

“努力成为新时代全面展示中国特色社会主义制度优越性的重要窗口”，是习近平总书记赋予浙江的新目标新定位，也是对浙江提出的重要战略任务。浙江不仅要率先探索，而且要建成示范。面对新目标新定位，需要良好的精神状态，也需要科学的方法论。何艳玲认为，“八八战略”和“重要窗口”为浙江的发展指明了战略方向、提供了战略指引。

创造性张力是一种将系统张力转换为发展动能的方法论。张力，本质上是系统不同要素由于发展程度不同导致的内在矛盾。而创造性张力，从方法论角度，是指运用创新思维调适张力，找到兼顾要素或促进要素更匹配的解决方案。这是创造性张力的深刻内涵之一，也是其方法论意义之关键。就此而言，创新，其内涵不只是推陈出新，更是针对系统张力，发现、建构或者创造可缓解张力的方案。

聚焦关键和枢纽
形成专业化系统化解决方案

忠实践行“八八战略”、奋力打造“重要窗口”，就是要出经验、出成果、多树标杆。当前和今后一个时期，要集中精力做好自己的事，努力交出10张高分报表。根据地方实际情况和阶段性特征，最近浙江省委提出了10大新课题，何艳玲认为，其内涵就是对系统张力的具体论述。

从创造性张力的角度，这些课题的本质也可概括为5对关系：一是高速发展与协同发展、全面发展的关系，

（下转第二版）

扫一扫
看访谈视频

专家名片

何艳玲 中国人民大学杰出学者特聘教授、公共管理学院教授、博士生导师。国家社科基金重大项目“中国改革开放创造的治理经验及政府理论提升”首席专家和负责人。

走进大运河畔的桐乡，记录构建新发展格局中的县域实践

打通经脉连江海

本报记者 张 亮 俞佳友 袁华明 宋彬彬

河网密布，港汊纵横。地处长三角核心区的桐乡与水共生。大运河过境，让苏杭之间的桐乡成为挑起“天堂”双城的“金扁担”。这里的人们深得交流之利，深谙通达之理。

今天，这条跻身全国百强县的航船驶入一片复杂的水域——身后有长三角一体化发展的东风、世界互联网大会的浪潮，面前是新阶段经济结构性问题的阻滞，更有世界百年未有之大变局下的险滩暗礁。

困则衰，通则兴。怎样打破阻碍，形成“以国内大循环为主体、国内国际双循环相互促进的新发展格局”？透过桐乡这个县域，我们试听时代命题在基层实践中的回声。

俯瞰桐乡市区，高楼林立、环境优美，充满发展活力。 桐乡市委宣传部供图

打开闸门，让创新源泉充分涌流

运河船闸，是南来北往的关卡。在竞争激烈的国际科技航道上，自主创新能力就像运河船闸，成为影响高质量发展和形成以国内大循环为主体新发展格局的关键。

今年8月，第六届中国国际风电复合材料高峰论坛上，中国巨石股份有限公司发布了最新研制的玻璃纤维产品——

“风力发电机的叶片，以前最长只能做到80多米，我们的E9玻纤上市后，可以做出90米到100米长的叶片，旋转起来的面积比4个足球场还大。”

4年，尝试200多个配方，投入上千万元，E9玻纤背后，是巨石一如既往的坚持。

从桐乡石门镇起步，今天的巨石已是全球玻纤行业的龙头企业，但中国巨石总裁张毓强还记得被卡住脖子的过往——世纪之初，巨石先后向国外五大玻纤企业提出花钱引进技术专利，结果是石沉大海，无一例外。

“靠山靠海不如靠自己。”一句话说出了张毓强“多么痛的领悟”。每年研发投入数亿，百万重奖技术创新，设立技术职务晋升体系……一个个举措落地有声。2009年，巨石研发成功首个拥有我国自主知识产权的高性能玻纤配方——E6，此后，E7、E8、E9接连出世；巨石从跟跑、并跑到一路领跑。

技术创新、组织创新、市场创新，一个个闸门需要打开。像巨石一样，桐乡众多企业在大胆探索。

30多年前，濮院人陈建根把10多件羊毛衫套在身上，挨家挨户上门推销。今天，52岁的他创办了一个全球服饰产业交易平台——买手服务中心，借助互联网思维，为服装销售打开新的商业模式。

（下转第三版）

台江民族中学寒门学子考上杭州高校，看到校长陈立群来接站——

“校长，谢谢您来接我”

本报杭州10月8日讯（记者 纪驭亚）10月8日14时40分，在杭州火车东站熙熙攘攘的返杭人流中，杭州学军中学原校长、贵州台江民族中学终身名誉校长陈立群伫立北2出站口的人群中，不断向内张望。

他在等的，是台江民族中学毕业生李玲玲。在今年高考中，一直向往去校长家乡求学的李玲玲，如愿考上了杭州医学院药学专业。

临近报到，一家人却有些发愁。“除了小学时跟着在外打工的爸爸妈妈去过一次广西，我还从来没有离开过台江。这次要出远门，妈妈特别不放心。”李玲玲家在台江下桃村，是家中长女，家里的弟妹和年迈的爷爷奶奶都靠父母在外打工的微薄收入养活。因为家境贫寒，她在爱心人士资助下才读完高中并顺利考上大学。

玲玲告诉记者，学校原本是10月10日开学，她买的是10月8日的高铁票。“学校还没安排接站，得自己去临安校区。而且宿舍应该还不能住，所以我在学校附近找了80多元一晚的小旅馆，准备对付两晚。”懂事的玲玲不愿意增加父母的负担，但对于这次远行，她充满忐忑。

好在，节前在甘肃舟曲考察完学校的陈立群赶回台江，并来到几位考上杭州高校的寒门学子家中家访。听说玲玲的情况后，他立刻表态：“让你爸爸妈妈放心，校长正好要回杭州，可以来火车站接你去临安。校长也会跟学校联系，让你提前住到宿舍里。”

“今年台江民中的毕业生，是我到台江民中支教后，亲手招进来的第一批学生，每一个都像我的孩子。”陈立群说，自己其实8日要赶往金华，但为了让玲玲心里更踏实，他决定由自己接站，再请爱人送玲玲去临安报到、安顿。记者了解到，受到陈校长鼓励，今年台江民中有十余名学生考入浙江工业大学、浙江师范大学、浙江工商大学等浙江高校。

14时49分，陈立群和玲玲顺利在出站口碰面。“校长，您能来接我，我太激动了。”性格内向的玲玲一见到陈立群就笑了。陈立群立马接过玲玲手中的行李箱和肩上的大背包。“路上还顺利吗？”“还好，就是第一次独自出门有点紧张，还有点晕车。”两人边走边热络地聊着。一直把玲玲送到火车站出口，陈立群才停步。“安心读书，校长一定会来看你。有什么需要，你随时跟校长说。”听完校长的嘱托，玲玲点了点头，“校长，我一定会努力学习的。”

19时，玲玲在电话里告诉记者，自己已完成报到，并在大学宿舍安顿好。“校长这么忙还抽空来接我，让我特别感动，独自在异乡也踏实了很多。因为校长提前联系过，到了学校后，我们的系党支部书记、班主任都来迎接我。刚刚校长还给我打了电话，提醒我今天比较累，要早点休息。”玲玲说，她对大学生活充满憧憬。

以创造性张力建设“重要窗口”

嘉　宾

何艳玲
中国人民大学杰出学者特聘教授

忠实践行“八八战略”、奋力打造“重要窗口”，需要创新思维、振奋精神。如何深入理解创造性张力，并以此推动“重要窗口”建设？记者就此采访了何艳玲教授。

创新和创造　将系统张力转换为发展动能

“努力成为新时代全面展示中国特色社会主义制度优越性的重要窗口”，是习近平总书记赋予浙江的新目标新定位，也是对浙江提出的重要战略任务。浙江不仅要率先探索，而且要建成示范。面对新目标新定位，需要良好的精神状态，也需要科学的方法论。何艳玲认为，“八八战略”和“重要窗口”为浙江的发展指明了战略方向、提供了战略指引。

创造性张力是一种将系统张力转换为发展动能的方法论。张力，本质上是系统不同要素由于发展程度不同导致的内在矛盾。创造性张力，从方法论角度，是指运用创新思维调适张力，找到兼顾要素或促进要素更匹配的解决方案。这是创造性张力的深刻内涵之一，也是其方法论意义之关键。就此而言，创新，其内涵不只是推陈出新，更是针对系统张力，发现、建构或者创造可缓解张力的方案。

聚焦关键和枢纽　形成专业化系统化解决方案

忠实践行“八八战略”、奋力打造“重要窗口”，就是要出经验、出成果、多树标杆。当前和今后一个时期，要集中精力做好自己的事，努力交出 10 张高分报表。根据地方实际情况和阶段性特征，浙江省委提出了 10 大新课题，何艳玲认为，其内涵就是对系统张力的具体论述。

从创造性张力的角度，这些课题的本质也可概括为 5 对关系：一是高速发展与协同发展、全面发展的关系，二是复杂社会与治理能力建设的关系，三是体制惯性与机制激活的关系，四是市场化、城市化、全球化“三化共时态”的时空压缩与制度回应的关系，五是多元价值观与思想共识凝聚的关系。可见，系统张力都是重大攻关问题，是硬骨头，找到方案可能需要更长时间，也需要更多耐心。

浙江前期的发展，特别是一以贯之地践行“八八战略”，为更长周期的改革探索提供了弹性和灵活性。作为先发展地区，浙江既要有勇气和担当去主动回应改革深水区的系统张力，更要有能力和智慧去解决。何艳玲认为，浙江不仅可以在某一问题上推陈出新，而且可以针对这 5 对关系在一些关键性、枢纽性的结构张力中作出探索和示范，找到专业化、系统化的解决方案。浙江提出的“整体智治”理念，就是一种系统性的解决方案，只要牢牢把握以人民为中心的发展思想，紧扣创造性张力方法论，视野开阔地进行系统设计，浙江就一定能闯出新天地、干出新事业。

推窗观美景，不仅比快、比新颖，更是比美、比品质，比经得起时间和人民的检验乃至经得起人类社会发展进程的检验。真正具有生命力的探索，也一定具有跨区域、跨时代、跨文化的穿透力。

多维价值创新　全面展示优越性

“八八战略”紧扣坚持和发展中国特色社会主义这个主题，结合浙江实际，提出了省域科学发展的战略布局。“重要窗口”建设本质上是忠实践行“八八战略”的延续升华。何艳玲认为，从“新时代全面展示中国特色社会主义制度优越性”的角度来看，始终保持创造性张力的战略性意义还在于，与前一阶段相比，最大的收益、最小的成本、全面的进步、人的尺度，已经成为新时代改革的多维价值。如何兼顾和实现这些多维价值，也需要创造性张力，特别在我们急需学习和探索的社会治理领域，更是如此。

抗击新冠疫情的经验表明，社会治理与经济发展同样具有重大战略意义。

社会治理与经济发展的维度是不一样的。社会治理更需要精细的微观叙事。社会治理一定要落到街道、社区，落到基层，落到邻里，落到每个不同个体。越基层，越琐碎，越细微，越需要创新。唯有如此，才可能让每个不同利益诉求的个体都能在大时代的发展中找到自己、捍卫自己。不嵌入个体生命体验的改革和探索是没有生命力的。这一更为艰难而重大的任务，没有创造性张力的方法论做支撑，也是不可能完成的。

何艳玲认为，当前，中国改革深入到经济、政治、社会等诸多领域，并具备在不同领域进行知识生产的可能。这里所说的知识生产，是指“讲清楚历史性成就背后的中国特色社会主义道路、理论、制度、文化优势，更好用中国理论解读中国实践”。“重要窗口”建设正是这一伟大历史使命的一种表达方式。不同国家、不同地区在发展过程中的要素是不一样的，但都存在不同层面的系统张力。因此，唯有用创造性张力方法论找到这些系统张力并进行细致调适，浙江经验才能成为世界经验的一部分，浙江知识才能成为世界知识的一部分！

学习贯彻省第十五次党代会精神

以“人本导向”推进“两个先行”

——访著名经济学家、“人本经济学”探索者常修泽教授

本报记者 潘如龙

之江会客厅

省第十五次党代会提出，高水平推进人的现代化，打造促进全体人民全面发展高地，使人民对美好生活的向往不断得到满足。如何从“人”的角度，加快经济高质量发展，奋力推进“两个先行”？记者采访了“人本经济学”的探索者、著名经济学家、中国宏观经济研究院博士生导师常修泽教授。

全体人民的全面发展是现代化之本

从物本到人本，从“四个现代化”进一步上升到“人的现代化”，从而聚焦全体人民的全面发展，这是中国乃至人类现代化之本，当然也是浙江“两个先行”的出发点和落脚点。常修泽指出，马克思和恩格斯合著的《德意志意识形态》中讲到“人的解放”时，马克思特意在旁边加了边注：“哲学的和真正的解放”“一般人。唯一者。个人。”尤其在讲到未来新社会时，马克思在《共产党宣言》等文献中，更是使用了“每个人的自由的全面发展”，以及“最无愧于最适合于人类本性”等关键词。常修泽在其专著《人本体制论》(2008年)中表示，这是一种切实站在“人”的发展立场研究问题的“人本观”，是一种与“人本工具论”有本质区别的“人本实质论”。

常修泽进一步分析说，这里的“人”，要从三个层次去全面把握其含义：一是指“全体人”，而不是一部分人，甚至也不是所谓的“多数人”或“大多数人”，一定要把握“全体人民”，要“达到边”；二是指“多代人”，不仅指当代人，还包括后代人，比如在分配上，除了当代人之间讲公平之外，还要考虑“跨代分配”和“代际公平”；三是指“多需”之人，而不是“单需”之人，“多需”应包括物质生活、精神生活、身心安全以及参与社会生活等。

既然提出促进人的全面发展，常修泽建议，应设法使全体人民共享改革发展四个方面的成果：一是物质成果，以适应全体人民日益增长的物质生活需要；二是文化成果，满足全体人民日益增长的精神生活需要；三是社会成果，满足人民对社会公共服务方面的需要；四是政治成果，满足人民群众参与全过程人民民主的需要。

全域创新发展的关键在于“人”

推进“两个先行”，不断满足人民美好生活需要，首先要通过创新创造，实现高质量发展。省第十五次党代会提出，未来五年，将全面转入创新驱动发展模式，突出把握创新制胜工作导向，全面实施科技创新和人才强省首位战略。

对此，多年深入浙江调查研究、熟悉浙江情况的常修泽表示，浙江是坚定不移实施创新驱动发展战略的先行实践区。依据他2013年主笔出版的《创新立国战略》一书中的主张，常修泽建议浙江下一步把握好创新工作的三个方面，并形象地将其比喻为“一个顶层设计、三根横梁、四个支柱”。

首先是进行“一个顶层设计”，他强调创新是一个完整的体系，要有一个“以数字化为引领，进而系统打造浙江全域创新发展体系”的总体设计。

其次是搭好“三根横梁”，要设法涵盖到国家发展、产业发展、企业发展三个层面，而其中的灵魂是“人”。

第三是建造“四个制度性支柱”，即创新型人才体制、创新型教育体制、创新型知识产权保护体制，以及迈向创新大国的相关配套体制。

在实践中，人们往往把创新简单理解为技术创新。常修泽强调，一定要突破“单一技术创新论”的狭隘眼界，要特别重视制度创新在全域创新体系中的地位。比较而言，中国最缺的还是制度创新。“要急国家之所急，不断探索制度创新、理论创新、文化创新。”而无论是技术自主创新抑或制度创新，最能动的因素还是“人”。

对于如何促进创新，常修泽提出三条可行性建议：一是给每个人才“身价”赋能（如球员或明星一样）；二是给职务发明以产权分割；三是推进知识产权证券化。

“共同而有差别的普遍富裕”：旨在调动“所有人”的积极性

奋力推进“两个先行”，高质量发展建设共同富裕示范区，需要准确全面把握共同富裕的深刻内涵。常修泽提出了“共同而有差别的普遍富裕”的概念。一是共同富裕，二是有差别的普遍富裕，两者缺一不可。“共同富裕”可由社会主义的制度性质导出；“有差别”，可从社会主义劳动的“个人谋生性”导出。按照马克思主义原理，在整个社会主义社会，劳动具有“个人谋生手段”的属性，不同的劳动能力仍然是各自的“天然特权”。社会主义初级阶段的分配方式以按劳分配为主体，由于劳动者的个人天赋、工作能力不同，因而产生的分配结果自然就有差别。“如果再考虑到社会主义初级阶段民营经济的存在和发展，这一问题就更为复杂。”

针对这种客观情况和收入差距问题，常修泽提出三条对策：

首先，要从发展大格局考虑问题。“要看到‘共同富裕’绝不仅仅是一个单纯的分配问题，而是一个经济社会发展的全局性、战略性问题。”一定要牢牢扭住高质量发展这个“牛鼻子”，重点做好“人”的文章，充分发挥“所有人”的主观能动性，调动包括投资者、技术创新者和普通劳动者在内的全社会成员投资创业、创新创业和劳动就业的积极性，让一切发展生产力的积极因素充分聚集，创新创造活力竞相迸发。

其次，研究分好“蛋糕”的问题。要切实推进分配制度改革，包括初次分配、第二次分配和第三次分配，从“三个倾斜”（倾向政府、垄断企业和非劳动者倾斜）逐步向“所有人的利益均衡点”转变。同时以“人”为导向，不断完善社会保障制度，弥补公共服务供给不足的缺口。

第三，建立完善的环境资源产权制度。环境资源领域产权界定不清、产权配置不当和交易价格不合理，以及环境资源税收制度等不完善，一方面导致了相关少数人“暴富”，扩大了社会贫富差距；另一方面又影响自然环境，损害人民群众的“环境人权”。“这个问题也应引起重视。”常修泽强调。

从“每个人自立自强”看扩大居民消费

省第十五次党代会提出，要深入实施扩大内需战略，建设消费型社会，深化“放心消费在浙江”行动，构建品质消费普及普惠体系。常修泽认为，建设消费型社会，既是满足人民群众不断增长的物质和文化生活的需要，也是在当前世界形势下，保持国家战略定力、确保“每个人自立自强”所必需。

他解释说，构建新发展格局，从经济上说，固然要搞好“双循环”，尤其突出国内需求；另一方面，要把握新发展格局的本质要求是“实现高水平的自立自强”，基础是“每个人自立自强”。

如何实现每个人的自立自强？从根本上说，就是要满足人民群众日益增长的物质和文化生活需要。“当前，一个突出的落脚点就是要扩大居民消费，寻求‘需求管理与供给管理相结合’。”

研究消费、把握消费趋势，常修泽认为，应该以“人的发展经济学”为思路，特别要分清消费“四个率”。

第一是社会消费品零售总额增长率。在新阶段，这个指标未能反映居民全部消费的总体情况，有片面性和滞后性。“因为现在的居民消费，除了购买产品，还有‘服务消费’，如文化、旅游、教育、医疗、健身等。”第二是消费增长率。这个指标既包括商品消费，也包括服务消费，比较全面。“如果从‘居民人均消费支出’角度研究消费增长情况，有其重要价值。”第三是消费贡献率。这个指标反映最终消费支出对经济增长的贡献率。“这对于研究14亿多人这个‘消费大市场’的拉动作用和积聚效应，是有意义的，尽管理论上它还属于增长主义。”第四是最终消费率，按照“人的发展经济学”的逻辑，要特别关注“居民消费率”——居民消费占整个国内生产总值的比重。“如同打靶要瞄准10环一样，研究消费要特别瞄准居民消费率”，他认为，我国现在的“居民消费率”过低，是个“短板”。在《人本型结构论》一书中，常修泽提出“把居民消费率拉高”。“这是中国经济结构调整第一位的问题。”他重申。

如何促进新阶段消费升级？常修泽提出，从“人”出发，从机制、结构、方式“三线促进”。

第一条线，建立长效机制，使人们“能消费、敢消费、放心消费”。

“能消费”，重在提高居民收入水平，释放居民的消费需求。一是提高消费者收入水平；二是缩小收入差距；三是扩大中等收入群体。“敢消费”，就要完善社会保障体系。在老百姓收入还不够高的情况下，怎么才能“敢消费”？首要的是搞好社会保障，把基本公共服务搞好，以弥补收入环节之薄弱。现阶段最靠谱的行动是实现基本公共服务均等化。“‘放心消费’，主要是保障消费安全，最关键的是食品药品安全，这都是涉及人的发展的问题。必须建立健全消费品质安全监管、追溯、召回制度，确保消费安全。”

第二条线，优化消费结构，挖掘消费潜力。

一是优化商品消费和服务消费结构。“要认识到，随着阶段变化和人民生活水平提高，居民服务型消费会异军突起，未来几年比重将超过商品消费，占50%以上”。二是优化政府消费与居民消费结构。在鼓励提高居民消费比重的同时，适当压减政府消费。“当然，与居民直接相关的公共性消费开支，该增的还是要增，比如用于医疗、基础教育、失业、养老、抚恤等领域的政府财政开支。”三是优化农村消费与城市消费结构。“应继续调整农村消费与城市消费结构，尤其要弥补、强化农村公共消费（包括农村基础教育、农村公共卫生与医疗、农村养老保障等公共消费）这一薄弱环节。”

第三条线，创新消费方式，促进消费升级。随着信息技术水平和人民生活水平提高，消费方式的多样化趋势明显增强。“网上购物、网上医疗、网上教育、沉浸式购物、柔性化定制等多样化、个性化消费模式层出不穷，消费增长空间十分巨大。”

名家小传

常修泽，著名经济学家，中国宏观经济研究院教授、博士生导师，历任南开大学经济研究所副所长、国家计委（国家发改委）经济研究所常务副所长等职。《20世纪中国知名科学家学术成就概览（经济学卷）》入选者。1992年起成为享受国务院特殊津贴专家。长期致力于制度经济学领域人的发展理论、广义产权理论和中国转型理论的研究。出版了《人本体制论》《人本型结构论》《产权人本共进论》等专著，被学界称为中国“人的发展经济学领军人物之一”。入选美国传记研究中心（ABI）《国际名人录》和英国剑桥国际传记中心（IBC）《国际名人录》。

打造机关党建高地的内涵与路径

何若伟

省第十五次党代会强调，必须把强化党建统领、全面从严治党作为根本保证，推动党建优势转化为治理效能、发展胜势、人民福祉。机关党建是党的建设新的伟大工程的重要组成部分，在推进“两个先行”中肩负特殊使命。党政机关必须以走在前、作表率的姿态担当，奋力打造新时代机关党建高地，为推进“两个先行”提供坚强保证。

强化“四个自觉”

省党代会报告提出，未来五年“高水平推进以自我革命引领社会革命的省域实践，打造新时代党建高地和清廉建设高地”。各级机关是贯彻落实党中央、省委决策部署的“最初一公里”，要以高度自觉带头打造新时代机关党建高地。

一要有“理应所然”的思想自觉。浙江是中国革命红船起航地、改革开放先行地和习近平新时代中国特色社会主义思想重要萌发地，推动机关党建高质量发展是守好“红色根脉”的使命“应然”。二要有“使命所然”的政治自觉。习近平同志在浙江工作期间，明确赋予机关工委和机关党组织“管好党员、管好干部、管好首脑机关”的重要职责。省委提出努力推动形成“党建创新看浙江、党建高地在浙江”的蓬勃局面。打造新时代机关党建高地是使命所然。三要有“两个先行”所需的行动自觉。打造新时代机关党建高地，是以高质量党建引领高质量发展的内在需要，是推进“两个先行”的行动自觉。四要有“职责所在”的担当自觉。机关单位处于“这里如果失之毫厘，到基层就可能谬以千里”的中间环节。加强机关党建是推动基层党建全省域建强、全领域过硬、全面走在前列的前提条件，各级机关必须具备责无旁贷的担当自觉。

树立“四个导向”

新目标催生新打法。加强机关党建要紧紧围绕省党代会确定的工作目标、工作体系，树立明确导向。

一是在任务上聚焦“两个先行”。只有围绕中心、建设队伍、服务群众，推动党建和业务深度融合，机关党建工作才能找准定位。奋力实现“两个先行”，落实到党建领域就要“打造新时代党建高地和清廉建设高地”。二是在标准上聚焦“两个前列”。瞄准“走在全省基层党建的前列、走在全国机关党建的前列”目标要求，激发“没有走在前列也是一种风险”的精神气，打造具有辨识度、影响力的机关党建标志性成果。三是在实效上聚焦“两个作用”。只有党组织坚强有力、党员发挥应有作用，党的根基才能牢固，党才能有战斗力。要鲜明突出“让党建看得见实效”的理念，切实推动机关党建成果转化为发展胜势。四是在抓手上聚焦“双建争先”。把“建设清廉机关、创建模范机关”作为机关党的建设总牵引、总抓手，围绕中心抓“双建”，抓好“双建”促业务，着力构建党建统领、整体智治、唯实惟先的工作格局，推动机关党建质量整体跃升。

把握“四重内涵”

打造新时代机关党建高地应该深刻把握四重内涵：

一是政治统领坚强有力。横向到边、纵向到底的“两个维护”制度机制更加成熟定型，以政治建设为统领健全中央、省委重大决策部署闭环落实机制、党对重大工作领导机制、大成集智决策机制、党建统领问题管控机制、党建带群建紧密融合机制。二是思想引领坚强有力。铸魂溯源走心工程深入实施，机关青年宣讲团作用更好发挥，习近平新时代中国特色社会主义思想理论武装持续推进。三是基层组织坚强有力。“红色根脉强基工程”扎实推进，以数字化改革引领和服务力指数牵引，撬动机关党建理念、机制、工具、手段、方法系统性重塑。突出实战实效实用，全面建立上下贯通、执行有力的组织体系。四是清廉护航坚强有力。聚焦“干净干事”，以全面深化清廉机关建设为总抓手，坚定不移深化正风肃纪反腐。做实做细清廉机关建设颗粒度，打造干部清正、政府清廉、政治清明、社会清朗的机关政治生态。

发挥“四大优势”

深刻领悟“八八战略”中蕴含的优势论，充分把握“巩固八个基础、增强八种本领”的党建总体布局和党建工作要求，锚定跑道，蓄势而为、借势发力。

一是发挥本土“红色根脉”优势。“红色根脉”是党在浙江百年奋斗最鲜明的底色。要把各地的红色资源变成党建高地建设的源头活水。二是发挥已有党建经验优势。如金华机关党建创新推出“服务力指数”，通过打造评价“一把尺”，变“软指标”为“硬任务”；精准刻画“一张像”，变“碎片考”为“综合评”；数字集成“一平台”，变“人工报”为“数据跑”，获评全国第三届党建创新成果“十佳案例”金奖，积累了宝贵经验。三是发挥平台党建资源优势。各级党政机关党员干部最集中、执政骨干最集中、权力责任最集中，要牵头抓总、统筹推进，把部门职责汇集起来、把各方资源集中起来，推动机关党建与中心工作同频共振。四是发挥重大改革试点优势。越是难点堵点，越需要改革破题，也越容易成为亮点。机关党建要紧紧围绕改革重点任务，以党建破题推动改革破局。

【作者为金华市直机关工委常务副书记】

专家观点

以数字赋能推动教育普惠均衡发展

徐慧萍

教育需求是人的发展最基本的需求之一。在我国，人口底数的规模对教育资源的承载能力始终是个挑战。教育资源有限尤其是优质教育资源稀缺、不均衡与人民追求更美好生活之间形成张力，是需要着力回应的民生痛点难点。2022年全国教育工作会议明确提出，要实施教育数字化战略行动。浙江打造全球数字变革高地，要以数字化思维和方法为实现教育资源均衡发展作出积极探索，实现教育数字化理论与实践的螺旋式互促前进。当前，推进数字赋能教育普惠均衡发展要关注四个方面：

以数字化视角更新教育资源观

教育数字化意味着对教育要有全新的认知，并构建起以数据资源为基础的新型教育资源观。数字化时代，教育资源不仅包括教师、教室、教育经费等物质形态的资源，也包括时间、数据、电子教材等非物质资源。对现有教育资源进行系统性认识把握、结构化汇聚利用，并在一定时空中盘点并高效地化碎片为整体，将使我们对教育资源本身产生新认知，从而发现更多丰富且未被充分良好运用的教育资源。尤其是数字类教育资源具有明显的共享复用特征，能够有效弥合人、物理空间、经费等易耗资源消耗所造成的教育供给差距。

夯实教育数字化基础设施

教育是公共产品，通过教育基础设施来提供。在新型教育资源观指引下，数字化基础设施是数字化能力在教育领域得以施展的基础。工业时代教育模式的延续与当前城市发展之间的不适应点，已越来越以“学非所用”“学不足用”的紧张感呈现出来，尤其是资源不均衡和自然禀赋上的差异使教育成效的差距不断拉大。教育数字化有助于更精准地探知教育对象的全景现状和个性需求，避免概而化之的片面认识，并得以公平、精准地配置教育资源。比如，通过沉淀下来的数据可以重新调整教室的规模，按集中上课的必要性来让课堂足够小或足够大，在以适度的成本安排资源后，将节余出来的资源更多投入“补差”“提低”的地方。再比如，利用网络平台、课程录播为首次吸收度不佳的学生提供“课程复看”功能，将会受到学生尤其是有进取心的学生的欢迎。此外，实现教育均衡发展不仅在于表面的资源分配，更在于利用这些资源延伸和增强人的能力。教育数字化基础设施建设并非信息化设备机械性地无序扩张，而是要以公平普惠为目的，一方面适应社会需求变迁、适应不同地区和阶段教学内容和教学要求，提升教师队伍教学效率、学生学习能力，另一方面帮助优质的教育资源跨越时空，被更广泛地分享和使用。所以，在建设、投入使用的过程中，需要科学评估数字化设施本身和其所能带来的教育促进效益。这是浙江发展融合高效的教育行业新基建的重要方向。

坚持以人为本建设教育数字化场景

在建设数字化基础设施上，建设教育数字化场景是达成教育普惠的现实路径。在人类发展史上，不乏迷失在工具主义中、主体灭失的历史。教育系统的功能除了“职业选择”，更重要的是“使人成为人”。数字化场景建设探索需坚守以人为本的初心，优先探索能破解资源缺口，实现资源普惠、补强赋能的场景。同时，可结合时代发展和“立德树人”目标，创新探索更多走出课堂、走出教材的数字化场景，让学习领域向经济、文化、社会、生态文明等多领域拓展。如浙江大学的一场试验性致敬经典音乐会，吸引29万人次点击观看直播加回放。假设一个音乐厅有600个座位，这个文化资源的利用就相当于多出将近500个音乐厅，通过数字化手段将有限空间变为无限可能，并同步实现资源的均等共享。从“学在浙大”开始，浙江大学联合“学在城院”“学在浙音”等分布式场景，通过数字化扩展资源有效协同共享，实现了教育资源的规模增长，并积极探索把好的教育资源向西部地区输出。与以往线下对口支援西部教育的方式相比，有了新的结构性迭代，有望产生教育普惠的规模效应。

以培养公民自觉性促进教育资源均衡发展

数字化时代，学习更是终身事业。面对环境发展的不确定性，能力不足将会是每个人都会遇到的挑战，为此，以人为核心的数字学习新模式兴起，持续学习将会是所有人共同的刚需。每个人都可以是数字教育资源的贡献者，也是资源的利用者。教育事业需要打破“行业”观，肩负起社会使命。大中小学、教育机构固然是教育的主要组织者，但教育事业并不局限于这些组织。通过数字化思维，借助数字化基础设施，传统的教育资源与社会资源相融通，发挥公民自觉促进教育资源均衡发展，培育可持续发展的教育应用新生态。如浙大城市学院在“数智二课堂”场景探索中，通过中枢协同，实现与政府文旅系统与企业文旅绿码文博系统联通，联动应用场景，学生可共享全国8840家文博馆和革命场馆的第二课堂资源，再以“行走的思政课”等线下活动辅助课堂实现立体化呈现，让教育可视、入脑、入心，更广更深地切入教育本质，达成教育目标。社会资源的教育数字化转化、公民的数字学习自觉、社会多元主体的教育本体意识，都将是实现教育均衡发展的积极变量。

跳出教育看教育，教育数字化已提供了思维和方法，更新教育资源观，夯实教育数字化基础设施，汇聚并规模化教育数字化场景建设效益，实现教育公平普惠有了新的可达之径。

【作者单位：浙大城市学院】

新书荐评

党的十九届六中全会通过的《中共中央关于党的百年奋斗重大成就和历史经验的决议》指出：“党确立习近平同志党中央的核心、全党的核心地位，确立习近平新时代中国特色社会主义思想的指导地位，反映了全党全军全国各族人民共同心愿，对新时代党和国家事业发展、对推进中华民族伟大复兴历史进程具有决定性意义。”“两个确立”的提出，是对党的百年奋斗历史经验特别是党的十八大以来伟大实践经验的深刻总结，是中国特色社会主义进入新时代的历史条件下形成的最重要政治成果。

从五个维度认识把握“两个确立”

本书从历史唯物主义立场观点出发，从理论维度、历史维度、现实维度、未来维度和实践维度对“两个确立”这一重大政治成果进行了理论解读和阐释，既全面系统，又通俗生动，有助于广大干部群众准确把握“两个确立”的本质内涵，深刻领会“两个确立”的决定性意义，全面贯彻“两个确立”的实践要求。

重要窗口 理论周刊·新论

以“人本导向”推进“两个先行”

嘉　宾

常修泽

中国宏观经济研究院教授、国家发改委经济研究所原常务副所长

浙江省第十五次党代会提出，高水平推进人的现代化，打造促进全体人民全面发展高地，使人民对美好生活的向往不断得到满足。如何从“人”的角度，加快经济高质量发展，奋力推进“两个先行”？记者采访了“人本经济学”的探索者、著名经济学家常修泽教授。

全体人民的全面发展是现代化之本

从物本到人本，从“四个现代化”进一步上升到“人的现代化”，从而聚焦全体人民的全面发展，这是中国乃至人类现代化之本，当然也是浙江“两个先行”的出发点和落脚点。常修泽指出，马克思和恩格斯合著的《德意志意识形态》中讲到人的解放时，马克思特意在旁边加了边注：“哲学的和真正的解放”“一般人”“唯一者”“个人”。尤其在讲到未来新社会时，马克思在《共产党宣言》等文献中更是使用了“每个人的自由的全面发展”，以及“最无愧于和最适合于他们的人类本性”等关键词。常修泽在其专著《人本体制论》（2008年）中表示，这是一种切实站在“人”的发展立场研究问题的“人本观”，是一种与“人本工具论”有本质区别的“人本实质论”。

常修泽进一步分析说，这里的“人”，要从三个层次去全面把握其含义：一是指“全体人”，而不是一部分人，甚至也不是所谓的“多数人”或“大多数人”，一定要把握“全体人民”，要“达到边”；二是指“多代人”，不仅指当代人，还包括后代人，比如在分配上，除了当代人之间讲公平之外，还要考虑“跨代分配”和“代际公平”；三是指“多需”之人，而不是“单需”之人，“多需”应包括物质生活、精神生活、身心安全以及参与社会生活等。

既然提出促进人的全面发展，常修泽建议，应设法使全体人民共享改革发展四个方面的成果：一是物质成果，以适应全体人民日益增长的物质生活需要；二是文化成果，满足全体人民日益增长的精神生活需要；三是社会成果，满足人民对社会公共服务方面的需要；四是政治成果，满足人民群众参与全过程人民民主的需要。

全域创新发展的关键在于“人”

推进“两个先行”，不断满足人民美好生活需要，首先要通过创新创造，实现高质量发展。浙江省第十五次党代会提出，未来5年，将全面转入创新驱动发展模式，突出把握创新制胜工作导向，全面实施科技创新和人才强省首位战略。

对此，多年深入浙江调查研究、熟悉浙江情况的常修泽表示，浙江是坚定不移实施创新驱动发展战略的先行实践区。依据他2013年主笔出版的《创新立国战略》一书中的主张，浙江下一步要把握好创新工作的三个方面，并形象地将其比喻为“一个顶层设计、三根横梁、四个支柱”。

第一是进行“一个顶层设计”。创新是一个完整的体系，要有“以数字化为引领，进而系统打造浙江全域创新发展体系”的总体设计。

第二是搭好“三根横梁”。要设法涵盖到国家发展、产业发展、企业发展三个层面，而其中的灵魂是“人”。

第三是建造“四个制度性支柱”。即创新型人才体制、创新型教育体制、创新型知识产权保护体制，以及迈向创新大国的相关配套体制。

在实践中，人们往往把创新简单理解为技术创新。常修泽强调，一定要突破“单一技术创新论”的狭隘眼界，要特别重视制度创新在全域创新体系中的地位。比较而言，中国最缺的还是制度创新。“要急国家之所急，不断探索制度创新、理论创新、文化创新。”无论是技术自主创新抑或制度创新，最能动的因素还是“人”。

对于如何促进创新，常修泽提出三条可行性建议：一是给每个人才“身价”赋能（如球员或明星一样）；二是给职务发明以产权分割；三是推进知识产权证券化。

“共同而有差别的普遍富裕”：旨在调动“所有人”的积极性

奋力推进“两个先行”，高质量发展建设共同富裕示范区，需要准确全面把握共同富裕的深刻内涵。常修泽提出了“共同而有差别的普遍富裕”的概念。一是共同富裕，二是有差别的普遍富裕，两者缺一不可。“共同富裕”可由社会主义的制度性质导出，“有差别”可从社会主义劳动的个人谋生性导出。按照马克思主义原理，在整个社会主义社会，劳动具有“个人谋生手段”的属性，不同的劳动能力仍然是各自的天然特权。社会主义初级阶段的分配方式以按劳分配为主体，由于劳动者的个人天赋、工作能力不同，因而产生的分配结果自然就有差别。如果再考虑到社会主义初级阶段民营经济的存在和发展，这一问题就更为复杂。

针对这种客观情况和收入差距问题，常修泽提出三条对策。

第一，要从发展大格局考虑问题。要看到“共同富裕”绝不仅仅是一个单纯的分配问题，而是一个经济社会发展的全局性、战略性问题。一定要牢牢扭住高质量发展这个“牛鼻子”，重点做好“人”的文章，充分发挥“所有人”的主观能动性，调动包括投资者、技术创新者和普通劳动者在内的全社会成员投资创业、创新创业和劳动就业的积极性，让一切发展生产力的积极因素充分聚集，创新创造活力竞相迸发。

第二，研究分好“蛋糕”的问题。要切实推进分配制度改革，包括初次分配、第二次分配和第三次分配，从“三个倾斜”（向政府、垄断企业和非劳动者倾斜）逐步向所有人的利益均衡点转变。同时以“人”为导向，不断完善社会保障制度，弥补公共服务供给不足的缺口。

第三，建立完善的环境资源产权制度。环境资源领域产权界定不清、产权配置不当和交易价格不合理，以及环境资源税收制度等不完善，一方面导致相关少数人“暴富”，扩大了社会贫富差距，另一方面又影响自然环境，损害人民群众的环境人权。

从“每个人自立自强”看扩大居民消费

浙江省第十五次党代会提出，要深入实施扩大内需战略，建设消费型社会，深化“放心消费在浙江”行动，构建品质消费普及普惠体系。常修泽认为，建设消费型社会，既是满足人民群众不断增长的物质和文化生活的需要，也是在当前世界形势下，保持国家战略定力、确保“每个人自立自强”所必需的。

他解释说，构建新发展格局，从经济上说，固然要搞好“双循环”，尤其突出国内需求；要把握新发展格局的本质要求是“实现高水平的自立自强”，基础是“每个人自立自强”。如何实现每个人的自立自强？从根本上说，就是要满足人民群众日益增长的美好生活需要。当前，一个突出的落脚点就是要扩大居民消费，寻求“需求管理与供给管理相结合”。

研究消费、把握消费趋势，常修泽认为，应该以“人的发展经济学”为思路，特别要分清消费“四个率”。

第一是社会消费品零售总额增长率。在新阶段，这个指标未能反映居民全部消费的总体情况，有片面性和滞后性。因为现在的居民消费，除了购买产品，还有“服务消费”，如文化、旅游、教育、医疗、健身等。第二是消费增长率。这个指标既包括商品消费，也包括服务消费，比较全面，如果从居民人均消费支出角度研究消费增长情况，有其重要价值。第三是消费贡献率。这个指标反映最终消费支出对经济增长的贡献率。这对于研究 14 亿多人这个消费大市场的拉动作用和积聚效应，是有意义的，尽管理论上它还属于增长主义。第四是最终消费率。按照“人的发展经济学”的逻辑，要特别关注居民消费率——居民消费占整个国内生产总值的比重。如同打靶要瞄准 10 环一样，研究消费要特别瞄准居民消费率。我国现在的居民消费率过低，是个“短板”。在《人本型结构论》一书中，常修泽提出“把居民消费率拉高”。“这是中国经济结构调整第一位的问题。”他重申。

如何促进新阶段消费升级？常修泽提出，从“人”出发，从机制、结构、方式“三线促进”。

第一条线，建立长效机制，使人们能消费、敢消费、放心消费。“能消费”，重在提高居民收入水平，释放居民的消费需求。一是提高消费者收入水平；二是缩小收入差距；三是扩大中等收入群体。“敢消费”，就要完善社会保障体系。在老百姓收入还不够高的情况下，怎么才能“敢消费”？首要的是搞好社会保障，把基本公共服务搞好，以弥补收入环节之薄弱。现阶段最靠谱的行动是实现基本公共服务均等化。“放心消费”，主要是保障消费安全，最关键的是食品药品安全，这都是涉及人的发展的问题。必须建立健全消费品质安全监管、追溯、召回制度，确保消费安全。

第二条线，优化消费结构，挖掘消费潜力。一是优化商品消费和服务消费结构。要认识到，随着阶段变化和人民生活水平提高，居民服务型消费会异军突起，未来几年比重将超过商品消费，占50%以上。二是优化政府消费与居民消费结构。在鼓励提高居民消费比重的同时，适当压减政府消费。当然，与居民直接相关的公共性消费开支，该增的还是要增，比如用于医疗、基础教育、失业、养老、抚恤等领域的政府财政开支。三是优化农村消费与城市消费结构。应继续调整农村消费与城市消费结构，尤其要弥补、强化农村公共消费（包括农村基础教育、农村公共卫生与医疗、农村养老保障等公共消费）这一薄弱环节。

第三条线，创新消费方式，促进消费升级。随着信息技术水平和人民生活水平提高，消费方式的多样化趋势明显增强。网上购物、网上医疗、网上教育、沉浸式购物、柔性化定制等多样化、个性化消费模式层出不穷，消费增长空间巨大。

改革
创新

中国：如何推进动力变革

——访著名经济学家常修泽教授

开栏的话：

浙江是中国革命红船的启航地，是中国改革开放的先行地，是习近平新时代中国特色社会主义思想的重要萌发地。为深入学习宣传贯彻党的十九大精神，以更宽阔的视野探索中国特色社会主义发展中的重大理论和实践问题，本报今起开设“之江会客厅”理论访谈栏目，邀请国内外知名专家学者，针对社会热点和发展中的难题，以浙江的改革发展为素材，深入阐释习近平新时代中国特色社会主义思想的深刻理论渊源与巨大的实践指导意义，敬请关注。

之江会客厅

主持人
潘如龙 本报记者

嘉 宾
常修泽 中国宏观经济研究院教授、博士生导师，《20世纪中国知名科学家学术成就概览（经济学卷）》入选者

嘉宾简介

常修泽，著名经济学家，中国宏观经济研究院教授、博士生导师。《20世纪中国知名科学家学术成就概览（经济学卷）》入选者。

历任南开大学经济研究所副所长、国家计委（国家发改委）经济研究所常务副所长、国家发改委学术委员会委员等职。1990年晋升为教授，1992年起为享受国务院特殊津贴专家。

长期致力于制度经济学领域人的发展理论、广义产权理论和中国转型理论的研究。著有《人本体制论》《广义产权论》《包容性改革论》等学术理论著作，被学界称为中国“人的发展经济学领军人物之一”和“对产权问题素有研究的经济学家”。入选美国传记研究中心（ABI）《国际名人录》和英国剑桥国际传记中心（IBC）《国际名人录》。

主持人：本报创办“之江会客厅”专栏，您是第一位应邀嘉宾，欢迎来会客厅接受访谈。

常修泽：谢谢。先祝贺浙报“之江会客厅”在十九大后开栏。作为第一期嘉宾，我感到很荣幸。浙江是块福地，我的学术研究与浙江有缘分。1984年在浙江德清县莫干山举行的全国中青年经济科学工作者会议（简称“莫干山会议”），是我学术研究生涯的重要节点。此后，30多年来，从浙江的经济社会发展实践中，我也汲取了诸多理论营养。希望“之江会客厅”能为国内乃至国外的思想界朋友提供一个新的思想交流平台。

主持人：十九大报告提出三大变革：质量变革、效率变革、动力变革，其中，动力变革是基础。您是长期研究人的发展和制度经济学的学者，今天，我们“之江会客厅”第一期想围绕十九大报告的上述内容，就如何推进我国动力变革问题听听您的高见。

常修泽：莫说“高见”，一起交流。

国际国内
中国动力变革的双重背景

主持人：“动力变革”是十九大报告的亮点之一。报告提出，要贯彻新发展理念，建设现代化经济体系，以供给侧结构性改革为主线，推动经济发展动力变革。请问，提出“动力变革”的背景是什么？

常修泽：以我之见，有两个背景：一是国际背景，二是国内背景。

从国际背景看，不知您注意到没有，习近平主席在前不久亚太经合组织工商领导人会议讲话中，有一段重要论述：世界正处在快速变化的历史进程之中，世界经济正在发生更深层次的变化。我们要洞察世界经济发展趋势，找准方位，把握规律，果敢应对。

那么，有什么新的趋势呢？习近平主席“洞察”出的第一个趋势就是：我们正面临增长动能的深刻转变。当前，改革创新成为各国化解挑战、谋求发展的方向。结构性改革的正面效应和潜能持续释放，对各国经济增长的促进作用进一步显现。新一轮科技和产业革命形成势头，数字经济、共享经济加速发展，新产业、新模式、新业态层出不穷，新的增长动能不断积聚。这段话站位很高。我认为，在这种新的潮流面前，中国应该抓住机遇，顺势而为。这是国际背景。

再看国内背景，我认为，主要是我国社会主要矛盾发生了新变化。您知道，在此之前的36年中，对我国社会主要矛盾的表述是“人民日益增长的物质文化需要同落后的社会生产之间的矛盾”。十九大报告指出：我国社会的主要矛盾已经转化为“人民日益增长的美好生活需要和不平衡不充分的发展之间的矛盾”。这个新论断非同小可。十九大为什么说中国进入“新时代”？依据是什么？主要是因为社会主要矛盾的新变化。

这个对于社会主要矛盾的新论断，我觉得是具有突破性的，它不仅突破了需求方根深蒂固的“物本位”惯性思维，也突破了供给方根深蒂固的“单纯生产论”的惯性思维，体现了习近平“能动的人”“全面的人”的思想。而这一思想跟浙江有关系，跟习近平同志在浙江工作时的探索和实践有关系。

主持人：有意思，请您展开讲。

常修泽：几年前，我曾读过习近平在2007年出版的《之江新语》一书。书中“文化育和谐”一文（2005年8月16日发表在《浙江日报》“之江新语”专栏，编者注）讲到：“人，本质上就是文化的人，而不是‘物化’的人；是能动的、全面的人，而不是僵化的、‘单向度’的人。”这段话寓意十分深刻，他在这里明确否定了“物化的人”“单向度的人”，强调人应是能动的、全面的人，点破了“人”的真谛。

而一旦从“能动的、全面的人”的高度研究中国社会主要矛盾，就会高屋建瓴。因为，按照“全面的人”的定位，人应是多需之人，特别是随着社会的不断发展，人的需求将越来越广泛。

十九大报告指出：“人民美好生活需要日益广泛，不仅对物质文化生活提出了更高要求，而且在民主、法治、公平、正义、安全、环境等方面的要求日益增长。”报告还提出保护人民人身权、财产权、人格权（其中保护“人格权”是首次写入党的文件），这就大大拓展了人民需求的广度和深度，把人民的需求提到一个新的境界，这是一种历史性的超越。

主持人：确实是一种超越。

常修泽：人民有此“需”，我党有所“应”。党的十九大适应了人民群众的这些新要求。这是需求方面。另外一个是供给方面，原来的提法是“落后的社会生产”，现在提法有变化。

首先，新的表述超越了单纯的“生产”概念，而提升为“发展”概念。您知道，“发展”比“生产”要丰富得多、深刻得多。当代人类发展是五个发展，包括经济、政治、文化、社会、生态文明，党中央不是明确提出“五位一体”的总体布局吗？

主持人：确实，习近平同志在浙江安吉余村提出“绿水青山就是金山银山”理念，就是着眼于生态文明发展或者说生态文明建设。

常修泽：是的。经济发展只是五个发展中的一个向度，而且，即使就经济这一个向度来说，生产也只是其中的一部分。按照马克思的《资本论》，社会再生产过程或者说经济总循环包括四个环节：生产、流通、分配、消费。可见，生产只是其中的一个环节，而发展比它要广阔得多。这是其一。

其二，现在用“落后”两字笼而统之来概括中国的现实，已经不合时宜。尽管中国仍然有部分落后地区和部分落后单位，但是不能简单地归结为“落后”，主要是发展的不平衡不充分的问题。

总之，矛盾的需求方和供给方都大大超越了原来的惯性思维，出现了前所未有的新变化。正是因为社会主要矛盾的新变化才使中国进入了新时代。进入新时代，才需要研究新的动力问题，这是动力变革的深刻背景。

动力变革之一
“十九大版”的供给侧结构性改革

主持人：您分析得很深刻，也有哲理。那么，请问：如何推进我国经济发展的动力变革呢？

常修泽：根据我的研究，应主要从四条线来推进：一是推进“十九大版”的供给侧结构性改革；二是推进创新驱动战略；三是推进以完善产权制度和要素市场化为重点的经济体制改革；四是构建全面开放的新格局。

主持人：那好，请您展开分析。

常修泽：供给侧结构性改革是动力变革的第一条线，而且这个已经写入党章，非同小可。我先谈这条线。

主持人：您为什么用“十九大版”的供给侧结构性改革这个提法？

常修泽：很好。您已经注意到我的这个特定用语。我之所以这样说，是因为十九大报告所提的供给侧结构性改革与2015年提出的供给侧结构性改革，虽然8个字一样，但是内涵已经发生了重大变化，此供给侧非彼供给侧。

您可能知道，2015年提出的供给侧结构性改革，主要内容是“去过剩产能”，2016年3月进一步归结为“三去一降一补”，这里的“去”，并不是绝对的完全去掉，而是“减”或者说“降”，是做减法。十九大报告所提的供给侧结构性改革，前三个方面都不是做减法，而是做加法。

主持人：噢，愿听其详。

常修泽：“十九大版”的供给侧结构性改革，主要包含以下几个方面：

第一方面，是大力发展先进制造业。推进互联网、大数据、人工智能和实体经济深度融合，在这些领域培育新增长点。请注意，这里都是要寻找“新增长点”，是要“增”，而不是做减法。浙江的经济当年就是靠制造业起家的，后来又发展了互联网、大数据等。下一步，还是要在新增长点上下功夫，切实形成新动能。

第二方面是传统产业优化升级。上一个是“增”，这一个是“升”。同时，加快发展现代服务业。2016年全国服务业占比是51.6%，浙江省也恰好是51.6%，与全国持平。根据我的调查，浙江省服务业未来的发展空间相当广阔，特别是生产性服务业。

第三方面是加强九大基础设施网络建设。一是水利，二是铁路，三是公路，四是水运，五是航空，六是管道，七是电网，八是信息，九是物流，还有其他等等。这些基础网络建设，浙江有长板（例如物流、信息等），也有短板。听说浙江正修建国内第一条由民营资本控股的总投资400多亿元的杭绍台高铁，这很好，这就是补短板嘛！

从以上三大方面看都不是做减法，而是做加法，对企业界来说这里面有巨大的商机。

主持人：您的分析和点拨对我们很有启发，浙江要抓住这些商机。

常修泽：第四方面，才是“三去一降一补”。即使是“三去一降”，也不是一个简单的“去”“降”的问题，按十九大报告提法，是“优化存量资源配置”的问题，还有“扩大优质增量供给”。无论是“优化存量”，还是“扩大优质增量”，其目的都是为了“实现供需动态平衡”。这是问题的关键之所在。相信浙江会把握“动态平衡”这个关键。

以上四个方面，主要还是针对“物”的问题。“十九大版”的供给侧结构性改革的新颖之处、突破之处，是特别瞄准了“人”，包括企业家和劳动者。

主持人：瞄准了“人”，很有意思，您是人本经济学的探索者，这是您的专长领域。

常修泽：我很高兴地看到，十九大报告把“激发和保护企业家精神”列为供给侧结构性改革的第五个方面，这是一大超越。它瞄准的不是一般的产业，而是创新创业的主体——企业家。就在十九大召开前夕，9月25日，中共中央、国务院颁发了《关于营造企业家健康成长环境 弘扬优秀企业家精神 更好发挥企业家作用的意见》，就是要激发和保护企业家精神，鼓励更多社会主体投身创新创业。

主持人：我从网上看到，中央文件下达后4天，9月29日新华社《经济参考报》公开了您在今年1月10日上报给国家有关部门的内部报告《关于激发和保护企业家精神的七点意见》，并且加了一个编者按，并起了新的题目：《中国当代企业家肩负着历史的重任》。在此之前，今年7月3日，我在《人民日报》上也曾看到您的题为《激发和保护企业家精神》的文章，很受启发。

常修泽：中国的改革、发展要向纵深推进，必须要培育宏大的企业家队伍，特别是要激发和保护企业家精神。当前，关键是稳定企业家的预期，增强企业家的信心，使他们的产权、创新收益以及人的精神尊严都能得到保护。去年11月27日，中共中央、国务院出台《关于完善产权保护制度依法保护产权的意见》，现在出台保护企业家文件，一个是保护“产”，一个是保护“人”，这是两个极其重要的命题。当然，保护和激发“人”，不仅是指保护企业家，还包括保护劳动者，弘扬劳模精神和工匠精神，这也是一种超越。

我在30多年的观察中感到，浙江是资源小省，七山二水一分田，改革开放后迅速发展起来，靠的就是人，靠的就是浙江精神。十九大报告把企业家、劳动者、工匠精神也归入供给侧结构性改革，是有见地的。激发和保护企业家精神、工匠精神，将使浙江的发展获得更大动力。

动力变革之二
创新引领发展

主持人：您这一讲，让我对十九大报告中的供给侧结构性改革有进一步的领悟。几年前我曾读过您主笔的《创新立国战略》一书，您能结合十九大报告谈谈创新问题吗？

常修泽：既然有书，我就不展开了，只简要说几句。习近平主席日前在亚太经合组织工商领导人峰会上的主旨演讲中指出，“这是与时俱进、创新发展方式的新征程”。请注意，在十九大报告中，“创新”是作为引领发展的第一动力提出来的。在动力变革中创新是第一动力。

这里有四个要点需要把握：其一，创新的主体是“企业”（不是政府）；其二，创新的导向是“市场”（不是计划）；其三，创新需要产学研深度融合（不是各自为战）；其四，创新需要加强对中小企业的支持（不是袖手旁观）。

浙江是中小企业比较密集的省份，近年来一些大型民营企业集团在不断崛起。我在调研中感到，浙江民营经济相当发达，最新的数据表明，全国民营企业500强中，浙江占120家，连续19年蝉联全国第一。下一步希望浙江能在创新上继续发挥先锋作用。

动力变革之三
改革必须抓住“产权”和“要素市场”这两个重点

主持人：十九大报告指出要“坚持全面深化改革”，强调要“坚决破除一切不合时宜的思想观念和体制机制弊端，突破利益固化的藩篱，吸收人类文明有益成果，构建系统完备、科学规范、运行有效的制度体系”。您曾著有《人本体制论》《广义产权论》和《包容性改革论》等改革理论著作。您认为下一步经济改革该如何重点突破？

常修泽：您引的话是全面改革中的关键话语。就经济体制改革而言，有五件大事要办：一是产权有效激励；二是要素自由流动；三是价格反应灵活；四是竞争公平有序；五是企业优胜劣汰。其中重点是前两个，即完善产权制度和要素市场化配置。

需要指出的是，党的十九大报告讲的产权不是“狭义产权”，而是“广义产权”，即除了人们熟悉的物权、债权、股权等以外，还包括自然资源资产产权、各种人力资本产权（如知识产权）等。把“完善产权制度”列为新时代经济改革的第一重点，也就抓住了经济体制的基础和核心。

如何完善产权制度？我建议从以下四方面入手：

第一，完善产权界定制度。十九大报告对有关问题已作出明确界定。例如报告指出“完善承包地三权分置制度。保持土地承包关系稳定并长久不变，第二轮土地承包到期后再延长三十年”，很明确。当然，在现实中，产权尚未清晰的实例也还有不少，例如自然资源资产的产权主体明晰化问题，城镇居民房产土地使用权70年到期后的产权定位问题，知识产权的界定问题等，都要补短板。

第二，完善产权配置制度。一是解决国有资产配置布局和结构仍存在的某些不合理、不优化问题；二是国有资产配置效率问题，例如“僵尸企业”处置和国有资产保值增值问题；三是交叉持股相互融合问题。须知，国有企业改革的重头戏是发展混合所有制经济。我今年主笔完成一部《混合所有制经济新论》，即将出版，就是试图在产权优化配置上做些探索。

第三，完善产权交易制度。要重点解决资产评估不准确、交易过程不透明、交易价格不合理、交易后资金不到位的问题。此外，自然资源资产如何“有偿使用”，农村产权如何流转，这些也需要摸索。

第四，完善产权保护制度。有恒产才能有恒心。针对现实中存在的产权保护不力问题，要完善保护制度，特别是对民营企业的产权保护，还有大量工作要做。

第二个重点是要素市场化。按照马克思《资本论》，当时生产要素指的是资本、土地、劳动力，三个；现在增加了两大要素即技术和管理，形成五大要素。新时代要努力使要素自由流动。

现在，商品市场已经基本市场化，根据国家发改委的数据，我国商品价格的市场化度已经达到97.01%，但包括资本、土地、劳动力、技术、管理在内的要素市场化程度较低。而要实现五大要素市场化，使之真正自由流动起来，则必须打破以权力为支撑的行政性垄断，并防止某些企业相互串谋之类的市场垄断。

浙江民营资本雄厚，投资需求旺盛。下一步，建议按照十九大报告所要求的，深化商事制度改革，放宽服务业准入限制，全面实施市场准入负面清单制度，清理废除妨碍统一市场和公平竞争的各种规定和做法，放宽特许经营范围，浙江的国有和民营经济将会迎来更多的发展机会，也会从改革中获得更多红利。

动力变革之四
形成全面开放新格局

开放也是一大动力，有时这种倒逼的力量也很强大。开放新格局新在哪里？一是紧紧扭住“一带一路”这个重点，浙江杭州、义乌等是“一带”的重要起点，宁波、舟山等是“一路”的重要起点。二是走出去与引进来“两条腿”要配合好，迈出新步伐。三是外贸业态创新，不仅发展货物贸易，而且促进服务贸易，向境外输出服务，2016年，浙江的服务贸易出口占比只有10.5%，发展空间很大。四是创新外投方式，搞国际产能合作，把浙江的技术标准带出去。五是浙江海岸线长，离岛较多（特别是舟山群岛），且处在整个中国海岸线中段，有利于搞自由贸易港，可以进行探索，而且要快。

寄语浙江
“见天光、接地气、立人本”

主持人：您参加了1984年的“莫干山会议”，此后您又在1987年率先提出“产权市场构想”，对浙江情况也比较熟悉。您认为浙江在新时代如何通过动力变革继续走在前列、勇立潮头？

常修泽：“走在前列、勇立潮头”，这八个字方向明确。浙江是中国人文底蕴深厚的地方。春秋时代越国“十年生聚，十年教训”传为佳话，这种“自强不息”的精神，曾激励一代一代国人“韧的战斗”（鲁迅语，编者注）。改革开放后，浙江人敢为天下先——从温州的民营经济，到义乌的小商品市场；从发展海洋经济，到树立“绿水青山就是金山银山”理念；从杭州的“互联网+”，到乌镇的世界互联网大会……浙江人一直“走在前列、勇立潮头”。可以说，作为中国改革开放的先行地之一的浙江，对于形成习近平新时代中国特色社会主义思想是有贡献的。在新时代如何做？十九大已经指明了方向。我这里只从理论工作者的角度，寄语浙江九个字：“见天光、接地气、立人本”。

——“见天光”，就是要把握社会发展的规律和趋势，顺应历史发展的潮流。这就要按照十九大所说的，紧密结合新的时代条件和实践要求，以全新的视野深化对共产党执政规律、社会主义建设规律、人类社会发展规律的认识。我们对这三个规律认识深化了，切实把握了，就能见到“天光”。

——“接地气”，就是脚踏实地，紧贴中国的国情、浙江的省情。十九大报告指出，我国处在社会主义初级阶段的基本国情没有变，这是最大的国情，也是最大的实际。问题是，我们牢牢把握住这个最大的国情、这个最大的实际了吗？现在国内有的地方有一种浮躁现象，应当力戒。

——“立人本”，天地之间是“大写的人”，如习近平同志所说的“能动的、全面的人”。《共产党宣言》里有句名言：新社会“每个人的自由发展是一切人的自由发展的条件”。十九大报告多处指出要“不断促进人的全面发展”，大大拓展了人民需求的广度和深度，把人民的需求提到一个崭新的境界。务必把人的发展作为发展的出发点和落脚点。同时，充分发挥人的能动性，让人放飞心灵，不做“单向度”的人，做具有超越能力的人。这样，人杰地灵的浙江，就会人更杰、地更灵，在新的时代展现新的作为。

主持人：您的见解新颖、独到、深刻，谢谢您！

中国：如何推进动力变革

嘉 宾

常修泽

中国宏观经济研究院教授、国家发改委经济研究所原常务副所长

党的十九大报告提出三大变革：质量变革、效率变革、动力变革。其中，动力变革是基础。对此，记者采访了常修泽教授。

国际国内：中国动力变革的双重背景

记者：“动力变革”是党的十九大报告的亮点之一。报告提出，要贯彻新发展理念，建设现代化经济体系，以供给侧结构性改革为主线，推动经济发展动力变革。请问，提出“动力变革”的背景是什么？

常修泽：以我之见，有两个背景：一是国际背景，二是国内背景。

从国际背景看，不知您注意到没有，习近平主席在亚太经合组织工商领导人会议讲话中，有一段重要论述：世界正处在快速变化的历史进程之中，世界经济正在发生更深层次的变化。我们要洞察世界经济发展趋势，找准方位，把握规律，果敢应对。

那么，有什么新的趋势呢？习近平主席洞察出的第一个趋势就是：我们正面临增长动能的深刻转变。当前，改革创新成为各国化解挑战、谋求发展的方向。结构性改革的正面效应和潜能持续释放，对各国经济增长的促进作用进一步显现。新一轮科技革命和产业变革形成势头，数字经济、共享经济加速发展，新产业、新模式、新业态层出不穷，新的增长动能不断积聚。这段话站位很高。我认为，在这种新的潮流面前，中国应该抓住机遇，顺势而为。这是国际背景。

再看国内背景，我认为，主要是我国社会主要矛盾发生了新变化。您知道，在此之前的36年中，对我国社会主要矛盾的表述是“人民日益增长的物质文化需要同落后的社会生产之间的矛盾”。党的十九大报告指出：我国社会的主要矛盾已经转化为“人民日益增长的美好生活需要和不平衡不充分的发展之间的矛盾”。这个新论断非同小可。党的十九大为什么说中国进入“新时代”？依据是什么？主要是因为社会主要矛盾的新变化。

对于社会主要矛盾的新论断，我觉得是具有突破性的。它不仅突破了需求方根深蒂固的“物本位”惯性思维，也突破了供给方根深蒂固的“单纯生产论”的惯性思维，体现了习近平“能动的人”“全面的人”的思想。而这一思想跟浙江有关系，跟习近平同志在浙江工作时的探索和实践有关系。

记者：有意思，请您展开讲。

常修泽：几年前，我曾读过习近平在2007年出版的《之江新语》一书。书中《文化育和谐》一文（2005年8月16日发表在《浙江日报》“之江新语”专栏，编者注）讲道：“人，本质上就是文化的人，而不是‘物化’的人；是能动的、全面的人，而不是僵化的、‘单向度’的人。”这段话寓意十分深刻，他在这里明确否定了“物化的人”“单向度的人”，强调人应是能动的、全面的人，点破了“人”的真谛。

而一旦从“能动的、全面的人”的高度研究中国社会主要矛盾，就会高屋建瓴。因为，按照“全面的人”的定位，人应是多需之人，特别是随着社会的不断发展，人的需求将越来越广泛。

党的十九大报告指出：“人民美好生活需要日益广泛，不仅对物质文化生活提出了更高要求，而且在民主、法治、公平、正义、安全、环境等方面的要求日益增长。”报告还提出保护人民人身权、财产权、人格权（其中保护“人格权”是首次写入党的文件），这就大大拓展了人民需求的广度和深度，把人民的需求提到一个新的境界，这是一种历史性的超越。

记者：确实是一种超越。

常修泽：人民有此“需”，我党有所“应”。党的十九大适应了人民群众的这些新要求。这是需求方面。另外一个是供给方面，原来的提法是“落后的社会生产”，现在提法有变化。

首先，新的表述超越了单纯的“生产”概念，而提升为“发展”概念。

“发展”比“生产”要丰富得多、深刻得多。当代人类发展是五个发展，包括经济、政治、文化、社会、生态文明，党中央不是明确提出“五位一体”的总体布局吗？

记者：确实，习近平同志在浙江安吉余村提出“绿水青山就是金山银山”理念，就是着眼于生态文明发展或者说生态文明建设。

常修泽：是的。经济发展只是五个发展中的一个向度，而且，即使就经济这一个向度来说，生产也只是其中的一部分。按照马克思的《资本论》，社会再生产过程或者说经济总循环包括四个环节：生产、分配、交换、消费。可见，生产只是其中的一个环节，而发展比它要广阔得多。这是其一。

其二，现在用“落后”两字笼而统之来概括中国的现实，已经不合时宜。尽管中国仍然有部分落后地区和部分落后单位，但是不能简单地归结为“落后”，主要是发展的不平衡不充分的问题。

总之，矛盾的需求方和供给方都大大超越了原来的惯性思维，出现了前所未有的新变化。正是因为社会主要矛盾的新变化才使中国进入了新时代。进入新时代，才需要研究新的动力问题，这是动力变革的深刻背景。

动力变革之一：“十九大版”的供给侧结构性改革

记者：您分析得很深刻，也有哲理。那么，请问：如何推进我国经济发展的动力变革呢？

常修泽：根据我的研究，应主要从四条线来推进：一是推进“十九大版”的供给侧结构性改革；二是推进创新驱动战略；三是推进以完善产权制度和要素市场化为重点的经济体制改革；四是构建全面开放的新格局。

记者：那好，请您展开分析。

常修泽：供给侧结构性改革是动力变革的第一条线，而且这个已经写入党章，非同小可。我先谈这条线。

记者：您为什么用“十九大版”的供给侧结构性改革这个提法？

常修泽：很好。您已经注意到我的这个特定用语。我之所以这样说，是因为党的十九大报告所提的供给侧结构性改革与2015年提出的供给侧结构性改革，虽然8个字一样，但是内涵已经发生了重大变化，此供给侧非彼供给侧。

2015年提出的供给侧结构性改革的主要内容是“去过剩产能”，2016年3

月进一步归结为“三去一降一补”，这里的“去”，并不是绝对的完全去掉，而是“减”或者说“降”，是做减法。党的十九大报告所提的供给侧结构性改革，前三个方面都不是做减法，而是做加法。

记者：噢，愿听其详。

常修泽：“十九大版”的供给侧结构性改革，主要包含以下几个方面。

第一个方面是大力发展先进制造业。推进互联网、大数据、人工智能和实体经济深度融合，在这些领域培育新增长点。请注意，这里都是要寻找“新增长点”，是要“增”，而不是做减法。浙江的经济当年就是靠制造业起家的，后来又发展了互联网、大数据等。下一步，还是要在新增长点上下功夫，切实形成新动能。

第二个方面是传统产业优化升级。上一个是“增”，这一个是“升”。同时，加快发展现代服务业。2016 年全国服务业占比是 51.6%，浙江也恰好是 51.6%，与全国持平。根据我的调查，浙江服务业未来的发展空间相当广阔，特别是生产性服务业。

第三个方面是加强九大基础设施网络建设。一是水利，二是铁路，三是公路，四是水运，五是航空，六是管道，七是电网，八是信息，九是物流。还有其他等等。这些基础网络建设，浙江有长板（例如物流、信息等），也有短板。听说浙江正修建国内第一条由民营资本控股的总投资 400 多亿元的杭绍台高铁，这很好，这就是补短板嘛！

从以上三大方面看都不是做减法，而是做加法，对企业界来说这里面有巨大的商机。

记者：您的分析和点拨对我们很有启发，浙江要抓住这些商机。

常修泽：第四个方面才是“三去一降一补”。即使是“三去一降”，也不是一个简单的“去”“降”的问题，按党的十九大报告提法，是“优化存量资源配置”的问题，还有“扩大优质增量供给”。无论是“优化存量”，还是“扩大优质增量”，其目的都是“实现供需动态平衡”。这是问题的关键之所在。相信浙江会把握“动态平衡”这个关键。

以上四个方面，主要还是针对“物”的问题。“十九大版”的供给侧结构性改革的新颖之处、突破之处，是特别瞄准了“人”，包括企业家和劳动者。

记者：瞄准了“人”，很有意思，您是人本经济学的探索者，这是您的专长领域。

常修泽：党的十九大报告把“激发和保护企业家精神”列为供给侧结构性改革的第五个方面，这是一大超越。它瞄准的不是一般的产业，而是创新创业的主体——企业家。就在党的十九大召开前夕，2017 年 9 月 25 日，中共中央、国务院颁发了《关于营造企业家健康成长环境弘扬优秀企业家精神更好发挥企业家作用的意见》，就是要激发和保护企业家精神，鼓励更多社会主体投身创新创业。

记者：我从网上看到，中央文件下达后 4 天，9 月 29 日新华社《经济参考报》公开了您在 2020 年 1 月 10 日上报给国家有关部门的内部报告《关于激发和保护企业家精神的七点意见》，并且加了一个编者按，并起了新的题目：《中国当代企业家肩负着历史的重任》。在此之前，2020 年 7 月 3 日，我在《人民日报》上也曾看到您的题为《激发和保护企业家精神》的文章，很受启发。

常修泽：中国的改革、发展向纵深推进，必须培育宏大的企业家队伍，特别是要激发和保护企业家精神。当前，关键是稳定企业家的预期，增强企业家的信心，使他们的产权、创新收益以及人的精神尊严都能得到保护。2019 年 11 月 27 日，中共中央、国务院出台《关于完善产权保护制度依法保护产权的意见》，现在出台保护企业家文件，一个是保护“产”，一个是保护“人”，这是两个极其重要的命题。当然，保护和激发“人”，不仅是指保护企业家，还包括保护劳动者，弘扬劳模精神和工匠精神，这也是一种超越。

我在 30 多年的观察中感到，浙江是资源小省，七山二水一分田，改革开放后迅速发展起来，靠的就是人，靠的就是浙江精神。党的十九大报告把企业家、劳动者、工匠精神也归入供给侧结构性改革，是有见地的。激发和保护企业家精神、工匠精神，将使浙江的发展获得更大动力。

动力变革之二：创新引领发展

记者：您这一讲，让我对党的十九大报告中的供给侧结构性改革有进一步的领悟。几年前我曾读过您主笔的《创新立国战略》一书，您能结合党的十九大报告谈谈创新问题吗?

常修泽：既然有书，我就不展开了，只简要说几句。习近平主席在亚太经合组织工商领导人峰会上的主旨演讲中指出，“这是与时俱进、创新发展方式的新征程”。请注意，在党的十九大报告中，“创新”是作为引领发展的第一动力提出来的。在动力变革中创新是第一动力。

这里有四个要点需要把握：其一，创新的主体是“企业”（不是政府）；其二，创新的导向是“市场”（不是计划）；其三，创新需要产学研深度融合（不是各自为政）；其四，创新需要加强对中小企业的支持（不是袖手旁观）。

浙江是中小企业比较密集的省份，近年来一些大型民营企业集团在不断崛起。我在调研中感到，浙江民营经济相当发达，最新的数据表明，全国民营企业500强中，浙江占120家，连续19年居全国第一。下一步希望浙江能在创新上继续发挥先锋作用。

动力变革之三：改革必须抓住“产权”和“要素市场”这两个重点

记者：党的十九大报告指出要“坚持全面深化改革”，强调要“坚决破除一切不合时宜的思想观念和体制机制弊端，突破利益固化的藩篱，吸收人类文明有益成果，构建系统完备、科学规范、运行有效的制度体系”。您曾著有《人本体制论》《广义产权论》和《包容性改革论》等改革理论著作。您认为下一步经济改革该如何重点突破?

常修泽：您引的话是全面改革中的关键话语。就经济体制改革而言，有五件大事要办：一是产权有效激励；二是要素自由流动；三是价格反应灵活；四是竞争公平有序；五是企业优胜劣汰。其中重点是前两个，即完善产权制度和要素市场化配置。

需要指出的是，党的十九大报告讲的产权不是狭义产权，而是广义产权，即除了人们熟悉的物权、债权、股权等以外，还包括自然资源资产产权、各种人力资本产权（如知识产权）等。把“完善产权制度”列为新时代经济改革的第一个重点，也就抓住了经济体制的基础和核心。

如何完善产权制度？我建议从以下四方面入手。

第一，完善产权界定制度。党的十九大报告对有关问题已作出明确界定。例如报告指出“完善承包地‘三权’分置制度。保持土地承包关系稳定并长久不变，第二轮土地承包到期后再延长三十年”。当然，在现实中，产权尚未清晰的实例也还有不少，例如自然资源资产的产权主体明晰化问题，城镇居民房产土地使用权70年到期后的产权定位问题，知识产权的界定问题等都要补短板。

第二，完善产权配置制度。一是解决国有资产配置布局和结构仍存在的某些不合理、不优化问题；二是国有资产配置效率问题，例如“僵尸企业”处置和国有资产保值增值问题；三是交叉持股相互融合问题。须知，国有企业改革的重头戏是发展混合所有制经济。我2020年主笔的《混合所有制经济新论》就是试图在产权优化配置上做些探索。

第三，完善产权交易制度。要重点解决资产评估不准确、交易过程不透明、交易价格不合理、交易后资金不到位的问题。此外，自然资源资产如何“有偿使用”，农村产权如何流转，这些也需要摸索。

第四，完善产权保护制度。有恒产才能有恒心。针对现实中存在的产权保护不力问题，要完善保护制度，特别是对民营企业的产权保护，还有大量工作要做。

第二个重点是要素市场化配置。按照马克思《资本论》，当时生产要素指的是资本、土地、劳动力。现在增加了两大要素即技术和管理，形成五大要素。新时代要努力使要素自由流动。

现在，商品市场已经基本市场化，根据国家发改委的数据，我国商品价格的市场化度已经达到97.01%，但包括资本、土地、劳动力、技术、管理在内的要素市场化程度较低。而要实现五大要素市场化，使之真正自由流动起来，则必须打破以权力为支撑的行政性垄断，并防止某些企业相互串谋之类的市场垄断。

浙江民营资本雄厚，投资需求旺盛。下一步，建议按照党的十九大报告所要求的，深化商事制度改革，放宽服务业准入限制，全面实施市场准入负面清单制度，清理废除妨碍统一市场和公平竞争的各种规定和做法，放宽特许经营范围，浙江的国有和民营经济将会迎来更多的发展机会，也会从改革中获得更多红利。

动力变革之四：形成全面开放新格局

开放也是一大动力，有时这种倒逼的力量也很强大。开放新格局新在哪里？一是紧紧扭住“一带一路”这个重点，浙江杭州、义乌等是“一带”的重要起点，宁波、舟山等是“一路”的重要起点。二是走出去与引进来“两条腿”要配合好，迈出新步伐。三是外贸业态创新，不仅发展货物贸易，而且促进服务贸易，向境外输出服务。2016 年，浙江的服务贸易出口占比只有 10.5%，发展空间很大。四是创新外投方式，搞国际产能合作，把浙江的技术标准带出去。五是浙江海岸线长，离岛较多（特别是舟山群岛），且处在整个中国海岸线中段，有利于搞自由贸易港，可以进行探索，而且要快。

寄语浙江：“见天光、接地气、立人本”

记者：您参加了 1984 年的莫干山会议，此后您又在 1987 年率先提出“产权市场构想”，对浙江情况也比较熟悉。您认为浙江在新时代如何通过动力变革继续走在前列、勇立潮头？

常修泽：“走在前列、勇立潮头”，这八个字方向明确。浙江是中国人文底蕴深厚的地方。春秋时代越国“十年生聚，十年教训”传为佳话，这种“自强不息”的精神，曾激励一代一代国人“韧的战斗”（鲁迅语，编者注）。改革开放后，浙江人敢为天下先——从温州的民营经济，到义乌的小商品市场；从发展海洋经济，到树立“绿水青山就是金山银山”理念；从杭州的“互联网+”，到乌镇的世界互联网大会……浙江人一直“走在前列、勇立潮头”。可以说，作为中国改革开放的先行地之一的浙江，对于形成习近平新时代中国特色社会主义思想是有贡献的。在新时代如何做？党的十九大已经指明了方向。我这里只从理论工作者的角度，寄语浙江九个字：“见天光、接地气、立人本。”

——“见天光”，就是要把握社会发展的规律和趋势，顺应历史发展的潮流。这就要按照党的十九大所说的，紧密结合新的时代条件和实践要求，以全新的视野深化对共产党执政规律、社会主义建设规律、人类社会发展规律的认识。我们对这三个规律认识深化了，切实把握了，就能见到“天光”。

——“接地气”，就是脚踏实地，紧贴中国的国情、浙江的省情。党的十九大报告指出，我国处在社会主义初级阶段的基本国情没有变，这是最大的国情，也是最大的实际。问题是，我们牢牢把握住这个最大的国情、这个最大的实际了吗？现在国内有的地方有一种浮躁现象，应当力戒。

——“立人本”，天地之间是“大写的人”，如习近平同志所说的“能动的、全面的人”。《共产党宣言》里有句名言，新社会“每个人的自由发展是一切人的自由发展的条件”。党的十九大报告多处指出要“不断促进人的全面发展”，大大拓展了人民需求的广度和深度，把人民的需求提到一个崭新的境界。务必把人的发展作为发展的出发点和落脚点。同时，充分发挥人的能动性，让人放飞心灵，不做“单向度”的人，做具有超越能力的人。这样，人杰地灵的浙江，就会人更杰、地更灵，在新的时代展现新的作为。

三个地·理论周刊

以市场化激发市场主体活力

——访著名经济学者常修泽教授

本报记者 潘如龙

嘉宾简介

常修泽 中国宏观经济研究院教授、博士生导师

山东省惠民县人，1949—2009《中国百名经济学家理论贡献精要》入选者。

长期在南开大学经济研究所和国家宏观经济研究机构从事经济理论与经济决策研究。历任南开大学经济研究所副所长、国家计委（国家发改委）经济研究所常务副所长、国家发展和改革委员会学术委员会委员等职。著有《人本体制论》《广义产权论》《包容性改革论》《人本型结构论》等学术理论著作。

新冠肺炎疫情对我国经济和世界经济产生巨大冲击，我国很多市场主体面临前所未有的压力。习近平总书记不久前主持召开企业家座谈会，提出要千方百计把市场主体保护好，激发市场主体活力。著名制度经济学者常修泽教授长期研究产权、人本、转型等与企业活力相关的深层理论问题，日前在深圳作相关学术报告期间，就如何激发市场主体活力这一话题接受了本报的采访。

提出保护和激发市场主体活力的三点考虑

记者：新冠肺炎疫情影响了全球经济的发展。经过努力，我国经济已呈现稳定转好态势，二季度增幅由负转正。在这样的背景下，习近平总书记在企业家座谈会上提出要保护和激发市场主体活力，对此您怎么看？

常修泽：好，谈谈我的认识。所谓"市场主体"，是指在市场经济运行和发展中从事经济活动的微观主体，包括企业、个体工商户和农民专业合作社等形态。改革开放以来，随着经济体制转轨，我国传统企业开始向"市场主体"转型，同时产生大量民营企业、外资企业，以及个体工商户和农民专业合作社等。据统计，到2019年底，全国已有各类市场主体1.23亿户，其中企业3858万户，个体工商户8261万户。浙江省尤其引人瞩目，虽然土地面积不大，但市场主体不少，特别是民营经济比较发达，截至今年6月底，全省在册各类市场主体773万户，其中个体户就有498万户。所以我说，纵观历史，横看全球，当前我国的市场主体数量是无可比的。

为何在2020年这个历史当口提出"保护和激发市场主体活力"？我认为可以从三个方面来考虑：

首先，是由市场主体在国家经济发展中的地位和作用所决定的。随着市场体系的不断完善，各类市场主体如今已担负起我国经济社会发展的三大重要角色：经济活动的主要参与者；就业机会的主要提供者；技术进步的主要推动者。在浙江的调研过程中我看到，我国社会内部蕴藏着相当大的潜力和活力，只要进行有效激发，就能迸发出可贵的发展动能。因此我说，市场主体的活力保护得如何、发挥得如何，对于我国经济社会发展至关重要。

第二，是从需求方面满足人民生活需要和从供给方面保证供应链、产业链稳定的必然要求。从需求方面看，被马克思喻为"个人需要的对象和奴役"的产品，都是靠市场主体来提供的；从供给方面来分析，在开放条件下，国内外供应链、产业链、价值链是一个有机整体，尤其在浙江，许多企业的订单在海外，只有保护好市场主体，激发起市场主体的活力，才能从供给端保证供应链和产业链稳定。

第三，是针对我国市场主体面临的特定态势作出的明智选择。6月份以来，我先后到浙江、广东等4个省实地调研，看到经济形势在好转，而且总体趋势比预料的要好，但新冠肺炎疫情和多地遭遇的汛情对诸多市场主体特别是中小企业造成了相当大的压力，其困难程度不可低估。因此，这种形势下，需要有切实可行的因应之策。

中国有句古话："留得青山在，不怕没柴烧"。当务之急是"保住"，国家前段时间出台了一系列保护市场主体的政策措施，地方政府也派出众多"驻企业服务员"，旨在保护市场主体。下一步，在"保护"的基础上，须进一步"激发"，使广大市场主体不仅能够正常生存、闯过难关，而且能够实现更大发展。

保护和激发市场主体活力须"四线"推进

记者：在当前严峻的国内外形势下，保护和激发市场主体活力的确非常重要。深入学习习近平总书记在企业家座谈会上的重要讲话精神，您认为，我们应该怎样贯彻落实？

常修泽：我看可以"四线"推进，或者说"四个靠"：

第一条线，靠政策扶持。当前激发市场主体活力首先要落实好"纾困惠企"政策，包括减税降费、减租降息等。国家应实施更加积极有为的财政政策和更加灵活适度的货币政策。应强化对市场主体的金融支持，确保把资金"活水"注入急需的市场主体，有效缓解企业特别是中小微企业融资难、融资贵问题。

第二条线，靠市场决定。今年6月我在浙江的一个讲座上，曾提请高度重视《中共中央 国务院关于新时代加快完善社会主义市场经济体制的意见》，因为它再次强调"最大限度减少政府对市场资源的直接配置和对微观经济活动的直接干预，充分发挥市场在资源配置中的决定性作用"。在浙江调研时我听到一句话，"不叫不到，随叫随到"，感触很深——"不叫不到"就是不干预微观活动，"随叫随到"就是全力做好服务。这就摆正了政府与市场的关系。

第三条线，靠科技创新。"创新是引领发展的第一动力"。市场主体的活力蕴藏在科技创新之中。从阿里到乌镇，浙江企业的创新令我印象深刻。习近平总书记强调要努力把企业打造成为强大的创新主体，在困境中实现"凤凰涅槃、浴火重生"。浙江省委十四届七次全会作出的《决定》强调，要建设高素质强大人才队伍、打造高水平创新型省份，我认为这是富有新意的理性构思。

第四条线，靠开放共赢。习近平总书记在企业家座谈会上强调："以国内大循环为主体，绝不是关起门来封闭运行，而是通过发挥内需潜力，使国内市场和国际市场更好联通，更好利用国际国内两个市场、两种资源，实现更加强劲可持续的发展。从长远看，经济全球化仍是历史潮流，各国分工合作、互利共赢是长期趋势。"以开放促改革、促发展，是我国改革开放40多年来的重要经验和启示。"我们要站在历史正确的一边"，就要坚持深化改革、扩大开放，促进企业在更高水平的对外开放中增强活力。

市场化激发市场主体活力突破点之一：要素配置市场化

记者：刚才您讲的"四线"推进，很深刻，发人深思。我们想请您重点谈谈市场化激发市场主体活力问题。您在上世纪80年代就提出"产权市场论"，在2009年的专著《广义产权论》和2017年主笔的《混合所有制经济新论》两本著作里都提及企业活力问题。作为一位对产权制度和要素市场化素有研究的经济学家，您认为该怎样通过市场化激发市场主体活力？

常修泽：您问到了要害处、症结处。从目前我国实际出发，我认为可以从三个方面寻求突破。

第一个突破点是要素配置市场化。生产要素是指生产某种商品所投入的各种资源。党的十九大报告指出，"经济体制改革必须以完善产权制度和要素市场化配置为重点"。产权制度要"完善"，要素配置要"市场化"，是两个"要"，但在深层理论结构上，我认为完善产权制度和推进要素配置市场化在很大范围内应看成是"形神兼备"的有机整体。产权是要素的内在属性，是生产要素的生命，要素市场化配置实则是产权配置。基于此，我认为完善产权制度和要素市场化配置，本质上都是市场化取向，因此在实践中二者应紧密结合、"一体推进"。

记者：今年4月，中共中央、国务院专门颁发了《关于构建更加完善的要素市场化配置体制机制的意见》；5月，《中共中央 国务院关于新时代加快完善社会主义市场经济体制的意见》对此再次作了强调。5月底的《政府工作报告》则具体地部署"推进要素市场化配置改革"。短短一个多月时间里，相关文件和部署密集出台，对此您怎么看？

常修泽：这一方面说明中央对此事的重视，另一方面说明推进要素市场化配置改革的紧迫性。为什么说紧迫？要看"三个逻辑"：

第一，经济改革的逻辑。当今世界，完善的现代市场体系包括发达的"商品市场"和健全的"要素市场"两大系统。目前，中国的商品市场化已经超过97%，但相比之下，要素市场配置体系则很不完善，尤其像知识、技术、管理、数据等"新要素"配置的格局及其规则还存在薄弱环节，成为整个经济体制改革的"短板"。推进要素市场化配置改革已经成为我国经济改革的"重头戏"。

第二，经济发展（特别是创新发展）的逻辑。如何破解当前的一些体制性、结构性矛盾？一个重要思路就是从深层的要素市场化配置格局切入。尤其是"新要素"内部蕴藏着巨大的活力和潜能。聚焦于此，可以挖掘和激发中国经济发展的新动能，促进经济的创新发展。浙江的技术要素、数据要素、资本要素、管理要素（企业家）比较发达，可以在这4个市场上多做文章，充分发挥其独特优势。

第三，促进人的发展和社会治理改革的逻辑。这也是前不久我提出《关于要素市场化配置改革的五点建议》的第一条。我高兴地看到，浙江省委十四届七次全会通过《决定》，把建设高素质强大人才队伍作为今后一个时期一项重要战略任务来抓，对此我颇有同感。健全并完善要素市场——尤其是直接涉及到"人"的劳动力要素市场，还有像农村宅基地等土地要素市场，都有利于破解二元结构矛盾，激发人的积极性，实现社会更加公平。

记者：要素市场化配置改革的确是当前经济体制改革的"重头戏"，您认为应如何稳步推进这项改革？

常修泽：要素市场化配置改革是当前中央部署的一项新任务、新举措，要在实践中取得成效，应做好如下几点：

其一，要对要素市场化配置改革系统把握、协调推进。重点应把握五个字：人、地、资、技、数。"人"包括劳动力市场和管理要素市场（即企业家市场）；"地"指土地市场；"资"指资本市场，包括股票、债券以及各地"非标的资本市场"——产权交易市场等；"技"指技术市场，实施中可把知识要素和技术要素放在一起运作；"数"指数据市场，作为一种新生要素，这是最亮丽、也最值得探讨的市场。

其二，要重视要素价格市场化形成机制。要素市场的内在机理是市场供求和竞争形成价格，价格变动引导资源配置。深化要素市场价格体制机制改革，完善土地市场价格形成机制、推进资本市场的利率市场化机制和人民币汇率弹性形成机制、完善技术成果转让价格形成机制、完善数据"数价"和信息使用费形成机制等。

其三，要把握各类要素产权的内在属性，注重挖掘其内在活力。按照拙著《广义产权论》，每一种生产要素，都有自己的产权，要采取承认、尊重、保护的态度，"让一切创造活力竞相迸发"。

其四，把握要素市场化配置改革的政策和策略。这是一项政策性极强的改革。比如，与劳动力流动相关的户籍改革，哪些城市将保留"积分入户"，哪些城市将取消农民工落户限制，农村集体建设土地体制（特别是宅基地）如何改革等等，政策性都很强。还有的改革，如技术市场中的职务科技成果产权制度，还需要进行试点，然后制订新的以增加知识价值为导向的收入分配政策。

市场化激发市场主体活力突破点之二：公共资源配置市场化

记者：常教授，您确实对产权和要素研究很深。我注意到，您这次在深圳所作的《关于要素市场化配置改革》报告，最后部分还提出了"拓展公共资源市场化"的建议。

常修泽：是的，公共资源市场化是激发市场主体活力的第二个突破点。在实践中，可把要素市场化配置和公共资源配置市场化结合起来。

记者：请您谈谈拓展公共资源市场化的主要方向。

常修泽：这里所说的公共资源是指政府代表国家和全民所拥有的自然资源、经济资源和社会事业资源等公共资源。未来的市场拓展方向，我看主要是三个：

一是自然资源方面。不仅仅是土地（这个已经实施），建议还要将市场化配置的范围扩展到矿产资源（如矿业权等），以及山岭、荒地、海域、滩涂等。

二是社会资源方面。建议推进各类公共工程承包经营权配置的市场化，在公用设施维护管理权以及供水、供气、污水处理、垃圾处理等行业的特许经营权的获得上，全面引入竞争机制。尽快推出医疗耗材阳光交易平台，老百姓这方面负担太重了。近几天，我在山东省淄博市张店区了解到，该区的垃圾处理特许经营权配置已经实行市场化。

三是行政资源方面。建议全面推进政府采购，包括行政系统闲置房屋等服务资源配置市场化。深圳近年就设立了全市统一的公共资源交易服务平台负责全市的公共资源交易平台的运行服务。我建议浙江借鉴深圳的经验，着力推进公共资源及各类要素配置的市场化和法治化建设，这必将激发微观主体的活力。

市场化激发市场主体活力突破点之三：民间资本投资顺畅化

记者：要素配置市场化、公共资源配置市场化，的确可以激发市场主体活力，那您认为第三个突破点是什么？

常修泽：第三个突破点是垄断领域民间资本投资顺畅化。

在我们国家的几个重要的垄断性领域，我看现在民间资本进入得还不顺畅。我在主笔的《所有制改革与创新——中国所有制结构改革40年》一书里，列了一张基础建设领域的固定资产投资表（2015年数据），民间资本的投资占比，铁路2.2%、航空4.5%、电信4%、城市公交2.3%。可见，这些领域的开放空间还很广阔，发展潜力也很大。

记者：企业家具有敏锐的市场嗅觉，知道投资空间在哪儿。

常修泽：但问题是一些领域有隐形的市场壁垒，对于民间资本投资有"玻璃门""旋转门"现象。建议对于竞争性的业务，应该全部放开，对国有资本、民营资本一视同仁；对于垄断性业务，也可搞"特许经营权"经营。在这方面，我很高兴地看到浙江有些尝试已经走在全国前列，比如杭绍台高铁，就是国内首条民营企业控股的铁路，不仅让民间资本进入，而且还让其"控股"，这很不简单。浙江作为中国改革开放的先行地之一，主要是在民营经济发展的先行上，因此，一定要想法放宽市场准入，大力推进民间资本投资顺畅化。

记者：您认为应该怎样放宽市场准入，使民间资本投资顺畅化？

常修泽：放宽市场准入，要坚持"两个凡是"：凡是法律法规未明确禁入的行业和领域都应该鼓励民间资本进入；凡是我国政府已向外资开放或承诺开放的领域都应该向国内民间资本开放。

"民营企业和民营企业家是我们自己人。"要营造确实属于"自己人"的公平公正的竞争环境。党的十九大报告明确，全面实施市场准入负面清单制度，清理废除妨碍统一市场和公平竞争的各种规定和做法，支持民营企业发展。要切实大幅放宽电力、电信、交通、石油、天然气、市政公用等的市场准入，消除各种隐性壁垒，这样才能真正激发各类市场主体的活力。

学习有理

真理之光的引领

江坪

1920年，在义乌分水塘老屋的柴房内，陈望道翻译的中文版《共产党宣言》诞生了。100年来，在实践《共产党宣言》的漫长岁月里，在中国共产党的领导下，义乌人民经历了救国之路、脱贫之路、开放之路，从一个"鸡毛换糖"的贫困小城，发展成为"卖全球、买全球"的国际小商品市场核心区，开辟了"义新欧"中欧班列，联通了中国东部至欧洲、中亚、东盟自贸区的物流运输通道，与沿线各国人民共同打造你中有我、我中有你的人类命运共同体。

一、寻求救国之路

十月革命一声炮响，给中国送来了马克思列宁主义。义乌青年陈望道首译的《共产党宣言》中文全译本，直接催生了中国共产党的成立，直接影响了中国革命的进程，更滋养了一代又一代中国共产党人。

1915年，陈望道东赴日本求学，寻求实业救国之路。其间，他开始接触马克思主义基本知识，接受马克思主义思想，认识到实业并不能救国，还必须进行社会变革，从而奠定了马克思主义信仰的基础。五四运动爆发后，蓬勃发展的革命形势，急切需要中文版《共产党宣言》全文。1920年2月，陈望道带着英文版和日文版《共产党宣言》，回到义乌老家分水塘，开始潜心翻译。

一天，陈望道在柴房里奋笔疾书，妈妈在外面喊着说："你吃粽子要加点糖水，吃了吗？"他回答："吃了，吃了，甜极了。"结果妈妈进门一看，见儿子埋头翻译，嘴上全是黑墨水，他旁边的一碗红糖水没喝，却把那个墨水给喝了。但他浑然不觉，还说："可甜了，可甜了。"

这就是2012年11月29日，习近平总书记在参观《复兴之路》展览时，讲述的"真理的味道非常甜"的故事。

这种甜，来自陈望道寻求救国之路、获得共产主义信仰的甜，来自那一代热血青年为改变国家和民族的苦难命运，探索共产主义真理的甜！

二、探索脱贫之路

理论的生命，在于它能否成为时代进步的先锋，指导人们的实践。学习运用《共产党宣言》，就要牢记这部经典著作的初心和使命，始终把人民放在心中最高位置，更好地增进人民福祉，推动人民全面发展、社会全面进步。

义乌人民自古善商，利用自己走南闯北、信息灵通、交际灵活的优势，早早开始了货郎担生涯。他们担子里装的是糖饼，换回的是鸡毛，谓之"鸡毛换糖"。新中国成立后，依靠"鸡毛换糖"起步的义乌人，以"不怕千辛万苦、走遍千山万水"的精神，一直在探索"从商脱贫"的致富大门。

改革开放之初，由于认识跟不上形势，对农民经商是好是坏，是优势还是包袱的意见不一，发展小商品市场举步维艰。时任县委书记谢高华成为《共产党宣言》精神的忠实传人，坚持人民需求是第一导向，以宁可不要"乌纱帽"的勇气和担当，打破不合时宜的条条框框，毅然拍板给路边摆摊的老百姓开绿灯，果断提出"四个允许"（允许农民经商、允许从事长途贩运、允许开放城乡市场、允许多渠道竞争）政策，首创了"兴商建市"的区域经济发展战略，带领全县干部积极作为，从而催生了义乌这一全球最大的小商品市场。

今天，义乌小商品市场经历了五代更替：第一代马路市场，第二代棚架市场，第三代月台市场，第四代室内市场，第五代国际商贸城。经历10余次扩建，如今拥有经营面积640余万平方米、商位7.5万个，汇集26个大类、210多万种商品，销往世界219个国家和地区，被联合国、世界银行等权威机构誉为全球最大的小商品批发市场。

三、跨入改革开放之路

2014年11月，义乌开通了至西班牙马德里的首趟"义新欧"班列。班列从中国义乌出发，经新疆阿拉山口口岸出境，途经哈萨克斯坦、俄罗斯、白俄罗斯、波兰、德国、法国、西班牙7国，全长1.3万多公里，成为世界上运行线路最长、途经国家最多、中国元素最鲜明、满载率最高的货运火车路线，成为亚欧大陆互联互通的重要桥梁和"一带一路"建设的早期成果。"义乌商圈"跨不同地域国界、种族民族、宗教信仰，为县域层面参与人类命运共同体建设提供了借鉴的样本。

国之交在于民相亲，民相亲在于心相通。在"一带一路"建设中，义乌人民着力做好"民相亲"的各项工作。如今，义乌共有25所学校具备招收外籍学生资格，近500名外籍学生在公办学校就读，与中国学生混合编班，接受融合教育，了解并认同中国文化。全市40所学校也与国际知名学校结成"友好学校""姐妹学校"，开展合作办学。同时，每年举办中外学生文化交流节，增进中外文化交流。深度融入"一带一路"建设的义乌，逐渐成为瞭望全球的"窗口"。

明年是中国共产党成立100周年，回望100年前陈望道翻译出版《共产党宣言》，我们欣喜地看到，我们国家在《共产党宣言》指引下砥砺前行，不断发展强大。三个时代义乌人民的奋斗历程，向世人生动地展现了《共产党宣言》和人类命运共同体建设放射出的灿烂真理光芒。

以市场化激发市场主体活力

嘉　宾

常修泽

中国宏观经济研究院教授、国家发改委经济研究所原常务副所长

新冠疫情对我国经济和世界经济产生巨大冲击，我国很多市场主体面临前所未有的压力。习近平总书记主持召开企业家座谈会，提出要千方百计把市场主体保护好，激发市场主体活力。常修泽教授长期研究产权、人本、转型等与企业活力相关的深层理论问题，在深圳作相关学术报告期间，就如何激发市场主体活力这一话题接受了记者采访。

提出保护和激发市场主体活力的三点考虑

记者：新冠疫情影响了全球经济的发展。经过努力，我国经济已呈现稳定转好态势，2020 年第二季度增幅由负转正。在这样的背景下，习近平总书记在企业家座谈会上提出要保护和激发市场主体活力，对此您怎么看？

常修泽：好，谈谈我的认识。所谓“市场主体”，是指在市场经济运行和发展中从事经济活动的微观主体，包括企业、个体工商户和农民专业合作社等形态。改革开放以来，随着经济体制转轨，我国传统企业开始向“市场主体”转型，同时产生大量民营企业、外资企业，以及个体工商户和农民专业合作社等。据统计，到 2019 年底，全国已有各类市场主体 1.23 亿户，其中企业 3858 万户，个体工商户 8261 万户。浙江省尤其引人瞩目，虽然土地面积不大，但市场主体不少，特别是民营经济比较发达，截至 2020 年 6 月底，全省在册各类市场主体 773 万户，其中个体户就有 498 万户。所以我说，纵观历史，横看全球，当前我国的市场主体数量是无可比的。

为何在 2020 年这个历史当口提出“保护和激发市场主体活力”？我认为可以从三个方面来考虑。

第一，是由市场主体在国家经济发展中的地位和作用所决定的。随着市场体系的不断完善，各类市场主体如今已担负起我国经济社会发展的三大重要角色：经济活动的主要参与者、就业机会的主要提供者、技术进步的主要推动者。在浙江的调研过程中我看到，我国社会内部蕴藏着相当大的潜力和活力，只要进行有效激发，就能迸发出可贵的发展动能。因此，市场主体的活力保护得如何、发挥得如何，对于我国经济社会发展至关重要。

第二，是从需求方面满足人民生活需要和从供给方面保证供应链、产业链稳定的必然要求。从需求方面看，被马克思喻为“个人需要的对象和奴役”的产品，都是靠市场主体来提供的；从供给方面来分析，在开放条件下，国内外供应链、产业链、价值链是一个有机整体，尤其在浙江，许多企业的订单在海外，只有保护好市场主体，激发起市场主体的活力，才能从供给端保证供应链和产业链稳定。

第三，是针对我国市场主体面临的特定态势作出的明智选择。2020 年 6 月以来，我先后到浙江、广东等 4 个省实地调研，看到经济形势在好转，而且总体趋势比预料的要好，但新冠疫情和多地遭遇的汛情对诸多市场主体特别是中小企业造成了相当大的压力，其困难程度不可低估。因此，这种形势下，需要有切实可行的因应之策。

中国有句古话：“留得青山在，不怕没柴烧。”当务之急是“保住”，国家前段时间出台了一系列保护市场主体的政策措施，地方政府也派出众多驻企业服务员，旨在保护市场主体。下一步，在“保护”的基础上，须进一步“激发”，使广大市场主体不仅能够正常生存、闯过难关，而且能够实现更大发展。

保护和激发市场主体活力须“四线”推进

记者：在当前严峻的国内外形势下，保护和激发市场主体活力的确非常重要。深入学习习近平总书记在企业家座谈会上的重要讲话精神，您认为，我们应该怎样贯彻落实？

常修泽：我看可以“四线”推进，或者说“四个靠”。

第一条线，靠政策扶持。当前激发市场主体活力首先要落实好“纾困惠企”政策，包括减税降费、减租降息等。国家应实施更加积极有为的财政政策和更加灵活适度的货币政策。应强化对市场主体的金融支持，确保把资金“活水”注入急需的市场主体，有效缓解企业特别是中小微企业融资难、融资贵问题。

第二条线，靠市场决定。2020 年 6 月我在浙江的一个讲座上，曾提请高度重视《中共中央 国务院关于新时代加快完善社会主义市场经济体制的意见》，因为它再次强调“最大限度减少政府对市场资源的直接配置和对微观经济活动的直接干预，充分发挥市场在资源配置中的决定性作用”。在浙江调研时我听到一句话，“不叫不到，随叫随到”，感触很深——“不叫不到”就是不干预微观活动，“随叫随到”就是全力做好服务。这就摆正了政府与市场的关系。

第三条线，靠科技创新。“创新是引领发展的第一动力。”市场主体的活力蕴藏在科技创新之中。从阿里到乌镇，浙江企业的创新令我印象深刻。习近平总书记强调要努力把企业打造成为强大的创新主体，在困境中实现“凤凰涅槃、浴火重生”。浙江省委十四届七次全会决议强调，要建设高素质强大人才队伍、打造高水平创新型省份。这是富有新意的理性构思。

第四条线，靠开放共赢。习近平总书记在企业家座谈会上强调：“以国内大循环为主体，绝不是关起门来封闭运行，而是通过发挥内需潜力，使国内市场和国际市场更好联通，更好利用国际国内两个市场、两种资源，实现更加强劲可持续的发展。从长远看，经济全球化仍是历史潮流，各国分工合作、互利共赢是长期趋势。”以开放促改革、促发展是我国改革开放 40 多年来的重要经验和启示。我们要站在历史正确的一边，就要坚持深化改革、扩大开放，促进企业在更高水平的对外开放中增强活力。

市场化激发市场主体活力突破点之一：要素配置市场化

记者：刚才您讲的“四线”推进，很深刻，发人深思。我们想请您重点谈谈市场化激发市场主体活力问题。您在 20 世纪 80 年代就提出“产权市场论”，在 2009 年的专著《广义产权论》和 2017 年主笔的《混合所有制经济新论》两本著作里都提及企业活力问题。作为一位对产权制度和要素市场化素有研究的经济学家，您认为该怎样通过市场化激发市场主体活力？

常修泽：您问到了要害处、症结处。从目前我国实际出发，我认为可以从三个方面寻求突破。

第一个突破点是要素配置市场化。生产要素是指生产某种商品所投入的各种资源。党的十九大报告指出，“经济体制改革必须以完善产权制度和要素市场化配置为重点”。产权制度要“完善”，要素配置要“市场化”，是两个“要”，但在深层理论结构上，我认为完善产权制度和推进要素配置市场化在很大范围内应看成是“形神兼备”的有机整体。产权是要素的内在属性，是生产要素的生命，要素市场化配置实则是产权配置。基于此，我认为完善产权制度和要素市场化配置，本质上都是市场化取向，因此在实践中二者应紧密结合、“一体推进”。

记者：2020 年 4 月，中共中央、国务院专门颁发了《关于构建更加完善的要素市场化配置体制机制的意见》；5 月，《中共中央 国务院关于新时代加快完善社会主义市场经济体制的意见》对此再次作了强调；5 月底的《政府工作报告》则具体地部署“推进要素市场化配置改革”。短短一个多月时间里，相关文件和部署密集出台，对此您怎么看？

常修泽：这一方面说明中央对此事的重视，另一方面说明推进要素市场化配置改革的紧迫性。为什么说紧迫？要看“三个逻辑”。

第一，经济改革的逻辑。当今世界，完善的现代市场体系包括发达的“商品市场”和健全的“要素市场”两大系统。目前，中国的商品市场化已经超过 97%，但相比之下，要素市场配置体系则很不完善，尤其像知识、技术、管理、数据等“新要素”配置的格局及其规则还存在薄弱环节，成为整个经济体制改革的“短板”。推进要素市场化配置改革已经成为我国经济改革的“重头戏”。

第二，经济发展（特别是创新发展）的逻辑。如何破解当前的一些体制性、结构性矛盾？一个重要思路就是从深层的要素市场化配置格局切入。尤其是“新要素”内部蕴藏着巨大的活力和潜能。聚焦于此，可以挖掘和激发中国经济发展的新动能，促进经济的创新发展。浙江的技术要素、数据要素、资本要素、管理要素（企业家）比较发达，可以在这 4 个市场上多做文章，充分发挥其独特优势。

第三，促进人的发展和社会治理改革的逻辑。这也是前不久我提出的《关于要素市场化配置改革的五点建议》中的第一条。我高兴地看到，浙江省委十四届七次全会通过的决议把建设高素质强大人才队伍作为今后一个时期一项重要战略任务来抓，对此我颇有同感。健全并完善要素市场——尤其是直接涉及到“人”的劳动力要素市场，还有像农村宅基地等土地要素市场，都有利于破解二元结构矛盾，激发人的积极性，实现社会更加公平。

记者：要素市场化配置改革的确是当前经济体制改革的“重头戏”，您认为应如何稳步推进这项改革？

常修泽：要素市场化配置改革是当前中央部署的一项新任务、新举措，要在实践中取得成效，应做好如下几点。

其一，要对要素市场化配置改革系统把握、协调推进。重点应把握五个字：人、地、资、技、数。“人”包括劳动力市场和管理要素市场（企业家市场）；“地”指土地市场；“资”指资本市场，包括股票、债券以及各地“非标的资本市场”——产权交易市场等；“技”指技术市场，实施中可把知识要素和技术要素放在一起运作；“数”指数据市场，作为一种新生要素，这是最亮丽也最值得探讨的市场。

其二，要重视要素价格市场化形成机制。要素市场的内在机理是市场供求和竞争形成价格，价格变动引导资源配置。深化要素市场价格体制机制改革，完善土地市场价格形成机制、推进资本市场的利率市场化机制和人民币汇率弹性形成机制、完善技术成果转让价格形成机制、完善数据“数价”和信息使用费形成机制等。

其三，要把握各类要素产权的内在属性，注重挖掘其内在活力。按照拙著《广义产权论》，每一种生产要素都有自己的产权，要采取承认、尊重、保护的态度，让一切创造活力竞相迸发。

其四，把握要素市场化配置改革的政策和策略。这是一项政策性极强的改革。比如，与劳动力流动相关的户籍改革，哪些城市将保留“积分入户”，哪些城市将取消农民工落户限制，农村集体建设土地体制（特别是宅基地）如何改革，等等，政策性都很强。还有的改革，如技术市场中的职务科技成果产权制度改革，还需要进行试点，然后制定新的以增加知识价值为导向的收入分配政策。

市场化激发市场主体活力突破点之二：公共资源配置市场化

记者：常教授，您确实对产权和要素研究很深。我注意到，您这次在深圳所作的《关于要素市场化配置改革》报告，最后部分还提出了“拓展公共资源市场化”的建议。

常修泽：是的，公共资源市场化是激发市场主体活力的第二个突破点。在实践中，可把要素市场化配置和公共资源配置市场化结合起来。

记者：请您谈谈拓展公共资源配置市场化的主要方向。

常修泽：这里所说的公共资源是指政府代表国家和全民所拥有的自然资源、经济资源和社会事业资源等公共资源。未来的市场拓展方向，我看主要是三个。

一是自然资源方面。不仅仅是土地（这个已经实施），建议还要将市场化配置的范围扩展到矿产资源（如矿业权等），以及山岭、荒地、海域、滩涂等。

二是社会资源方面。建议推进各类公共工程承包经营权配置的市场化，在公用设施维护管理权以及供水、供气、污水处理、垃圾处理等行业的特许经营权的获得上，全面引入竞争机制。尽快推出医疗耗材阳光交易平台，老百姓这方面负担太重了。我在山东省淄博市张店区了解到，该区的垃圾处理特许经营权配置已经实行市场化。

三是行政资源方面。建议全面推进政府采购，包括行政系统闲置房屋等服务资源配置市场化。深圳近年就设立了全市统一的公共资源交易服务平台负责全市的公共资源交易平台的运行服务。我建议浙江借鉴深圳的经验，着力推进公共资源及各类要素配置的市场化和法治化建设，这必将激发微观主体的活力。

市场化激发市场主体活力突破点之三：民间资本投资顺畅化

记者：要素配置市场化、公共资源配置市场化，的确可以激发市场主体活力，那您认为第三个突破点是什么？

常修泽：第三个突破点是垄断领域民间资本投资顺畅化。

在我们国家的几个重要的垄断性领域，我看现在民间资本进入得还不顺畅。我在主笔的《所有制改革与创新——中国所有制结构改革 40 年》一书里，列了一张基础建设领域的固定资产投资表（2015 年数据），民间资本的投资占比：铁路为 2.2％、航空为 4.5％、电信为 4％、城市公交为 2.3％。可见，这些领域的开放空间还很广阔，发展潜力也很大。

记者：企业家具有敏锐的市场嗅觉，知道投资空间在哪儿。

常修泽：但问题是一些领域有隐形的市场壁垒，对于民间资本投资有“玻璃门”“旋转门”现象。建议对于竞争性的业务，应该全部放开，对国有资本、民营资本一视同仁；对于垄断性业务，也可搞“特许经营权”经营。在这方面，我很高兴地看到浙江有些尝试已经走在全国前列，比如杭绍台高铁，就是国内首条民营企业控股的铁路，不仅让民间资本进入，而且还让其控股，这很不简单。浙江作为中国改革开放的先行地之一，主要是在民营经济发展的先行上，因此，一定要想办法放宽市场准入，大力推进民间资本投资顺畅化。

记者：您认为应该怎样放宽市场准入，使民间资本投资顺畅化？

常修泽：放宽市场准入，要坚持“两个凡是”：凡是法律法规未明确禁入的行业和领域都应该鼓励民间资本进入；凡是我国政府已向外资开放或承诺开放的领域都应该向国内民间资本开放。

“民营企业和民营企业家是我们自己人。”要营造确实属于“自己人”的公平公正的竞争环境。党的十九大报告明确，全面实施市场准入负面清单制度，清理废除妨碍统一市场和公平竞争的各种规定和做法，支持民营企业发展。要切实大幅放宽电力、电信、交通、石油、天然气、市政公用等的市场准入，消除各种隐性壁垒，这样才能真正激发各类市场主体的活力。

改革进入新阶段：完善产权是重点

——访著名经济学家常修泽教授

- 虽然浙江的自然资源资产产权在国内并不冒尖，但是“环境产权”和“人力资本产权”优势明显
- 浙江之所以被称为中国“改革开放的先行地”，主要原因是在整体所有制结构里面“民营经济的发展”上
- 从数据看，浙江的国有资产虽然所占比重不是很大，但绝对量不小，可以说是“国民共进”，或称“共同发展”

主持人：潘如龙 本报记者

嘉　宾：常修泽 中国宏观经济研究院教授、博士生导师

嘉宾简介

常修泽，著名经济学家，《20世纪中国知名科学家学术成就概览（经济学卷）》入选者。1992年起为享受国务院特殊津贴专家。

长期致力于制度经济学领域人的发展理论、广义产权理论和中国转型理论的研究。著有《人本体制论》《广义产权论》《包容性改革论》等学术理论著作，被学界称为中国“人的发展经济学领军人物之一”和“对产权问题素有研究的经济学家”。

今年是改革开放40周年。全面深化改革是新时代坚持和发展中国特色社会主义的根本动力。经济体制改革是全面深化改革的重点。党的十九大报告指出，“经济体制改革必须以完善产权制度和要素市场化配置为重点”。省委十四届三次全会提出，要推进“八八战略”再深化、改革开放再出发，在再创体制机制新优势上谋好新篇，打破常规、一往无前，加快在改革的关键领域和重要环节取得新突破。

产权是所有制的核心，完善产权制度是经济体制改革的重点，再创体制机制新优势应首先在完善产权制度上取得突破。

著名经济学家，中国宏观经济研究院教授、博士生导师常修泽，被学术界称为“常产权”，对现代产权理论颇有研究，并长期关注浙江经济社会发展。日前，记者联系到常修泽教授，就如何完善产权制度进行了深度专访。

广义产权：广到天、广到地、广到人

主持人：欢迎您再次来到“之江会客厅”接受访谈。去年12月，“之江会客厅”开栏第一期，您就是访谈嘉宾，受到了广大读者的欢迎。

常修泽：谢谢，上次我们谈了我国如何推进动力变革。

主持人：今天，我们来谈谈改革。全面深化改革以经济体制改革为重点。您是国内知名的产权研究学者，请您谈谈党的十九大报告为什么把完善产权制度作为经济体制改革的重点？

常修泽：把完善产权制度作为经济体制改革的重点，这是党的十九大报告的一大亮点。我认为，这是根据我国新阶段的体制矛盾和改革的全局所作出的一个科学论断。这个问题已有诸多论述，我不再重复。我想补充的是，浙江省委不久前提出的“在再创体制机制新优势上谋好新篇”，可以说是努力贯彻党的十九大精神的一个重要举措。

为什么要把完善产权制度作为经济体制改革的重点？我看首先，要搞清什么是产权。

我在2009年出版的《广义产权论》中指出：产权不仅包括人们熟悉的物权、债权、股权，还包括环境产权、自然资源资产产权以及各种人力资本产权。

主持人：我读过您的大作《广义产权论》，对三大要义——“广领域、多权能、四联动”印象深刻。

常修泽：“广领域”广到哪？广到天、广到地、广到人。“广到天”，指的是天上有环境产权，特别是最近几年搞碳产权交易；“广到地”，指的是地上、地下有自然资源资产产权，包含土地资源、草原资源、矿山资源、水资源、海洋资源、森林资源这六大资源的产权（注意：计算自然资源国有资产价值量时只计算可估值、可计价、可交易的那部分）。“广到人”，指人力资本产权，包含管理产权、技术产权、劳动力产权等。讲产权，首先应该从广义上把握产权这个概念。

主持人：您这个观点很有新意，我注意到，您在这本《广义产权论》专著里，就已有过系统的论述。

常修泽：是的，产权不仅“广领域”，还“多权能”。产权不单单是“所有权”，还包含占有权、支配权、使用权、处置权、分红权等。如现在浙江正在搞的农村“三权分置”改革，就是在使用权、资格权这方面做文章。产权是“一束花”，不是“一朵花”。

但社会上多数人的观念恐怕还停留在狭义的产权观上。

要认识产权制度的重要地位。马克思有一句话，所有制是生产关系的总和，它是社会经济的基础。可见，所有制的地位是非常高的，而产权是所有制的核心。

产权制度目前尚不够完备和成熟。我国现代产权制度的主体框架已初步建立，但在农村集体产权、自然资源资产产权、知识产权制度等方面仍存在一些短板。

主持人：产权制度的确很重要，是社会主义市场经济的基石，到底应怎样完善产权制度？

常修泽：产权制度有四个支柱，或者说是由四个制度组成，即产权界定制度、产权配置制度、产权交易制度和产权保护制度，我在《广义产权论》里称其为“四制度联动”。

完善产权界定制度：重在资源产权和人力产权

“这个产权是谁的，价值是多少，得把它界定得很清楚、评估得很准确，这是产权制度的核心命题”

主持人：学术界有文章说，您是广义产权理论的提出者。我理解了您的观点，今天讲的产权，它的内涵要作出新的界定，它是广领域的，包括天、地、人；是多权能的，而不是狭义的产权概念。

常修泽：学术探索而已。党的十九大报告提出的完善产权制度中的“产权”，应该就是广义产权。只有用广义产权的理论视角来观察问题，才能更好地理解一些事物。

比如，虽然浙江的自然资源资产产权在国内并不冒尖，但是“环境产权”和“人力资本产权”优势明显。

第一，浙江搞绿水青山，减少碳排放、保护环境，这里的“环境产权”就是一笔宝贵的财富。

第二，从资源产权来看，浙江虽然土地资源、矿产资源比较稀缺，但是海洋资源相当丰富，有6400多公里长、全国第一的海岸线，海域面积26万平方公里，相当于海上还有两个半浙江啊。因此，浙江发展海洋经济，海洋资源产权相当给力。

第三，特别是人力资本产权，浙江有优势，像阿里巴巴在杭州成长壮大、世界互联网大会永久落户乌镇，主要就是因为浙江宝贵的人力资本产权。

主持人：很受启发，用“新产权观”，也就是您的“广义产权论”来分析问题，就能把握优势，扬长避短。那么，按您广义产权的内涵，目前在界定上存在什么问题？

常修泽：改革开放40年来，产权界定有一个从模糊到清晰的发展过程，浙江也不例外。特别是改革开放一开始的时候，有的企业明确为个体企业、股份合作企业，但也有的“戴红帽子”，挂名乡镇企业、社队企业等，后来逐步清晰了。当前，浙江面临的迫切任务是如何做好人力资本产权的界定。

主持人：为什么这样说？

常修泽：您看，人类社会进入信息时代后，人力资本产权的重要性开始凸显了。以我之见，在以知识为基础、以智力为资源的社会，人力资源成为第一资源、第一资本、第一财富。请注意，是“三个第一”。由此带来产权关系的重大变化，使产权的重心从物力产权向人力产权演变，而且呈现加速发展的趋势。

主持人：您这“三个第一”，特别是“产权的重心从物力产权向人力产权演变”，我听了，为之一振。

常修泽：为之一振，就要研究新问题。据我实际调查，对于人们不熟悉的非经济物品产权，包括劳动力产权、管理产权、技术产权，产权界定难，这既是当前完善产权制度的难点，也是亮点。

主持人：是的，不少人对人力资本产权的认识是模糊的。

常修泽：也是轻视的。很多人没有看到，人力资本产权是今天和未来经济社会发展的第一产权。而且，对其价值的评估、作价、折股等等，还远远没有到位。

主持人：在现实生活当中，可能还会出现因为人力资本产权界定不清而导致的矛盾。

常修泽：这样的例子不少，大都和人力资本产权界定不清有关。实际上，在国有单位里，科研技术人员创造的价值，固然有国家的产权凝结，比如单位提供了薪酬、实验室等，但创新者的作用也不能忽视，应当予以明确，适当量化。这里面就涉及到体制安排、政策调整以及法律法规的优化问题。

这一连串的事件使我想到，必须要有制度安排。所以，我在2016年上报给有关部门的《完善产权保护制度》的内部报告中，明确提出相关建议。

这里的界定，实际上就是“定分止争”，该是单位的归单位，该是个人的归个人，以充分调动各方面的积极性，防止上述现象的再次发生。

完善产权配置制度：瞄准三大症结问题

“‘配置’一词，英文为allocation，有组合调节之意。按中文字面理解，配就是搭配，置就是置放，产权怎么配置，关键是怎样搭配得合理，置放得有序”

主持人：十八届三中全会提出要使市场在资源配置中起决定性作用。在资源配置、产权配置上，我们现在面临着哪些问题？

常修泽：我瞄准您问的“产权配置”谈。关键是怎么搭配得合理，置放得有序。应该说，现在中国产权配置制度还是存在短板。从客观实践与党的十九大报告来看，主要存在三个问题。

一是国有资产的配置布局需要优化，结构需要调整。一些行业，不该在那儿配置国有资产，比如北方某些大城市至今还存在国有早点铺、豆腐坊，再比如前些年有几十家央企投资房地产开发等等。这就需要调整产权结构，而不仅仅是调整产业结构；需要“腾笼换鸟”，把国有资本腾出去，把民营资本引进来。

主持人：在竞争性领域，浙江的民营经济发展得比较充分，国有早点铺等已经没有了，可以说很少很少了，除了一些“老字号”。国有企业好差有别，关键是如何促进国有资产保值增值。

常修泽：是的。国有资产的保值增值问题牵涉到资产配置的第二个问题——配置效率问题。拿国有企业比较集中的北方某三省来说，据2015年的官方数据，三地的国有企业加起来共7076家，净资产1.1万亿元，加上银行贷款1.7万亿，总资产达2.8万亿元，结果一年经营下来，利润是负的52.7亿元。这反映了一个问题，就是国有资产配置的效率不高。在亏损的企业里面，有为数不小的所谓“僵尸企业”，国家一直在给它们“输氧”“输液”“输血”。

主持人：党的十九大报告提出，推动“国有资本做强做优做大”。

常修泽：这是改革思路或提法的一个重要的变化。党的十九大强调由立足国有企业向立足国有资本转变，旨在盘活国有资本。另外，在搞活的同时，也要使国有资本从所谓“僵尸企业”中抽出来。

我们的国有资本需要做强做优做大。至于具体到某个企业，要进行分类，哪些是真正的优质企业，需要做强做优做大的；哪些是中间状态，需要改造提升的；哪些是“僵尸企业”，应该破除的。

产权配置的第三个问题是混合所有制经济改革不到位。国企改革不能搞传统的那一套单一国有体制，方向是发展混合所有制经济。

主持人：相对于国有经济，民营经济的资源配置是市场化的，是市场在其中起了决定性的作用，效率会更高。

常修泽：原则是对的。您看改革开放以来的实践就知。就拿浙江省来说，民营经济一直走在全国前列。浙江之所以被称为中国“改革开放的先行地”，主要原因是在整体所有制结构里面“民营经济的发展”上，这与广东发展三资经济和港澳台经济有些区别。我在《所有制改革与创新——中国所有制结构改革40年》一书讲过，中国第一个拥有执照的个体户、第一家股份合作制企业，都诞生在浙江。

主持人：没错。2003年，浙江省委制定的“八八战略”，第一条就是进一步发挥浙江的体制机制优势，大力推动以公有制为主体的多种所有制经济共同发展。

常修泽：我认为，应该深入研究浙江“民营经济发展”的规律。2018年中国民营企业500强，浙江占了93家，连续20年位居全国第一，这是相当了不起的，这是浙江产权合理配置所取得的成绩。

主持人：目前，浙江的非公有制企业已占全省企业总数的90%以上。2017年，非公经济约占GDP的74.9%，其中民营经济约占65.2%，贡献了全省54%的税收和80%的就业岗位，流量指标抢眼，对浙江经济的发展依然起着举足轻重的作用。

常修泽：不过，有个趋势也值得注意：近几年来，浙江民营企业入围中国民企500强的数量实际上在不断下降，从2015年的138家分别降到134家、120家、93家。真需要再创体制机制新优势啊！

当然，也不能忽视浙江国有经济的作用。外界有个误解，以为浙江国有经济微乎其微。其实，从数据看，浙江的国有资产虽然所占比重不是很大，但绝对量不小，可以说是“国民共进”，或称“共同发展”。

主持人：我看过您主笔的《所有制改革与创新——中国所有制结构改革40年》一书，其中讲的“两朵花”理论让人颇受启发。

常修泽：那是马克思曾经说过的话：世界“千姿百态”，“并不要求玫瑰花散发出和紫罗兰一样的芳香”。这话讲得非常深刻，很有包容性。在我看来，今天中国的改革依然缺乏“包容性”。我在《包容性改革论》一书中提出一个观点：“包容国有与民营”“国有民营都是共和国的亲儿子”。国有经济和民营经济就像是玫瑰花和紫罗兰一样，各有各的芳香，应该相互包容，相互依存，相互激荡，优化配置，提高配置效率。

完善产权交易制度：务求流转更顺畅

“产权交易，就是产权买卖、产权流动、产权流通，一句话就是产权要动起来，要自由地流动”

主持人：我看经济学史史料，您在1987年曾在浙江大学举办的一个全国性会议上，首次提出“关于建立产权市场的构想”。30多年后，党的十九大报告提出要实现产权有效激励、要素自由流动，而产权交易是实现有效激励的前提。在您看来，在产权交易上，要注意哪些问题？

常修泽：对我的理论研究来说，浙江真是块宝地。“关于建立产权市场的构想”是30多年前的往事了。您讲的“要素自由流动”，很好。产权就是重要的“要素”，应“自由流动”的。产权交易要使产权各种权能的所有人获得收益，这里面要注意四个方面的问题：

第一，交易前资产评估要准确。现在有很多资产评估事务所或者是会计师事务所，搞资产评估的，业务能力参差不齐，评估出来的结果伸缩性较大，甚至很大。

第二，交易价格要合理。到了交易的环节，按照资产交易的程序，你要举牌，最后形成一个交易价格，是一个竞争的结果，这个结果也要尽量合理。

第三，交易过程要透明，通过科学的交易程序，让交易在阳光下进行，让大家服气、放心，不能搞内幕交易或变相的内幕交易。

第四，交易资金要到位。不能悬空，要落地，“真金白银”，掷地有声。特别是对于国有产权的交易，一定要注意防止资产流失；对于民营资产，也要防止有人借机在交易中侵吞。

主持人：产权交易有效促进要素自由流动，为中小企业融资、并购提供服务，促进经济社会的发展。

常修泽：说来也巧也有缘，我曾经教过的一位博士生就在浙江产权交易所工作。据她介绍，浙交所目前的业务已涵盖技术产权、金融产品、融资服务、买服务、实物资产（含租赁）、农村产权等交易业务。2017年服务股权流转与融资接近160亿元，总溢价接近40亿元。这只是一个全国的缩影。目前全国产权交易机构126家，一年交易额8万亿元（2016年）。我告诉您，前景广阔得很。

完善产权保护制度：有恒产者有恒心

“产权保护是产权制度的关键，有效保护产权是完善产权制度的落脚点，也是当前工作的着力点”

主持人：有恒产者有恒心。产权制度，说一千，道一万，最终都要落实到产权保护上。您怎样看待产权保护的重要性？

常修泽：第一，产权保护制度是社会主义市场经济的支撑。产权保护不好，地动山摇。第二，产权保护是人类文明的一个本质特征。英国政治家皮特说过：“（房子再破）风能进，雨能进，（未经主人同意）国王也不能进去。”第三，产权保护与中华民族的文化心理相契合。孟子说，“有恒产者有恒心，无恒产者无恒心；苟无恒心，放辟邪侈”。后面四个字，骇辟人国。

主持人：从新华社等媒体上得知，您在2016年曾内部上报“产权保护”的研究报告，去年您又上报“保护企业家”的研究报告。您认为怎样才能做好产权保护？

常修泽：2016年11月，中央正式公布了《关于完善产权保护制度依法保护产权的意见》，这是我国首次以中央名义出台产权保护的顶层设计。2017年9月，中央又发布了《关于营造企业家健康成长环境、弘扬优秀企业家精神、更好发挥企业家作用的意见》，这是我国首次以专门文件明确企业家精神的地位和价值。这就是时代需要的“双保护”。

这两个文件是今天我们讨论完善产权保护制度的基础。如您说的，去年1月，我写的那个内部报告，叫作《激励和保护企业家七条意见》，报给有关方面。9月25日，中央下了相关文件后4天，即9月29日，新华社《经济参考报》公开了这个报告。

主持人：党的十八大以来，国家对于产权保护也越来越重视了。去年底，最高法院宣布直接提审两起涉重大产权案件。今年以来，“一南一北”的两起案子引起人们关注，北京的张文中案，已经改判当事人无罪；广东的顾雏军案，也正在进行审理。

常修泽：谢谢大家关注这两个重新审理案件。它既是个信号，也是个符号。浙江在保护产权方面总的说，做得比较好。阿里巴巴发展得这么好，应该说跟浙江保护企业家、保护产权是有内在联系的。作为人力资本产权特别发达的地区，浙江要更加重视保护知识产权、技术产权、管理产权。

我建议：新型政商关系除讲“亲”“清”之外，还要加上“辅”“扶”，辅，就是要辅助，千万不要主导；扶，就是要扶持，企业有困难不要袖手旁观。

扫一扫！结识弄潮君

有理君与你一起学习

改革进入新阶段：完善产权是重点

常修泽

中国宏观经济研究院教授、国家发改委经济研究所原常务副所长

- 虽然浙江的自然资源资产产权在国内并不冒尖，但是“环境产权”和“人力资本产权”优势明显
- 浙江之所以被称为中国“改革开放的先行地”，主要原因是在整体所有制结构里面“民营经济的发展”上
- 从数据看，浙江的国有资产虽然所占比重不是很大，但绝对量不小，可以说是“国民共进”，或称“共同发展”

2018年是改革开放40周年。全面深化改革是新时代坚持和发展中国特色社会主义的根本动力。经济体制改革是全面深化改革的重点。党的十九大报告指出，“经济体制改革必须以完善产权制度和要素市场化配置为重点”。浙江省委十四届三次全会提出，要推进“八八战略”再深化、改革开放再出发，在再创体制机制新优势上谋好新篇，打破常规、一往无前，加快在改革的关键领域和重要环节取得新突破。

产权是所有制的核心，完善产权制度是经济体制改革的重点，再创体制机制新优势应首先在完善产权制度上取得突破。

记者联系到常修泽教授，就如何完善产权制度进行了深度专访。

广义产权：广到天、广到地、广到人

记者：全面深化改革以经济体制改革为重点。您是国内知名的产权研究学者，请您谈谈党的十九大报告为什么把完善产权制度作为经济体制改革的重点？

常修泽：把完善产权制度作为经济体制改革的重点，这是党的十九大报告的一大亮点。我认为，这是根据我国新阶段的体制矛盾和改革的全局所作出的一个科学论断。这个问题已有诸多论述，我不再重复。我想补充的是，浙江省委不久前提出的“在再创体制机制新优势上谋好新篇”，可以说是努力贯彻党的十九大精神的一个重要举措。

为什么要把完善产权制度作为经济体制改革的重点？在我看来，首先要搞清什么是产权。

我在2009年出版的《广义产权论》中指出：产权不仅包括人们熟悉的物权、债权、股权，还包括环境产权、自然资源资产产权以及各种人力资本产权。

记者：我读过您的大作《广义产权论》，对三大要义——“广领域、多权能、四联动”印象深刻。

常修泽：“广领域”广到哪？广到天、广到地、广到人。“广到天”，指的是天上有环境产权，特别是最近几年搞碳产权交易；“广到地”，指的是地上、地下有自然资源资产产权，包含土地资源、草原资源、矿山资源、水资源、海洋资源、森林资源这六大资源的产权（注意：计算自然资源国有资产价值量时只计算可估值、可计价、可交易的那部分）；“广到人”，指人力资本产权，包含管理产权、技术产权、劳动力产权等。讲产权，首先应该从广义上把握产权这个概念。

记者：您这个观点很有新意，我注意到，您在《广义产权论》专著里就已有过系统的论述。

常修泽：是的，产权不仅“广领域”，还“多权能”。产权不单单是“所有权”，还包含占有权、支配权、使用权、处置权、分红权等。如现在浙江正在搞的农村“三权”分置改革，就是在使用权、资格权这方面做文章。产权是“一束花”，不是“一朵花”。但社会上多数人的观念恐怕还停留在狭义的产权观上。

要认识产权制度的重要地位。马克思有一句话，所有制是生产关系的总和，它是社会经济的基础。可见，所有制的地位是非常高的，而产权是所有制的核心。

产权制度目前尚不够完备和成熟。我国现代产权制度的主体框架已初步建立，但在农村集体产权、自然资源资产产权、知识产权制度等方面仍存在一些短板。

记者：产权制度的确很重要，是社会主义市场经济的基石，到底应该怎样完善产权制度？

常修泽：产权制度有四个支柱，或者说是由四个制度组成，即产权界定制度、产权配置制度、产权交易制度和产权保护制度，我在《广义产权论》里称其为“四制度联动”。

完善产权界定制度：重在资源产权和人力产权

“这个产权是谁的，价值是多少，得把它界定得很清楚、评估得很准确，这是产权制度的核心命题。”

记者：学术界有文章说，您是广义产权理论的提出者。我理解了您的观点，今天讲的产权，它的内涵要提出新的界定，它是广领域的，包括天、地、人；是多权能的，而不是狭义的产权概念。

常修泽：学术探索而已。党的十九大报告提出的完善产权制度中的“产权”，应该就是广义产权。只有用广义产权的理论视角来观察问题，才能更好地理解一些事物。

比如，虽然浙江的自然资源资产产权在国内并不冒尖，但是环境产权和人力资本产权优势明显。

第一，浙江搞绿水青山，减少碳排放保护环境，这里的“环境产权”就是一笔宝贵的财富。

第二，从资源产权来看，浙江虽然土地资源、矿产资源比较稀缺，但是海洋资源相当丰富，有 6400 多公里长、长度全国第一的海岸线，海域面积 26 万平方公里，相当于海上还有两个半浙江。因此，浙江发展海洋经济，海洋资源产权相当给力。

第三，特别是人力资本产权，浙江有优势，像阿里巴巴在杭州成长壮大、世界互联网大会永久落户乌镇，主要就是因为浙江宝贵的人力资本产权。

记者：很受启发，用“新产权观”，也就是您的“广义产权论”来分析问题，就能把握优势，扬长避短。那么，按广义产权的内涵，目前在界定上存在什么问题？

常修泽：改革开放40多年来，产权界定有一个从模糊到清晰的发展过程，浙江也不例外。特别是改革开放一开始的时候，有的企业明确为个体企业、股份合作企业，但也有的“戴红帽子”，挂名乡镇企业、社队企业等，后来逐步清晰了。当前，浙江面临的迫切任务是如何做好人力资本产权的界定。

记者：为什么这样说？

常修泽：您看，人类社会进入信息时代后，人力资本产权的重要性开始凸显了。以我之见，在以知识为基础、以智力为资源的社会，人力资源成为第一资源、第一资本、第一财富。请注意，是“三个第一”。由此带来产权关系的重大变化，使产权的重心从物力产权向人力产权演变，而且呈现加速发展的趋势。

记者：您这“三个第一”，特别是“产权的重心从物力产权向人力产权演变”，我听了，为之一振。

常修泽：为之一振，就要研究新问题。据我实际调查，对于人们不熟悉的非经济物品产权，包括劳动力产权、管理产权、技术产权，产权界定难，这既是当前完善产权制度的难点，也是亮点。

记者：是的，不少人对人力资本产权的认识是模糊的。

常修泽：也是轻视的。很多人没有看到，人力资本产权是今天和未来经济社会发展的第一产权。而且，对其价值的评估、作价、折股等，还远远没有到位。

记者：在现实生活当中，可能还会出现因为人力资本产权界定不清而导致的矛盾。

常修泽：这样的例子不少，大都和人力资本产权界定不清有关。实际上，在国有单位里，科研技术人员创造的价值，固然有国家的产权凝结，比如单位提供了薪酬、实验室等，但创新者的作用也不能忽视，应当予以明确，适当量化。这里面就涉及体制安排、政策调整以及法律法规的优化问题。

这一连串的事件使我想到，必须要有制度安排。所以，我在2016年上报给有关部门的《完善产权保护制度》的内部报告中，明确提出相关建议。

这里的界定，实际上就是“定分止争”，该是单位的归单位，该是个人的归个人，以充分调动各方面的积极性，防止上述现象的再次发生。

完善产权配置制度：瞄准三大症结问题

“‘配置’一词，英文为allocation，有组合调节之意。按中文字面理解，配就是搭配，置就是置放，产权怎么配置，关键是怎样搭配得合理，置放得有序。”

记者：党的十八届三中全会提出要使市场在资源配置中起决定性作用。在资源配置、产权配置上，我们现在面临着哪些问题？

常修泽：我瞄准您问的“产权配置”谈。关键是怎么搭配得合理，置放得有序。应该说，现在中国产权配置制度还存在短板。从客观实践与党的十九大报告来看，主要存在三个问题。

一是国有资产的配置布局需要优化，结构需要调整。一些行业不该配置国有资产，比如北方某些大城市至今还存在国有早点铺、豆腐坊，再比如前些年有几十家央企投资房地产开发等。这就需要调整产权结构，不仅仅是调整产业结构，而是需要“腾笼换鸟”，把国有资本腾出去，把民营资本引进来。

记者：在竞争性领域，浙江的民营经济发展得比较充分，国有早点铺等已经没有了，可以说很少很少了，除了一些“老字号”。国有企业好差有别，关键是如何促进国有资产保值增值。

常修泽：是的。国有资产的保值增值问题牵涉到资产配置的第二个问题——配置效率问题。拿国有企业比较集中的北方某三省来说，据2015年的官方数据，三地的国有企业加起来共计7076家，净资产1.1万亿元，加上银行贷款1.7万亿，总资产达2.8万亿元，结果一年经营下来，利润是负的52.7亿元。这反映了一个问题，就是国有资产配置的效率不高。在亏损的企业里面，有为数不少的所谓“僵尸企业”，国家一直在给它们“输氧”“输液”“输血”。

记者：党的十九大报告提出，推动“国有资本做强做优做大”。

常修泽：这是改革思路或提法的一个重要的变化。党的十九大强调由立足国有企业向立足国有资本转变，旨在盘活国有资本。另外，在搞活的同时，也要使国有资本从所谓“僵尸企业”中抽离出来。

我们的国有资本需要做强做优做大。至于具体到某个企业，要进行分类：哪些是真正的优质企业，需要做强做优做大的；哪些是中间状态，需要改造提升的；哪些是“僵尸企业”，应该破除的。

产权配置的第三个问题是混合所有制经济改革不到位。国企改革不能搞传统的那一套单一国有体制，方向是发展混合所有制经济。

记者：相对于国有经济，民营经济的资源配置是市场化的，是市场在其中起了决定性的作用，效率会更高。

常修泽：原则是对的。您看改革开放以来的实践就知道。就拿浙江省来说，民营经济一直走在全国前列。浙江之所以被称为中国“改革开放的先行地”，主要原因是在整体所有制结构里面民营经济的发展上，这与广东发展三资经济和港澳台经济有些区别。我在《所有制改革与创新——中国所有制结构改革 40 年》一书中讲过，中国第一个拥有执照的个体户、第一家股份合作制企业，都诞生在浙江。

记者：没错。2003 年，浙江省委制定的“八八战略”，第一条就是进一步发挥浙江的体制机制优势，大力推动以公有制为主体的多种所有制经济共同发展。

常修泽：我认为，应该深入研究浙江“民营经济发展”的规律。2018 年中国民营企业 500 强，浙江占了 93 家，连续 20 年位居全国第一，这是相当了不起的，这是浙江产权合理配置所取得的成绩。

记者：截至 2018 年，浙江的非公有制企业已占全省企业总数的 90%以上。2017 年，非公经济约占 GDP 的 74.9%，其中民营经济约占 65.2%，贡献了全省 54%的税收和 80%的就业岗位，流量指标抢眼，对浙江经济的发展依然起着举足轻重的作用。

常修泽：不过，有个趋势也值得注意：近几年来，浙江民营企业入围中国民企 500 强的数量实际上在不断下降，2015 年至 2018 年，从 138 家依次降到 134 家、120 家、93 家。真需要再创体制机制新优势啊！

当然，也不能忽视浙江国有经济的作用。外界有个误解，以为浙江国有经济微乎其微。其实，从数据上看，浙江的国有资产虽然所占比重不是很大，但绝对量不小，可以说是“国民共进”，或称“共同发展”。

记者：我看过您主笔的《所有制改革与创新——中国所有制结构改革 40 年》一书，其中讲的“两朵花”理论让人颇受启发。

常修泽：那是马克思曾经说过的话，世界“千姿百态”，“并不要求玫瑰花散发出和紫罗兰一样的芳香”。这话讲得非常深刻，很有包容性。在我看来，今天中国的改革依然缺乏“包容性”。我在《包容性改革论》一书中提出一个观点：“包容国有与民营”“国有民营都是共和国的亲儿子”。国有经济和民营经济就像是玫瑰花和紫罗兰一样，各有各的芳香，应该相互包容，相互依存，相互激荡，优化配置，提高配置效率。

完善产权交易制度：务求流转更顺畅

“产权交易，就是产权买卖、产权流动、产权流通，一句话就是产权要动起来，要自由地流动。”

记者：我看经济学史史料，1987 年您曾在浙江大学举办的一个全国性会议上，首次提出“关于建立产权市场的构想”。30 多年后，党的十九大报告提出要实现产权有效激励、要素自由流动，而产权交易是实现有效激励的前提。在您看来，在产权交易上，要注意哪些问题？

常修泽：对我的理论研究来说，浙江真是块宝地。“关于建立产权市场的构想”是 30 多年前的往事了。您讲的“要素自由流动”，很好。产权就是重要的“要素”，应该“自由流动”的。产权交易要使产权各种权能的所有人获得收益，这里面要注意四个方面的问题。

第一，交易前资产评估要准确。现在有很多资产评估事务所或者是会计师事务所，搞资产评估的，业务能力参差不齐，评估出来的结果伸缩性较大。

第二，交易价格要合理。到了交易的环节，按照资产交易的程序，你要举牌，最后形成一个交易价格，是一个竞争的结果，这个结果也要尽量合理。

第三，交易过程要透明，通过科学的交易程序，让交易在阳光下进行，让大家服气、放心，不能搞内幕交易或变相的内幕交易。

第四，交易资金要到位。不能悬空，要落地，“真金白银”，掷地有声。特别是对于国有产权的交易，一定要注意防止资产流失；对于民营资产，也要防止有人借机在交易中侵吞。

记者：产权交易有效促进要素自由流动，为中小企业融资、并购提供服务，促进经济社会的发展。

常修泽：说来也巧，也是有缘，我曾经教过的一位博士生就在浙江产权交易所工作。据她介绍，浙交所目前的业务已涵盖技术产权、金融产品、融资服务、购买服务、实物资产（含租赁）、农村产权等交易业务。2017 年服务股权流转与融资接近 160 亿元，总溢价接近 40 亿元。这只是一个全国的缩影。目前全国产权交易机构共计 126 家，一年交易额达 8 万亿元（2016 年）。我告诉您，前景广阔得很。

完善产权保护制度：有恒产者有恒心

“产权保护是产权制度的关键，有效保护产权是完善产权制度的落脚点，也是当前工作的着力点。”

记者：有恒产者有恒心。产权制度，说一千道一万，最终都要落实到产权保护上。您怎样看待产权保护的重要性？

常修泽：第一，产权保护制度是社会主义市场经济的支撑。产权保护不好，地动山摇。第二，产权保护是人类文明的一个本质特征。英国政治家皮特说过，“（房子再破）风能进，雨能进，（未经主人同意）国王也不能进去”。第三，产权保护与中华民族的文化心理相契合。孟子说，“有恒产者有恒心，无恒产者无恒心；苟无恒心，放辟邪侈”。后面四个字，鞭辟入里。

记者：从新华社等媒体上得知，您在 2016 年曾内部上报“产权保护”的研究报告，2017 年您又上报“保护企业家”的研究报告。您认为怎样才能做好产权保护？

常修泽：2016 年 11 月，中央正式公布了《关于完善产权保护制度依法保护产权的意见》，这是我国首次以中央名义出台产权保护的顶层设计。2017 年 9 月，中共中央、国务院发布了《关于营造企业家健康成长环境 弘扬优秀企业家精神 更好发挥企业家作用的意见》，这是我国首次以专门文件明确企业家精神的地位和价值。这就是时代需要的“双保护”。

这两个文件是今天我们讨论完善产权保护制度的基础。如您说的，2017 年 1 月，我写的那个内部报告，叫作《激励和保护企业家七条意见》，报给有关方面。9 月 25 日，中央下了相关文件后 4 天，即 9 月 29 日，新华社《经济参考报》公开了这个报告。

记者：党的十八大以来，国家对于产权保护也越来越重视了。2017 年底，最高法院宣布直接提审两起涉重大产权案件。2018 年以来，“一南一北”的两起案子引起人们关注，北京的张文中案，已经改判当事人无罪；广东的顾雏军案，也正在进行审理。

常修泽：谢谢大家关注这两个重新审理案件。它既是个信号，也是个符号。浙江在保护产权方面总的来说，做得比较好。阿里巴巴发展得这么好，应该说跟浙江保护企业家、保护产权是有内在联系的。作为人力资本产权特别发达的地区，浙江要更加重视保护知识产权、技术产权、管理产权。

我建议：新型政商关系除讲“亲”“清”之外，还要加上“辅”“扶”。辅，就是要辅助，千万不要主导；扶，就是要扶持，企业有困难不要袖手旁观。

用高水平开放倒逼深化改革

——访著名经济学家常修泽教授

本报记者 潘如龙

之江会客厅

嘉宾简介

常修泽，著名经济学家，中国宏观经济研究院教授、博士生导师。

党的十九届四中全会《决定》提出的坚持和完善中国特色社会主义制度、推进国家治理体系和治理能力现代化，正是党的十八届三中全会提出的全面深化改革的"总目标"。如何推进全面深化改革？习近平总书记在2019年4月中央财经委员会第四次会议上提出，要推动改革开放取得新的重大成果，善用高水平开放倒逼深化改革，提升市场化法治化营商环境。本期我们特别邀请著名制度经济学家常修泽教授来谈谈如何用高水平开放倒逼深化改革这一重大问题。

"中国开放的大门不会关闭，只会越开越大"

记者：常教授，谢谢您在新年伊始就接受我们《之江会客厅》的访谈。2017年《之江会客厅》专栏创设时，您曾是第一位嘉宾。

常修泽：很开心与来自"改革开放先行地"的浙江朋友交流。进入2020年才10多天，世界棋局出现了一些新的变动因素，值得我们关注。

记者：习近平主席在二〇二〇年新年贺词中指出，"一年来，改革开放不断催生发展活力"。2019年11月5日，他在第二届进博会上强调，将坚持以开放促改革、促发展、促创新，持续推进更高水平的对外开放。您认为20年代应如何推进更高水平的开放？

常修泽：改革开放确实在催生我们国家的活力。2018年4月，在博鳌亚洲论坛年会开幕式演讲中，习近平主席强调，中国开放的大门不会关闭，只会越开越大。怎么"越开越大"呢？我提出3个关键词，6个字：地域、领域、文明。

首先是"地域"越开越大。包括两个方面：一是开放的对象将越来越多，基调是"向全世界开放"，注意，我讲的是"面向全世界"；二是开放的地域也越开越大，从京津冀、长三角、珠三角，一直到东北和海南等开放新前沿。

其次是"领域"越开越大。简言之，我把它概括成"五流加一升"。"五流"即：资金流、技术流（包括信息流）、产品流（包括服务品流）、产业流、人员流，五流全开放。领域重点是要适应新的形势，研究新的特点，上新的台阶。新在哪里？新在下一步将推动由商品和要素流动型开放，向规则、规制、管理、标准等"制度型开放"转变、提升。"制度型开放"，将成新的看点。

最后是中外"文明包容度"越来越大。"风物长宜放眼量"。在21世纪的今天，这应引起社会高度关注。中外文明之间，第一步是"包容"，第二步是"交融"，最后有一部分将可能"融合"，当然交融中会有"博弈"，但前提是文明包容。我在2013年出版的《包容性改革》一书中，引用了德国著名哲学家奥斯瓦尔德·斯宾格勒的一段名言，阐述了这个观点：每一种文明都有自己的"根"，每一种文明都有自己的"人"，每一种文明都有自己的"命运"，文明是平等的，文明是多样的，文明是可以包容的。这是20年代中国开放大门"越开越大"的题中应有之义和必然趋势，应引起重视。

"善用高水平的开放倒逼深化改革"

记者：2019年4月22日，习近平总书记主持召开的中央财经委员会第四次会议提出，要推动改革开放取得新的重大成果，善用高水平开放倒逼深化改革。您是专门研究体制变迁理论的经济学家，能不能重点就经济这个领域来谈谈这个话题？您认为当前经济领域的改革主要应从哪些方面入手？

常修泽：当今世界处于"百年未有之大变局"。在开放倒逼下的中国改革面临纷繁复杂的局面。党的十八届三中全会提出"全面深化改革的总目标是完善和发展中国特色社会主义制度，推进国家治理体系和治理能力现代化"。

在经济领域，开放倒逼下的改革怎么办？我在2019年曾发表了一篇《开放倒逼下中国经济改革"双突破论"》，即通过产权制度创新完善和要素市场化配置两个"突破点"来带动新阶段整个经济体制改革。

在创新完善产权制度这个"突破点"上，我认为，首先应该从"广义"角度把握产权内涵，既包括经济领域的物权、债权、股权等，又包括知识产权等各种人力资本产权，以及自然资源资产产权等。2018年和2019年中美经贸摩擦涉及知识产权等各种人力资本产权以及其他产权等。

其次是把握"民营经济内在制度要素论"。2018年11月1日，习近平总书记在民营企业座谈会上明确作出两个判断："民营经济是我国经济制度的内在要素，民营企业和民营企业家是我们自己人"。一个是"制度的内在要素"，一个是"我们自己人"，这两句内涵很深刻，是个制度性判断。

最后是健全现代产权制度的四根支柱，即产权界定制度、产权配置制度、产权交易制度、产权保护制度。开放倒逼的新形势下，必然要求四个产权制度更要"界定清、配置准、流转畅、保护好"。

在要素市场化配置这个"突破点"上，一是要排除干扰，把"市场决定论"落到实处。党的十八届三中全会首次提出"市场在资源配置中起决定性作用和更好发挥政府作用"，这是中国经济体制改革理论的重大突破。但在实践中遇到干扰，也有一些悬空，所以，我说，要"排除干扰"，要"落到实处"。

二是要针对"短板"，切实提高中国经济的"市场化指数"。中国经济市场化的短板主要是"政府与市场的关系"。这里有三个要点：第一个是市场配置资源的比重，第二个是政府对企业的干预程度，第三个是政府机构的规模扩大指数。从我实际调查来看，这三个要点在地区之间的分布状况是不平衡的。浙江情况比较好，例如在"政府与市场的关系"上，政府提出企业"不叫不到，随叫随到"，我在很多场合反复讲浙江这八个字："不叫不到"就是不干预嘛，"随叫随到"就是为企业服务，当"店小二"嘛。浙江近几年大力推进的"最多跑一次"改革更是实实在在的为企业服务的有力举措。

三是要以中美经贸摩擦中的案例为鉴，"推进国企改革要奔着问题去"。首先要"奔着"确立国企市场主体地位和健全现代企业制度等"问题"去。其次，随着开放倒逼，三类国有资产如何资本化，即经营性的国有资产、金融性的国有资产、资源性的部分国有资产怎样进一步资本化，这些都是要素市场化配置需要从长计议的问题。

四是要放宽市场准入，着力清除市场壁垒。"着力清除市场壁垒"是党的十八届三中全会提出的重要提法，也是参与经济全球化绕不过的问题。传统的垄断行业，包括电力、电信、铁路、石油、天然气等领域，应按照《外商投资法》和《中共中央国务院关于营造更好发展环境支持民营企业改革发展的意见》，切实放宽市场准入，消除隐性壁垒，鼓励民营企业和外资企业扩大投资。

我认为，以上四个问题是当前要素市场化配置框架之支点。

"提升市场化法治化营商环境"

记者：我记得，2019年4月，您在《人民论坛》发表了《民营经济发展的理论构思和实践举措》，看了很受启发。2019年12月22日，新华社公布了《中共中央国务院关于营造更好发展环境支持民营企业改革发展的意见》。您怎么看这份文件对于深化经济领域改革的重大作用？

常修泽：我认为，这份文件的核心命题是寻求"公平"，或者用经济语言说是"竞争中性"，包括营造公平竞争的市场环境、政策环境、法治环境，确保权利平等、机会平等和规则平等。这是符合开放大势要求的。

当然，若要真正做到公平，无论在理论上还是在实践上都还有很多工作要做。比如，从理论上应确立"共同经济基础论"；从实践上说，需要相应的制度、条例、政策、规划、法治环境等一系列配套举措。

目前这个文件还是一个支持民营企业改革发展的"意见"。中共中央、国务院关于营造更好发展环境，以"公平"为核心支持民营企业改革发展的命题是很好的。只有这样，才能在开放倒逼的情况下，适应经济全球化对公平竞争的要求。这不，走在前列的民营经济大省浙江，很快就出台了《浙江省民营企业发展促进条例》。作为全国第一部相关领域省域层面地方性法规，它的一个重要特征，正是确立了保障民营企业公平竞争的原则，充分体现了"竞争中性"。

深化经济领域改革的实现路径

记者：党的十九届四中全会《决定》中对于经济领域有一些新的提法。请您谈谈如何实现深化经济领域的改革。

常修泽：在今天，深化经济领域改革的实现路径，我认为可以把它综合为"三个转型、一个支撑"。

第一，推进经济体制转型。

党的十九届四中全会《决定》把这40多年改革开放形成的一些经验作了高度概括，在此基础上，对社会主义"基本经济制度"内涵作了界定。主要是三条：第一，以公有制为主体、多种所有制经济共同发展；第二，以按劳分配为主体、多种分配方式并存；第三，社会主义市场经济体制。这跟过去传统的经济学理论比，有一个很大的突破。将按劳分配为主体、多种分配方式并存和社会主义市场经济体制上升为社会主义基本经济制度，是我们党的重大理论创新。我国基本经济制度的确立，既体现了社会主义制度的优势，又同社会主义初级阶段社会生产力发展水平相适应，是我们党和人民的伟大创造。

对于下一步经济体制转型，从产权角度来说，我建议抓三条。第一条，扎扎实实推进国有企业混合所有制改革。这一点，浙江还有很大的改革空间。第二条，促进作为我们"自己人"的民营企业及民营经济的发展。第三条，尝试推进"劳动者的劳动联合和劳动者与资本联合相结合"的新型所有制结构，像深圳华为公司一样。

第二，推进经济结构转型。

经济结构转型，重点是产业结构转型。美国著名学者托马斯在《乱中取胜》中指出，世界这么乱，在乱中怎么取胜？他说："不是老想分享市场，而是要考虑创造市场。不是取得一份较大的馅饼，而是设法烙出一块较大的馅饼，最好是烘烤出一块新的馅饼。"我们今天的产业转型就是要想办法来"烙新饼"。

产业转型上"烙新饼"，应该新在哪里？2019年10月24日中央政治局集体学习请浙江大学的著名院士讲"区块链"，给我们以深刻启示——要关注新一代高新技术。除"区块链"外，值得重视的还包括：5G、人工智能、新一代信息技术、新能源汽车，以及高端装备制造、生物、新材料等诸多产业。这些领域对于中国自身发展至关重要。

第三，推进发展方式转型。

马克思曾提出劳动、资本、土地三大生产要素，至今人的认识已经扩展到七大生产要素。党的十九届四中全会《决定》在讲到分配问题时指出，"健全劳动、资本、土地、知识、技术、管理、数据等生产要素由市场评价贡献，按贡献决定报酬的机制"。

要记住三点：哪些要素？七大要素。谁来评价贡献？市场评价。按什么决定报酬？按贡献决定。这一切需要高素质的人，这就需要有像马云那样的"新主体"。

最后，是一个支撑——靠打造"新主体"来支撑。

创新驱动当然可以搞"小四新"，即"新产业、新业态、新技术、新商业模式"，但我认为，更应该搞"大四新"，即"新体制、新供给（包括'新产业、新业态、新商业模式'）、新要素组合（包括前面讲的七大要素组合）、新主体"。其中，解决转型的新支撑问题尤其需要打造"新主体"。新的主体在哪里？一是各行各业的企业家；二是各种技术创新者；三是各类工匠，工人师傅里面有很多是工匠，甚至是"大国工匠"。这三股力量是企业转型依靠的新主体。

需要强调的是，培育创新者必须严格保护产权。"市场活力来自人，特别是来自企业家"。怎么保护产权？怎么保护企业家？中共中央、国务院在2016年11月和2017年9月分别发布了保护产权和保护企业家的意见。在21世纪20年代，全国应该切切实实保护产权、保护企业家，希望浙江在这方面能走在前列。

新书荐评

新中国成立70多年来的实践表明，推进国家治理体系和治理能力现代化已成为开辟"中国之治"新境界的破题之钥、奠基之石。不久前，由红旗出版社出版发行的《大国治理现代化》一书，展现了国内学者研究相关问题的最新学术成果。

该书以党的十九届四中全会精神为指引，在深入阐述"中国之治"显著优势和鲜明特点的基础上，从坚持党的全面领导、发展社会主义民主政治、全面依法治国、提高行政效能等10个方面，全面阐释"坚持和完善中国特色社会主义制度、推进国家治理体系和治理能力现代化"一系列新的战略部署和重大举措。本书通过对我国国家制度和国家治理"坚持和巩固什么，完善和发展什么"这一重大政治问题的具体回答，既瞄准了我国制度更加成熟更加定型的核心问题，又思考了我国制度优势更好地转化为治理效能的挑战所在；既反映了我们未来确保党和国家事业蓬勃发展、长治久安的工作重点和方向，又体现了中国共产党作为执政党高超的国家治理智慧、强烈的使命担当。

本书由权威学者撰写，逻辑思维缜密，问题导向鲜明，理论性可读性兼备，是广大党员干部深入学习中国特色社会主义制度优势、提高现代化治理能力不可多得的参考读物。（徐 澜）

名家观点

把"金字招牌"擦得更亮

郁建兴

自2016年12月浙江省委、省政府提出开展"最多跑一次"改革，至今已有3年。3年来，这场改革成效显著，特别是在取得阶段性成果后持续创新，业已成为浙江的一块"金字招牌"，产生了全国乃至国际的影响力。2019年，省委、省政府以"提质增速、延伸扩面、撬动裂变"为总基调，进一步深化"最多跑一次"改革，取得新的重要进展。

营商环境显著优化

优化营商环境是一项系统工程，其中企业投资项目审批事项涉及部门多、流程复杂、专业性较强，是"最多跑一次"改革的难点之一。

我们于2018年7-8月面向全省多个行政服务中心开展问卷调查，发现有33.7%的企业代表表示未能实现一次办理，平均办理次数为3.5次。对此，浙江省先后提出"最多100天""最多90天"等目标，配合区域评估、"标准地"、承诺制、代办制等，鼓励各地探索联合审批、一站式审批等创新举措，扎实推进减事项、减环节、减材料、减次数、减时间和减费用，逐步打通施工许可证审批时间长、重复审批等改革痛点。

2019年1-9月，全省完成项目的全过程审批平均用时为65.2天，比2018年8月的项目施工许可证审批用时减少8.8天，100%实现企业投资项目竣工验收前"最多90天"，实现"省级以上平台'标准地'出让是常态，'非标准地'出让是例外"。

在我们2019年11月的一项调查中，企业家认为，改革有效提高了施工许可证的审批效率（94.58%），简化了所需报批材料（94.15%），降低了拿地、审批等环节的办事成本（96.61%）。企业家对行政审批部门办事效率的满意度达到92.55%。

"最多跑一地"改革顺利推进

党的十九届四中全会明确指出，社会治理是国家治理的重要方面。浙江是"枫桥经验"、"网格化管理、组团式服务"、基层协商民主等众多社会治理创新的发源地，为全国贡献了诸多浙江智慧和浙江经验。

2019年7月，在庆祝新中国成立70周年浙江专场新闻发布会上，省委书记车俊提出了更高的改革目标：打响"最多跑一地"。各县（市、区）按照"最多跑一次"改革理念，推行一窗受理、一揽子调处、一条龙服务，努力实现接访、矛盾纠纷化解"最多跑一地"。作为"最多跑一次"改革精神在社会治理领域的深化，"最多跑一地"改革为推进省域社会治理现代化注入了新的活力，实现了社会治理从碎片化向集成式的转变，让制度优势更好地转化为治理效能。截至2019年12月，浙江全省90个县（市、区）中已有75个建成县级社会矛盾纠纷调处化解中心。2019年1-9月，全省各级政府处理的来访总量同比下降14.3%。

全省各地积极开展社会治理创新，配合、支撑"最多跑一地"改革。嘉兴市积极将自治、法治、德治"三治融合"和"息事无讼"诉源治理等与"最多跑一地"改革相结合，致力于从源头上化解矛盾纠纷；杭州市余杭区、台州市椒江区、丽水市遂昌县等引入"信访代办员"制度，帮助民众有效地向政府反映社情民意，一方面降低民众信访成本，另一方面也起到信访初次筛选、过滤减少无序访、重复访；舟山市一些海岛乡镇探索了"信访漂流瓶"制度，在交通航船上增设信访箱，实现"信访不出岛"。

公共服务提质增效

2019年，"最多跑一次"改革向公共服务领域延伸扩面步伐加快。41个个人和企业全生命周期事项实现"一件事"全流程办理。在健康服务领域，截至2019年底，浙江省市级及以上医院排队平均时间从8.26分钟缩短到2.61分钟，所有省、市级医院完成号源池整合，网上开放号源比例达80%以上，门诊和病区智慧结算率分别达79.9%和71.2%，"医后付""刷脸就医"和电子发票推广医院覆盖面分别达76.7%、92.2%和78.3%。在教育服务领域，浙江省教育厅于2019年4月作出部署，在入学报名、学籍管理、教育缴费、学后托管、教育资助、评职评优、办学环境、高校服务、教育资源分配等10个领域开展教育"最多跑一次"改革。浙江大学率先将"最多跑一次"改革引入高校教育服务，浙江工商大学、浙江财经大学、杭州师范大学等高校相继推进。

同时，"最多跑一次"改革精神被广泛运用到机关和事业单位内部服务之中。截至2019年11月，全省机关内部"最多跑一次"实现率达到95.02%，"网上可办"比例达到72.76%，办理材料精简率达到31.53%，办理时间压缩率达到44.34%，网上办理事项按时办结率达到100%。政府内部工作效率提升，间接优化了整体的公共服务效能。

政府数字化转型初见成效

政府数字化转型是"最多跑一次"改革的基础性工作，也是实现"不用跑"的前提。2018年8月和12月，浙江相继发布《浙江省数字化转型标准化建设方案（2018—2020年）》和《浙江省深化"最多跑一次"改革推进政府数字化转型工作总体方案》，致力于"全面推进经济调节、市场监管、公共服务、社会管理、生态环境保护等政府职能数字化转型，打造整体协同、高效运行的数字政府"。

截至2019年12月，浙江省、市、县三级适宜网上办理的办事事项已100%开通网上办理；"浙里办"应用超市汇聚468项便民服务应用，掌上办事开通率为80.50%；"浙政钉"办事平台实现省、市、县、乡、村、小组（网格）六级全覆盖，激活用户122万，上线各类办公、决策辅助应用715个，建立政务群18万个，覆盖123万名公职人员；省、市两级架构的政务"一朵云"基本建成，聚合省级部门800多个信息系统，省公共数据平台已归集全省205.4亿条数据，全省统一的人口综合库、法人综合库、信用信息库、证照库，累计共享调用15.5亿次；初步建成全省一体化公共数据平台，归集整理3066类、190多亿条基础数据；统一公共支付平台，累计为群众办理网上缴费业务1.4亿笔，节约群众办事时间约6600万小时。

2019年8月，浙江在原有政务服务平台基础上，进一步推出了"浙里督"监管平台，通过互联网邀请民众参与市场监管和日常监督工作，成为全国首个"互联网+督查"平台。中国社科院发布的《2019年中国数字政府建设指数报告》显示，浙江数字政府建设水平排名全国第一。

回顾2019年，"最多跑一次"改革取得了丰硕成果；展望2020年，"最多跑一次"改革仍大有可为。2019年11月，省委十四届六次全会作出了"高水平推进省域治理现代化"的战略部署，并要求以"最多跑一次"改革为牵引，引领省域治理的创新性机制。在新的一年，浙江应结合工业经济向信息经济转变的大背景，充分运用新技术带来的新可能（万物互联、人工智能、辅助决策等），重构治理逻辑、转变治理方法、创新治理工具，将数字治理的溢出效应发挥到极致，把零散创新的"盆景"变成制度体系的风景，增创体制机制新优势，助推我国为全球公共治理提供中国智慧和中国方案。

【作者为浙江大学公共管理学院院长、社会治理研究院院长】

用高水平开放倒逼深化改革

嘉 宾

常修泽

中国宏观经济研究院教授、国家发改委经济研究所原常务副所长

党的十九届四中全会作出的决定提出的坚持和完善中国特色社会主义制度、推进国家治理体系和治理能力现代化，正是党的十八届三中全会提出的全面深化改革的“总目标”。如何推进全面深化改革？习近平总书记在 2019 年 4 月中央财经委员会第四次会议上提出，要推动改革开放取得新的重大成果，善用高水平开放倒逼深化改革，提升市场化法治化营商环境。记者特别邀请常修泽教授来谈谈如何用高水平开放倒逼深化改革这一重大问题。

“中国开放的大门不会关闭，只会越开越大”

记者：常教授，谢谢您在新年伊始就接受我们《之江会客厅》的访谈。2017 年《之江会客厅》专栏创设时，您曾是第一位嘉宾。

常修泽：很开心与来自“改革开放先行地”的浙江朋友交流。进入 2020 年才 10 多天，世界棋局出现了一些新的变动因素，值得我们关注。

记者：习近平主席在 2020 年新年贺词中指出，“一年来，改革开放不断催生发展活力”。2019 年 11 月 5 日，他在第二届进博会上强调，将坚持以开放促改革、促发展、促创新，持续推进更高水平的对外开放。您认为 21 世纪 20 年代应如何推进更高水平的开放？

常修泽：改革开放确实在催生我们国家的活力。2018 年 4 月，在博鳌亚洲论坛年会开幕式演讲中，习近平主席强调，中国开放的大门不会关闭，只会越开越大。怎么“越开越大”呢？我提出 3 个关键词，6 个字：地域、领域、文明。

首先是“地域”越开越大。包括两个方面：一是开放的对象将越来越多，基调是“向全世界开放”，注意，我讲的是“面向全世界”；二是开放的地域也越开越大，从京津冀、长三角、珠三角，一直到东北和海南等开放新前沿。

其次是“领域”越开越大。简言之，我把它概括成“五流加一升”。“五流”，即资金流、技术流（包括信息流）、产品流（包括服务品流）、产业流、人员流，“五流”全开放。领域重点是要适应新的形势、研究新的特点、上新的台阶。新在哪里？新在下一步将推动由商品和要素流动型开放，向规则、规制、管理、标准等“制度型开放”转变、提升。“制度型开放”将成新的看点。

最后是中外“文明包容度”越来越大。“风物长宜放眼量。”在 21 世纪的今天，这应引起社会高度关注。中外文明之间，第一步是“包容”，第二步是“交融”，最后有一部分将可能“融合”，当然交融中会有“博弈”，但前提是文明包容。我在 2013 年出版的《包容性改革》一书中，引用了德国著名哲学家奥斯瓦尔德·斯宾格勒的一段名言，阐述了这个观点：每一种文明都有自己的“根”，每一种文明都有自己的“人”，每一种文明都有自己的“命运”，文明是平等的，文明是多样的，文明是可以包容的。这是 21 世纪 20 年代中国开放大门“越开越大”的题中应有之义和必然趋势，应引起重视。

“善用高水平的开放倒逼深化改革”

记者：2019 年 4 月 22 日，习近平总书记主持召开的中央财经委员会第四次会议提出，要推动改革开放取得新的重大成果，善用高水平开放倒逼深化改革。您是专门研究体制变迁理论的经济学家，能不能重点就经济这个领域来谈谈这个话题？您认为当前经济领域的改革主要应从哪些方面入手？

常修泽：当今世界处于百年未有之大变局。在开放倒逼下的中国改革面临纷繁复杂的局面。党的十八届三中全会提出“全面深化改革的总目标是完善和发展中国特色社会主义制度，推进国家治理体系和治理能力现代化”。

在经济领域，开放倒逼下的改革怎么办？我在 2019 年曾发表《开放倒逼下中国经济改革“双突破论”》一文中提到，通过产权制度创新完善和要素市场化配置两个“突破点”来带动新阶段整个经济体制改革。

在创新完善产权制度这个“突破点”上，我认为，首先应该从“广义”角度把握产权内涵，既包括经济领域的物权、债权、股权等，又包括知识产权等各种人力资本产权，以及自然资源资产产权等。2018 年和 2019 年中美经贸摩擦涉及知识产权等各种人力资本产权以及其他产权等。

其次是把握“民营经济内在制度要素论”。2018 年 11 月 1 日，习近平总书记在民营企业座谈会上明确作出两个判断：“民营经济是我国经济制度的内在要素，民营企业和民营企业家是我们自己人。”一个是“制度的内在要素”，一个是“我们自己人”，这两句内涵很深刻，是制度性判断。

最后是健全现代产权制度的四根支柱，即产权界定制度、产权配置制度、产权交易制度、产权保护制度。开放倒逼的新形势下，必然要求四个产权制度更要界定清、配置准、流转畅、保护好。

在要素市场化配置这个“突破点”上，一是要排除干扰，把“市场决定论”落到实处。党的十八届三中全会首次提出“市场在资源配置中起决定性作用和更好发挥政府作用”，这是中国经济体制改革理论的重大突破。但在实践中遇到干扰，也有一些悬空。所以，我说，要排除干扰，要落到实处。

二是要针对短板，切实提高中国经济的“市场化指数”。中国经济市场化的短板主要是政府与市场的关系。这里有三个要点：第一个是市场配置资源的比重，第二个是政府对企业的干预程度，第三个是政府机构的规模扩大指数。从我实际调查来看，这三个要点在地区之间的分布状况是不平衡的。浙江情况比较好，例如在政府与市场的关系上，政府提出企业“不叫不到，随叫随到”。我在很多场合反复讲浙江这八个字：“不叫不到”就是不干预，“随叫随到”就是为企业服务，当“店小二”。浙江近几年大力推进的“最多跑一次”改革更是实实在在的为企业服务的有力举措。

三是要以中美经贸摩擦中的案例为鉴，“推进国企改革要奔着问题去”。首先，要奔着确立国企市场主体地位和健全现代企业制度等“问题”去。其次，随着开放倒逼，三类国有资产如何资本化，即经营性的国有资产、金融性的国有资产、资源性的部分国有资产怎样进一步资本化，这些都是要素市场化配置需要从长计议的问题。

四是要放宽市场准入，着力清除市场壁垒。“着力清除市场壁垒”是党的十八届三中全会提出的重要提法，也是参与经济全球化绕不过的问题。传统的垄断行业，包括电力、电信、铁路、石油、天然气等领域，应按照《外商投资法》和《中共中央　国务院关于营造更好发展环境支持民营企业改革发展的意见》，切实放宽市场准入，消除隐性壁垒，鼓励民营企业和外资企业扩大投资。

我认为，以上四个问题是当前要素市场化配置框架之支点。

“提升市场化法治化营商环境”

记者：我记得，2019 年 4 月，您在《人民论坛》发表了《民营经济发展的理论构思和实践举措》，看了很受启发。2019 年 12 月 22 日，新华社公布了《中共中央 国务院关于营造更好发展环境支持民营企业改革发展的意见》。您怎么看这份文件对于深化经济领域改革的重大作用？

常修泽：我认为，这份文件的核心命题是寻求公平，或者用经济语言说是“竞争中性”，包括营造公平竞争的市场环境、政策环境、法治环境，确保权利平等、机会平等和规则平等。这是符合开放大势要求的。

当然，若要真正做到公平，无论在理论上还是在实践上都还有很多工作要做。比如，从理论上应确立“共同经济基础论”；从实践上说，需要相应的制度、条例、政策、规划、法治环境等一系列配套举措。

目前这个文件还是一个支持民营企业改革发展的“意见”。中共中央、国务院关于营造更好发展环境，以公平为核心支持民营企业改革发展的命题是很好的。只有这样，才能在开放倒逼的情况下，适应经济全球化对公平竞争的要求。走在前列的民营经济大省浙江，很快就出台了《浙江省民营企业发展促进条例》。作为全国第一部相关领域省域层面地方性法规，它的一个重要特征，正是确立了保障民营企业公平竞争的原则，充分体现了“竞争中性”。

深化经济领域改革的实现路径

记者：党的十九届四中全会作出的决定中对于经济领域有一些新的提法。请您谈谈如何实现深化经济领域的改革。

常修泽：当前，深化经济领域改革的实现路径，我认为可以把它综合为“三个转型、一个支撑”。

第一，推进经济体制转型。

党的十九届四中全会作出的决定把这 40 多年改革开放形成的一些经验作

了高度概括，在此基础上，对社会主义“基本经济制度”内涵作了界定。主要是三条：第一条，以公有制为主体、多种所有制经济共同发展；第二条，以按劳分配为主体、多种分配方式并存；第三条，社会主义市场经济体制。这跟过去传统的经济学理论比，有一个很大的突破。将按劳分配为主体、多种分配方式并存和社会主义市场经济体制上升为社会主义基本经济制度，是我们党的重大理论创新。我国基本经济制度的确立，既体现了社会主义制度的优势，又同社会主义初级阶段社会生产力发展水平相适应，是我们党和人民的伟大创造。

对于下一步经济体制转型，从产权角度来说，我建议抓三条。第一条，扎扎实实推进国有企业混合所有制改革。这一点，浙江还有很大的改革空间。第二条，促进作为我们“自己人”的民营企业及民营经济的发展。第三条，尝试推进“劳动者的劳动联合和劳动者与资本联合相结合”的新型所有制结构，像深圳华为公司一样。

第二，推进经济结构转型。

经济结构转型，重点是产业结构转型。美国著名学者托马斯在《乱中取胜》中指出，世界这么乱，在乱中怎么取胜？他说：“不是老想分享市场，而是要考虑创造市场。不是取得一份较大的馅饼，而是设法烙出一块较大的馅饼，最好是烘烤出一块新的馅饼。”我们今天的产业转型就是要想办法来“烙新饼”。

产业转型上“烙新饼”，应该新在哪里？2019 年 10 月 24 日中央政治局集体学习请浙江大学的著名院士讲区块链，给我们以深刻启示——要关注新一代高新技术。除区块链外，值得重视的还包括 5G、人工智能、新一代信息技术、新能源汽车，以及高端装备制造、生物、新材料等诸多产业。这些领域对于中国自身发展至关重要。

第三，推进发展方式转型。

马克思曾提出劳动、资本、土地三大生产要素，至今人的认识已经扩展到七大生产要素。党的十九届四中全会作出的决定在讲到分配问题时指出，“健全劳动、资本、土地、知识、技术、管理、数据等生产要素由市场评价贡献，按贡献决定报酬的机制”。

要记住三点：哪些要素？七大要素。谁来评价贡献？市场评价。按什么决定报酬？按贡献决定。这一切需要高素质的人，这就需要有像马云那样的“新主体”。

第四，是一个支撑——靠打造“新主体”来支撑。

创新驱动当然可以搞“小四新”，即新产业、新业态、新技术、新商业模式，但我认为，更应该搞“大四新”，即新体制、新供给（包括新产业、新业态、新商业模式）、新要素组合（包括前面讲的七大要素组合）、新主体。其中，解决转型的新支撑问题尤其需要打造新主体。新的主体在哪里？一是各行各业的企业家；二是各种技术创新者；三是各类工匠，工人师傅里面有很多是工匠，甚至是“大国工匠”。这三股力量是企业转型依靠的新主体。

需要强调的是，培育创新者必须严格保护产权。“市场活力来自人，特别是来自企业家。”怎么保护产权？怎么保护企业家？中共中央、国务院在2016年11月和2017年9月分别发布了保护产权和保护企业家的意见。在21世纪20年代，全国应该切切实实保护产权、保护企业家，希望浙江在这方面能走在前列。

三轮驱动，促进浙江民营经济新飞跃

本报记者 潘如龙

之江会客厅

嘉宾：
迟福林：中国（海南）改革发展研究院院长
常修泽：中国宏观经济研究院教授
史晋川：浙江大学民营经济研究中心理事长

迟福林

常修泽

史晋川

民营经济是浙江的金名片，是浙江经济的最大特色和最大优势。目前出台的《中共中央 国务院关于促进民营经济发展壮大的意见》提出，要强化民营经济发展法治保障，着力推动民营经济实现高质量发展。作为改革开放先行地、数字经济先发省，浙江如何在法治护航下，深化改革开放、创新平台经济发展、实现民营经济新飞跃？本报邀请迟福林、常修泽和史晋川三位民营经济领域知名专家一起探讨。

以法治保障民营经济良好发展环境

记者：7月24日，中央政治局会议分析研究当前经济形势强调，要切实优化民营企业发展环境。一流的营商环境追求市场化、法治化、国际化，而法治是最好的营商环境。如何强化民营经济发展的法治保障？

史晋川：习近平总书记强调，社会主义市场经济本质上是法治经济。充分发挥市场在资源配置中的决定性作用，更好发挥政府作用，一个重要前提是通过法治方式有效维护公平竞争、激发经营主体活力。在社会主义市场经济制度建设过程中，产权保护、市场准入和市场监管等方面还需要进一步优化，其中非常重要的原因就是在对待国有经济和对待民营经济时，一些法律法规和政策还不很完善。实践证明，法律在保护财产权利、规范契约履行、拓展市场范围等方面发挥了关键作用。

当前，结合经济发展实际，建议深入研究如何推进经济在法治轨道上运行；如何改善地方司法，促进国内统一大市场建设。完善产权保护法律，稳定社会预期；完善专利法，提高社会创新能力；改进注册资本登记制度，激发经营主体创造活力；规范侵权责任的法律，更好发挥它与市场声誉机制的共同作用等。

常修泽：如同"人之双足""鸟之两翼"，我认为，中国民营经济的发展也有两个根本性的支撑："法治"与"产权"。

中央文件一再强调"两平一同"，即平等使用生产要素、平等参与市场竞争、同等受到法律保护。关键是"一同"——同等受到法律保护。

当前，落实"法治"与"产权"必须把握三大着力点：

第一，坚持以公平为核心原则。公平性怎么体现？从主体方面来讲，体现在公有经济与非公经济财产权都不可侵犯；在法人与自然人上，不论法人还是自然人的财产权，都同样受到保护。从内容方面来讲，公平性体现在权利平等、机会平等和规则平等。

第二，坚持"问题导向"，特别应聚焦当前产权方面的突出问题：一是民营企业及个人合法产权和权益保护不够；二是知识产权，由于侵权违法成本低、维权成本高，维护难度也很大；三是农民的集体建设经营用地、承包地和宅基地等方面的产权保护制度也有待完善。

第三，严格依法保护，长短结合，标本兼治。只有将权力关进"法治"的笼子才能有效。我建议切实把"完善保护产权制度"上升到"国家法治化"的层面。在事关产权保护的立法、执法、司法、守法等各个环节"扎根落实"，真正体现"法治中国"精神。

迟福林：浙江重视法治在经济建设中的重要作用，2020年出台《浙江省民营企业发展促进条例》，成为全国首个以地方立法保障民营企业的省份。今年又出台《浙江省促进中小微企业发展条例》，维护中小微企业合法权益。

未来，积极构建民营经济发展的法治环境，应以平等保护为重点，坚持"竞争平等论"。在立法环节，推进相关法律法规立改废释的基础上，加快推动产权保护由民营企业向民营资本拓展；在司法环节，真正实现对国有资本、民营资本同等对待、一视同仁；在执法环节，针对性地解决行政执法"一刀切"等问题。

强化民营经济平等保护的同时，细化民营经济发展的红线与底线，实现"法无禁止即可为"。推进反垄断和反不当竞争，在垄断行业尽快向社会资本推出一批重大项目，并在法治轨道上强化事中事后监管。增强公平竞争审查制度刚性约束，牢固树立竞争政策基础性地位，为民营经济发展创造公平竞争环境，将"公平竞争"作为浙江新阶段落实"两个毫不动摇"的特别之举。

以制度型开放引领高水平对外开放

记者：浙江是外向型经济大省，"地瓜经济"是浙江发展的制胜法宝和"金字招牌"之一。民营经济是外向发展的主力军，如何实施更大范围、更宽领域、更深层次对外开放，实现"地瓜经济"提能升级，促进民营经济新飞跃？

迟福林：新发展阶段，高水平对外开放要更加重视和强调制度型开放。稳步推进以制度型开放推动制度型变革是实现高质量发展的必由之路。

如何实施更大范围的对外开放？我以为，可以将服务业市场开放作为重要突破口，为释放民营企业的强大活力创造市场条件。一方面，推进服务贸易领域规则、规制、管理、标准等更大程度与国际接轨，率先在医疗健康、教育等社会需求较大的领域引入国际先进管理标准；另一方面，实质性推动服务业领域对内对外开放进程，尽快打破服务业领域的各类市场垄断与行政垄断。

从更深层次对外开放的角度来讲，我以为，可以通过制度型开放深化要素市场化配置改革，充分发挥市场在资源配置中的决定性作用，更好发挥政府作用。建议逐步扩大农村开放，以农村宅基地为重点，深化土地要素市场化改革，建立城乡统一的土地要素市场，畅通城乡经济循环、促进城乡融合发展；着眼于释放人力资本活力，加快人才管理体制创新，建立以人为中心的创新激励机制；加快建立数据确权、交易、保护等制度，完善数据跨境流动管理制度建设等。

常修泽：中国改革开放以来40年的经济开放，基本可概括为"五个流开放"（即商品流、资金流、信息流、人员流、技术流），可称其为"政策型开放"，下一步，应提升到"制度型开放"。当然，并不意味着"五个流"开放完结，而是说，要在制度型开放的新框架下，使两者结合进行。

制度型开放将对接当今世界高水平的经贸规则，强化财产权与知识产权保护，最大限度激发市场活力与创新活力。目前，RCEP协议已经生效，同时，我国也拟申请加入新的国际性经济组织。

我看了有关文本，这些协议均要求规范竞争条件和手段，放宽市场准入，消除市场壁垒，使成员企业处于平等竞争地位（如取消企业的"非商业性即行政性援助"等），这对于民营经济的发展来说是个历史性的机遇。民营企业的朋友应尽快明了并掌握相关规则，"厉兵秣马"，主动作为，一显身手。

史晋川：制度型开放是更加全面和更加基础的对外开放。

近些年来，整个国际贸易、国际金融以及相应的投资环境和规则都在发生变化。在这个过程中，中国所面临的不再是怎样去适应的问题，而是在坚持国际多边经贸体制原则的同时，更加积极地参与新规则的制定。这是挑战，更是机遇。因此，制度型开放将成为一个非常关键的问题，必须通过进一步扩大对外开放来促进全面深化改革。

事实上，扩大开放与深化改革是一对良性互动的关系。改革开放40多年，很多关键时期，尤其是经济大发展时期，都是通过扩大开放来促进改革深化的。从这个角度来看，制度型开放也必将推动国内市场机制改革，促进全国统一大市场建设，从而为民营经济提供稳定的制度预期和更多的市场机会。

以平台经济引领数字经济高质量发展

记者：平台经济是浙江省的一大优势，是三个"一号工程"落地的重要场景，是民营经济稳进提质的重要空间。促进浙江民营经济新飞跃，就要增强平台经济的发展新动能。如何抢占平台经济发展制高点？

史晋川：7月24日的中央政治局会议强调，要推动平台企业规范健康持续发展。不久前，省委、省政府召开全省平台经济高质量发展大会，全方位支持平台企业在引领发展、创造就业、国际竞争中大显身手。

浙江是数字经济大省，也是平台经济大省，目前共有各类平台企业310家。平台经济是以数字经济为核心的现代化产业体系的重要内容。全省平台经济高质量发展大会，是响应中央重大决策部署的浙江行动，也是释放提振平台企业发展信心的浙江信号。

新的形势下，从平台企业自身来说，建议积极参与国际科技竞争，参加有关科技标准的制定；以科技创新引领转型升级，发挥协同机制的作用，形成平台经济发展"以大带小、以小支大"的良好局面。

从外部环境来说，建议强化平台企业知识产权保护，发挥全面注册制的融资作用，以上市制度倒逼平台企业持续创新；打通平台企业科技型人才、特别是高层次人才认定评价机制堵点卡点，增强他们的安全感、获得感；探索平台经济发展的制度保障，稳定平台企业创新预期。

迟福林：党的二十大报告提出，加快发展数字经济，促进数字经济和实体经济深度融合。以数字经济为重点的新一轮科技革命和产业变革带动了制造业研发水平的提升，并不断推动现代制造业高质量发展，而民营企业正是数字经济发展的主要力量。

从国际层面来看，数字经济是重组全球要素资源、重塑全球经济结构、改变全球竞争格局的关键力量。通过"开源、上云、跨境"推动数字经济发展，加快数字科技应用，将形成科技与经济融合的重要突破。平台经济是数字经济的基础和发展载体，平台企业是发展数字经济的主力军，特别是头部平台企业已经成长为我国参与国际科技竞争的重要力量。因此，鼓励平台企业加大创新力度，推动形成平台企业想创新、能创新、敢创新的舆论氛围和良好生态。

常修泽：谈到数字经济，从托夫勒的《第三次浪潮》，到《数字化生存》，再到近年的《从0到1》以及江小涓的《塑造数字中国》，学术界做了可贵的前瞻性研究。杭州、深圳等地的领军者，更做了诸多创新性实践。

由此，我深深感到，当今风起云涌的数字经济浪潮，不仅仅是一个平台或具体业态问题，而是一种新的人类文明形态。它正在以其前所未有的开放性、公平性和自主性，影响着我们的生产方式、生活方式和思维方式；横向上影响"各方面"，纵向上影响"全过程"。这里既有严峻的挑战，更有难得的机遇。希望浙江不懈探索，依托前一段形成的基础性优势，继续努力占领创新制高点，在竞争中把握主导权。

生态文明建设的浙江实践与探索

沈满洪

实践探索

在刚刚结束的全国生态环境保护大会上，习近平总书记强调，"牢固树立和践行绿水青山就是金山银山的理念""加快推进人与自然和谐共生的现代化"。20年前，时任浙江省委书记习近平同志亲自擘画了"八八战略"，其中一条就是"进一步发挥浙江的生态优势，创建生态省，打造'绿色浙江'。"20年来，浙江持续推进生态文明建设，为全国生态文明建设发生历史性、转折性、全局性变化作出了浙江贡献。

围绕绿色主线迭代升级

2005年8月15日，习近平同志在浙江安吉余村考察时，明确提出了"绿水青山就是金山银山"的科学论断。

发展战略是引领一个国家和地区健康发展的"方向盘"。20年来，历届浙江省委、省政府，始终坚持绿水青山就是金山银山理念，不断推进生态文明建设的战略深化：从相对聚焦于生态环境保护深化为生态环境、生态经济、生态文化、生态人居等综合性生态文明建设；从生态环境安全需要上升到生态环境审美等高层次需要；从生态环境美升华为生态经济美、生态文化美、生态心灵美、生态人居美等综合美。在战略深化中，浙江一方面始终紧紧抓住"绿色"主线——从绿色文化、绿色环境、绿色产业、绿色消费、绿色人居、绿色科技、绿色制度等各个方面入手全面推进"绿色浙江"建设，让绿色成为浙江发展最动人的色彩；另一方面又不断充实基于"绿色"的高层次需要，不断满足人民日益增长的优质生态环境、优质生态产品、优质生态服务、优质生态治理的需要。

紧扣绿色主题跨越发展

久久为功，不断做大绿水青山。习近平总书记指出，大自然是人类赖以生存发展的基本条件。尊重自然、顺应自然、保护自然，是全面建设社会主义现代化国家的内在要求。浙江以"三改一拆""四边三化""五水共治"等"组合拳"推进生态文明建设。2022年，浙江省实现国家污染防治攻坚战效果考核、生态环境满意度评价"两个全国第一"，减污降碳协同创新区建设、生态环境数字化改革和"大脑"建设试点省"两个全国唯一"。

开拓创新，持续做高金山银山。一方面，浙江积极推进经济生态化，把生态文明建设与"腾笼换鸟""空间换地""亩均论英雄""最多跑一次""数字化改革"等有机结合起来，开辟了浙江经济转型升级的新路子。另一方面，浙江大力推进生态经济化，利用生态优势发展生态产业，依靠制度创新实现绿水青山价值。2003—2022年，浙江省在生态环境持续改善的前提下，全省人均地区生产总值从19730元增加到118496元；城市居民人均可支配收入从13180元增加到71268元；农村居民人均可支配收入从5431元增加到37565元。可见，浙江不仅绿色成色越来越高，而且经济保持持续增长，人民群众享受到越来越好的绿色福利和经济福利。

创新制度，提升生态环境治理能力。健全的生态环境法律制度不仅是生态文明的重要标志，而且是生态文明建设的最后保障。2003—2022年，浙江几乎年年都有生态环境法律法规规章的出台。迄今，已经形成了与国家大政方针、生态法治体系相适应的地方性法规和政策体系。同时，浙江高度重视规章制度的创新。浙江是全国第一个从省级层面出台并实施生态补偿机制的省份。浙江生态补偿机制建设已经从纵向补偿走向纵向补偿与横向补偿相结合、从省内补偿走向省内补偿和省际补偿相结合、从生态补偿走向生态补偿和环境损害赔偿相结合，实现从生态补偿到生态产品价值实现，从局部的生态产品价值实现到系统性的生态产品价值实现。浙江省再次作出了先行示范。

加快推进美丽浙江建设

习近平总书记强调，必须以更高站位、更宽视野、更大力度来谋划和推进新征程生态环境保护工作，谱写新时代生态文明建设新篇章。浙江要贯彻习近平总书记在全国生态环境保护大会上的重要讲话精神，坚决扛起绿水青山就是金山银山理念发源地和率先实践地的使命担当，加快推进美丽浙江建设，打造生态文明绿色发展标杆之地，在美丽中国建设中打头阵、当先锋、作示范。

以更高站位推进美丽浙江建设。随着时代的进步，生态文明建设要从满足生态环境安全需要转向满足生态环境安全需要与生态环境审美需要并重，从注重污染防治攻坚战转向污染防治和深绿发展并举，从生态环境的清洁和安全转向生态美、文化美与心灵美的有机结合，从国内标准为主转向国内标准与国际标准的接轨甚至创设浙江标准。

以更广视野推进美丽浙江建设。相对于陆域环境问题，海洋环境问题更加严峻，因此要陆海并举；相对于污染防治而言，节能降碳的任务更加艰巨，因此要减污降碳并举；相对于森林覆盖率而言，生物多样性问题更加突出，因此要坚持生态系统保护的量与质并举。只有按照习近平总书记所要求的，正确处理五个重大关系，才能全面建成美丽浙江。

以更大力度推进美丽浙江建设。在新的时代背景下，生态文明制度建设要遵循"由硬及软"的演化趋势——更加重视绿色财政制度和生态产权制度的运用，以达到以尽可能低的成本实现尽可能好的生态文明建设成效；要遵循"由繁到简"的演化趋势——要更加重视基于生态文明制度的替代性和互补性进行制度整合，通过制度优化实现更高的制度绩效；要遵循"由管到治"的演化趋势——要更加重视生态文明建设的多主体协同和相互制衡的治理结构的构建，以形成生态文明建设的长效机制。

【作者为浙江农林大学生态文明研究院院长】

学习有理

『八八战略』体现『六个必须坚持』内在要求

张延曼 陈培浩

党的二十大报告指出，必须坚持人民至上，必须坚持自信自立，必须坚持守正创新，必须坚持问题导向，必须坚持系统观念，必须坚持胸怀天下。这是我们党从世界观和方法论的高度，推进实践基础上的理论创新的科学方法和正确路径。习近平同志在浙江工作期间，作出"八八战略"重大决策部署，其中蕴含的价值立场、精神特质、理论品质、实践品格、思维方法和发展格局，体现了"六个必须坚持"的内在要求。

"八八战略"秉持以人民为中心的发展理念，体现了人民至上的价值立场

人民是历史的创造者，是决定党和国家前途命运的根本力量。坚持人民至上，体现了习近平新时代中国特色社会主义思想的根本政治立场和鲜明价值底色。"八八战略"秉持以人民为中心的发展理念，坚持发展为了人民、发展依靠人民，将强省与富民目标紧紧联系在一起，充分尊重和激发人民群众的首创精神。20年来，浙江打破城乡二元结构、缩小城乡收入差距，构建全覆盖、多层次的社会保障体系，践行"绿水青山就是金山银山"理念，推出"最多跑一次"便民利民服务变革，推进"民有所呼，我有所应"的为民办实事长效机制，完善人的全生命周期公共服务体系，深入实施"千万工程"，弘扬践行"浦江经验"，打造"浙有善育""浙里优学""浙派工匠""浙里健康""浙里长寿""浙里安居""浙有众扶"七张"金名片"，把人民对美好生活的向往一步一步变为现实。

"八八战略"彰显敢为天下先的精神气度，体现了自信自立的精神特质

自信自立是党在百年奋斗中练就的精神气度，是立党立国的重要原则。坚持自信自立，体现了习近平新时代中国特色社会主义思想的基本立足点和独立自主的实践探索精神。党的二十大报告深刻指出，中国共产党为什么能，中国特色社会主义为什么好，归根到底是马克思主义行，是中国化时代化的马克思主义行。20年来，"八八战略"指引浙江发生全方位、系统性、深层次精彩蝶变，实现了从经济大省向经济强省、从对内对外开放向深度融入全球、从总体小康向高水平全面小康的跃升。"八八战略"作为一项宝贵的"战略资产"，为谱写中国式现代化的浙江篇章夯实了自信根基、注入了强劲动力、增强了敢于先行示范的底气。浙江取得的成就，是中国改革开放全景中的一个缩影，也是社会主义制度优越性的体现。世界通过浙江，看到了一个历史悠久的伟大民族、一个马克思主义的先进政党、一个14亿多人口的泱泱大国的历史自信和强大力量。

"八八战略"坚持在继承中创新和在创新中发展，体现了守正创新的理论品质

守正创新是党在新时代治国理政的重要思维方法。坚持守正创新，体现了习近平新时代中国特色社会主义思想的科学行动路线和历史主动精神。习近平总书记强调，我们从事的是前无古人的伟大事业，守正才能不迷失方向、不犯颠覆性错误，创新才能把握时代、引领时代。浙江的发展史说到底就是一部生动的守正创新史。习近平同志曾强调"要认识到没有继承，就没有发展；没有创新，就没有未来"。"八八战略"实施以来，浙江守马克思主义信仰信念之正，创新时代新征程新事业之新，科技创新与制度创新"双轮驱动"，打通科技与经济发展的通道，注重体制机制创新、人才制度创新、谋划设计创新等协同创新能力，不断寻求经济、政治、文化、社会、生态、党的建设等全领域挑战的最优解。当前，浙江坚持创新在现代化建设全局中的核心地位，着力破解全面创新的瓶颈制约，加快建设具有全球影响力的科创高地、创新策源地和国际重要产业创新中心。

"八八战略"谋求准确识变科学应变主动求变，体现了问题导向的实践品格

问题是时代的口号，是它表现自己精神状态的最实际的呼声。坚持问题导向，体现了习近平新时代中国特色社会主义思想理论智慧的源头活水。习近平同志强调，每个时代总有属于它自己的问题，只要科学地认识、准确地把握、正确地解决这些问题，就能够把我们的社会不断推向前进。"八八战略"就在坚持问题导向中应运而生，指引浙江有效应对"先天不足"的制约和"成长的烦恼"，全方位提升了浙江的发展阶段、发展层面和发展水平。20年来，浙江准确识变科学应变主动求变，从战略层面对"形势怎么看""路子怎么走"作出世纪之答，在省域层面初步回答了"怎样建设社会主义""怎样建设党""怎样实现发展"等重大基本理论问题。当前，浙江扛起高质量发展建设共同富裕示范区的时代使命，以数字经济创新提质"一号发展工程"、营商环境优化提升"一号改革工程"、"地瓜经济"提能升级"一号开放工程"回应时代之问，在发现问题和解决问题中不断开创事业发展新局面。

"八八战略"注重系统重塑和全面部署，体现了系统观念的思维方法

不谋万世者，不足谋一时；不谋全局者，不足谋一域。坚持系统观念，体现了习近平新时代中国特色社会主义思想的唯物辩证思维和科学思想方法。习近平总书记强调，系统观念是具有基础性的思想和工作方法，必须从系统观念出发，全面协调推动各领域工作和社会主义现代化建设。"八八战略"蕴含丰富的系统思维，其八大优势与八项举措各部分自成体系又相互依托，构成了一个有着严密内在逻辑的有机整体。20年来，浙江始终坚持和运用系统思维，推动深化改革取得实质性、突破性、系统性成果。从"利用国际也要利用国内"的"两个市场"看开放发展，"腾笼换鸟凤凰涅槃"的"两只鸟"看结构调整，"绿水青山就是金山银山"的"两座山"看生态环境，"农民与市民豪顺"的"两种人"看城乡统筹，"看得见的手和看不见的手"的"两只手"看深化改革，凸显了浙江从战略高度和全局视角把握系统发展的大逻辑。

"八八战略"立足将省域发展融入国家战略，体现了胸怀天下的发展格局

大时代需要大格局，大格局呼唤大胸怀，胸怀天下方能立己达人。坚持胸怀天下，体现了习近平新时代中国特色社会主义思想深邃的历史眼光和博大的天下情怀。习近平总书记强调，我们坚定站在历史正确的一边、站在人类文明进步的一边，高举和平、发展、合作、共赢旗帜，在坚定维护世界和平与发展中谋求自身发展，又以自身发展更好维护世界和平与发展。"八八战略"强调利用国际国内两个市场、两种资源，"立足浙江发展浙江、跳出浙江发展浙江"，以强大的前进定力和胸怀天下的开放之姿，创造性发展"地瓜经济"，把块茎牢牢扎根在浙江、触角延伸至海外，彻底打开对外开放空间。进入新时代，浙江将省域发展融入国家战略，畅通"双循环"、打开"新格局"，以"一带一路"推动高水平对外开放，持续推进义甬舟开放大通道，"义新欧"陆路国际物流新通道建设，充分挖掘数字经济、民营经济、港口经济等潜在优势，在全球范围内整合要素资源，加快建设国际重要产业创新中心，推动建设具有全球影响力的科创高地和创新策源地。

【作者单位分别为浙江工业大学马克思主义学院，浙江省习近平新时代中国特色社会主义思想研究中心】

打开"思想"频道 洞察识大势
关注"学习有理" 精思明至理

“三轮驱动”促进浙江民营经济新飞跃

嘉　宾

迟福林

中国（海南）改革发展研究院院长

常修泽

中国宏观经济研究院教授、国家发改委经济研究所原常务副所长

史晋川

浙江大学文科资深教授、浙江大学民营经济研究中心理事长

民营经济是浙江的金名片，是浙江经济的最大特色和最大优势。《中共中央国务院关于促进民营经济发展壮大的意见》提出，要强化民营经济发展法治保障，着力推动民营经济实现高质量发展。作为改革开放先行地、数字经济先发省，浙江如何在法治护航下，深化改革开放、创新平台经济发展、实现民营经济新飞跃？记者邀请迟福林、常修泽和史晋川 3 位民营经济领域知名专家一起探讨。

以法治保障民营经济良好发展环境

记者：2023 年 7 月 24 日，中央政治局会议分析研究当前经济形势强调，要切实优化民营企业发展环境。一流的营商环境追求市场化、法治化、国际化，而法治是最好的营商环境。如何强化民营经济发展的法治保障？

史晋川：习近平总书记强调，社会主义市场经济本质上是法治经济。充分发挥市场在资源配置中的决定性作用，更好发挥政府作用，一个重要前提是通过法治方式有效维护公平竞争、激发经营主体活力。在社会主义市场经济制度建设过程中，产权保护、市场准入和市场监管等方面还需要进一步优化，其中非常重要的原因就是关于国有经济和民营经济的一些法律法规和政策还不很完善。实践证明，法律在保护财产权利、规范契约履行、拓展市场范围等方面发挥了关键作用。

当前，结合经济发展实际，建议深入研究如何推进经济在法治轨道上运行；如何改善地方司法，促进国内统一大市场建设。完善产权保护法律，稳定社会预期；完善专利法，提高社会创新能力；改进注册资本登记制度，激发经营主体创造活力；规范侵权责任的法律，更好发挥它与市场声誉机制的共同作用等。

常修泽：如同人之双足、鸟之两翼，我认为，中国民营经济的发展也有两个根本性的支撑：法治与产权。

中央文件一再强调“两平一同”，即平等使用生产要素、平等参与市场竞争、同等受到法律保护。其中，“一同”是关键。

当前，落实法治与产权必须把握以下三大着力点。

第一，坚持以公平为核心原则。公平性怎么体现？从主体方面来讲，体现在公有经济与非公经济财产权都不可侵犯；从法人与自然人方面来讲，不论法人还是自然人的财产权，都同样受到保护；从内容方面来讲，公平性体现在权利平等、机会平等和规则平等。

第二，坚持“问题导向”，特别应聚焦当前产权方面的突出问题。一是民营企业及个人合法产权和权益保护不够；二是知识产权，由于侵权违法成本低、维权成本高，维护难度大；三是农民的集体建设经营用地、承包地和宅基地等方面的产权保护制度也有待完善。

第三，严格依法保护，长短结合，标本兼治。只有将权力关进法治的“笼子”才能有效。我建议切实把完善保护产权制度上升到国家法治化的层面，在事关产权保护的立法、执法、司法、守法等各个环节扎根落实，真正体现法治中国的精神。

迟福林：浙江重视法治在经济建设中的重要作用。2020 年出台的《浙江省民营企业发展促进条例》，成为全国首个以地方立法保障民营企业发展的省份。2023 年又出台《浙江省促进中小微企业发展条例》，维护中小微企业合法权益。

未来，积极构建民营经济发展的法治环境，应以平等保护为重点，坚持“竞争平等论”。在立法环节，在推进相关法律法规立改废释的基础上，加快推动产权保护由民营企业向民营资本拓展；在司法环节，真正实现对国有资本、民营资本同等对待、一视同仁；在执法环节，针对性地解决行政执法“一刀切”等问题。

强化民营经济平等保护的同时，细化民营经济发展的红线与底线，实现“法无禁止即可为”。推进反垄断和反不正当竞争，在垄断行业尽快向社会资本推出一批重大项目，并在法治轨道上强化事中事后监管。增强公平竞争审查制度刚性约束，牢固树立竞争政策基础性地位，为民营经济发展创造公平竞争环境，将公平竞争作为浙江新阶段落实“两个毫不动摇”的特别之举。

以制度型开放引领高水平对外开放

记者：浙江是外向型经济大省，“地瓜经济”是浙江发展的制胜法宝和“金字招牌”之一。民营经济是外向发展的主力军，如何实施更大范围、更宽领域、更深层次对外开放，实现“地瓜经济”提能升级，促进民营经济新飞跃？

迟福林：新发展阶段，高水平对外开放要更加重视和强调制度型开放。稳步推进以制度型开放推动制度型变革是实现高质量发展的必由之路。

如何实施更大范围的对外开放？我以为，可以将服务业市场开放作为重要突破口，为释放民营企业的强大活力创造市场条件。一方面，推进服务贸易领域规则、规制、管理、标准等更大程度与国际接轨，率先在医疗健康、教育等社会需求较大的领域引入国际先进管理标准；另一方面，实质性推动服务业领域对内对外开放进程，尽快打破服务业领域的各类市场垄断与行政垄断。

从更深层次对外开放的角度来讲，我以为，可以通过制度型开放深化要素市场化配置改革，充分发挥市场在资源配置中的决定性作用，更好发挥政府作用。建议逐步扩大农村开放，以农村宅基地为重点，深化土地要素市场化改革，建立城乡统一的土地要素市场，畅通城乡经济循环、促进城乡融合发展；着眼于释放人力资本活力，加快人才管理体制创新，建立以人为中心的创新激励机制；加快建立数据确权、交易、保护等制度，完善数据跨境流动管理制度建设等。

常修泽：中国改革开放 40 年以来的经济开放，基本可概括为“五个流”开放（即商品流、资金流、信息流、人员流、技术流开放），可称其为政策型开放，下一步，应提升到制度型开放。当然，这并不意味着“五个流”开放完结，而是说，要在制度型开放的新框架下，使两者结合进行。

制度型开放将对接当今世界高水平的经贸规则，强化财产权与知识产权保护，最大限度激发市场活力与创新活力。目前，RCEP（《区域全面经济伙伴关系协定》）已经生效，同时，我国也拟申请加入新的国际性经济组织。

我看了有关文本，这些协议均要求规范竞争条件和手段，放宽市场准入，消除市场壁垒，使成员企业处于平等竞争地位（如取消企业的“非商业性即行政性援助”等）。这对于民营经济的发展来说是一个历史性的机遇。民营企业的朋友应尽快明了并掌握相关规则，“厉兵秣马”，主动作为，一显身手。

史晋川：制度型开放是更加全面和更加基础的对外开放。近些年来，整个国际贸易、国际金融以及相应的投资环境和规则都在发生变化。在这个过程中，中国所面临的不再是怎样去适应的问题，而是在坚持国际多边经贸体制原则的同时，更加积极地参与新规则的制定。这是挑战更是机遇。因此，制度型开放将成为一个非常关键的问题，必须通过进一步扩大对外开放来促进全面深化改革。

事实上，扩大开放与深化改革是一对良性互动的关系。改革开放 40 多年来，很多关键时期，尤其是经济大发展时期，都是通过扩大开放来促进改革深化的。从这个角度来看，制度型开放也必将推动国内市场机制改革，促进全国统一大市场建设，从而为民营经济提供稳定的制度预期和更多的市场机会。

以平台经济引领数字经济高质量发展

记者：平台经济是浙江省的一大优势，是三个“一号工程”落地的重要场景，是民营经济稳进提质的重要空间。促进浙江民营经济新飞跃，就要增强平台经济的发展新动能。如何抢占平台经济发展制高点？

史晋川：2023 年 7 月 24 日的中央政治局会议强调，要推动平台企业规范健康持续发展。不久前，浙江省委、省政府召开全省平台经济高质量发展大会，全方位支持平台企业在引领发展、创造就业、国际竞争中大显身手。

浙江是数字经济大省，也是平台经济大省，目前共有各类平台企业 310

家。平台经济是以数字经济为核心的现代化产业体系的重要内容。全省平台经济高质量发展大会，是响应中央重大决策部署的浙江行动，也是释放提振平台企业发展信心的浙江信号。

新的形势下，从平台企业自身来说，建议积极参与国际科技竞争，参加有关科技标准的制定；以科技创新引领转型升级，发挥协同机制的作用，形成平台经济发展“以大带小、以小支大”的良好局面。

从外部环境来说，建议强化平台企业知识产权保护，发挥全面注册制的融资作用，以上市制度倒逼平台企业持续创新；打通平台企业科技型人才、特别是高层次人才认定评价机制堵点卡点，增强他们的安全感、获得感；探索平台经济发展的制度保障，稳定平台企业创新预期。

迟福林：党的二十大报告提出，加快发展数字经济，促进数字经济和实体经济深度融合。以数字经济为重点的新一轮科技革命和产业变革带动了制造业研发水平的提升，并不断推动现代制造业高质量发展，而民营企业正是数字经济发展的主要力量。

从国际层面来看，数字经济是重组全球要素资源、重塑全球经济结构、改变全球竞争格局的关键力量。通过“开源、上云、跨境”推动数字经济发展，加快数字科技应用，将形成科技与经济融合的重要突破。平台经济是数字经济的基础和发展载体，平台企业是发展数字经济的主力军，特别是头部平台企业已经成长为我国参与国际科技竞争的重要力量。因此，鼓励平台企业加大创新力度，推动形成平台企业想创新、能创新、敢创新的舆论氛围和良好生态。

常修泽：谈到数字经济，从托夫勒的《第三次浪潮》，到《数字化生存》，再到近年的《从0到1》，以及江小涓的《塑造数字中国》，学术界做了可贵的前瞻性研究，杭州、深圳等地的领军者更做了诸多创新性实践。

由此，我深深感到，当今风起云涌的数字经济浪潮，不仅是一个平台或具体业态问题，更是一种新的人类文明形态。它正在以其前所未有的开放性、公平性和自主性，影响着我们的生产方式、生活方式和思维方式；横向上影响“各方面”，纵向上影响“全过程”。这里既有严峻的挑战，更有难得的机遇。希望浙江不懈探索，依托前一段形成的基础性优势，继续努力占领创新制高点，在竞争中把握主导权。

推动民营经济走向更广阔舞台

之江会客厅

嘉　宾　中国社会科学院民营经济研究中心主任 刘迎秋
浙江大学民营经济研究中心理事长 史晋川
浙江省委党校工商管理教研部主任 何圣东

主持人　本报记者 潘如龙 周宇晗

民营经济是我国经济制度的内在要素，是推动高质量发展的重要主体。以习近平同志为核心的党中央高度肯定民营经济的地位和作用，高度关怀民营企业的发展。我省广大民营企业家把握时代大势，坚定发展信心，心无旁骛创新创造，踏踏实实办好企业，必将为实现中华民族伟大复兴的中国梦作出新的更大贡献。

民营企业和民营企业家都是自己人

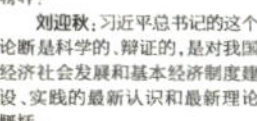

刘迎秋

主持人：曾有一段时间，社会上有人发表了一些否定、怀疑民营经济的言论，比如“民营经济离场论”“新公私合营论”等。习近平总书记2018年11月1日在民营企业座谈会上明确指出，民营企业和民营企业家是我们自己人。我们应该怎么理解、怎样落实这个讲话精神？

刘迎秋：习近平总书记的这个论断是科学的、辩证的，是对我国经济社会发展和基本经济制度建设、实践的最新认识和最新理论概括。

这句话在理论上可以概括为“自己人论”。“自己人论”不仅继承了“民营经济补充论”，而且进一步发展了“公有制经济和非公有制经济共同发展”这样一个科学论断。实际上，“自己人论”不仅充分反映了中国特色社会主义基本经济制度和社会主义市场经济的基本特性，而且充分反映了我国生产力发展的内在要求，是生产力进一步发展的内在动力。

史晋川

这一论断有助于我们充分认识中国从贫穷走向富裕、从富起来走向强起来的必经之路。

何圣东：习近平总书记这一新论断，必将消除民营企业家的后顾之忧，释放出民营企业家创新创造的激情，进而成为中国经济长期可持续发展的重大内生动力。落实讲话精神，需要全面推进体制机制创新，以优质的制度供给、服务供给、要素供给和完备的市场体系，增强发展环境的吸引力和竞争力。

何圣东

绘图：潘泓璇

近年来，随着改革开放的不断深入，影响民营经济发展的各种体制机制障碍不断被打破，民营经济发展环境得到有效改善。但也要看到，在各种生产要素获取和进入重要领域等方面，束缚民营经济发展的一些障碍依然存在，民营经济自身存在的一些问题也阻碍着其进一步发展。

为了推进优化民营经济发展环境，党的十八届三中全会明确提出，要坚持权利平等、机会平等、规则平等，废除对非公有制经济各种形式的不合理规定，消除各种隐性壁垒。因此，进一步深化改革、完善体制机制，不仅能够充分激发民营经济发展的活力和创造力，也是构建现代化经济体系的必经之途。

再创浙江民营经济新优势

主持人：浙江是民营经济大省，是改革开放先行地、中国民营经济的重要发祥地，进一步发挥浙江的体制机制优势是“八八战略”的重要内容。新时代，如何再创浙江民营经济新优势？

刘迎秋：浙江民营经济是“老百姓经济”，是浙江体制机制优势的基础；浙江的政府是服务有为的政府，不乱干预、乱插手、帮倒忙；浙江一直以来都有强调以民为本、鼓励技术创新的社会氛围。此外，浙江社会的运行机制非常健康，鼓励竞争、平等保护。

中国特色社会主义进入新时代，社会发展进入新阶段，浙江在体制机制方面也必须作出新的探索。要进行体制机制创新，就要在民营企业的发展模式、管理创新、转型升级上多做文章。

何圣东：新的发展阶段，需要深化体制机制改革，拓展民营经济发展新空间，突破旧的思想观念束缚，进一步完善有利于民营经济发展的体制机制，构建“平等化”“多样化”“现代化”“高端化”“科学化”的民营经济发展环境。

健全市场准入“平等化”制度，放开投资领域准入限制，对不涉及国家安全和公共安全的行业应取消行政垄断，对自然垄断行业进行相应改革。健全融资渠道“多样化”机制，改革完善投融资体制，深化民间资本投资审批制度改革，完善民营企业贷款担保机构组织体系，引导民营资本加快进入金融领域。健全组织管理“现代化”机制，重视塑造自身信誉、加强诚信建设，注重制度创新、完善产权结构，注重管理创新、提高管理水平。健全政策供给“高端化”机制，大力激发民营企业创新动力，加快区域创新体系建设，创新特色产业技术共性服务平台建设机制，努力解决行业关键技术和共性技术难题。健全要素配置“科学化”机制，健全公共服务体系，完善要素配置机制，完善政府公共服务体系。

直面新环境、新情况、新问题

主持人：面对国际经济环境的变化，浙江民营企业如何直面新环境、新情况、新问题？

史晋川：浙江民营企业在新的历史时期，面临着更加严峻的国际经济环境和国内经济社会发展的阶段性变化。

一方面，浙江是对外开放的大省，区域经济的出口依存度非常高，民营企业生产的产品大量进入国际市场。随着国际贸易中保护主义的抬头，尤其是中美经贸摩擦的加剧，浙江民营企业的发展面临的不确定性加大，亟须调整出口市场结构，改变对外贸易的出口方式。

另一方面，中国经济发展已经开始从高速增长阶段转向高质量发展阶段，浙江民营经济传统产业结构、产业组织形态和产业空间布局也面临着挑战，仅仅依靠扩大要素投入的粗放型驱动模式的动力已经消解，民营企业转型发展的任务十分艰巨。

何圣东：随着全球经济联系越来越密切，数字经济发展不断推进，民营经济发展面临着国际化和数字化的挑战。民营经济国际化需要应对要素配置全球化、产品研发与销售国际化和发展模式、治理模式全球化等问题，民营经济的发展壮大必须实现发展模式和治理模式的国际化。

以数字化为特征的新一代信息技术与工业深度融合的趋势正在加速。浙江民营企业数字化转型面临着认知、人才和技术等多个层面的问题，多数企业缺乏数字经济素养和专业知识的积累，对数字化转型的重要性认识不足，数字化动力缺乏，数字化人才由于教育供给滞后和培养过程复杂而严重不足，数字技术如何与企业实际结合、提供系统解决方案，成为企业面临的技术挑战。

大力推动民营经济走向更加广阔的舞台

主持人：习近平总书记在民营企业座谈会上指出，民营经济只能壮大、不能弱化，不仅不能“离场”，而且要走向更加广阔的舞台。在新时代，怎样推动浙江民营经济走向更加广阔的舞台？

刘迎秋：要进一步解放思想。为了适应新时代、新发展的要求，要作出新的探索，用发展的、辩证的观点去看待问题、认识问题。民营经济要在巩固提升的基础上，探索新的发展模式和企业形态。为应对外部需求下降的问题，要充分发挥“互联网+”、大数据、人工智能等高新产业发展的优势，推动“浙江制造”向“浙江创造”“浙江智造”转变，在国际经济交流中获取更多主动权。要鼓励创新，完善政府管理和技术创新的保护机制，让民营经济和民营企业家的智慧充分涌流。

民营企业要实现高质量发展，必须主动打破家族观念，突破门户之见，用好资本经营之道，实现专业化发展。不要轻易放弃所在的传统产业，但要积极调整传统的生产方式，主动走高新技术推动发展的道路。不要轻易放弃传统工艺，但须主动转变传统的思维方式，走精细化管理与创新的道路，实现工艺的创新。要做到不放弃科学的分工和专业化发展方向，但主动抛弃狭隘的分工理念和盲目的多元化经营方式，通过大量采用高新实用技术，做大、做强企业。在努力强化企业管理的同时，实现企业规范化制度化的管理，使浙江的民营经济成长为规模经济、现代经济。

史晋川：在新时代推动浙江民营经济发展实现新飞跃，再创浙江民营经济发展新辉煌，必须通过全面深化改革，尤其是大力推进供给侧结构性改革，坚持“八八战略”再深化，真正按照竞争中性原则，在市场准入及产业政策等方面，为民营企业发展提供一个公平竞争的发展环境。

在产业结构调整升级方面，必须通过发展现代服务业，特别是以发展数字经济为导向，大力发展生产性服务业，为传统产业的改造和先进制造业的发展提供有力支撑和保障，形成以数字经济与实体经济耦合共生的现代产业体系。在产业组织重构方面，要借助资本市场，加大并购和重组力度，在新的产业领域加快培育更具竞争力的行业领军企业。在产业空间优化方面，要通过大湾区建设，来加快产业集聚，发展现代产业集群，从而打造民营经济发展的新动力，再创民营经济发展的新优势。

何圣东：以互联网、大数据、人工智能“三位一体”为特征的现代数字技术，正在深刻改变人类的生产与生活方式，因而也正在深刻改变政策设计与供应的依据。我们要精准把握数字化的实质，更好地把创新、协调、绿色、开放、共享的发展理念落到实处。在加快建设数字中国的新征程中，高质量推动民营经济创新发展，使民营经济走向更加广阔的舞台。

礼包固可喜 环境更重要

王玉宝

今日时评

据报道，杭州市人才服务局日前发布了一份《关于暂缓受理部分毕业生生活补贴申请的公告》。公告表明，应届本科毕业生在杭州可领1万元生活补贴。硕士生补贴标准也由去年的两万元调升至3万元，博士生补贴标准由3万元调升至5万元，可谓皆大欢喜。

此前的一份公告《全日制普通高校大专人才引进落户浙江省人才市场办理指南》也火遍各高校毕业生群，公告说，今后大专毕业生也可以在杭州享受人才落户政策。

对很多本科生乃至硕士、博士而言，毕业时多是“愁钱”时。租房、交通、通信、交际，哪一样不要钱？特别是房租，在杭州更是一笔不小的开支。这个时候政府派发“礼包”，人人有份，这当然是给青年人降下“及时雨”。

举措背后，理念更让人欣慰。重视人才，不只是优待那种“国千”“省千”的杰出人才，连普通本科生、大专生也能享受到眷顾，这确实说明了杭州市政府的人文情怀和对引才的重视。

如果说这份一次性“礼包”只是见面礼，城市要真正吸引人才、留住人才，从长远来看光靠这个恐怕还不够。年轻人来到一座城市，能否成就梦想、才是问题的关键。与此相比，政府的那1万元“礼包”，对吸引人才来说只是个“引子”。

近年来，杭州大力发展数字经济，新经济风生水起，在国内广受称赞，有人甚至以新一线城市誉之。2018年的数据显示，杭州人才净流入居全国第一，常住人口净增33.8万，前年增加了28万。这显示杭州人口增长的幅度呈扩大化趋势，展示了杭州在提供创业机遇方面的吸引力。杭州的山水风光更是没得说，人才趋之若鹜不足为怪。

其他方面，房价如何，是否“房住不炒”？交通如何，是否足够便利？环境如何，还有哪些盲区死角？这些也需要政府综合施策，创造更好的安居乐业环境。比如，杭州房价虽然近期比较平稳，但是能否持久平稳，这还要看政府的调控能力和诚意。

与此同时，面向青年人才的公租房申请体系如何更方便、普惠？就目前看，公租房的实物分房在杭州基本已经停滞，而申请货币补贴的程序又十分繁琐，恐怕也需要政府继续以“绣花功夫”做好这项民生工程。

计利当计天下利，政府就要有这个情怀。“礼包”既要有“小礼包”，更要有“大礼包”；既要施以眼前看得见的小利益，又要为人们奔向远方的大梦想创造更佳条件；既要有一次性的救急，也要长久性、渐进性、持续性增加民生福祉，不断改善生活环境，让人才越聚越多。

菜场飘书香 阅读新模式

薛文春

钱塘论坛

这两天，杭州五星级菜市场翰林农贸市场“火”了——不是因为菜，而是因为书。

从8月开始，翰林农贸市场装饰一新，刮起了一股文化时尚风，高大上的内部环境引得市民纷纷前来“打卡”。主办方在市场里开了一间“想象力店铺”，经典名著、畅销书像蔬菜一样摆放在货架上，居民可以拿家里的旧书来换新书，旧书统一归到党建文化角“微E站”。居民可自行取阅，累计阅读达到一定时间，还可免费获赠图书。

菜市场，原本是一座城市里充满烟火气的地方。菜市场里开出书店，不按常理出牌，着实给了人们一个惊喜。据报道，在五六平方米的“微E站”里，无论老人还是小孩，人人手里都捧着一本书在读，菜场的嘈杂声早已变成了背景音。那一刻，他们正在与书本展开一次超越时空的对话。

消息一经媒体报道，迅速登上了热搜。“买菜读书两不误”，网友纷纷为这样的创意点赞。也有人开玩笑说，从这里买回去的书肯定“有味道”。玩笑归玩笑，这却是一种值得鼓励和肯定的创意，同时也是响应“书香浙江”建设、推动全民阅读的一次尝试。反过来讲，即使书里粘上了鱼腥味又如何？菜场飘书香，真乃人间好滋味。

如果说食物是我们身体的能量来源，那么书籍就是我们精神的能量源泉。互联网时代，人类的行为习惯正在发生改变，加之电子产品的普及，曾有人预言电子书一定会替代纸质书，实体书店也一度在网络冲击下受到影响。然而，一些转型后的实体书店反而成了风靡一时的“网红打卡地”。

书店可大可小，是每一位读者心中的精神家园、一座城市的文化地标、一个国家文化基因的传承途径，承载了提供公共文化服务的神圣职责。其实，国内外这种“不走寻常路”的书店不在少数，不仅开在城市地铁站、银行营业厅、医院输液室，甚至还有人把书店开到了酒吧和博物馆。目前，实体书店普遍采取的是“书店+X”模式，即图书销售与文化艺术相融合，成为一个文化空间的复合体，比如“书店+文创”“书店+西餐”“书店+展览”等。相比这种相对固定的模式，把书店开到菜场则是一种“X+书店”模式。由于贴近大众的日常生活，这一模式更加方便市民把碎片化的时间利用起来读书，从而有助于形成全民爱读书、读好书、善读书的社会风尚。

扫一扫！结识弄潮君

“望闻问切”为垃圾分类开良方

孙金良　王露彬　王　薇

“入户厨余垃圾袋是否能按时发放到位？”“小区整治出的堆积物是否也分类？”……这是近日，绍兴市越城区人大北海街道工委召开的垃圾分类主题监督代表约见会上，与会的区人大代表们提出的一系列问题。

“村居垃圾分类处置”是今年人大北海街道工委重点监督的主题方向。去年下半年，全省启动“街道人大工作和建设”试点，北海街道被列为试点单位之一。为提升监督工作成效，该街道创新人大代表履职载体，以约见会的形式“望、闻、问、切”，监督推进街道村居垃圾分类工作。

代表约见是人大代表履行职责的一种方式，也是人大监督的一种形式。为组织好代表约见活动，人大北海街道工委将辖区划分成四个片组和若干网格，由工委委员、区人大代表担任片组长，街道民主议政会成员为网格员，构建起覆盖整个街道辖区开展监督的组织架构。并于5月24日，组织召开了“村居垃圾分类处置”主题监督活动动员部署会暨垃圾分类知识专题培训会，使代表和成员监督履职更具针对性。

同时，为规范约见活动，人大北海街道工委精心制订了代表约见会方案，并于7月25日专题提交区人大常委会主任会议研究。方案通过后，组织辖区内全体区人大代表进行垃圾分类专题考察，并结合“望闻问切”中医诊断法，开展约见活动。

“望”，是通过考察、走访、调研等途径，了解垃圾分类的现状。为找准加强垃圾分类监督与服务村居发展的切入点，人大北海街道工委多次就垃圾分类工作开展专题视察，并由工委委员带头，组织代表和成员深入基层，实地察看，掌握村居垃圾分类的现实情况。

“闻”，是深入社区，倾听居民呼声，了解垃圾分类的难点。人大北海街道工委定期收集居民意见，特别是在约见会前期，人大代表们通过走访、调研等形式，倾听和记录居民的意见建议，并将问题带回去交由相关部门处置，更好地破解垃圾分类“难点”“痛点”。

“问”，是垃圾分类工作问需于民，问计于民，问政于民。人大北海街道工委依托人大代表联络站，广泛听取和搜集群众对加强垃圾分类工作的对策建议，并根据部分区代表提出约见街道办事处负责人的要求安排约见会。约见会结合追责问责机制，推动群众问题的解决落到实处。

“切”，是通过研究分析定措施，确保监督效果。人大北海街道工委根据约见会上代表提出的问题，整理出问题清单，交由街道办事处落实整改。此后，人大代表将再次现场考察，对整改情况做出满意度评价。代表对于答复和整改结果不满意的，将进行二次交办并持续跟踪监督，确保“补课”补出实效。

这样的前后呼应、一以贯之，充分发挥了基层代表、成员作用，落实了监督责任，确保发现问题件件有落实、有反馈，对重点主题一督到底，以达到预期的效果。

·资 讯·

推动民营经济走向更广阔舞台

嘉　宾

刘迎秋

中国社会科学院研究员、研究生院原院长

史晋川

浙江大学文科资深教授、浙江大学民营经济研究中心理事长

何圣东

浙江省委党校（浙江行政学院）工商管理教研部原主任

民营经济是我国经济制度的内在要素，是推动高质量发展的重要主体。以习近平同志为核心的党中央高度肯定民营经济的地位和作用，高度关怀民营企业的发展。浙江省广大民营企业家把握时代大势，坚定发展信心，心无旁骛创新创造，踏踏实实办好企业，必将为实现中华民族伟大复兴的中国梦作出新的更大贡献。

民营企业和民营企业家都是自己人

记者：曾有一段时间，社会上有人发表了一些否定、怀疑民营经济的言论，比如“民营经济离场论”“新公私合营论”等。习近平总书记 2018 年 11 月 1 日在民营企业座谈会上明确指出，民营企业和民营企业家是我们自己人。我们应该怎么理解、怎样落实这个讲话精神？

刘迎秋：习近平总书记的这个论断是科学的、辩证的，是对我国经济社会发展和基本经济制度建设、实践的最新认识和最新理论概括。

这句话在理论上可以概括为“自己人论”。“自己人论”不仅继承了“民营经济补充论”，而且进一步发展了“公有制经济和非公有制经济共同发展”这样一个科学论断。实际上，“自己人论”不仅充分反映了中国特色社会主义基本经济制度和社会主义市场经济的基本特性，而且充分反映了我国生产力发展的内在要求，是生产力进一步发展的内在动力。

这一论断有助于我们充分认识中国从贫穷走向富裕、从富起来走向强起来的必经之路。

何圣东：习近平总书记这一新论断，必将消除民营企业家的后顾之忧，释放出民营企业家创新创造的激情，进而成为中国经济长期可持续发展的重大内生动力。落实讲话精神，需要全面推进体制机制创新，以优质的制度供给、服务供给、要素供给和完备的市场体系，增强发展环境的吸引力和竞争力。

近年来，随着改革开放的不断深入，影响民营经济发展的各种体制机制障碍不断被打破，民营经济发展环境得到有效改善。但也要看到，在各种生产要素获取和进入重要领域等方面，束缚民营经济发展的一些障碍依然存在，民营经济自身存在的一些问题也阻碍着其进一步发展。

为了推进优化民营经济发展环境，党的十八届三中全会明确提出，要坚持权利平等、机会平等、规则平等，废除对非公有制经济各种形式的不合理规定，消除各种隐性壁垒。因此，进一步深化改革、完善体制机制，不仅能够充分激发民营经济发展的活力和创造力，也是构建现代化经济体系的必经之路。

再创浙江民营经济新优势

记者：浙江是民营经济大省，是改革开放先行地、中国民营经济的重要发祥地，进一步发挥浙江的体制机制优势是“八八战略”的重要内容。新时代，如何再创浙江民营经济新优势？

刘迎秋：浙江民营经济是“老百姓经济”，是浙江体制机制优势的基础；浙江的政府是服务有为的政府，不乱干预、乱插手、帮倒忙；浙江一直以来都有强调以民为本、鼓励技术创新的社会氛围。此外，浙江社会的运行机制非常健康，鼓励竞争、平等保护。

中国特色社会主义进入新时代，社会发展进入新阶段，浙江在体制机制方面也必须作出新的探索。要进行体制机制创新，就要在民营企业的发展模式、管理创新、转型升级上多做文章。

何圣东：新的发展阶段，需要深化体制机制改革，拓展民营经济发展新空间，突破旧的思想观念束缚，进一步完善有利于民营经济发展的体制机制，构建“平等化”“多样化”“现代化”“高端化”“科学化”的民营经济发展环境。

健全市场准入“平等化”制度，放开投资领域准入限制，对不涉及国家安全和公共安全的行业应取消行政垄断，对自然垄断行业进行相应改革。健全融资渠道“多样化”机制，改革完善投融资体制，深化民间资本投资审批制度改革，完善民营企业贷款担保机构组织体系，引导民营资本加快进入金融领域。健全组织管理“现代化”机制，重视塑造自身信誉、加强诚信建设，注重制度创新、完善产权结构，注重管理创新、提高管理水平。健全政策供给“高端化”机制，大力激发民营企业创新动力，加快区域创新体系建设，创新特色产业技术共性服务平台建设机制，努力解决行业关键技术和共性技术难题。健全要素配置“科学化”机制，健全公共服务体系，完善要素配置机制，完善政府公共服务体系。

直面新环境、新情况、新问题

记者：面对国际经济环境的变化，浙江民营企业如何直面新环境、新情况、新问题？

史晋川：浙江民营企业在新的历史时期，面临着更加严峻的国际经济环境和国内经济社会发展的阶段性变化。

一方面，浙江是对外开放的大省，区域经济的出口依存度非常高，民营企业生产的产品大量进入国际市场。随着国际贸易中保护主义的抬头，尤其是中美经贸摩擦的加剧，浙江民营企业的发展面临的不确定性加大，亟须调整出口市场结构，改变对外贸易的出口方式。

另一方面，中国经济发展已经开始从高速增长阶段转向高质量发展阶段，浙江民营经济传统产业结构、产业组织形态和产业空间布局也面临着挑战，仅仅依靠扩大要素投入的粗放型驱动模式的动力已经消解，民营企业转型发展的任务十分艰巨。

何圣东：随着全球经济联系越来越密切，数字经济发展不断推进，民营经济发展面临着国际化和数字化的挑战。民营经济国际化需要应对要素配置全球化、产品研发与销售国际化和发展模式、治理模式全球化等问题，民营经济的发展壮大必须实现发展模式和治理模式的国际化。

以数字化为特征的新一代信息技术与工业深度融合的趋势正在加速。浙江民营企业数字化转型面临着认知、人才和技术等多个层面的问题，多数企业缺乏数字经济素养和专业知识的积累，对数字化转型的重要性认识不足，数字化动力缺乏，数字化人才由于教育供给滞后和培养过程复杂而严重不足，数字技术如何与企业实际结合、提供系统解决方案，成为企业面临的技术挑战。

大力推动民营经济走向更加广阔的舞台

记者：习近平总书记在民营企业座谈会上指出，民营经济只能壮大、不能弱化，不仅不能“离场”，而且要走向更加广阔的舞台。在新时代，怎样推动浙江民营经济走向更加广阔的舞台？

刘迎秋：要进一步解放思想。为了适应新时代、新发展的要求，要作出新的探索，用发展的、辩证的观点去看待问题、认识问题。民营经济要在巩固提升的基础上，探索新的发展模式和企业形态。为应对外部需求下降的问题，要充分发挥“互联网＋”、大数据、人工智能等高新产业发展的优势，推动“浙江制造”向“浙江创造”、“浙江智造”转变，在国际经济交流中获取更多主动权。要鼓励创新，完善政府管理和技术创新的保护机制，让民营经济和民营企业家的智慧充分涌流。

民营企业要实现高质量发展，必须主动打破家族观念，突破门户之见，用好资本经营之道，实现专业化发展。不要轻易放弃所在的传统产业，但要积极调整传统的生产方式，主动走高新技术推动发展的道路。不要轻易放弃传统工艺，但须主动转变传统的思维方式，走精细化管理与创新的道路，实现工艺的创新。要做到不放弃科学的分工和专业化发展方向，但主动抛弃狭隘的分工理念和盲目的多元化经营方式，通过大量采用高新实用技术，做大、做强企业。在努力强化企业管理的同时，实现企业规范化制度化的管理，使浙江的民营经济成长为规模经济、现代经济。

史晋川：在新时代推动浙江民营经济发展实现新飞跃，再创浙江民营经济发展新辉煌，必须通过全面深化改革，尤其是大力推进供给侧结构性改革，坚持“八八战略”再深化，真正按照竞争中性原则，在市场准入及产业政策等方面，为民营企业发展提供一个公平竞争的发展环境。

在产业结构调整升级方面，必须通过发展现代服务业，特别是以发展数字经济为导向，大力发展生产性服务业，为传统产业的改造和先进制造业的发展提供有力支撑和保障，形成以数字经济与实体经济耦合共生的现代产业体系。在产业组织重构方面，要借助资本市场，加大并购和重组力度，在新的产业领域加快培育更具竞争力的行业领军企业。在产业空间优化方面，要通过大湾区建设，来加快产业集聚，发展现代产业集群，从而打造民营经济发展的新动力，再创民营经济发展的新优势。

何圣东：以互联网、大数据、人工智能“三位一体”为特征的现代数字技术，正在深刻改变人类的生产与生活方式，因而也正在深刻改变政策设计与供应的依据。我们要精准把握数字化的实质，更好地把创新、协调、绿色、开放、共享的新发展理念落到实处。在加快建设数字中国的新征程中，高质量推动民营经济创新发展，使民营经济走向更加广阔的舞台。

与文明对话 强文化自信

之江会客厅

嘉 宾　浙江省文物局副局长 郑建华
浙江省文物考古研究所所长 刘斌
浙江大学文化遗产与博物馆学研究所所长 严建强
浙江省历史学会副会长、杭州市社会科学界联合会巡视员 周膺

主持人　本报记者 潘如龙 郑亚丽

7月6日，在阿塞拜疆首都巴库进行的第43届世界遗产大会宣布，中国良渚古城遗址成功入选《世界遗产名录》。"良渚遗址是实证中华五千年文明史的圣地"。此次申遗成功，标志着中华五千年文明史得到国际社会的一致认可，是中华儿女坚定文化自信、探索中华文明起源取得的又一重大成就，必将为加快建设文化浙江增添新的动力。本期我们特邀4位专家学者，一起来探讨良渚古城遗址"入遗"的重大意义和现实启示。

良渚古城遗址入选世界文化遗产的特殊意义

主持人：我国以前的世界文化遗产的考古发现，都属于"信史时代"的考古遗存，而良渚古城遗址则是属于"传说时代"的考古遗存。因此，良渚古城遗址的成功申遗，的确令人振奋。请谈谈良渚古城遗址成功申遗的特殊意义。

郑建华：首先，良渚古城遗址成功申遗是中华文明史的标志性事件。距今约5300-4300年的良渚古城遗址，成功跻身世界文化遗产行列，标志着它实证中华五千年文明史圣地的地位，得到了国际社会的高度肯定和充分认可。这对于进一步夯实文化自信的历史根基具有特殊意义。应该说，这是良渚古城遗址成功申遗最突出的意义所在。

其次，良渚古城遗址成功申遗，使我国以55处世界遗产的总量一举登上名录首席（与意大利并列第一），这充分彰显了中华文化的软实力，凸显了文化强国与生态文明建设的显著成就，向全世界展现了古老文明与现代社会、人文历史与自然生态交相辉映的美丽中国。

严建强：良渚古城遗址申遗成功，反映出学术界对良渚社会进入文明时代的认可，这也意味着对中华五千年文明的认同。正是从这个意义上讲，良渚古城遗址申遗成功具有特殊的意义。也正因如此，申遗成功后，怎样把良渚文化的遗产价值向公众进行更广泛和深入的阐释与传播，使这份珍贵的遗产变成对国民进行文明常识教育的教材，成为一项重要而迫切的任务。

周 膺：良渚古城遗址入选《世界遗产名录》，证明长江下游流域是中华文明的重要源头，也让世界重新认识中华文明。尽管良渚文化的形成晚于苏美尔文明、古埃及文明等，但它却初步确定了中华文明的时空轴心。

刘 斌：良渚古城遗址申遗成功，是"中华文明探源工程"和"国家大遗址考古"的重大成果，是中国大遗址考古和保护的成功范例，意味着中华五千年文明史得到国际社会的广泛认可，为世界遗产增加了一项古老东方的内涵，不仅改写了中国文明史，也改写了世界文明史。

郑建华　刘斌　严建强　周膺

绘图：潘泓璇

良渚文化的丰富内涵

主持人：作为距今约5000年的"中华第一城"，良渚古城代表的中国早期区域城市文明，使中华文明传承发展的脉络更加清晰。请谈谈以良渚古城为核心的良渚文化的丰富内涵。

刘 斌：1936年施昕更先生发现了良渚古城遗址，1959年夏鼐先生提出良渚文化的命名。1973年江苏草鞋山遗址M198中琮、璧、钺与良渚文化陶器共存，这一发现使原本定于周、汉玉器的错误断代得以纠正。到了20世纪80年代初期，考古工作人员先后在江苏吴县张陵山和上海青浦福泉山等地发掘随葬玉器的良渚文化大墓，开启了长江下游文明化研究的新篇章，良渚文化的内涵也越来越丰富。1986年以来，反山、瑶山等重要遗址的发掘，尤其是良渚古城和外围水利系统的发现，使人们认识到良渚古城遗址是良渚文化最重要的中心聚落，而当时的良渚文化已经进入成熟文明和早期国家阶段。

严建强：近年来更广泛的研究指出，真正构成文明的核心要素是复杂社会及国家的形成。所谓复杂社会是指人群及聚落因财富与权力的分配形成3个以上的层级。国家的形成是指权力尤其是祭祀权和军事指挥权高度集中在极少数人手上，这与中国古代所说的"国之大事，在祀与戎"是一致的。

良渚文化在这两方面都有突出的表现：一方面，人群分层与聚落分层在遗址中非常清晰，从随葬品可见当时出现了显贵与平民、富人和穷人；从公共工程与玉礼品分配看，则出现了中心聚落、次中心聚落与普通聚落。另一方面，从反山12号墓出土的琮王和钺王看，墓主应该就是掌握着最高祭祀权与最高军事指挥权的王者，表明良渚社会已经进入早期区域性国家的行列。

周 膺：良渚文化是发源于长江下游环太湖流域的中国最早的文明，标志着这一地区在中国最早由原始社会进入文明社会。

良渚古城是人类的伟大功业，是早期城市规划的范例，在人类文明史上具有唯一性和特别的重要性。良渚文化先民在此创造了灿烂的文明成果，如全世界至今最精湛的玉器、石器和黑陶工艺及其所表征的社会礼仪制度，早期城市规划与大型工程营建及其社会组织系统，世界上最早的大规模犁耕稻作农业，早期科学技术思想以及以丝绸、玉器、髹漆等生产为主的手工业的专门化抑或商业的萌生。以良渚古城遗址为最高表征的良渚文化是中国人创造的最早的形态完整、与物质文化相分立的独立的精神文化，其核心是以原创、首创、独创和外拓为特征的"良渚精神"，显示了中华民族在当时已经有了比较完整的自我意识、自我认知。

古城遗址如何更好地加以保护

主持人：作为世界共同的遗产、全人类共同的精神财富，良渚古城遗址列入《世界遗产名录》也对遗产保护提出了更高要求。请问，在新的起点上，如何做好古城遗址的保护？

周 膺：良渚古城遗址保护和申报《世界遗产名录》经历了十分曲折的历程。由于遗址范围巨大，又处于杭州近郊人口密集区，开发土地和保护遗产矛盾尖锐，保护的各种阻力非常大。

良渚古城遗址保护和研究还只是新的开始。这次列入申报范围的14.34平方公里只是遗址的一小部分，目前仍然有大量与遗产保护冲突的建筑物要继续拆迁，考古发现还要经历漫长的时间。

严建强：良渚古城遗址既不是以石材为主体的史前遗址，也不是干燥环境下的土遗址，而是潮湿环境下的土遗址，属于最难保持原貌的遗址类型。

为此，我们提出了"最小干预与最大化阐释"的原则，在不干扰遗址本体的前提下，最大限度地将已经获得的考古学信息显示出来并进行解读，同时保证所有阐释性项目可以进行原貌的恢复性还原。

刘 斌：考古是一项无止境的事业，我们一定会牢记习近平总书记重要指示精神，努力深化良渚古城遗址的考古发掘与研究，进一步配合良渚遗址公园的展示做好考古解读与普及教育，继续砥砺前行，不忘初心。

郑建华：申遗成功也意味着古城的保护管理实践得到了国际社会的肯定。我们必须认真履行国际义务，按照《世界遗产公约》及其实施操作指南的规定，做好良渚古城遗址的后续保护工作，确保这一世界遗产的真实性和完整性得到切实保护。

同时，我们会开展多学科联合攻关，积极稳妥推进科技手段在土遗址保护中的应用。加强古城考古遗址公园对外开放的管理，合理调控游客容量，确保安全、有序。要及时调整良渚古城遗址管理机构的工作重心，进一步理顺工作机制，落实管理责任。

成功申遗增强中华文化自信

主持人：从加快建设文化大省到努力建设文化浙江，良渚古城遗址入选《世界遗产名录》无疑让人们找到了文化自信的根源，从而更加坚定文化自信。请问，如何通过文化遗产的保护与传承，增强人们的文化自信？

严建强：中华优秀传统文化是中华民族的根和魂，文化遗产是优秀传统文化的载体。我省要实现从文化大省到文化强省的飞跃，更好地保护文化遗产、传承优秀传统文化，无疑是题中应有之义，这也是作为文物大省的浙江的优势所在。

周 膺：良渚古城遗址申报《世界遗产名录》经历的时间是中国所有世界遗产中最长的。这一漫长的历程是一个文化自觉的历史过程，记录的是遗产地人民的心路历程。良渚古城遗址入选《世界遗产名录》不仅让我们更加清晰地看到了有形遗产，更是建立了一座巨大的精神丰碑。

这几天，良渚国家考古遗址公园试开放，许多人每天零点在网上预约门票，说明它唤起了全国人民的文化自信心。通过科学研究和科学普及使全体公民从文化学的高度，全面体认遗产的价值来为当代建设提供精神、思想资源，需要通过艰苦的努力才能获得。因为，世界的模样，取决于你凝视它的目光；精神的力量，来自内心酝酿它的热情。

郑建华：良渚古城遗址申遗成功，为我省文化遗产的保护与传承，特别是考古遗址的本体保护、环境整治、展示阐释，树立了光辉的榜样。在文化浙江的建设过程中，我们要以良渚古城遗址为标杆，认真贯彻落实习近平总书记的指示精神，让收藏在博物馆里的文物、陈列在广阔大地上的遗产、书写在古籍里的文字都活起来，实现创造性转化和创新性发展。

要高度重视考古遗址的保护利用工作，充分发挥考古遗址在传承、弘扬优秀传统文化，增强文化自信中的重要作用。通过推进大运河文化带、钱塘江诗路、浙东唐诗之路、瓯江山水诗之路建设，使文化遗产得到更好的保护，优秀传统文化得到更有效的传承。积极参与世界遗产申报工作（如海上丝绸之路），参与文化遗产保护国际行动，特别是"一带一路"沿线的文化遗产保护与合作，为保护文化多样性，促进文明交流互鉴作出新的贡献。

筑牢乡村振兴人才基石

邱 碧

学思践悟

习近平总书记强调，乡村振兴，人才是关键，要着力培养造就一支懂农业、爱农村、爱农民的"三农"工作队伍。人才兴则乡村兴，人气旺则乡村旺。唯有蓄好人才之水，才能养好发展之鱼，乡村振兴之路才能越走越宽广。

立足产业"引才"。"人才因产业而聚，产业因人才而兴"。唯有立足产业实际、紧盯产业短板、顺应产业发展趋势，精准对接供需，才能引来"金凤凰"。以特色农业、乡村旅游等产业为依托，大力实施人才兴农战略，鼓励引导人才向乡村一线流动，在推动农民增收、农业增效、农村振兴的征程中激荡梦想、实现抱负。

实行更加开放的人才政策，放眼全产业链，研究制定乡村振兴产业人才引进办法，着力补齐产业链上人才缺失短板，充分释放乡村产业振兴的人才动能。要有意识地发挥本地能人和乡贤的作用，依托亲缘、人缘、地缘优势，吸引在外人才通过投资、技术服务、入股等形式返乡创业，打好"乡情牌"、念好"引才经"。近年来，临海市以柑橘、茶叶、西兰花等农业特色产业及乡村旅游、民宿经济等为依托，通过定期召开橘商大会、茶商大会，举办农业发展高峰论坛，吸引了一批研究员、高级农艺师及在外"土专家"返乡从事农特产品种植研究。实施"金凤还巢"行动，建立临海籍在外大学生总会，唤回了一批善经营、懂技术的"农二代"及高校毕业生返乡就业创业。

聚焦需求"育才"。当前，"三农"工作队伍人员不足、视野不宽、年龄老化、素质偏低、本领恐慌等问题仍然存在，要聚焦实际需求，强化针对性培训，不断提升"三农"工作队伍的整体素质。把人力资本开发放在首位。统筹运用学历教育、技能培训、实践锻炼及外出"取经"等方式，重点建设农村实用人才带头人、新型职业农民、农业科技推广人才、农村专业服务型人才"四支队伍"，源源不断地造就更多有泥土味、接地气的优秀乡土人才。

实施乡村振兴领军人才培育计划，依托乡村振兴学院、农民学校、农广校等培训机构，开展专业化培训，努力培养一批农业职业经理人、经纪人、乡村工匠等乡村振兴"领头雁"。改革人才培养机制，开发特色课程及教材，制订个性化培养方案，不断健全实用型乡土人才培育体系，与浙江大学新农村发展研究院合作成立乡村振兴学院，建立橘乡汇才中心、琳山新农学堂及乡村党校等育才平台。

精心搭台"用才"。"登高而招，臂非加长也，而见者远"。让人才在乡村振兴中发挥最大效用，就必须构建全方位的用才平台，让各类人才都有适合展示自己才华的舞台，有更多归属感、获得感。强化城乡、区域、校地之间人才培养合作与交流，支持新型农业经营主体与高等院校、科研院所等合作建设产学研平台，为各级各类事业单位专业技术人员到乡村和企业挂职、兼职和离岗创新创业提供平台，推动人才向"低处"流动。

注重发挥财政资金的杠杆效应，设立乡村人才发展基金，鼓励各类资本投资建设标准化农业产业园区、优质农业产业项目及创业园、青创空间和创客联盟，并在创业场地、金融优惠等方面提供政策保障，着力形成政府、企业、个人、社会等齐抓共管的浓厚氛围。近年来，临海市对优秀农村实用型人才实行"三优先"，并在创业培训、项目审批、资金补助等资源要素上给予重点支持，为农村实用型人才创造了良好的成长环境。

做优环境"留才"。"动人心者，莫先乎情"。人才能不能留得住，既要看硬实力，也要看软环境。要坚持让实干者得实惠，建立健全领导干部联系人才制度和正向激励机制，引导人才扎根一线建功立业。更加注重政策和服务的精准化、科学化，在住房、医疗、子女入学及落户等方面为人才提供全方位、全天候"妈妈式"服务。

通过评选、表彰和大力宣传产业带头人、"土专家"、"田秀才"等优秀人才创业创新、科技致富、艰苦奋斗的突出贡献和典型事迹，营造"尊才、爱才、惜才"的良好氛围，让人才扎根乡村有更多获得感、荣誉感。加快推动城乡基本公共服务均等化，让人才身在农村也能享受到与城市基本相同的教育、医疗、文化娱乐等社会公共福利，从而让人才留得长久。建立乡村振兴人才服务专员、办事直通车等制度，为乡村人才提供政策咨询、项目申报、融资对接、业务办理等服务。设立专项发展基金，创新推出"人才金卡"，为农特产业人才量身定制一揽子政策补助，给予综合专业技术人才提高授信额度、降息让利等金融优惠。

【作者为临海市委组织部长】

今日时评

孩子沉迷手机 谁之过

王玉宝

就因为爸爸的一句狠话"再玩手机把你扔掉"，家住杭州萧山区的一位14岁女孩，立即失联。今天凌晨，家人终于在警方协助下在武汉一小区找到这名女孩。

很多人吃惊、哑然，然后是一片责怪声。其实，要我说，别怪她。因玩手机而离家出走甚至玩跳楼的孩子，早已不止一两个了。哪怕是对这些孩子，我们也无权过于责怪！您别觉得荒诞，且听我说。

当我们在责怪这些孩子沉迷手机时，不如反思一下，今天，有多少成人敢理直气壮地说自己不沉迷手机，说自己可以一天不看手机，说自己没有在手机上的诸多冗余信息和娱乐八卦中耗费大量的时间、精力？只不过，成人出于自律乃至社会责任，会表现得略微克制一些而已。但这种克制，很多时候也很勉强。

就在前段时间，杭州一男子高架上开车时撞死一位辅警，原因是什么？开车时玩微信！再往前，同样是杭州，一小伙开车撞死路边散步的68岁老人，原因是什么？开车时玩游戏！还有杭州一对夫妻，车子在高速上爆胎，妻子下车拍照发"朋友圈"，结果被撞身亡！面对手机，他们比那些闹脾气、玩失联的孩子更有克制力吗？

就在萧山这位14岁女孩失联的同时，《人民日报》海外版关注马路"低头族"成安全新隐患，称72.2%的人有在步行过马路时玩手机的经历。当成人把世界弄成这样一幅荒诞景象时，我们能责怪孩子什么呢？

孩子的世界永远是成人世界的影子。孩子身上的社会性、行为性毛病，归根结底是成人习性的扭曲折射。一次又一次因手机引发的未成年人出走事件，除了让我们惊讶，更应该引起社会和家庭层面的系统性考量。

一方面，家长真的要作出表率。我们若真心想让孩子健康成长，自己就要做好离孩子最近的、最有力的榜样。哪怕为了孩子，也请表现出对手机依赖症更多的免疫力。如此，我们才能把这种抵制诱惑的能力传递给孩子。而如果孩子已经不慎迷恋上手机，那么就请设身处地地去理解他们。面对绞尽脑汁抓取用户注意力的各类软件，成人尚且没有百分百的自信"幸免于难"，何况心智还不成熟的孩子。在将他们与手机隔绝时，应当多点耐心引导、循循善诱，而不是用动辄火冒三丈、生硬抢夺的方式处理问题。

另一方面，从社会层面来讲，政府得建立并真正执行有刚性有力度的法律，督促手机公司和各软件平台切实构建防沉迷系统。各种五花八门的诱人软件，也真该抱着对孩子未来负责的态度，有效自律。毕竟，谁家没孩子呢？

思想漫谈

基层治理中的"奖"与"罚"

张 韧

近期，多地开始大刀阔斧开展农房风貌管控提升工作，要求基层干部实行"包村联格"，对农村"有碍观瞻"的建筑物、构筑物进行"拆整改"。有的地方工作未达标者将"荣登"黑榜，并被给予相应的处分。

房子是人的容身之所。基层治理中但凡涉及房子的问题，一举一动都会牵动群众敏感的神经。在短暂的时间内未完成任务将被问责，"压力山大"的基层干部就会将这种"惩"的压力，层层传导至群众身上。这客观上通常能达到目标，但随之而来的可能是百姓的质疑和愤怒。

罚的基本含义是"强制"，奖的基本含义是"引导"。有人说："奖要奖得心花怒放，罚要罚得胆战心惊。"站在基层治理的角度，从可持续的社会效果考虑，究竟应当以"奖"为主，还是以"罚"为先，尤宜深慎。

罚，诚然可以让干部战战兢兢、临深履薄，但每一步执行和落实，都蕴含着干部负重前行的无奈；诚然可以让百姓作出妥协与让步，但铲车碾过的每一寸地面，都消弭着群众的满意度和获得感。反观几年前，东部某市本着一切从实际出发的原则，充分尊重百姓创造自己美好生活需要的积极性、主动性，改"罚"的冲动为"奖"的思维，以前瞻性的规划为前提，以协商听证的方式制定符合百姓意愿的农村整体建房方案，对符合乡村规划的建筑业主予以奖励，产生了意想不到的良好效果。百姓是淳朴的，也是现实的。若能提升环境，又能得到政府奖励，何乐而不为呢？

将这一思路顺延到如何驱动基层干部干事创业的问题上，也同样适用。干部对于考核，也是相当敏感。要想大多数干部努力争先，关键是要奖励优秀的那部分人，而不是惩罚落后的那几个。奖优其实就是最好的罚劣，表彰先进，就是鞭策后进，也能让大多数干部"动起来"。中央《关于进一步激励广大干部新时代新担当新作为的意见》明确提出要"突出正向激励主基调"，突出倡导性、引领力。这是一种立足实际、关照基层，见微知著、高瞻远瞩的智慧选择。

要让基层干部心无旁骛、一身轻松地干工作，免除他们"一手持剑向前冲锋，一手持盾防卫身后"的顾虑，不妨"大张旗鼓"地运用"奖"的方法，慎之又慎地运用"罚"的手段。实践证明，在基层社会治理中，"奖"比"罚"更能释放出强大的工作推动效能，调动一线干部工作积极性。

与文明对话 强文化自信

嘉　宾

郑建华
浙江省文物局副局长

刘　斌
浙江大学文化遗产研究院院长

严建强
浙江大学文化遗产与博物馆学研究所原所长

周　膺
浙江省历史学会副会长、杭州市社会科学院原副院长

2019年7月6日，在阿塞拜疆首都巴库进行的第43届世界遗产大会宣布，中国良渚古城遗址成功入选《世界遗产名录》。良渚遗址是实证中华五千年文明史的圣地。此次申遗成功，标志着中华五千年文明史得到国际社会的一致认可，是中华儿女坚定文化自信、探索中华文明起源取得的又一重大成就，必将为加快建设文化浙江增添新的动力。记者特邀4位专家学者，一起来探讨良渚古城遗址“入遗”的重大意义和现实启示。

良渚古城遗址入选世界文化遗产的特殊意义

记者：我国以前的世界文化遗产的考古发现，都属于“信史时代”的考古遗存，而良渚古城遗址则是属于“传说时代”的考古遗存。因此，良渚古城遗址的成功申遗，的确令人振奋。请谈谈良渚古城遗址成功申遗的特殊意义。

郑建华：首先，良渚古城遗址成功申遗是中华文明史的标志性事件。距今约 5300～4300 年的良渚古城遗址，成功跻身世界文化遗产行列，标志着它实证中华五千年文明史圣地的地位，得到了国际社会的高度肯定和充分认可。这对于进一步夯实文化自信的历史根基具有特殊意义。应该说，这是良渚古城遗址成功申遗最突出的意义所在。

其次，良渚古城遗址成功申遗，使我国以 55 处世界遗产的总量一举登上名录首席（与意大利并列第一），这充分彰显了中华文化的软实力，凸显了文化强国与生态文明建设的显著成就，向全世界展现了古老文明与现代社会、人文历史与自然生态交相辉映的美丽中国。

严建强：良渚古城遗址申遗成功，反映出学术界对良渚社会进入文明时代的认可，这也意味着对中华五千年文明的认同。正是从这个意义上讲，良渚古城遗址申遗成功具有特殊的意义。也正因如此，申遗成功后，怎样把良渚文化的遗产价值向公众进行更广泛和深入的阐释与传播，使这份珍贵的遗产变成对国民进行文明常识教育的教材，成为一项重要而迫切的任务。

周膺：良渚古城遗址入选《世界遗产名录》，证明长江下游流域是中华文明的重要源头，也让世界重新认识中华文明。尽管良渚文化的形成晚于苏美尔文明、古埃及文明等，但它却初步确定了中华文明的时空轴心。

刘斌：良渚古城遗址申遗成功，是“中华文明探源工程”和“国家大遗址考古”的重大成果，是中国大遗址考古和保护的成功范例，意味着中华五千年文明史得到国际社会的广泛认可，为世界遗产增加了一项古老东方的内涵，不仅改写了中国文明史，也改写了世界文明史。

良渚文化的丰富内涵

记者：作为距今约 5000 年的“中华第一城”，良渚古城代表的中国早期区域城市文明，使中华文明传承发展的脉络更加清晰。请谈谈以良渚古城为核心的良渚文化的丰富内涵。

刘斌：1936 年施昕更先生发现了良渚古城遗址，1959 年夏鼐先生提出良渚文化的命名。1973 年江苏草鞋山遗址 M198 中琮、璧、钺与良渚文化陶器共存，这一发现使原本定于周、汉玉器的错误断代得以纠正。到了 20 世纪 80 年代初期，考古工作人员先后在江苏吴县张陵山和上海青浦福泉山等地发掘随葬玉器的良渚文化大墓，开启了长江下游文明化研究的新篇章，良渚文化的内涵也越来越丰富。1986 年以来，反山、瑶山等重要遗址的发掘，尤其是良渚古城和外围水利系统的发现，使人们认识到良渚古城遗址是良渚文化最重要的中心聚落，而当时的良渚文化已经进入成熟文明和早期国家阶段。

严建强：近年来更广泛的研究指出，真正构成文明的核心要素是复杂社会及国家的形成。所谓复杂社会是指人群及聚落因财富与权力的分配形成 3 个以上的层级。国家的形成是指权力尤其是祭祀权和军事指挥权高度集中在极少数人手上，这与中国古代所说的“国之大事，在祀与戎”是一致的。

良渚文化在这两方面都有突出的表现：一方面，人群分层与聚落分层在遗址中非常清晰，从随葬品可见当时出现了显贵与平民、富人和穷人；从公共工程与玉礼品分配看，则出现了中心聚落、次中心聚落与普通聚落。另一方面，从反山 12 号墓出土的琮王和钺王看，墓主应该就是掌握着最高祭祀权与最高军事指挥权的王者，表明良渚社会已经进入早期区域性国家的行列。

周膺：良渚文化是发源于长江下游环太湖流域的中国最早的文明，标志着这一地区在中国最早由原始社会进入文明社会。

良渚古城是人类的伟大功业，是早期城市规划的范例，在人类文明史上具有唯一性和特别的重要性。良渚文化先民在此创造了灿烂的文明成果，如全世界至今最精湛的玉器、石器和黑陶工艺及其所表征的社会礼仪制度，早期城市规划与大型工程营建及其社会组织系统，世界上最早的大规模犁耕稻作农业，早期科学技术思想，以及以丝绸、玉器、髹漆等生产为主的手工业的专门化抑或商业的萌生。以良渚古城遗址为最高表征的良渚文化是中国人创造的最早的形态完整、与物质文化相分立的独立的精神文化，其核心是以原创、首创、独创和外拓为特征的“良渚精神”，显示了中华民族在当时已经有了比较完整的自我意识、自我认知。

古城遗址 如何更好地加以保护

记者：作为世界共同的遗产、全人类共同的精神财富，良渚古城遗址列入《世界遗产名录》也对遗产保护提出了更高要求。请问，在新的起点上，如何做好古城遗址的保护?

周膺: 良渚古城遗址保护和申报《世界遗产名录》经历了十分曲折的历程。由于遗址范围巨大，又处于杭州近郊人口密集区，开发土地和保护遗产矛盾尖锐，保护的各种阻力非常大。

良渚古城遗址保护和研究还只是新的开始。这次列入申报范围的 14.34 平方公里只是遗址的一小部分，目前仍然有大量与遗产保护冲突的建筑物要继续拆迁，考古发现还要经历漫长的时间。

严建强: 良渚古城遗址既不是以石材为主体的史前遗址，也不是干燥环境下的土遗址，而是潮湿环境下的土遗址，属于最难保持原貌的遗址类型。

为此，我们提出了“最小干预与最大化阐释”的原则，在不干扰遗址本体的前提下，最大限度地将已经获得的考古学信息显示出来并进行解读，同时保证所有阐释性项目可以进行原貌的恢复性还原。

刘斌: 考古是一项无止境的事业，我们一定会牢记习近平总书记重要指示精神，努力深化良渚古城遗址的考古发掘与研究，进一步配合良渚遗址公园的展示，做好考古解读与普及教育，继续砥砺前行，不忘初心。

郑建华: 申遗成功也意味着古城的保护管理实践得到了国际社会的肯定。我们必须认真履行国际义务，按照《世界遗产公约》及其实施操作指南的规定，做好良渚古城遗址的后续保护工作，确保这一世界遗产的真实性和完整性得到切实保护。

同时，我们会开展多学科联合攻关，积极稳妥推进科技手段在土遗址保护中的应用。加强古城考古遗址公园对外开放的管理，合理调控游客容量，确保安全、有序。要及时调整良渚古城遗址管理机构的工作重心，进一步理顺工作机制，落实管理责任。

成功申遗增强中华文化自信

记者: 从加快建设文化大省到努力建设文化浙江，良渚古城遗址入选《世界遗产名录》无疑让人们找到了文化自信的根源，从而更加坚定文化自信。请问，如何通过文化遗产的保护与传承，增强人们的文化自信?

严建强: 中华优秀传统文化是中华民族的根和魂，文化遗产是优秀传统文化的载体。浙江省要实现从文化大省到文化强省的飞跃，更好地保护文化遗产、传承优秀传统文化，无疑是题中应有之义，这也是作为文物大省的浙江的优势所在。

周膺：良渚古城遗址申报《世界遗产名录》经历的时间是中国所有世界遗产中最长的。这一漫长的历程是一个文化自觉的历史过程，记录的是遗产地人民的心路历程。良渚古城遗址入选《世界遗产名录》不仅让我们更加清晰地看到了有形遗产，更是建立了一座巨大的精神丰碑。

良渚国家考古遗址公园试开放时，许多人每天零点在网上预约门票，说明它唤起了全国人民的文化自信心。通过科学研究和科学普及使全体公民从文化学的高度，全面体认遗产的价值来为当代建设提供精神、思想资源，需要通过艰苦的努力才能获得。因为，世界的模样，取决于你凝视它的目光；精神的力量，来自内心酝酿它的热情。

郑建华：良渚古城遗址申遗成功，为浙江省文化遗产的保护与传承，特别是考古遗址的本体保护、环境整治、展示阐释，树立了光辉的榜样。在文化浙江的建设过程中，我们要以良渚古城遗址为标杆，认真贯彻落实习近平总书记的指示精神，让收藏在博物馆里的文物、陈列在广阔大地上的遗产、书写在古籍里的文字都活起来，实现创造性转化和创新性发展。

要高度重视考古遗址的保护利用工作，充分发挥考古遗址在传承、弘扬中华优秀传统文化，增强文化自信中的重要作用。通过推进大运河文化带、钱塘江诗路、浙东唐诗之路、瓯江山水诗之路建设，使文化遗产得到更好的保护，中华优秀传统文化得到更有效的传承。积极参与世界遗产申报工作（如海上丝绸之路），参与文化遗产保护国际行动，特别是“一带一路”沿线的文化遗产保护与合作，为保护文化多样性、促进文明交流互鉴作出新的贡献。

浙江日報

ZHEJIANG DAILY

中共浙江省委机关报

浙江日报报业集团 ZHEJIANG DAILY PRESS GROUP

2021年9月10日 星期五 辛丑年八月初四

国内统一连续出版物号：CN 33-0001

邮发代号：31-1 今日12版 第26404期

习近平回信勉励全国高校黄大年式教师团队代表当好学生成长的引路人

向全国广大教师致以节日的祝贺

新华社北京9月9日电 在第三十七个教师节来临之际，中共中央总书记、国家主席、中央军委主席习近平9月8日给全国高校黄大年式教师团队代表回信，对他们寄予殷切期望，并向全国广大教师致以节日的祝贺和诚挚的祝福。

习近平在回信中表示，你们以黄大年同志为榜样，立足本职岗位，凝聚团队力量，在教书育人、科研创新等方面取得了可喜成绩，我感到很高兴。

习近平强调，好老师要做到学为人师、行为世范。希望你们继续学习弘扬黄大年同志等优秀教师的高尚精神，同全国高校广大教师一道，立德修身，潜心治学，开拓创新，真正把为学、为事、为人统一起来，当好学生成长的引路人，为培养德智体美劳全面发展的社会主义建设者和接班人、全面建设社会主义现代化国家不断作出新贡献。 （下转第四版）

第十四届全运会浙江代表团成立

袁家军郑栅洁批示

本报杭州9月9日讯（记者 沈听雨）第十四届全国运动会将于9月15日在陕西西安开幕。9日，记者从省体育局了解到，为加强我省参加第十四届全国运动会赛事工作的组织领导，我省成立了第十四届全国运动会浙江体育代表团。浙江代表团团部将于12日开赴陕西西安。

省委书记袁家军、省长郑栅洁分别于近日对浙江体育代表团出征第十四届全运会作出批示。袁家军向辛勤备战全运会的全体运动员、教练员和工作人员致以诚挚的问候和良好的祝愿。希望我省体育健儿保持"使命在肩、奋斗有我"的高昂斗志，以拼搏和汗水诠释奥林匹克精神和中华体育精神，赛出高水平、赛出精气神，为浙江"重要窗口"建设增光添彩。

第十四届全运会浙江省体育代表团由副省长成岳冲任团长，副团长由省体育局、省教育厅、省财政厅、省卫健委相关负责人担任。9日举行的代表团成立暨授旗仪式采用线上形式，代表团团长向代表团副团长、省体育局负责人授旗，再由运动员代表、游泳奥运冠军汪顺接旗。

全运会每四年举办一次，是我国规格最高、规模最大、参赛人数最多的综合性运动会。本届全运会竞技项目预计参赛选手达到1.4万人，参赛代表团38个，共设35个大项、52个分项，总计产生金牌295枚。

本届全运会上，浙江已有665名运动员在24个大项上获得决赛资格，参赛规模为历届最大。省体育局有关负责人透露，浙江的参赛目标是锁定"第一集团军"，重点将在游泳、田径、羽毛球、体操、举重、皮划艇、帆船、射击等项目上向金牌发起冲击。

记者了解到，目前第十四届全运会前期各项比赛已经陆续展开。截至9月9日，浙江已在本届全运会竞技体育项目上获得1金1银3铜，在群众体育项目上摘得4枚金牌。

立数据资源产权、交易流通、跨境传输和安全保护等基础制度和标准规范。"数据作为核心资源要素的趋势越来越明显，但数据如何存证、如何质押，我国各地还缺乏明确规定。"省市场监管局相关负责人介绍，我省以杭州高新区（滨江）为试点，研发上线知识产权区块链公共存证平台，创造性地开展数据知识产权的价值转化探索，解量化的数字资产。当企业需要进行融资时，可将数据资产转存至省大数据交易中心并进行加密，而银行等机构可以通过数据知识产权公共存证证书，对数据内容是否存证等进行综合判定，符合条件的办理质押并发放贷款。

据悉，目前已有数十家科技型中小微企业咨询数据存证和贷款事项。

如何让宋韵文化成为浙江文化金名片

——访中国宋史研究会会长、中国人民大学历史学院教授包伟民

本报记者 潘如龙 周宇晗 吴 晔

高端访谈

嘉宾简介

包伟民 宁波市人，1988年获北京大学历史学博士学位，现为中国人民大学历史学院教授，中国宋史研究会会长，教育部长江学者特聘教授。研究领域主要集中于宋史、中国古代经济史及东南区域史等方面。

宋代，是中华文化发展的一个高峰。新征程上，加快打造新时代文化高地，是浙江奋力打造"重要窗口"、争创社会主义现代化先行省、高质量发展建设共同富裕示范区的应有之义。省委文化工作会议提出，要实施"宋韵文化传世工程"。如何让该工程成为浙江文化金名片，本报记者采访了中国宋史研究会会长、中国人民大学历史学院教授包伟民。

什么是宋韵文化

宋韵文化是中华优秀传统文化的重要组成部分，是具有中国气派和浙江辨识度的重要文化标识。实施"宋韵文化传世工程"，就要深刻认识和传承好宋韵文化的核心内涵。包伟民认为，认识宋韵文化首先要全面认识宋文化。宋代是我国历史上文化最为发达的朝代。宋韵就是从宋代传承下来的文化底蕴和精神气质，它包括文化、思想、制度、科技、艺术等多个方面。宋文化指的是宋代的文化，宋韵文化则不局限于宋代，它体现了一种积淀、一种渗透、一种传承。"盛唐隆宋"，这个"隆"，主要指的是思想文化方面。

对于宋韵文化，人们容易联想到南宋的临安，也就是现在的杭州。但包伟民强调，谈宋韵文化不能只强调南宋文化，也不能只局限于杭州。事实上，随着我国经济重心的不断南移，至北宋时，治所杭州的两浙路已成为全国经济和人口最发达的一路（路，为宋代地方行政区划名）。北宋无疑是宋文化的奠基时期，杭州作为南宋的行都，是南宋时代宋韵文化的代表。但是宋韵文化并不局限于杭州一地，至少还包括南孔圣地、浙东学派发源地等。

包伟民说，宋代繁荣的经济、文化对后世影响十分深远。以思想领域划时代创新等为标志的"新局面"，奠定了此后近1000年的历史发展基本格局。直到今天，人们的审美观和价值取向仍然受到宋韵的深刻影响，"文治"传统厚植，"白面书生"依然受推崇。浙江打造精神力量高地，就要做足特色、放大优势，深入挖掘、传承宋韵文化，让千年宋韵在新时代"流动"起来、"传承"下去，形成展示"重要窗口"独特韵味、文化浙江建设成果的鲜明标识。

浙江实施"宋韵文化传世工程"优势何在

实施"宋韵文化传世工程"，浙江有着得天独厚的优势。浙江全省，尤其是杭州，有着十分丰富的宋代文化遗存。包伟民建议，实施这一工程，首先要将南宋的遗址、遗物保护好、整理好、固化下来，打造一批彰显宋韵文化、具有浙江气派的地标建筑。杭州应该加快德寿宫遗址保护展示项目建设，将众多南宋遗物展示在南宋博物院。像绍兴等地，有很多名人故里等具备很强辨识度的遗存，需要加强保护和挖掘。

浙江的第二个优势是研究力量。包伟民表示，多年来，省内一些高校院所在宋代史学、文学、哲学研究方面积累了强大的力量。实施"宋韵文化传世工程"，研究是基础，要从思想、制度、经济、社会、文学艺术等方面展开全面立体研究，准确把握宋韵文化精髓、历史意义和时代价值。

（下转第四版）

扫一扫 看视频

"数字眼"盯住垃圾处理全链条

南湖农村生活垃圾半年减三成

本报讯（记者 李茸 共享联盟南湖站 刘源 徐卉）天刚亮，嘉兴市南湖区新丰镇民丰村村民徐玲英将西瓜皮倒入易腐垃圾桶；而后，这些西瓜皮被收运至村口垃圾中转站、镇易腐垃圾处理站。"手机拍照两次，上传系统留痕，转运时间、地点一清二楚。"新丰镇垃圾分类办主任徐正光打开手机上的垃圾分类后台系统说，自从有了这款"神器"，管理农村生活垃圾轻松多了。

"数字眼"盯住垃圾处理全链条，得益于南湖推行农村生活垃圾数字化应用系统。"对垃圾全周期进行监管，带动村民形成垃圾分类新时尚，乡村更整洁、乡风更文明。"南湖区委主要负责人说，数字赋能破解了农村生活垃圾分类难、监管难。上半年，全区农村生活垃圾产生12706.2吨，同比减少29.57%。

垃圾减量，源头是关键。在余新镇南江苑农贸市场内，记者看到了一个铁疙瘩——易腐垃圾微生物处理机，菜叶、骨头等易腐垃圾丢进处理机，通过生物降解就变成了水。30多个摊位产生的易腐垃圾，原先每天装满8个垃圾桶，现在只需要5个。这样的机器在南湖区农村共有13台，日处理能力达12吨。如今，该区农村垃圾资源化利用率和无害化处理率达100%。

垃圾分类对不对，"数字眼"一辨即知。"农户点点手机，'秒'知结果。"余新镇垃圾分类办工作人员那慧说，引入人工智能系统后，分类错误会跳出提示，督促农户现场改正，养成正确的垃圾分类习惯。7月，南湖区农村分类自查准确率达99.79%。

垃圾分得好，还能获奖励。大桥镇云东村村民杨福珍告诉记者，将垃圾丢入垃圾桶，拍照上传，分类准确获40积分，相当于0.4元，可用于线上、线下购物。坚持每天打卡的杨福珍今年已累计获得1.1万积分。眼下，南湖区5万户农户全部注册实名账号，农村生活垃圾分类覆盖率达100%。

实时排名，激发长效管理合力。南湖区还推出农村垃圾分类综合评价指数，农户、镇、村社排名实时更新。排名靠后的新丰镇竹林村党委书记陈云华坐不住了。村里创新推出红码清零行动，督促村民垃圾分类准确率从81%上升至95%，村级排名上升了，还成功创建省级高标准农村生活垃圾分类示范村。

如何让宋韵文化成为浙江文化金名片

嘉　宾

包伟民
中国宋史研究会前会长、浙江大学城市学院教授

宋代，是中华文化发展的一个高峰。新征程上，加快打造新时代文化高地，是浙江奋力打造“重要窗口”、争创社会主义现代化先行省、高质量发展建设共同富裕示范区的应有之义。浙江省委文化工作会议提出，要实施“宋韵文化传世工程”。就如何让该工程成为浙江文化金名片，记者采访了包伟民教授。

什么是宋韵文化

宋韵文化是中华优秀传统文化的重要组成部分，是具有中国气派和浙江辨识度的重要文化标识。实施“宋韵文化传世工程”，就要深刻认识和传承好宋韵文化的核心内涵。包伟民认为，认识宋韵文化首先要全面认识宋文化。宋代是我国历史上文化最为发达的朝代。宋韵就是从宋代传承下来的文化底蕴和精神气质，包括文化、思想、制度、科技、艺术等多个方面。宋文化指的是宋代的文化，宋韵文化则不局限于宋代，它体现了一种积淀、一种渗透、一种传承。“盛唐隆宋”，其中“隆”，主要指的是思想文化方面。

对于宋韵文化，人们容易联想到南宋的临安，也就是现在的杭州。但包伟民强调，谈宋韵文化不能只强调南宋文化，也不能只局限于杭州。事实上，随着我国经济重心的不断南移，至北宋时，治所杭州的两浙路已成为全国经济和人口最发达的一路（路，为宋代地方行政区划名）。北宋无疑是宋文化的奠基时期，杭州作为南宋的行都，是南宋时代宋韵文化的代表。但是宋韵文化并不

局限于杭州一地，至少还包括南孔圣地、浙东事功学派发源地等。

包伟民说，宋代繁荣的经济、文化对后世影响十分深远。以思想领域划时代创新等为标志的“新局面”，奠定了此后近1000年的历史发展基本格局。直到今天，人们的审美观和价值取向仍然受到宋韵的深刻影响，“文治”传统厚植，“白面书生”依然受推崇。浙江打造精神力量高地，就要做足特色、放大优势，深入挖掘、传承宋韵文化，让千年宋韵在新时代流动起来、传承下去，形成展示“重要窗口”独特韵味、文化浙江建设成果的鲜明标识。

浙江实施“宋韵文化传世工程”优势何在

实施“宋韵文化传世工程”，浙江有着得天独厚的优势。第一个优势是浙江全省，尤其是杭州，有着十分丰富的宋代文化遗存。包伟民建议，实施这一工程，首先要将南宋的遗址、遗物保护好、整理好、固化下来，打造一批彰显宋韵文化、具有浙江气派的地标建筑。杭州应该加快德寿宫遗址保护展示项目建设，将众多南宋遗物展示在南宋博物院。绍兴等地有很多名人故里等具备很强辨识度的遗存，需要加强保护和挖掘。

第二个优势是浙江的研究力量。包伟民表示，多年来，省内一些高校院所在宋代史学、文学、哲学研究方面积累了强大的力量。实施“宋韵文化传世工程”，研究是基础，要从思想、制度、经济、社会、文学艺术等方面展开全面立体研究，准确把握宋韵文化精髓、历史意义和时代价值。

第三个优势是浙江自实施“八八战略”以来，接续推进文化大省、文化强省、文化浙江等文化发展战略，通过浙江文化研究工程等，已经打下了很好的基础。也通过诗路文化带建设，相当程度上积累了类似项目的建设和运营经验。

如何进行宋韵文化研究展示转化

浙江省委文化工作会议提出，形成宋韵文化挖掘、保护、提升、研究、传承的工作体系。阐发传统历史文化的意义。包伟民认为，首先要做好研究工作，可以从思想学术和技术应用两方面着手。

一是思想学术方面。宋朝“人心政俗”之影响于后代者，首推思想学术。

通过科举制度形成的士大夫阶层，涌现了一大批政治经济、思想哲学、文学艺术与应用技术方面的优秀人才。中华民族思考形而上的宇宙根本性问题，是从宋学开始的，宋学是对以前儒学发展的一个大跳跃。因此，整个宋文化更加思辨化，思辨化促进各种流派的诞生，可谓百花齐放，包括富有创新精神、倡导“经世致用”的浙东学派。永康学派、永嘉学派和金华学派又称浙东事功学派，强调实事实功、建功立业，对于浙江精神的形成和浙江经济社会的发展影响深刻，要做好新时代的传承和转化。

二是技术应用方面。宋代作为一个文化高峰时期，根本的基础是农业文明的精致化。宋史研究泰斗邓广铭曾指出，宋文化的成就主要是社会经济发展以及相对宽松的文化政策促成的结果。圩田技术使浙北地区低洼湿地深入开发，推动杭州实现“杭越易位”，取代越州（绍兴）成为最繁华之地。农业灌溉、耕种、新品种培育等方面的进步和技术领域的众多发明创造，与相对开放的政治文化共同促使宋代成为中国封建社会最为重要的转折时期。

包伟民认为，研究成果需要展示，要将宋时两浙路尤其是临安城创造的文明、留下的遗产展示出来、传播开来。这些遗址遗物目前大多作为孤立个案存在，大家难以了解它们真正的价值。关键是要以直观的形式，为这些零星历史信息提供完整的大背景，才能帮助民众真正认识它们、理解它们。可以借助数字技术重现当时临安的城市格局，同时以杭州为中心，重构当时的全国主要交通路线。跳出杭州的街坊小巷，以更广阔的视野来看杭州，比如，从杭州出发，怎么到福建，怎么到江西，怎么到全国各地。这样就使作为南宋的国家政治、文化与经济中心的临安城有一种整体空间感与历史交互感。

通过数字技术，重新构建两浙路甚至全国的三维交通路线后，可以逐条开辟旅游路线，使人们在轻快的旅游过程中感受当年的文化胜景，体悟宋韵文化的丰富内涵和时代价值。比如，从杭州出发，经百丈镇，出安吉独松关，再往北到南京，让一路的文物得到生动展示，让人们深刻理解其背后的文化意义。这是博物馆里静态的文物陈列难以做到的。

包伟民说，要通过多种手段把历史生活的大背景告诉人们，帮人们建立一个脑海中的历史文化大背景，从而使宋韵文化流动起来、传承下去，真正成为浙江历史文化金名片。

新发展
格局

中国:如何高质量发展实体经济

——访著名经济学家迟福林

主持人　潘如龙 本报记者

嘉　宾　迟福林 全国政协委员、中国(海南)改革发展研究院院长

嘉宾简介

迟福林，现任中国(海南)改革发展研究院院长，研究员、博士生导师，第十一届、十二届全国政协委员。先后受聘为中国经济体制改革研究会副会长、中国行政体制改革研究会副会长，国家行政学院、北京大学、东北大学等高校特聘教授，国家"十三五"规划专家委员会委员。享受国务院特殊津贴专家，曾获全国"五个一工程奖"、孙冶方经济科学论文奖、中国发展研究奖、全国杰出专业技术人才等多项荣誉，入选"影响新中国60年经济建设的100位经济学家"、《20世纪中国知名科学家学术成就概览(经济学卷)》。

高质量发展：进入新时代的重大战略部署

主持人：党的十九大报告提出，以"三大变革"提高全要素生产率，着力加快建设实体经济。中央经济工作会议进一步指出，"我国经济发展也进入了新时代，基本特征就是我国经济已由高速增长阶段转向高质量发展阶段"。"高质量发展"成为国内外关注的焦点。您如何理解"高质量发展"？

迟福林：的确，"高质量发展"已经成为全社会的高频词，它是适应我国经济发展时代变化，抓住主要矛盾、顺势而为的一个重大战略部署。党的十八大以来，从经济生活的实际出发，中央先后提出了"三期叠加""从高速转向中高速""新常态"等一系列重要判断。在我看来，十九大提出的"高质量发展"是对上述系列重要判断的提升，是对"新常态"判断的跨越，是一个战略性、方向性、全局性的重大判断。

主持人：坚持质量第一、效益优先是习近平新时代中国特色社会主义经济思想的核心内容之一。您认为提出"高质量发展"的背景是什么？

迟福林：从国内经济格局看，高质量发展适应了全社会对美好生活的向往。经过近40年的改革开放，老百姓富起来了，需求升级了；人们对高质量产品、个性化服务、健康医疗等需求全面快速增长了。提出高质量发展，就是要让供给体系能够跟上这个时代变化。什么是高质量？有很多衡量指标，但其本质特征就是能够很好满足人民日益增长的美好生活需要。

从全球经济格局看，我国的经济地位举足轻重，但自主创新、品牌竞争力还明显不足。尤其是在美国制造业回归的背景下，在数字经济引领产业变革的第四次工业革命浪潮面前，如何提高我国在全球经济中的竞争力、影响力，是推动高质量发展面临的重大课题。因此，要推动经济发展质量变革、效率变革、动力变革，不断增强我国经济创新力和竞争力。

高水平实体经济：实现高质量发展的根基和主体

主持人：高质量发展确实抓住了我国新时代发展的核心。那么，在您看来，如何转向高质量发展？

迟福林：习近平总书记反复强调要有问题导向。转向高质量发展，要适应国内经济转型升级的大趋势，抓住新经济发展的历史性机遇，着力破解现实经济发展中"质量不高"的某些突出问题。从总体看，这个"质量不高"，主要反映在实体经济上。我认为，需要在理论和实践层面鲜明地提出，把发展高水平的实体经济作为实现高质量发展的根基和主体。

主持人：党的十九大报告提出，建设现代化经济体系，必须把发展经济的着力点放在实体经济上。

迟福林：是的，推动高质量发展，需要加快建设现代化经济体系。实践证明，没有一个高水平的实体经济，就难以建设现代化经济体系，就难以有一个高质量、高效率的供给体系，就难以为人民提供满足美好生活需要的各类产品和服务。

什么是实体经济？就是创造产品和提供服务的领域、是提供有效供给的领域。虚拟经济则是为实体经济服务的，不能本末倒置。适度发展虚拟经济，目的在于更好地为实体经济服务，而不是"脱实向虚""空转盈利"。

满足人民对美好生活的需要，主要依靠实体经济。实体经济是高质量发展的主体，是经济强国的根基。习近平总书记指出，不论经济发展到什么时候，实体经济都是我国经济发展、在国际经济竞争中赢得主动的根基。

主持人：您从大的角度分析了高水平实体经济是高质量发展的根基。在您看来，发展高水平实体经济，在当前面临哪些挑战？

迟福林：这个问题很重要。客观分析实体经济发展面临的挑战，有助于精准施策、精准发力。在我看来，发展实体经济主要面临结构性失衡的挑战。

比如，实体经济结构性供需失衡。老百姓的消费需求已经向高品质升级了，但供给体系总体上仍处于中低端。很多人去日本买马桶盖，去国外体检、就学，都反映了我们在产品和服务的供给质量上还有很大的差距。作为一个大国，这是值得警醒的。

再比如，金融和实体经济失衡。目前工业行业平均利润率在6%左右，银行业的营业利润率远超工业利润。"钢材卖不出白菜价"，这是一个严重的经济问题。

此外，房地产和实体经济失衡。在某些城市和地区，房地产明显脱离了居住属性，成为金融投机的工具，由此带来了一系列的经济问题和社会问题。

我一直认为，供给体系有产能过剩的问题，但也有供给不足、不优的矛盾和挑战。两者同时并存，需要两端同步发力解决。

主持人：怎样认识我国实体经济面临的挑战？

迟福林：实体经济面对的各种挑战，主要是"长期因素积累、成本因素增大、国际因素促发"的结果。

第一，长期因素积累。在较长时期内，我们以总量发展为导向，以做大GDP为重要目标，形成了"增长主义"的某些突出特征。这种发展方式在推动经济快速发展的同时，也带来了产能过剩、环境破坏等棘手的问题。

第二，成本因素增大。主要是劳动力成本在上升。本世纪初平均劳动工资在每月700元左右，现在涨到4000元以上，但是产品的价格却没有长得那么快。过去社保体系还不健全，现在"五险一金"完善起来，企业成本也就上去了。此外，要素成本、环境成本等也在不断上升。这些因素传导到实体经济，尤其是虚拟经济过度发展的时候，矛盾就集中爆发出来了。

第三，国际因素促发。现在企业的产品在国际上相互流通，相互竞争。2015年美国一家品牌咨询公司发布"全球最佳品牌榜"百强名单，美国有52家企业品牌入选，而我国只有2家。2016年世界500强中，我国内地企业的人均营业收入只相当于500强总体人均营业收入的76.06%、美国企业的63.48%。在这种情况下，我国实体经济的短板就凸显出来了。

历史的、现实的、国际的因素综合作用，形成了今天实体经济发展的突出矛盾。因此，实体经济优化升级已经成为高质量发展的重大任务。

主持人：在您看来，导致当前实体经济困难的主要原因有哪些？

迟福林：在我看来，这不是哪个企业的问题，而是整个经济运行中仍存在的某些突出矛盾与问题。2016年2月，民间固定资产投资出现断崖式下降，从2015年底的10.1%直接降到6.9%；2016年1月至8月，同比名义增长仅为2.1%。此后开始逐步回升，但直到2017年11月，民间固定资产投资也未能达到全国平均投资水平。民间固定资产投资意愿低下，主要原因有以下几个方面：

一是实体经济成本过高，包括税费、制度性交易成本，融资、用能、物流成本等。从"三去一降一补"到"破、立、降"，降低成本任重而道远。为此，这次中央经济工作会议明确提出要求，采取各种措施"大力降低实体经济成本"，以促进有效投资特别是民间投资合理增长。

二是妨碍市场公平竞争的障碍依然存在，"弹簧门、玻璃门、旋转门"忽隐忽现，石油、通讯等领域社会资本难以进入。这就需要按照中央经济工作会议精神，"全面实施并不断完善市场准入负面清单制度，破除歧视性限制和各种隐性障碍"，以激发各类市场主体活力。

三是产权保护政策尚未得到很好的落实，一些企业家对未来的预期不稳。为解决好这一问题，当前相关方面正在"依法甄别纠正社会反映强烈的产权纠纷案件"，以落实中央产权保护政策，弘扬企业家精神，支持民营企业发展。

主持人：您深入剖析了我国实体经济面临的挑战。确实，在内外环境相互作用下，我国实体经济存在的问题不容忽视。那么，您对我国实体经济发展的前景怎么看？

迟福林：在我看来，我国发展高水平的实体经济，面临着新的历史性机遇。经过近40年的改革发展，我国总体上进入工业化后期，经济转型升级呈现历史性特点。

一是产业结构正由工业主导向服务业主导转型。2017年前三季度服务业占比达到52.9%，预计到2020年有可能接近或达到60%。在服务型经济比重不断提升的同时，新产业、新业态、新模式不断涌现，成为助推产业变革的新动能。

二是消费结构正由物质消费为主向服务消费为主转型。估计到2020年，城镇居民服务型消费比重将由目前的40%左右提高到50%左右，我国正在进入一个"新消费时代"，为全球尤其是欧美提供了经济合作的巨大市场空间，也为我国发展自由贸易、推动经济全球化提供了重要条件。

三是城镇化结构正由规模城镇化向人口城镇化转型。预计到2020年，常住人口城镇化率有可能由2016年的57.35%提高到60%以上。新型城镇化和乡村振兴融合并进的趋势明显增强。

四是从以货物贸易为主向以服务贸易为重点的开放转型。预计到2020年，我国服务贸易占对外贸易比重将由2016年的18%提高到20%以上。十九大报告明确提出，"大幅度放宽市场准入，扩大服务业对外开放"，"赋予自由贸易试验区更大改革自主权，探索建设自由贸易港"。未来几年，发展服务贸易成为我国开放转型的突出特点和重大任务之一。

适应社会主要矛盾变化和经济转型的大趋势，抓住第四次工业革命契机，要在鼓励发展实体经济的同时，推动实体经济的优化升级。实体经济优化升级做得好，实现高质量增长就有重要前提，就能为高质量发展打下坚实基础。

制造业优化升级：将实体经济做强做优做大

主持人：是的，我国实体经济有着巨大的优化升级潜力。那么，要释放这些潜力，您认为重点何在？

迟福林：推进实体经济高水平发展是一项系统工程，涉及方方面面，既要通盘谋划，又要重点突破。在我看来，发展高水平的实体经济，关键和重点都在于发展制造业，推动制造业优化升级，提升制造业的国际竞争力。

主持人：为什么说发展高水平实体经济的关键和重点都在于发展制造业？

迟福林：第一，制造业的优化升级决定实体经济的发展水平。我国的实体经济，目前可以用"冰火两重天"来形容。以数字经济为代表的新经济，发展迅猛。2016年，我国数字经济规模达到22.6万亿元，同比增长18.9%，占GDP比重达到30.3%。另一方面，传统制造业面临比较大的挑战。"三去一降一补"，更多的是针对这些制造业。前不久，习近平总书记在徐州视察徐工集团时又提到，必须始终高度重视发展壮大实体经济，抓实体经济一定要抓好制造业。

第二，制造业优化升级决定实体经济的发展程度。当前，制造业发展的主要特点可用9个字概括，"全球化、信息化、服务化"。尤其是服务型制造业发展势头相当猛，从3D打印机到工业机器人再到人工智能，势头不可阻挡。

在美国，制造与服务融合型企业占制造企业总数的58%。在德国，有两个"70%"：服务业占GDP的70%，生产性服务业占服务业的70%。随着人工智能、大数据、互联网的发展，制造业要着力在"服务化"三个字上下功夫。强调"服务业主导"，不是不要制造业，而是要以研发为重点的现代服务业提升制造业发展水平，大力推进制造业服务化进程。就是说，制造业的优化升级，关键在于研发能力，重点是核心设备和核心技术。

第三，制造业的优化升级决定实体经济的竞争优势。以东北振兴为例，东北地区制造业发展有基础、有条件，问题在于能否抓住机遇，加快推动制造业尤其是装备制造业的优化升级。我在前不久的东北振兴论坛上提出，东北的出路在于依托国内巨大的市场，大力发展制造业，大力提升制造业的水平，尤其是装备制造业。2015年辽宁装备制造业总产值占工业总产值的比重为32.5%，装备制造业的利润总额占比为49.5%。装备制造业是东北地区的传统产业，更是优势产业，完全有可能通过优化升级，达到国内领先或国际先进水平。而主张东北发展轻纺业的建议则值得商榷。

创新驱动：释放经济发展第一推动力

主持人：看得出，您对发展制造业还是充满希望和期待的。这给各方一个很好的预期。那么，着眼于高质量发展，我们发展高水平的实体经济，您认为最大的动力何在？

迟福林：创新是经济发展的第一动力，更是发展高水平实体经济的第一动力。习近平总书记在徐工集团视察时指出，"发展实体经济，就一定要把制造业搞好，当前特别要抓好创新驱动，掌握和运用好关键技术"。我国进入发展新时代，强调"创新"，抓住了关键点。

近几年，我国在发展信息技术与先进技术方面有明显进步，某些产业世界领先。但是，一些关键技术、核心技术与发达国家相比仍有较大差距。这里，有两组数据很重要。不久前，世界知识产权组织发布《2017年全球创新指数报告》，中国的创新能力在全球排名第22位。但同时我也注意到，我们在监管环境、高等教育、单位能源GDP贡献量等指标中排名靠后。一些关键领域的技术还依赖于国际市场。最近几年，互联网、大数据正在引领制造业优化升级。未来5至10年，我国的高质量发展正需要自主创新这个强大的"中国发动机"。

主持人：是的，我们要是把创新这个第一动力释放出来，经济发展的前景就不可估量。您认为怎么才能释放这个第一动力？

迟福林：在我看来，人才是创新的第一源泉。目前，我国人才的结构性矛盾还比较突出，各种制约因素还比较多。以大数据与人工智能为例，"新兴技术+操作人才"严重短缺，"技术+管理人才"更是一将难求。由此看来，自主创新的关键是尽快培养人才，尽快形成人才支撑创新发展的良好环境。

以教育为例，教育体制"考试型、封闭式、行政化"的特点在一些地区还比较突出，导致一方面大学生就业难，一方面企业招工难。我们急需的工匠型人才、技师型人才短缺，这是制约制造业发展的重要因素。如何推进教育改革，调整教育结构，是释放创新这个第一推动力的根本所在。这些年来，我一直呼吁教育需要第二次改革，要从"考试型"向"能力型"转变，大力发展职业教育，大力培养大国工匠，培养技术型人才。我认为，这是教育领域供给侧结构性改革的重大任务。

深化供给侧改革：向高水平经济发力聚力

主持人：中央经济工作会议围绕高质量发展提出了深化供给侧结构性改革等8项重点工作。在您看来，以深化供给侧结构性改革来推动高水平实体经济，要从哪些方面破题发力？

迟福林：习近平总书记指出，供给侧结构性改革，重点是解放和发展社会生产力，用改革的办法推进结构调整，减少无效和低端供给，扩大有效和中高端供给，增强供给结构对需求变化的适应性和灵活性，提高全要素生产率。

建设现代化经济体系，供给侧结构性改革是需要贯穿始终的一条主线，其实质是结构性改革和结构性调整，是促进供需关系动态均衡的根本保障。从实际情况看，深化供给侧结构性改革是一场攻坚战，既要把供给侧结构性改革贯穿经济转型全过程，又要在短期内实现重大突破。

当前，深化供给侧结构性改革，要继续坚持去产能、去库存、去杠杆、降成本、补短板，优化存量资源配置，扩大优质增量供给，实现供需动态平衡。与此同时，从市场主体的需求出发，找出实体经济的"痛点"，并通过体制机制创新来舒经通脉。

一是扩大市场开放，尤其是服务业市场开放。党的十九大报告提出，"打破行政性垄断，防止市场垄断，加快要素价格市场化改革，放宽服务业准入限制，完善市场监管体制"。当前，重点是扩大服务业市场的开放。

二是成本要降低。制度性成本看上去很虚，却很真实。"曹德旺现象"背后的主要原因，就是成本过高。娃哈哈的宗庆后算过一笔账，一年要缴费200多种。这些制度性成本要尽快降下来，真正"放水养鱼"。

三是税收结构要调整。过去几年来的减税，多数企业叫好，但也有企业表示"不解渴"。美国的大幅减税，对我国制造企业更是无形的压力。从当前的情况看，减税的空间不大。为什么？现行的税收结构以间接税为主。出路在于加快税收结构转型，从间接税为主转为直接税为主。关键有两点：一是抓住机遇，下决心；二是稳妥安排。例如开征房产税的趋势不可避免，但要做好设计，最好是明确告诉老百姓，开征房产税的前提是整体税负下降。

四是市场监管要转型。要把监管变革作为深化简政放权的重点，进一步推进监管转型。要向专业的、技术的、法律的监管转型，而主要不是行政性监管。

在这些"痛点"上聚力、发力，打通经脉，就能够在深化供给侧结构性改革中为实体经济创造一个良好的市场环境。

产权保护：弘扬企业家精神尽快送出"定心丸"

主持人：发展实体经济，根本因素还是人。经济学上有一个著名的判断，企业是企业家的企业。过去一段时间，由于多种原因，企业家的预期不是特别好。为此，2016年以来国家密集出台了一系列的文件。您在上世纪90年代就提出了"创新型企业家"这一概念。在您看来，如何稳定企业家的预期，调动他们创新创业的积极性？

迟福林：发展高水平实体经济，需要培养有能力的企业家，需要弘扬企业家精神。企业家在市场上能识别风险、防范风险、把握风险。当务之急是降低非市场风险，"守护"企业家的预期。这个非市场风险主要与产权保护相关。

十八大以来，中央高度重视解决这个问题。2016年11月份出台了《关于完善产权保护制度依法保护产权的意见》，去年9月再出台意见，强调弘扬企业家精神，更好发挥企业家作用。现在关键在于落实。令人欣喜的是，不久前，最高法院公布将依法再审三起重大涉产权案件。这是一个非常重要的信号，希望以此为突破口，出台详细的、可操作的司法解释，使得产权保护制度化、法治化，该"赦免"的赦免，给予"定心丸"，以彻底免除企业家的"后顾之忧"。

我在上世纪90年代就提出了"创新型企业家"，他们是企业的创造者，是企业的灵魂，是企业文化的倡导者。怎么让他们发挥作用？总结过去近40年的经验和教训，要在制度上实现产权激励，结成利益共同体，这是根本出路。

赢在转折点：浙江重在搞好"两个保护"

主持人：可以说，稳企业家就稳经济，释放企业家活力就释放经济活力。浙江是企业家尤其是民营企业家比较多的省份。您长期关注浙江，和浙江企业家多有交流。在我国经济转型升级的关键节点上，您对浙江的实体经济发展有何建议？

迟福林：近几年，我相当关注浙江这块热土，到浙江调研也比较多，与一些企业家座谈交流，从中获益不小。2016年，我在浙江大学出版社出版了一本《赢在转折点》。这个题目，就是在和浙江企业家座谈当中得到的启发。对于浙江，我有两件事印象比较深刻。

第一，赢在转折点。发展高水平的实体经济，我认为浙江已经在起步，而且势头很好，有些走在全国前列。我们过去讲，"赢在起跑点"，现在是"赢在转折点"。浙江大部分民营企业家市场感觉好、趋势把握准、企业体制活、转型快，所以赢得了市场竞争的主动。现在，浙江相当一部分企业已经从传统业态中抽身出来，投资到新的业态中。以阿里巴巴为代表的一批新型浙商企业成为全球的领跑者。应当说，"赢在转折点"是浙江的突出优势，也是浙江未来发展的新起点。

第二，浙商精神。这两年，我多次在浙江相关的论坛上作演讲，很有感悟。不但省级商会，而且市一级的商会、县一级的商会都很活跃。浙商敢于创新、敢为天下先的精神，使得浙江在转型发展中走在了全国前列。

下一步，浙江如果把这两件事做好了，后发力会更强。一是产权保护。浙江民营企业家多，对产权保护更为关注。如果浙江能率先抛出一两颗"定心丸"，就能更好地稳定企业家预期，激发企业家精神。二是治理雾霾。我在国际场合交流时，不少国际上的知名企业家告诉我，如果杭州能够有更多的蓝天白云，他们的企业尤其是研发中心就会入驻。

主持人：谢谢您对浙江的肯定和建议。把环境保护好，把产权保护好，我相信浙江在"高质量发展"上就能够走在全国前列，就能为新时代中国特色社会主义的发展提供更多的浙江素材。

中国：如何高质量发展实体经济

迟福林
中国（海南）改革发展研究院院长

高质量发展：进入新时代的重大战略部署

记者：党的十九大报告提出，以“三大变革”提高全要素生产率，着力加快建设实体经济。中央经济工作会议进一步指出，“我国经济发展也进入了新时代，基本特征就是我国经济已由高速增长阶段转向高质量发展阶段”。“高质量发展”成为国内外关注的焦点。您如何理解“高质量发展”？

迟福林：的确，“高质量发展”已经成为全社会的高频词，它是适应我国经济发展时代变化，抓住主要矛盾、顺势而为的一个重大战略部署。党的十八大以来，从经济生活的实际出发，中央先后提出了“三期叠加”“从高速转向中高速”“新常态”等一系列重要判断。在我看来，党的十九大提出的“高质量发展”是对上述系列重要判断的提升，是对“新常态”判断的跨越，是一个战略性、方向性、全局性的重大判断。

记者：坚持质量第一、效益优先是习近平新时代中国特色社会主义经济思想的核心内容之一。您认为提出“高质量发展”的背景是什么？

迟福林：从国内经济格局看，高质量发展适应了全社会对美好生活的向往。经过 40 多年的改革开放，老百姓富起来了，需求升级了；人们对高质量产品、个性化服务、健康医疗等的需求全面快速增长了。提出高质量发展，就是要让供给体系能够跟上这个时代变化。什么是高质量？有很多衡量指标，但其本质特征就是能够很好满足人民日益增长的美好生活需要。

从全球经济格局看，我国的经济地位举足轻重，但自主创新、品牌竞争力还明显不足。尤其是在美国制造业回归的背景下，在数字经济引领产业变革的第四次工业革命浪潮面前，如何提高我国在全球经济中的竞争力、影响力，是推动高质量发展面临的重大课题。因此，要推动经济发展质量变革、效率变革、动力变革，不断增强我国经济创新力和竞争力。

高水平实体经济：实现高质量发展的根基和主体

记者：高质量发展确实抓住了我国新时代发展的核心。那么，在您看来，如何转向高质量发展？

迟福林：习近平总书记反复强调要有问题导向。转向高质量发展，要适应国内经济转型升级的大趋势，抓住新经济发展的历史性机遇，着力破解现实经济发展中“质量不高”的某些突出问题。从总体看，这个“质量不高”，主要反映在实体经济上。我认为，需要在理论和实践层面鲜明地提出，把发展高水平的实体经济作为实现高质量发展的根基和主体。

记者：党的十九大报告提出，建设现代化经济体系，必须把发展经济的着力点放在实体经济上。

迟福林：是的，推动高质量发展，需要加快建设现代化经济体系。实践证明，没有一个高水平的实体经济，就难以建设现代化经济体系，就难以有一个高质量、高效率的供给体系，就难以为人民提供满足美好生活需要的各类产品和服务。

什么是实体经济？就是创造产品和提供服务的领域，是提供有效供给的领域。虚拟经济则是为实体经济服务的，不能本末倒置。适度发展虚拟经济，目的在于更好地为实体经济服务，而不是“脱实向虚”“空转盈利”。

满足人民对美好生活的需要，主要依靠实体经济。实体经济是高质量发展的主体，是经济强国的根基。习近平总书记指出，不论经济发展到什么时候，实体经济都是我国经济发展、在国际经济竞争中赢得主动的根基。

记者：您从大的角度分析了高水平实体经济是高质量发展的根基。在您看来，发展高水平实体经济，在当前面临哪些挑战？

迟福林：这个问题很重要。客观分析实体经济发展面临的挑战，有助于精准施策、精准发力。在我看来，发展实体经济主要面临结构性失衡的挑战。

比如，实体经济结构性供需失衡。老百姓的消费需求已经向高品质升级了，但供给体系总体上仍处于中低端。很多人去日本买马桶盖，去国外体检、就学，都反映了我们在产品和服务的供给质量上还有很大的差距。作为一个大国，这是值得警醒的。

再比如，金融和实体经济失衡。目前工业行业平均利润率在6%左右，银行业的营业利润率远超工业利润。“钢材卖不出白菜价”，这是一个严重的经济问题。

此外，房地产和实体经济失衡。在某些城市和地区，房地产明显脱离了居住属性，成为金融投机的工具，由此带来了一系列的经济问题和社会问题。

我一直认为，供给体系有产能过剩的问题，但也有供给不足、不优的矛盾和挑战。两者同时并存，需要两端同步发力解决。

记者：怎样认识我国实体经济面临的挑战？

迟福林：实体经济面对的各种挑战，主要是“长期因素积累、成本因素增大、国际因素促发”的结果。

第一，长期因素积累。在较长时期内，我们以总量发展为导向，以做大GDP为重要目标，形成了“增长主义”的某些突出特征。这种发展方式在推动经济快速发展的同时，也带来了产能过剩、环境破坏等棘手问题。

第二，成本因素增大。主要是劳动力成本在上升。21世纪初平均劳动工资在每月700元左右，现在涨到4000元以上，但是产品的价格却没有长得那么快。过去社保体系还不健全，现在“五险一金”完善起来，企业成本也就上去了。此外，要素成本、环境成本等也在不断上升。这些因素传导到实体经济，尤其是虚拟经济过度发展的时候，矛盾就集中爆发出来了。

第三，国际因素促发。现在企业的产品在国际上相互流通，相互竞争。2015年美国一家品牌咨询公司发布“全球最佳品牌榜”百强名单，美国有52家企业品牌入选，而我国只有2家。2016年世界500强中，我国内地企业的人均营业收入只相当于500强总体人均营业收入的76.06%、美国企业的63.48%。在这种情况下，我国实体经济的短板就凸显出来了。

历史的、现实的、国际的因素综合作用，形成了今天实体经济发展的突出矛盾。因此，实体经济优化升级已经成为高质量发展的重大任务。

记者：在您看来，导致当前实体经济困难的主要原因有哪些？

迟福林：在我看来，这不是哪个企业的问题，而是整个经济运行中仍存在的某些突出矛盾与问题。2016 年 2 月，民间固定资产投资出现断崖式下降，从 2015 年底的 10.1%直接降到 6.9%；2016 年 1 月至 8 月，同比名义增长仅为 2.1%。此后开始逐步回升，但直到 2017 年 11 月，民间固定资产投资也未能达到全国平均投资水平。民间固定资产投资意愿低下，主要原因有以下几个方面。

一是实体经济成本过高，包括税费、制度性交易成本，融资、用能、物流成本等。从“三去一降一补”到“破、立、降”，降低成本任重而道远。为此，这次中央经济工作会议明确提出要求，采取各种措施“大力降低实体经济成本”，以促进有效投资特别是民间投资合理增长。

二是妨碍市场公平竞争的障碍依然存在，“弹簧门、玻璃门、旋转门”忽隐忽现，石油、通信等领域社会资本难以进入。这就需要按照中央经济工作会议精神，“全面实施并不断完善市场准入负面清单制度，破除歧视性限制和各种隐性障碍”，以激发各类市场主体活力。

三是产权保护政策尚未得到很好的落实，一些企业家对未来的预期不稳。为解决好这一问题，当前相关方面正在“依法甄别纠正社会反映强烈的产权纠纷案件”，以落实中央产权保护政策，弘扬企业家精神，支持民营企业发展。

记者：您深入剖析了我国实体经济面临的挑战。确实，在内外环境相互作用下，我国实体经济存在的问题不容忽视。那么，您对我国实体经济发展的前景怎么看？

迟福林：在我看来，我国发展高水平的实体经济，面临着新的历史性机遇。经过 40 多年的改革发展，我国总体上进入工业化后期，经济转型升级呈现历史性特点。

一是产业结构正由工业主导向服务业主导转型。2017 年前三季度服务业占比达到 52.9%，到 2020 年接近或达到 60%。在服务型经济比重不断提升的同时，新产业、新业态、新模式不断涌现，成为助推产业变革的新动能。

二是消费结构正由物质消费为主向服务消费为主转型。到 2020 年，城镇居民服务型消费比重由 40%左右提高到 50%左右，我国正在进入一个“新消费时代”，为全球尤其是欧美提供了经济合作的巨大市场空间，也为我国发展自由贸易、推动经济全球化提供了重要条件。

三是城镇化结构正由规模城镇化向人口城镇化转型。到 2020 年，常住人口城镇化率由 2016 年的 57.35%提高到 60%以上。新型城镇化和乡村振兴融合并进的趋势明显增强。

四是从以货物贸易为主向以服务贸易为重点的开放转型。党的十九大报告明确提出，“大幅度放宽市场准入，扩大服务业对外开放”，“赋予自由贸易试验区更大改革自主权，探索建设自由贸易港”。未来几年，发展服务贸易成为我国开放转型的突出特点和重大任务之一。

适应社会主要矛盾变化和经济转型的大趋势，抓住第四次工业革命契机，要在鼓励发展实体经济的同时，推动实体经济的优化升级。实体经济优化升级做得好，实现高质量增长就有重要前提，就能为高质量发展打下坚实基础。

制造业优化升级：将实体经济做强做优做大

记者：是的，我国实体经济有着巨大的优化升级潜力。那么，要释放这些潜力，您认为重点何在？

迟福林：推进实体经济高水平发展是一项系统工程，涉及方方面面，既要通盘谋划，又要重点突破。在我看来，发展高水平的实体经济，关键和重点都在于发展制造业，推动制造业优化升级，提升制造业的国际竞争力。

记者：为什么说发展高水平实体经济的关键和重点都在于发展制造业？

迟福林：第一，制造业的优化升级决定实体经济的发展水平。我国的实体经济，目前可以用“冰火两重天”来形容。一方面，以数字经济为代表的新经济，发展迅猛。2016 年，我国数字经济规模达到 22.6 万亿元，同比增长 18.9%，占 GDP 比重达到 30.3%。另一方面，传统制造业面临比较大的挑战。“三去一降一补”，更多地是针对这些制造业。习近平总书记在徐州视察徐工集团时提到，必须始终高度重视发展壮大实体经济，抓实体经济一定要抓好制造业。

第二，制造业优化升级决定实体经济的发展程度。当前，制造业发展的主要特点可用 9 个字概括，即“全球化、信息化、服务化”。尤其是服务型制造业发展势头相当猛，从 3D 打印机到工业机器人再到人工智能，势头不可阻挡。

在美国，制造与服务融合型企业占制造企业总数的 58%。在德国，有两个“70%”：服务业占 GDP 的 70%，生产性服务业占服务业的 70%。随着人工智能、大数据、互联网的发展，制造业要着力在“服务化”三个字上下功夫。强调“服务业主导”，不是不要制造业，而是要以研发为重点的现代服务业提升制造业发展水平，大力推进制造业服务化进程。就是说，制造业的优化升级，关键在于研发能力，重点是核心设备和核心技术。

第三，制造业的优化升级决定实体经济的竞争优势。以东北振兴为例，东北地区制造业发展有基础、有条件，问题在于能否抓住机遇，加快推动制造业尤其是装备制造业的优化升级。我在前不久的东北振兴论坛上提出，东北的出路在于依托国内巨大的市场，大力发展制造业，大力提升制造业的水平，尤其是装备制造业。2015 年辽宁装备制造业总产值占工业总产值的比重为 32.5%，装备制造业的利润总额占比为 49.5%。装备制造业是东北地区的传统产业，更是优势产业，完全有可能通过优化升级，达到国内领先或国际先进水平。而主张东北发展轻纺业的建议则值得商榷。

创新驱动：释放经济发展第一推动力

记者：看得出，您对发展制造业还是充满希望和期待的。这给各方一个很好的预期。那么，着眼于高质量发展，我们发展高水平的实体经济，您认为最大的动力何在？

迟福林：创新是经济发展的第一动力，更是发展高水平实体经济的第一动力。习近平总书记在徐工集团视察时指出，“发展实体经济，就一定要把制造业搞好，当前特别要抓好创新驱动，掌握和运用好关键技术”。我国进入发展新时代，强调“创新”，抓住了关键点。

近几年，我国在发展信息技术与先进技术方面有明显进步，某些产业世界领先。但是，一些关键技术、核心技术与发达国家相比仍有较大差距。这里，有两组数据很重要。世界知识产权组织发布《2017 年全球创新指数报告》，中国的创新能力在全球排名第 22 位。但同时我也注意到，我们在监管环境、高等教育、单位能源 GDP 贡献量等指标中排名靠后。一些关键领域的技术还依赖于国际市场。最近几年，互联网、大数据正在引领制造业优化升级。未来 5 至 10 年，我国的高质量发展正需要自主创新这个强大的“中国发动机”。

记者：是的，我们要是把创新这个第一动力释放出来，经济发展的前景就不可估量。您认为怎样才能释放这个第一动力？

迟福林：在我看来，人才是创新的第一源泉。目前，我国人才的结构性矛盾还比较突出，各种制约因素还比较多。以大数据与人工智能为例，“新兴技术＋操作人才”严重短缺，“技术＋管理人才”更是一将难求。由此看来，自主创新的关键是尽快培养人才，尽快形成人才支撑创新发展的良好环境。

以教育为例，教育体制“考试型、封闭式、行政化”的特点在一些地区还比较突出，导致一方面大学生就业难，一方面企业招工难。我们急需的工匠型人才、技师型人才短缺，这是制约制造业发展的重要因素。如何推进教育改革，调整教育结构，是释放创新这个第一推动力的根本所在。这些年来，我一直呼吁教育需要第二次改革，要从“考试型”向“能力型”转变，大力发展职业教育，大力培养大国工匠，培养技术型人才。我认为，这是教育领域供给侧结构性改革的重大任务。

深化供给侧结构性改革：向高水平经济发力聚力

记者：中央经济工作会议围绕高质量发展提出了深化供给侧结构性改革等8项重点工作。在您看来，以深化供给侧结构性改革来推动高水平实体经济，要从哪些方面破题发力？

迟福林：习近平总书记指出，供给侧结构性改革，重点是解放和发展社会生产力，用改革的办法推进结构调整，减少无效和低端供给，扩大有效和中高端供给，增强供给结构对需求变化的适应性和灵活性，提高全要素生产率。

建设现代化经济体系，供给侧结构性改革是需要贯穿始终的一条主线，其实质是结构性改革和结构性调整，是促进供需关系动态均衡的根本保障。从实际情况看，深化供给侧结构性改革是一场攻坚战，既要把供给侧结构性改革贯穿经济转型全过程，又要在短期内实现重大突破。

当前，深化供给侧结构性改革，要继续坚持去产能、去库存、去杠杆、降成本、补短板，优化存量资源配置，扩大优质增量供给，实现供需动态平衡。与此同时，从市场主体的需求出发，找出实体经济的“痛点”，并通过体制机制创新来舒经通脉。

一是扩大市场开放，尤其是服务业市场开放。党的十九大报告提出，“打破行政性垄断，防止市场垄断，加快要素价格市场化改革，放宽服务业准入限制，完善市场监管体制”。当前，重点是扩大服务业市场的开放。

二是成本要降低。制度性成本看上去很虚，却很真实。“曹德旺现象”背后的主要原因，就是成本过高。娃哈哈的宗庆后算过一笔账，一年要缴费200多种。这些制度性成本要尽快降下来，真正“放水养鱼”。

三是税收结构要调整。过去几年来的减税，多数企业叫好，但也有企业表示“不解渴”。美国的大幅减税，对我国制造企业更是无形的压力。从当前的情况看，减税的空间不大。为什么？现行的税收结构以间接税为主。出路在于加快税收结构转型，从间接税为主转为直接税为主。关键有两点：其一，抓住机遇，下决心；其二，稳妥安排。例如开征房产税的趋势不可避免，但要做好设计，最好是明确告诉老百姓，开征房产税的前提是整体税负下降。

四是市场监管要转型。要把监管变革作为深化简政放权的重点，进一步推进监管转型。要向专业的、技术的、法律的监管转型，而主要不是行政性监管。

在这些“痛点”上聚力、发力，打通经脉，就能够在深化供给侧结构性改革中为实体经济创造一个良好的市场环境。

产权保护：弘扬企业家精神尽快送出“定心丸”

记者：发展实体经济，根本因素还是人。经济学上有一个著名的判断，企业是企业家的企业。过去一段时间，由于多种原因，企业家的预期不是特别好。为此，2016年以来国家密集出台了一系列的文件。您在20世纪90年代就提出了“创新型企业家”这一概念。在您看来，如何稳定企业家的预期，调动他们创新创业的积极性？

迟福林：发展高水平实体经济，需要培养有能力的企业家，需要弘扬企业家精神。企业家在市场上能识别风险、防范风险、把握风险。当务之急是降低非市场风险，“守护”企业家的预期。这个非市场风险主要与产权保护相关。

党的十八大以来，中央高度重视解决这个问题。2016年11月出台了《关于完善产权保护制度依法保护产权的意见》，2017年9月再出台意见，强调弘扬企业家精神，更好发挥企业家作用。现在的关键在于落实。令人欣喜的是，不久前，最高法院公布将依法再审三起重大涉产权案件。这是一个非常重要的信号，希望以此为突破口，出台详细的、可操作的司法解释，使得产权保护制度化、法治化，该“赦免”的赦免，给予“定心丸”，以彻底免除企业家的“后顾之忧”。

我在20世纪90年代就提出了“创新型企业家”，他们是企业的创造者，是企业的灵魂，是企业文化的倡导者。怎么让他们发挥作用？总结过去近40年的经验和教训，要在制度上实现产权激励，结成利益共同体，这是根本出路。

赢在转折点：浙江重在搞好“两个保护”

记者：可以说，稳企业家就是稳经济，释放企业家活力就是释放经济活力。浙江是企业家尤其是民营企业家比较多的省份。您长期关注浙江，和浙江企业家多有交流。在我国经济转型升级的关键节点上，您对浙江的实体经济发展有何建议？

迟福林：近几年，我相当关注浙江这块热土，到浙江调研也比较多，与一些企业家座谈交流，从中获益不小。2016年，我在浙江大学出版社出版了一本《赢在转折点》。这个题目，就是在和浙江企业家座谈当中得到的启发。对于浙江，我有两件事印象比较深刻。

第一，赢在转折点。发展高水平的实体经济，我认为浙江已经在起步，而且势头很好，有些走在全国前列。我们过去讲，“赢在起跑点”，现在是“赢在转折点”。浙江大部分民营企业家市场感觉好、趋势把握准，企业体制活、转型快，所以赢得了市场竞争的主动。现在，浙江相当一部分企业已经从传统业态中抽身出来，投资到新的业态中。以阿里巴巴为代表的一批新型浙商企业成为全球的领跑者。应当说，“赢在转折点”是浙江的突出优势，也是浙江未来发展的新起点。

第二，浙商精神。我多次在浙江相关的论坛上作演讲，很有感悟。不但省级商会，而且市一级的商会、县一级的商会都很活跃。浙商敢于创新、敢为天下先的精神，使得浙江在转型发展中走在了全国前列。

下一步，浙江如果把这两件事做好了，后发力会更强。一是产权保护。浙江民营企业家多，对产权保护更为关注。如果浙江能率先抛出一两颗“定心丸”，就能更好地稳定企业家预期，激发企业家精神。二是治理雾霾。我在国际场合交流时，不少国际上的知名企业家告诉我，如果杭州能够有更多的蓝天白云，他们的企业尤其是研发中心就会入驻。

记者：谢谢您对浙江的肯定和建议。把环境保护好，把产权保护好，相信浙江在“高质量发展”上就能够走在全国前列，就能为新时代中国特色社会主义的发展提供更多的浙江素材。

浙江日報

ZHEJIANG DAILY

中共浙江省委机关报

浙江日报报业集团 ZHEJIANG DAILY PRESS GROUP

2020年9月17日 星期四 庚子年八月初一

国内统一连续出版物号:CN 33-0001

邮发代号:31-1 今日12版 第26046期

浙江在线 浙江新闻

习近平致电祝贺菅义伟当选日本首相

李克强同日致贺电

新华社北京9月16日电 国家主席习近平今天致电菅义伟,祝贺他当选日本首相。

习近平在贺电中指出,中日互为友好近邻,同是亚洲和世界上重要国家,发展长期稳定、友好合作的中日关系,符合两国人民根本利益,也有利于亚洲和世界的和平、稳定、繁荣。双方应恪守中日四个政治文件确立的各项原则和四点原则共识精神,积极推动构建契合新时代要求的中日关系,造福两国和两国人民,为维护世界和平、促进共同发展作出积极贡献。

同日,国务院总理李克强致电祝贺菅义伟当选日本首相,表示中方愿同日方一道,加强两国各领域友好交流与务实合作,共同推动两国关系取得新的更大发展。

习近平对新时代民营经济统战工作作出重要指示,强调坚持"两个毫不动摇"

把民营经济人士团结在党的周围

新华社北京9月16日电 中共中央总书记、国家主席、中央军委主席习近平近日对做好新时代民营经济统战工作作出重要指示指出,改革开放特别是党的十八大以来,民营经济统战工作不断加强和完善,在服务党和国家中心工作中发挥了重要作用。非公有制经济是社会主义市场经济的重要组成部分,促进非公有制经济健康发展和非公有制经济人士健康成长具有十分重要的意义。

习近平强调,要坚持"两个毫不动摇",把团结好、引导好民营经济人士作为一项重要任务。各级党委要加强对民营经济统战工作的领导,全面贯彻党的方针政策,抓好党中央各项决策部署贯彻落实。各级统一战线工作领导小组和党委统战部要发挥牵头协调作用,工商联要发挥群团组织作用,把民营经济人士团结在党的周围,更好推动民营经济健康发展,努力为新时代坚持和发展中国特色社会主义事业、实现中华民族伟大复兴的中国梦贡献力量。

把团结好引导好民营经济人士作为一项重要任务

习近平强调,要坚持"两个毫不动摇",把团结好、引导好民营经济人士作为一项重要任务。各级党委要加强对民营经济统战工作的领导,全面贯彻党的方针政策,抓好党中央各项决策部署贯彻落实。各级统一战线工作领导小组和党委统战部要发挥牵头协调作用,工商联要发挥群团组织作用,把民营经济人士团结在党的周围,更好推动民营经济健康发展,努力为新时代坚持和发展中国特色社会主义事业、实现中华民族伟大复兴的中国梦贡献力量。

全国民营经济统战工作会议16日在京召开。会上传达了习近平的重要指示。

中共中央政治局常委、中央统战工作领导小组组长汪洋出席会议并讲话。他强调,要认真学习领会习近平总书记重要指示精神,从政治高度深刻认识做好新时代民营经济统战工作的重要意义,坚持信任、团结、服务、引导、教育的方针,引导民营经济人士完整准确理解"两个毫不动摇",坚定制度自信,把他们更好团结在党的周围,为实现民族复兴凝心聚力。 (下转第五版)

新华社播发"宣言"署名文章——

丹心从来系家国

■透过这场波澜壮阔的抗疫斗争,我们看到,炽热而深沉的家国情怀,回荡在中华文明历史的深处,激荡在每个中华儿女的心里。

■当此之际,更需要我们弘扬来之不易的伟大抗疫精神,把家国情怀内化于心、外化于行,转化为每个人的行动,激发风雨无阻实现更加美好生活的前进动能。

(全文详见第五版)

忠实践行"八八战略" 奋力打造"重要窗口"

共治智治,打造"平安升级版"

本报记者 沈 吟

努力交出高分报表进行时⑥

在奋力打造"重要窗口"的新征程中,必须建设更高质量、更高水平的平安浙江,加快推进社会治理现代化。

就在上个月,杭州市滨江区浦沿街道的一起伤残纠纷通过该区矛调中心"一码解纠纷"平台得到妥善解决。为进一步缩短矛调中心与群众家门口的距离、让老百姓少跑路,滨江区今年6月开通"一码解纠纷"平台,整合全区调解服务资源。当事人拿起手机就能线上申请调解,后台会将矛盾纠纷分流至相应的调解委员会。

滨江区高新企业密集,人员流动性大。"平台有效解决异地纠纷问题。矛调中心还可通过平台了解区域纠纷的总体情况和分布特点,进行大数据分析研判,更好发现矛盾隐患。"滨江区委政法委相关负责人介绍。

基础不牢,地动山摇。浙江坚持"大平安"理念,今年以来加快推进县级社会矛盾纠纷调处化解中心建设,全面加强"基层治理四平台"、全科网格建设,"一中心四平台一网格"上下贯通、左右联动的县域社会治理体系已初步构建。

9月14日,群众在长兴县太湖街道矛调中心接待窗口咨询宅基地分割相关事宜。 拍友 王漁 摄

县级以下信访问题和矛盾纠纷就地化解率正不断提升,与此同时,今年平安考核指标削减率却达34.2%。"一升一降"的背后,正是浙江加强联动共治、推进"全链条解决"和"智能化治理"的努力。

一站式接收、一揽子调处、全链条解决。矛调中心正从单纯的物理空间整合向机制集成融合转变。 (下转第二版)

在构建新发展格局中当好领头羊

——访北京大学国家发展研究院党委书记、副院长余淼杰

本报记者 潘如龙

高端访谈②

当前,国内外形势发生了深刻复杂的变化。习近平总书记指出,新发展格局是重塑我国国际合作和竞争新优势的战略抉择。在忠实践行"八八战略"、奋力打造"重要窗口"的进程中,浙江如何完善和畅通国内国际双循环,加快构筑现代化经济体系?记者采访了北京大学国家发展研究院党委书记余淼杰。

扩大内需打造国内大循环战略节点

自今年5月14日以来,习近平总书记多次在公开场合强调要构建以国内大循环为主体、国内国际双循环相互促进的新发展格局。浙江如何率先畅通国内大循环,在构建新发展格局上先行一步?

余淼杰认为,习近平同志在浙江工作期间擘画的"八八战略",充满辩证法和整体观,既强调不断完善社会主义市场经济体制,又强调不断提高对内对外开放水平。忠实践行"八八战略",就能适应国内外形势的变化,打造国内大循环的战略节点,成为新时代全面展示中国特色社会主义制度优越性的重要窗口。

当前,以扩大内需为战略基点,可以考虑推进4项工作:第一、继续发挥民营经济的优势提升群众的消费能力;第二、以发展都市圈城市群为重点推进区域经济一体化;第三、以发展"两新一重"产业推进工业化、城镇化、信息化的"三化融合";第四、以公开公正公平的原则,推进要素的市场化配置。

这4项工作实际上也是"八八战略"的传承与发展。

发挥浙江的体制机制优势,应继续立足于本地民营企业高度发达、中小微企业众多、绩效良好的态势,大力推动以公有制为主体的多种所有制经济共同发展,发挥民营经济优势。民营经济贡献了80%的就业,有就业就有收入,有收入就会有消费,老百姓的消费能力才会提升。

在发挥浙江的区位优势,主动接轨上海、积极参与长三角地区交流与合作上,建议以发展都市圈城市群为重点来推进区域经济一体化。浙江跟长三角区域其他省市的合作非常紧密,浙江的城市可以和上海打造类似于日本东京跟横滨一样的无缝城市群。

从发挥浙江的块状特色产业优势,加快先进制造业基地建设,走新型工业化道路这个角度来说,要通过"两新一重"来推进工业化、城镇化、信息化的"三化融合",更好地发挥5G、AI的作用。浙江以阿里巴巴为代表的一些头部企业,在推进数字贸易、数字金融和数字经济上起到了明显的引领作用,也对发展新型工业化产生了积极影响。

另外,还要发挥浙江的人文优势,积极推进科教兴省、人才强省,同时,完善管理和数据等新兴要素的市场化配置。

开好顶风船打造双循环战略枢纽

在国际经贸格局发生深刻演变的背景下,作为经济外向型程度较高的省份,浙江如何打造国内国际双循环的战略枢纽? (下转第三版)

专家名片

余淼杰 教育部长江学者特聘教授,国家杰出青年科学基金获得者,北京市卓越青年科学家,北京大学博雅特聘教授,北京大学国家发展研究院党委书记、副院长。

弘扬伟大抗疫精神——群英谱

党旗所向 白衣为甲

——记浙江大学医学院附属第一医院党委

本报记者 郑 文 通讯员 王 蕊

在疫情肆虐的风雨中,鲜红的党旗高高飘扬。

今年初,面对突如其来的疫情,浙江大学医学院附属第一医院闻令而动,争分夺秒开展新冠肺炎患者救治,成为火线上的中流砥柱。

9月8日,浙江大学医学院附属第一医院党委被授予"全国抗击新冠肺炎疫情先进集体""全国先进基层党组织"称号。"这份荣誉,凝聚着全体浙一人的奋斗、担当和拼搏。"9月16日,浙大一院党委书记梁廷波对记者说,这场战"疫"是检验医院能力和水平、查找漏洞和不足的试金石。关键时刻,医务人员舍生忘死挽救生命,党员干部冲锋在前经受考验,用实际行动展现了初心和担当。

危急时刻,党员显担当

1月19日,浙大一院确诊杭州市第一例新冠肺炎患者。战"疫"号角吹响,包括2700名党员干部在内的全体医护人员进入战时状态。

"生命重于泰山,疫情就是命令,防控就是责任!"一声令下,浙大一院之江院区承担起救治全省危重型新冠肺炎患者的重任。

在最短的时间内,将一所综合性医院改造成基本符合传染病专科医院标准的医院,是史无前例的挑战。在多个部门的通力合作下,浙大一院仅用3天就对病房、ICU、急诊、放射科等区域进行了紧急改造;与此同时,医院克服防护物资紧缺的困难,调集全院之力保障一线医护人员所需。

12小时全面启用之江院区隔离病房、24小时安全转移所有患者、72小时打造完成省内抗疫主战场,一连串数字,彰显浙大一院与病毒作斗争的坚定决心。

危急时刻,党员显担当。浙大一院先后发出致全院党员、致全院干部等的5封公开信,鼓舞斗志;1个月内火线召开13次专题党委会,指明方向;4个临时党支部诞生在之江院区隔离病房主战场和驰援武汉一线,凝聚力量……从始至终,党旗高高飘扬在战斗一线。

攻坚克难,守住生命防线

"那些说星星很亮的人,是因为没有看见过这些医护人员的眼睛。"2月23日,之江院区第七批新冠肺炎患者治愈出院,一位治愈患者在面对医护人员时哽咽着说。

看到这一幕,参与救治该患者的感染病科青年医师苏俊威顿时觉得,一切付出都是值得的。"作为医生,救死扶伤是我的天职。"淡淡的话语,坚定而有力。家中63岁的父亲刚做完肺移植手术,他何曾不挂念?但"疫线"如火线,他选择坚持和同事们并肩奋战在负压病房里。 (下转第三版)

宁波慈城高标准推动古县城复兴

千年古城正重光

本报讯 (记者 应磊 共享联盟江北站 张落厚 通讯员 杨芝) 近日在宁波江北慈城古县城民权路上,一家叫做"乡遇·面叙"的面馆成为"网红",前来"打卡"的食客络绎不绝。面馆经营地方传统面食,装修简约、明亮通透,富有设计感。"在保护老房子的基础上,我们投入200余万元设计改造装修,把流行美学和老房子特点有机结合,使面馆更加符合年轻人审美。"面馆经营者王少华说。

一家面馆折射出有千年历史的慈城古县城再现辉煌的雄心。"以项目+文化为导向,我们在业态布局中,更加注重从文化匹配性确定引进项目的业态,进一步完善旅游要素配套。"慈城镇党委书记尤武卫介绍,去年以来,仅古县城核心区域的民权路就落户了慈城里院等57户特色民宿、餐饮和休闲类商家,激活沿街85%以上的老屋、老宅,古县城吃、住、游业态不断丰富,商业氛围加速形成。

以保护整体风貌为出发点,慈城古县城在保护开发中传承历史韵味,实现古城内外建筑地域特色和空间形态的和谐。在保护优先的原则下,慈城古县城累计完成宅院修缮、遗址重建近25万平方米。

去年,江北区改革慈城保护开发模式,针对人文旅游要素配套滞后、人气不旺等问题,实施"年内提升、次年见效、三年变样"行动,持续推动一批软硬件设施建成开放,推动千年古城复兴。

去年以来,江北区投入33.5亿元,古县城大东门城楼、南门火车站地块提升等45个项目相继落地,古县城大变样。不久前,又有港中旅、修思文旅在内的6个总投资约2.3亿元的文旅项目签约落地。

在高水平、高质量推进千年古城复兴的同时,慈城古县城还规划建设一系列民生项目,让居民共享发展果实。目前,新的镇中心卫生院、菜场、公交车站、公园、停车场等一批民生项目正在规划落地,满足古县城居民的生活所需。

新闻提要

长三角41城签署19个重大合作事项

产业链供应链加速协同

2版

阿里新制造一号工程揭开面纱

"犀牛智造",让按需生产梦想成真

4版

在构建新发展格局中当好领头羊

嘉　宾

余淼杰
辽宁大学校长、北京大学博雅特聘教授

当前，国内外形势发生了深刻复杂的变化。习近平总书记指出，新发展格局是重塑我国国际合作和竞争新优势的战略抉择。在忠实践行“八八战略”、奋力打造“重要窗口”的进程中，浙江如何完善和畅通国内国际双循环，加快构筑现代化经济体系？记者采访了余淼杰教授。

扩大内需打造国内大循环战略节点

自 2020 年 5 月 14 日以来，习近平总书记多次在公开场合强调要构建以国内大循环为主体、国内国际双循环相互促进的新发展格局。浙江如何率先畅通国内大循环，在构建新发展格局上先行一步？

余淼杰认为，习近平同志在浙江工作期间擘画的“八八战略”，充满辩证法和整体观，既强调不断完善社会主义市场经济体制，又强调不断提高对内对外开放水平。忠实践行“八八战略”，就能适应国内外形势的变化，打造国内大循环的战略节点，成为新时代全面展示中国特色社会主义制度优越性的重要窗口。

当前，以扩大内需为战略基点，可以考虑推进 4 项工作：第一，继续发挥民营经济的优势提升群众的消费能力；第二，以发展都市圈城市群为重点推进区域经济一体化；第三，以发展“两新一重”产业推进工业化、城镇化、信息化的“三化融合”；第四，以公开公正公平的原则，推进要素的市场化配置。

这4项工作实际上也是“八八战略”的传承与发展。

发挥浙江的体制机制优势，应继续立足于本地民营企业高度发达、中小微企业众多、绩效良好的态势，大力推动以公有制为主体的多种所有制经济共同发展，发挥民营经济优势。民营经济贡献了80%的就业，有就业就有收入，有收入就会有消费，老百姓的消费能力才会提升。

在发挥浙江的区位优势，主动接轨上海、积极参与长三角地区交流与合作上，建议以发展都市圈城市群为重点来推进区域经济一体化。浙江跟长三角区域其他省市的合作非常紧密，浙江的城市可以和上海打造类似于日本东京跟横滨一样的无缝城市群。

从发挥浙江的块状特色产业优势，加快先进制造业基地建设，走新型工业化道路这个角度来说，要通过“两新一重”来推进工业化、城镇化、信息化的“三化融合”，更好地发挥5G、AI的作用。浙江以阿里巴巴为代表的一些头部企业，在推进数字贸易、数字金融和数字经济上起到了明显的引领作用，也对发展新型工业化产生了积极影响。

另外，还要发挥浙江的人文优势，积极推进科教兴省、人才强省，同时，完善管理和数据等新兴要素的市场化配置。

开好顶风船打造双循环战略枢纽

在国际经贸格局发生深刻演变的背景下，作为经济外向型程度较高的省份，浙江如何打造国内国际双循环的战略枢纽？

余淼杰认为，对于国内国际双循环，首先要准确把握两者之间的辩证统一关系。国内经济的发展有助于促进国际大循环。因为国内经济的发展，特别是我国出口部门出口的增加，通过加工贸易及其他形式贸易，将更好地融入全球经济一体化中去。

反过来，我们要扩大进口，通过进博会、服贸会等形式扩大进口，提升老百姓的幸福感、获得感，这本身就是推进国际大循环，同时又能服务于国内经济发展，促进国内经济的大循环。

余淼杰建议，可以考虑采取一些开放措施稳住外贸外资。对浙江已出台的一系列稳外贸稳外资政策，要进一步推进落实。

同时，推进区域全面经济伙伴关系，也就是RCEP的建设。目前全球化已经发生了深刻变化，要做好 RCEP 以及“一带一路”建设，从发展的顺序来看，可以考虑优先发展 21 世纪海上丝绸之路，因为 21 世纪海上丝绸之路沿线国家和地区跟我国经贸联系紧密。

另外，以发展自由贸易试验区和自由贸易空港推进立体开放。浙江作为沿海开放省份，可以借鉴兄弟省市的先进经验，在继续推进自贸区工作的同时，积极争取建设自由贸易空港。

在新发展格局构建中作出更多浙江贡献

忠实践行“八八战略”、奋力打造“重要窗口”，在畅通双循环中发挥领头羊作用，浙江如何进行探索和创新，为全国加快形成新发展格局作出更多贡献？

余淼杰认为浙江的很多工作走在全国前列，在新的形势下，建议可以考虑通过全面立体双向开放推动新发展格局的构建。

在对内开放方面，一是进一步改善营商环境推进投资便利化。比如，可以加大亲商力度，积极构建亲清新型政商关系；加大负面清单的推进力度，进一步缩短负面清单，让更多的投资主体进入有前景的市场领域。二是创新数字金融服务。可以尝试以蚂蚁集团以及其他数字金融方式进一步推动新经济的发展。三是开展自贸区合作。可以探索与上海自贸区以及江苏自贸区南京片区打成一片，更好地推进区域经济一体化发展，大胆试、自主改，统筹兼顾、取长避短。四是加强沿海地区合作。浙江沿海地区可以争取同上海进行深度合作。比如，尝试与上海一起打造一个类似于自由贸易试验港的实体。

在对外开放方面，可以积极主动地拓展外贸多元化，不断推进贸易自由化。外贸的多元化体现为两点：一是贸易形态的多元化，不只是实体贸易，也包括数字贸易、服务贸易；二是做好出口目的地的多元化，鼓励企业积极开拓多个对外出口市场，不局限于某些国家。

在全面开放新格局中，发挥浙江作用，从而为新发展格局构建作出更大贡献。

加快构建新发展格局

新发展格局：如何畅通国民经济循环

——访中央党校马克思主义学院院长张占斌教授

本报记者 潘如龙 周宇晗 章 忻

三个地·理论周刊

之江会客厅

嘉宾简介

张占斌，中央党校（国家行政学院）一级教授、博士生导师，原国家行政学院经济学部主任。第十三届全国政协委员。国家社科基金重大项目首席专家。

中央党校经济学博士、北京大学中国经济研究中心经济学博士后。入选国家四个一批社科理论人才和国家万人计划领军人才。获国务院颁发政府特殊津贴。

现任中国公共经济研究会常务副会长，国家社会科学基金经济学评审组专家等职。长期承担省部级领导干部等班次教学任务，主讲课程入选中央组织部评选的全国干部教育优秀课程。主持中央财经领导小组办公室、中央办公厅等重要委托课题30余项。

习近平总书记在经济社会领域专家座谈会上强调，以畅通国民经济循环为主构建新发展格局。5月23日，在看望参加全国政协十三届三次会议的经济界委员时，习近平总书记指出，要着力打通生产、分配、流通、消费各个环节，逐步形成以国内大循环为主体、国内国际双循环相互促进的新发展格局。构建新发展格局的战略意义是什么？如何打通堵点痛点，畅通国民经济循环？中央党校（国家行政学院）马克思主义学院院长张占斌教授日前在京接受本报记者采访，畅谈了自己的看法。

满足人民对美好生活的需要，是共产党人天大的正事

记者：自5月14日在中央政治局常委会会议上首次提出构建以国内大循环为主体、国内国际双循环相互促进的新发展格局以来，习近平总书记至今已8次在公开场合强调这一战略抉择。请您谈谈对新发展格局的理解。

张占斌：新发展格局这个事情在习近平总书记心中特别重要。这是中国经济发展进入新阶段，习近平总书记站在中国特色社会主义进入新时代的历史高度提出来的，是涉及国家长远发展和经济社会安全的一个重大战略部署、战略棋局。"十四五"规划内容将在很大程度上与构建新发展格局有关，而新发展格局则不限于"十四五"时期，还有更长远的谋划。

第一，以国内大循环为主体，体现了以人民为中心的发展思想。经济社会发展进入新阶段需要以国内经济循环为主，以更好地满足国内消费和发展作为一个落脚点，这是国家发展战略的转变。构建内需体系内涵丰富，既包括打通国民经济各环节堵点，还包括抓好保居民就业、保基本民生、提升重大疫情防控和公共卫生应急管理水平等重点工作，而这些都是坚持以人民为中心发展思想的基本体现。满足人民对美好生活的需要，是共产党人天大的正事。经济发展了，就要更加关注人民生活水平的提高。

第二，构建新发展格局，是实现我国经济从高速增长向高质量发展转变的战略举措。改革开放以来，我国采取了"大进大出、两头在外"的经济发展战略，推动了经济快速发展，应当说成效是显著的。但这种拼能源、拼消耗的粗放型发展方式难以为继，内需虽然有一定的发展，但并没有达到非常好的状态，也就是说投资、出口、内需和消费有失衡的地方。构建双循环相互促进的新发展格局，将有助于这些问题的解决，有利于经济实现从高速增长转向高质量发展。新发展格局更强调国内市场和国际市场的联通，更强调利用国内国际两个市场、两种资源，更强调消费和内需对经济的拉动作用，经济发展将更为均衡，也更具有可持续性。

第三，构建新发展格局，是维护产业链、供应链安全稳定和提升竞争力的必由之路。提升产业链、供应链竞争力，是维护我国产业安全、经济安全，维护国家安全的战略棋局。事实上，早在中美经贸摩擦之前，奥巴马政府就提出"再工业化"。现在，一些美国政客有"去中国化"、与中国"脱钩"的企图，我们要高度警惕。要将主动权掌握在自己手里，就必须趁机进行战略调整，科学布局产业链，确保重点产业安全和稳健发展，全力确保供应链，提高产业配套发展能力，以不变应万变。

第四，构建新发展格局，是增强忧患意识、统筹发展和安全的有效途径。统筹发展和安全，增强忧患意识，做到居安思危，是我们党治国理政的一个重大原则。谋划"十四五"时期乃至更长时期的经济发展，必须牢记习近平总书记强调的坚持总体国家安全观要求，坚定不移贯彻新发展理念，做好较长时间应对外部和内部环境变化的准备，强化底线思维，统筹发展和安全，筑牢国家经济安全的防线，真正实现更为安全的发展。

国民经济循环的主要堵点在哪儿

记者：新发展格局以国内大循环为主体、国内国际双循环相互促进，在我国当前的发展阶段和环境中，国民经济循环的主要堵点在哪儿？

张占斌：我认为，一方面，要把国内大市场和人民对美好生活的向往同中国制造业的比较优势很好地结合起来，进行统筹谋划。把生产、流通、消费这些环节做好，让它们血脉畅通，形成一个强有力的循环体系。

另一方面，习近平总书记强调要构建一个完整的内需体系，这个完整的内需体系，我理解就不仅仅是生产、消费、流通等具体环节，它还要有很多的经济政策经济改革、社会政策社会改革来支撑，在这些方面也有很多的空间和余地需要进行改革和深化。

要着力打通生产、分配、流通、消费各个环节。比如，生产环节的痛点、堵点主要是技术供给不足。有些领域的中高科技还受制于美国等西方国家。我们的产业在过去总体上仍属于中低端，少量向高端攀升，但从大国角度来讲，将来得有更多的产业处于并跑或者领跑状态。所以，从生产环节解决技术的"卡脖子"问题，显得尤为重要。中央也有针对性地采取了一些措施，提出要在市场经济条件下实行举国体制，来攻克一些痛点、难点、短板，特别是像半导体、机器人、自动化、装备制造等领域要加快补短板、强弱项。现在老百姓的需求呈现多样化、动态化、个性化甚至定制化发展。这要求我们企业积极适应变化，让供给更加灵活、更加精准、更加有效，这样将来在市场竞争中才能脱颖而出。

分配环节的堵点主要是居民收入问题。扩大国内需求，很简单的是要让老百姓手里的钱多一点，这样他们才敢去买东西、敢去消费。现在居民收入占GDP的比重较低，2018年约为42%，发达国家一般为60%。居民收入过低，一定程度上会拉低总需求，进而影响总供给。另一方面，收入分配差距较大，近年来，中国基尼系数一直在0.4以上。过高的基尼系数造成经济二元结构突出，城乡之间差距过大。解决居民收入堵点问题，中等收入群体规模还需要扩大，建议实施中等收入群体倍增计划，争取10年时间翻一番；脱贫人口将有1亿多，"十四五"时期对这部分群体进行帮助扶持，也将推动消费需求。

流通环节的堵点主要是要素流通不畅和商品流通成本偏高。解决这些问题，首先是要深化要素市场化配置改革。要让各种要素，比如资本、土地、人才、技术、信息，包括数据，能够尽快地在市场上进行配置，在市场上自由地流通，减少人为因素的阻碍或不必要的限制。这样的话，它可以产生更好的互动效应，充分展现出市场机制的作用。另一方面，进一步降低商品流通成本。中国物流总成本占GDP的比重约为14%，发达国家是10%以下。这说明流通成本有降低的余地。比如说公路、铁路、航运、管道运输等方方面面要进一步实现有效连接，既提高效率，又降低费用、减少浪费，提高商品的周转率。

消费环节也有些堵点。比如说，现在整个国民经济发展中一直强调要避免脱实向虚，但现在确实有大量资金在房地产、金融领域中空转，其中有一大部分在金融体系中空转，就是钱生钱，而没有直接到实体经济最需要的战场上去。目前实体经济肯定是缺血的，如果长时间缺血，它就很难守住这块阵地。另外大量资金进入房地产推高房价，这也不利于社会总需求的增长。

如何打通国民经济循环中的堵点

记者：畅通国民经济循环是构建新发展格局的基础，您认为应如何打通在生产、分配、流通、消费各环节中的堵点？

张占斌：解决这些问题就要牢牢把握供给侧结构性改革这条主线不动摇。要不断提高我们的生产效率、增强产品竞争力，更好地满足人民的生活需要。在保持总需求不变或有增长的情况下，推动供给侧改革，发挥市场的决定性作用的同时更好地发挥政府的作用。将财政货币政策与投资消费潜力很好地结合起来。不断完善要素市场化配置体制机制，进一步激发民间投资特别是中小企业的活力，这方面还有很大的空间。最近，习近平总书记在主持召开企业家座谈会时提到要千方百计把市场主体保护好，保市场主体就是保社会生产力，这点十分重要。

二是要在城乡一体化上做文章，特别是在推动新型城镇化上做文章。大量农民进城，各种消费水平也会不断提升，需要我们对一些政策进行创新，使保障政策更好地落地，特别是要将城市群、中心城市的作用发挥出来，引领经济增长，这样农民进城、农民变市民、新型城镇化的进程就会不断加快。

三是要把投资这件事情做好，发挥有效投资的作用。不是大水漫灌，而是要喷灌、滴灌，要精准投资，把钱用在刀刃上。当下要特别注重数字经济、智能制造、5G、生命健康、新材料等一些新的战略性产品。这次疫情以后，人们对健康有了更深刻的认识，生命健康领域有很大的需求，有很大的潜力可以释放。

四是对产业链要想办法补短板、锻长板。我们是制造业大国，比较优势很明显，战略纵深很大，我们要把产业链、供应链和大市场有机地结合起来，把消费和大市场也有机结合起来，将来"中国制造"加上"中国消费"会创造出一个强大的中国市场。这对于我们中国来说意义重大。因此，现在要支持市场主体通过创新、产业升级培养一批单项冠军，在一些技术领域为国家抢占制高点，这点十分重要。

五是要深化基础性改革。特别是要按照《关于新时代加快完善中国特色社会主义市场经济体制的意见》，从各个领域分门别类地进行改革。一方面是加快完善市场基础性体制。比如产权制度，知识产权保护要公开透明，全面实施市场准入负面清单制度，这对于稳定市场预期非常重要。另一方面，要创造更好的营商环境。政府推动经济发展的首要任务就是要营造更好的营商环境，比如要平等对待市场主体，规范创新监管执法，夯实法治保障基石。这些工作做得好，对于打通国内循环，提升国内市场竞争力非常重要。国内市场竞争力弄好了，就有更大的决心、信心和勇气来推动国际循环。

如何克服国际循环中存在的主要问题

记者：构建新发展格局，是重塑我国国际合作和竞争新优势的战略抉择。从国内国际双循环相互促进的角度看，如何克服国际循环中存在的主要问题？

张占斌：在扩大内需的同时，我们还要眼睛盯着国际市场。畅通国内国际循环，不只是畅通人流、物流、要素流，更要促进国内国际市场规则和标准的有机相容。改革创新体制机制，从制度、技术、规则上打通国内循环与国际循环相互融合、相互促进的痛点和堵点。

要防止两个循环体系的脱钩，促进国内外市场有效贯通。坚持进口与出口并重、利用外资和对外投资协调，提高国内国际两个市场、两种资源的黏合度，采取一切措施坚决防止两个循环生态体系的脱钩。外向型企业仍然需要面向全球，注重恢复国际供应链，向国际市场打拼。

首先，我们自己得守规矩。和别人打牌，要按一样的规则出牌，得适应国际规则，规则中不合理的地方可以商量修改；合理的地方，我们要遵照执行。

其次，通过各种谈判确定新的合作与竞争规则。积极开展区域合作，比如和日韩、东盟，还有其他一些国家，把区域合作弄得更好一点。

再次，实行高水平开放，建立和国际市场相对接的体制机制。由过去强调的要素型开放，更多地转向制度型开放。通过制度的对接、体制的对接来畅通国际循环，特别是通过18个自贸区和海南自由贸易港的建设，全部实施负面清单制度等。这对于我们稳定外资，包括自己走出去跟国际合作，都是很有利的。国际循环做得好，反过来它又推动国内循环，这样更有利于我们立足于国内，开眼看世界，把我们的发展步伐走得更稳。

最后，要发挥我们浙江人敢闯敢试的精神，想方设法寻找出路，包括开拓新的市场。浙江的一批民营企业有闯荡全球的市场经验，也取得了颇为显著的成效。浙江的各级党委、政府有很强的改革精神和服务意识。我去浙江做过调研，像"最多跑一次"改革等，都是想着为企业服务，帮助企业克服困难。浙江的这些好经验应该尽可能地以制度化的形式在全国进行推广、复制，以此来推动市场化程度的提高，打造一个高水平的营商环境。另外，政府需要进一步加大知识产权的保护力度，在涉及企业家的问题上要特别慎重，在保护市场主体、激发市场主体活力上，还可以有更大的作为。

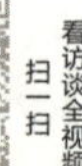

扫一扫 看访谈全视频

三个地 理论周刊·知行
中国革命红船起航地 改革开放先行地
习近平新时代中国特色社会主义思想重要萌发地

我在之江学新语

人是要有一点精神的

李林山

2004年3月25日，时任浙江省委书记习近平同志在浙江日报《之江新语》专栏发表文章《发展出题目，改革做文章》，指出"'人是要有一点精神的'。良好的精神状态，能极大地激发人的智慧和潜能，产生巨大的力量，从而克难制胜，成就事业"。

"伟大梦想不是等得来、喊得来的，而是拼出来、干出来的。"习近平总书记在庆祝改革开放40周年大会上，以清醒的判断警示和激励大家，"摆在全党全国各族人民面前的使命更光荣、任务更艰巨、挑战更严峻、工作更伟大"。因此，党员干部必须不断为自身注入精神的力量，始终保持昂扬的精神状态和干事活力。

【作者为建德市委党校副校长】

扫一扫 看全文

之江青年论坛

未来社区学习场景构建的基本理念

杨淑珺 吴思孝

未来社区建设是我省对党的十八大以来党中央治国理政"民生逻辑"和"人民至上"执政情怀的积极响应。学习场景是未来社区特色化发展的物质基础和核心要素。两个月前，湖北农民工给东莞图书馆留言事件让我们看到，学习是一种需要，是生活不可分割的一部分，"地不分南北，人不分老幼，时不在早晚"。而学习场景构建是终身教育在社区场域的实践，需要各利益相关方协同参与，融入社会治理现代化进程。

未来社区学习场景构建要实现系统设计与实践创生的统一

学习场景的构建是理念、政策与实践相统一的系统工程，是顶层设计创新落地的过程。理念上，未来社区试点单位要认识终身学习的本质，探索终身学习在社区的发展机理，把握学校教育、社会教育、家庭教育等教育类型在社区的存在形态和发展特点；政策上，通过制度设计，探索终身教育、终身学习、正式学习和非正式学习在社区的发展路径，为未来社区学习场景构建创设有利的运行机制和政策保障条件；实践上，通过未来社区学习场景构建，探索社区范畴内托儿所、幼儿园、小学、中学、青少年学习机构、成人文化活动和文娱服务中心的资源整合，激活设计理念、打通物质资源、推出服务产品，形成城乡一体、社区间联纵、社区内创生的学习共同体。

未来社区学习场景构建要体现关键特征对核心要素的呼应

省委、省政府为未来社区建设设置了人本化、生态化和数字化的价值坐标，这是未来社区建设的宏大愿景和基本原则。在未来社区试点和逐渐推广的建设行动中，未来社区学习场景构建要以3个价值坐标为原点，又不囿于这3个价值坐标。从时空的布局上来看，社区发展受建设类型（新建、拆建和改建）、资金、规模、人文、历史传统等软硬件因素的影响，要拓宽各类资源的联系和整合渠道，让绿色、环保、智能等元素在学习环境的设计中得到体现；在理念的落实上，要充分尊重社区各类人群的发展需求与时代特征，让人的发展、社区的发展和城市的发展在时代发展的范畴内达到点线面上的统合；在试点社区实践中，可以寻求高频率、模块化的学习场景组合元素，探索形成可供多方选择的建设模板和社区营造范式，最终形成普适和规范、共性与个性、城市与社区辩证统一的未来社区学习场景品牌。

未来社区学习场景的服务形式要实现公益性与市场化的融通

未来社区学习场景的服务对象多样、办学形式多元。不同的服务对象对应不同的办学形式和办学性质，不同的功能体现不同的服务宗旨，有交叉有重叠也有错位，发展形态缤纷多彩。未来社区学习场景设置要统筹利用社区内外各类资源，通过政府、企业、社会组织和社区等主体创新工作方式，把社会资源转化为学习资源，把组织和个人的资源转化为社区公共学习资源，引领可预期和可期待的未来学习者的学习需求。在办学性质上，教育公益性特点并不排斥产业性质，两者也不是零和关系。教育市场化是对多元学习需求的有效回应。要鼓励社会资本、民间组织参与社区学习场景的设置与运行，消除公益、半公益和市场之间的藩篱，构建互惠互利、并存发展的格局。

未来社区学习场景的服务载体须推动新技术与旧传统的融合

新技术影响人的学习理念和学习方式，从不同维度重构社区学习基本理念，以不同的方式重塑社区知识场域。从基础构建到运行机制，从组织形式到学习场所，从目标设置到质量检测，新技术渗透并深刻影响终身学习的各类主体、各个阶段、各个环节。另一方面，传统社区是在熟人社会中孕育家庭伦理和邻里秩序。新技术的介入，如网络教育、人机互动、智能体验等催生社区居民的泛在学习、具身学习。理念更新和技术配置已经成为未来学习的新常态，也进一步敦促我们去思考社区学习场景构建中的工具理性和价值理性、科技主义和人文精神、变革与传承等诸多关系，从而在新与旧、现代与传统、城市与乡村之间找到平衡、达成共识，最终形成发展的共同体。

【作者单位：浙江省终身教育研究与评价中心、浙江广播电视大学终身教育研究院】

新发展格局：如何畅通国民经济循环

嘉　宾

张占斌

国家哲学社会科学一级教授、中央党校（国家行政学院）马克思主义学院原院长

习近平总书记在经济社会领域专家座谈会上强调，以畅通国民经济循环为主构建新发展格局。2020年5月23日，在看望参加全国政协十三届三次会议的经济界委员时，习近平总书记指出，要着力打通生产、分配、流通、消费各个环节，逐步形成以国内大循环为主体、国内国际双循环相互促进的新发展格局。构建新发展格局的战略意义是什么？如何打通堵点痛点，畅通国民经济循环？张占斌教授接受记者采访。

满足人民对美好生活的需要，是共产党人天大的正事

记者：自2020年5月14日在中央政治局常委会会议上首次提出构建以国内大循环为主体、国内国际双循环相互促进的新发展格局以来，习近平总书记已多次在公开场合强调这一战略抉择。请您谈谈对新发展格局的理解。

张占斌：新发展格局这个事情在习近平总书记心中特别重要。这是中国经济发展进入新阶段，习近平总书记站在中国特色社会主义进入新时代的历史高度提出来的，是涉及国家长远发展和经济社会安全的一个重大战略部署、战略棋局。“十四五”规划内容将在很大程度上与构建新发展格局有关，而新发展格局则不限于“十四五”时期，还有更长远的谋划。

第一，以国内大循环为主体，体现了以人民为中心的发展思想。经济社会发展进入新阶段需要以国内经济循环为主，以更好地满足国内消费和发展作为

一个落脚点，这是国家发展战略的转变。构建内需体系内涵丰富，既包括打通国民经济各环节堵点，还包括抓好保居民就业、保基本民生、提升重大疫情防控和公共卫生应急管理水平等重点工作，而这些都是坚持以人民为中心发展思想的基本体现。满足人民对美好生活的需要，是共产党人天大的正事。经济发展了，就要更加关注人民生活水平的提高。

第二，构建新发展格局，是实现我国经济从高速增长向高质量发展转变的战略举措。改革开放以来，我国采取了“大进大出、两头在外”的经济发展战略，推动了经济快速发展，应当说成效是显著的。但这种拼能源、拼消耗的粗放型发展方式难以为继，内需虽然有一定的发展，但并没有达到非常好的状态，也就是说投资、出口、内需和消费有失衡的地方。构建双循环相互促进的新发展格局，将有助于这些问题的解决，有利于经济实现从高速增长转向高质量发展。新发展格局更强调国内市场和国际市场的联通，更强调利用国内国际两个市场、两种资源，更强调消费和内需对经济的拉动作用，经济发展将更为均衡，也更具有可持续性。

第三，构建新发展格局，是维护产业链、供应链安全稳定和提升竞争力的必由之路。提升产业链、供应链竞争力，是维护我国产业安全、经济安全，维护国家安全的战略棋局。事实上，早在中美经贸摩擦之前，奥巴马政府就提出“再工业化”。现在，一些美国政客有“去中国化”、与中国“脱钩”的企图，我们要高度警惕。要将主动权掌握在自己手里，就必须趁机进行战略调整，科学布局产业链，确保重点产业安全和稳健发展，全力确保供应链，提高产业配套发展能力，以不变应万变。

第四，构建新发展格局，是增强忧患意识、统筹发展和安全的有效途径。统筹发展和安全，增强忧患意识，做到居安思危，是我们党治国理政的一个重大原则。谋划“十四五”时期乃至更长时期的经济发展，必须牢记习近平总书记强调的坚持总体国家安全观要求，坚定不移贯彻新发展理念，做好较长时间应对外部和内部环境变化的准备，强化底线思维，统筹发展和安全，筑牢国家经济安全的防线，真正实现更为安全的发展。

国民经济循环的主要堵点在哪儿

记者：新发展格局以国内大循环为主体、国内国际双循环相互促进，在我国当前的发展阶段和环境中，国民经济循环的主要堵点在哪儿？

张占斌：我认为，一方面，要把国内大市场和人民对美好生活的向往同中国制造业的比较优势很好地结合起来，进行统筹谋划。把生产、流通、消费这些环节做好，让它们血脉畅通，形成一个强有力的循环体系。

另一方面，习近平总书记强调要构建一个完整的内需体系。这个完整的内需体系，我理解就不仅仅是生产、消费、流通等具体环节，它还要有很多的经济政策经济改革、社会政策社会改革来支撑，在这些方面也有很多的空间和余地需要进行改革和深化。

要着力打通生产、分配、流通、消费各个环节。比如，生产环节的痛点、堵点主要是技术供给不足。有些领域的中高科技还受制于美国等西方国家。我们的产业在过去总体上仍属于中低端，少量向高端攀升，但从大国角度来讲，将来得有更多的产业处于并跑或者领跑状态。所以，从生产环节解决技术的“卡脖子”问题，显得尤为重要。中央也有针对性地采取了一些措施，提出要在市场经济条件下实行举国体制，来攻克一些痛点、难点、短板，特别是像半导体、机器人、自动化、装备制造等领域要加快补短板、强弱项。现在老百姓的需求呈现多样化、动态化、个性化甚至定制化发展。这要求我们企业积极适应变化，让供给更加灵活、更加精准、更加有效，这样将来在市场竞争中才能脱颖而出。

分配环节的堵点主要是居民收入问题。一方面，扩大国内需求，很简单的是要让老百姓手里的钱多一点，这样他们才敢去买东西、敢去消费。现在居民收入占 GDP 的比重较低，2018 年约为 42%，发达国家一般为 60%。居民收入过低，一定程度上会拉低总需求，进而影响总供给。另一方面，收入分配差距较大，近年来，中国基尼系数一直在 0.4 以上。过高的基尼系数造成经济二元结构突出，城乡之间差距过大。解决居民收入堵点问题，中等收入群体规模还需要扩大，建议实施中等收入群体倍增计划，争取 10 年时间翻一番；脱贫人口将有 1 亿多，“十四五”时期对这部分群体进行帮助扶持，也将推动消费需求。

流通环节的堵点主要是要素流通不畅和商品流通成本偏高。解决这些问题，一方面，要深化要素市场化配置改革。要让各种要素，比如资本、土地、人才、技术、信息，包括数据，能够尽快地在市场上进行配置，在市场上自由地流通，减少人为因素的阻碍或不必要的限制。这样的话，它可以产生更好的互动效应，充分展现出市场机制的作用。另一方面，进一步降低商品流通成本。中国物流总成本占 GDP 的比重约为 14%，发达国家是 10%以下。这说明流通成本有降低的余地。比如说公路、铁路、航运、管道运输等方方面面要进一步实现有效链接，既提高效率，又降低费用、减少浪费，提高商品的周转率。

消费环节也有些堵点。比如说，现在整个国民经济发展中一直强调要避免脱实向虚，但现在确实有大量资金在房地产、金融领域中空转，其中有一大部分在金融体系中空转，就是钱生钱，而没有直接到实体经济最需要的战场上去。目前实体经济肯定是缺血的，如果长时间缺血，它就很难守住这块阵地。另外大量资金进入房地产推高房价，这也不利于社会总需求的增长。

如何打通国民经济循环中的堵点

记者：畅通国民经济循环是构建新发展格局的基础，您认为应如何打通在生产、分配、流通、消费各环节中的堵点？

张占斌：解决这些问题一是要牢牢把握供给侧结构性改革这条主线不动摇。要不断提高我们的生产效率、增强产品竞争力，更好地满足人民的生活需要。在保持总需求不变或有增长的情况下，推动供给侧改革，发挥市场的决定性作用的同时更好地发挥政府的作用。将财政货币政策与投资消费潜力很好地结合起来。不断完善要素市场化配置体制机制，进一步激发民间投资特别是中小企业的活力，这方面还有很大的空间。最近，习近平总书记在主持召开企业家座谈会时提到要千方百计把市场主体保护好，保市场主体就是保社会生产力，这点十分重要。

二是要在城乡一体化上做文章，特别是在推动新型城镇化上做文章。大量农民进城，各种消费水平也会不断提升，需要我们对一些政策进行创新，使保障政策更好地落地，特别是要将城市群、中心城市的作用发挥出来，引领经济增长，这样农民进城、农民变市民，新型城镇化的进程就会不断加快。

三是要把投资这件事情做好，发挥有效投资的作用。不是大水漫灌，而是要喷灌、滴灌，要精准投资，把钱用在刀刃上。当下要特别注重数字经济、智能制造、5G、生命健康、新材料等一些新的战略性产品。这次疫情以后，人们对健康有了更深刻的认识，生命健康领域有很大的需求，有很大的潜力可以释放。

四是对产业链要想办法补短板、锻长板。我们是制造业大国，比较优势很明显，战略纵深很大，我们要把产业链、供应链和大市场有机地结合起来，把消费和大市场也有机结合起来，将来“中国制造”加上“中国消费”会创造出一个强大的中国市场。这对于我们中国来说意义重大。因此，现在要支持市场主体通过创新、产业升级培养一批单项冠军，在一些技术领域为国家抢占制高点，这点十分重要。

五是要深化基础性改革。特别是要按照《中共中央 国务院关于新时代加快完善社会主义市场经济体制的意见》，从各个领域分门别类地进行改革。一方面，要加快完善市场基础性体制。比如产权制度，知识产权保护要公开透明，全面实施市场准入负面清单制度，这对于稳定市场预期非常重要。另一方面，要创造更好的营商环境。政府推动经济发展的首要任务就是要营造更好的营商环境，比如要平等对待市场主体，规范创新监管执法，夯实法治保障基石。这些工作做得好，对于打通国内循环，提升国内市场竞争力非常重要。国内市场竞争力弄好了，就有更大的决心、信心和勇气来推动国际循环。

如何克服国际循环中存在的主要问题

记者：构建新发展格局。是重塑我国国际合作和竞争新优势的战略抉择。从国内国际双循环相互促进的角度看，如何克服国际循环中存在的主要问题？

张占斌：在扩大内需的同时，我们还要眼睛盯着国际市场。畅通国内国际循环，不只是畅通人流、物流、要素流，更要促进国内国际市场规则和标准的有机相容。改革创新体制机制，从制度、技术、规则上打通国内循环与国际循环相互融合、相互促进的痛点和堵点。

要防止两个循环体系的脱钩，促进国内外市场有效贯通。坚持进口与出口并重、利用外资和对外投资协调，提高国内国际两个市场、两种资源的黏合度，采取一切措施坚决防止两个循环生态体系的脱钩。外向型企业仍然需要面向全球，注重恢复国际供应链，向国际市场打拼。

首先，我们自己得守规矩。和别人打牌，要按一样的规则出牌，得适应国际规则，规则中不合理的地方可以商量修改；合理的地方，我们要遵照执行。

其次，通过各种谈判确定新的合作与竞争规则。积极开展区域合作，比如和日韩、东盟，还有其他一些国家，把区域合作弄得更好一点。

再次，实行高水平开放，建立和国际市场相对接的体制机制。由过去强调的要素型开放，更多地转向制度型开放。通过制度的对接、体制的对接来畅通国际循环，特别是通过 18 个自贸区和海南自由贸易港的建设，全部实施负面清单制度等。这对于我们稳定外资，包括自己走出去跟国际合作，都是很有利的。国际循环做得好，反过来它又推动国内循环，这样更有利于我们立足于国内，开眼看世界，把我们的发展步伐走得更稳。

最后，要发挥浙江人敢闯敢试的精神，想方设法寻找出路，包括开拓新的市场。浙江的一批民营企业有闯荡全球的市场经验，也取得了颇为显著的成效。浙江的各级党委、政府有很强的改革精神和服务意识。我去浙江做过调研，像“最多跑一次”改革等，都是想着为企业服务，帮助企业克服困难。浙江的这些好经验应该尽可能地以制度化的形式在全国进行推广、复制，以此来推动市场化程度的提高，打造一个高水平的营商环境。另外，政府需要进一步加大知识产权的保护力度，在涉及企业家的问题上要特别慎重，在保护市场主体、激发市场主体活力上，还可以有更大的作为。

三个地·理论周刊

加快构建新发展格局

新发展格局:如何扩大国内需求

——访著名经济学家、中国社科院研究员刘迎秋

本报记者 潘如龙 周宇晗 章 忻

之江会客厅

嘉宾简介

刘迎秋 著名经济学家，经济学博士，中国社会科学院研究员，博士生导师，终身享受国务院特殊津贴专家和中国社会科学院院级突出贡献专家，原中国社会科学院研究生院院长兼中国社会科学院学位委员会秘书长。

主要研究领域为宏观经济运行与管理、经济发展与增长、民营经济理论与政策，在期货市场理论与实务领域也有较多建树。在国内外重要学术刊物上发表学术论文和理论文章500多篇，独著和主编学术专著30余部。

今年以来，习近平总书记多次强调要加快形成以国内大循环为主体、国内国际双循环相互促进的新发展格局。党的十九届五中全会提出，"形成强大的国内市场，构建新发展格局"。如何牢牢把握扩大内需这个战略基点，加快培育完整的内需体系？本报记者为此采访了著名经济学家、中国社科院研究员刘迎秋先生。

以创新驱动、高质量供给引领和创造新需求

记者：*习近平总书记提出，面向未来，我们要把满足国内需求作为发展的出发点和落脚点，加快构建完整的内需体系。怎样理解国内需求对于新发展格局的重要性？*

刘迎秋：加快形成以国内大循环为主体、国内国际双循环相互促进的新发展格局，既是党中央适应国内外形势的新变化、为稳定和促进我国经济持续健康发展而作出的战略部署，也是我国经济发展到一定阶段的内在要求。经过70多年的建设与发展，特别是40多年的改革与开放，我国经济社会发展整体水平和国民生活水平均有了很大提升，形成了较为健全的国民经济结构和较为完整的国民经济体系。但是，在更好满足人民日益增长的美好生活需要和进一步提升国民福祉的要求下，在国内外发展格局发生重大变化、贸易保护主义和单边主义重新抬头的背景下，经济发展就需要从较多依赖国际经济循环转向构建以国内大循环为主体、国内国际双循环相互促进的新发展格局。

国内市场是形成新发展格局、拉动经济增长的重要引擎。事实上，从2008年国际金融危机爆发以来，我国经济便开始向以国内大循环为主体转变。例如，经常项目顺差同国内生产总值的比率从2007年的9.9%降至现在的不到1%，国内需求对经济增长的贡献率有7个年份超过100%。随着世界经济低迷、全球市场萎缩的不断深化，中国年度国民经济活动总量在全球的比重会越来越高、贸易顺差也会越来越缩小，中国经济必然会越来越依赖内需的发展。

记者：*党的十九届五中全会提出，要把实施扩大内需战略同深化供给侧结构性改革有机结合起来，以创新驱动、高质量供给引领和创造新需求。*

刘迎秋：是的。满足国内需求，首先要紧紧抓住供给侧结构性改革这条主线。其一，虽然我国经济整体结构已经比较完善，但层次还比较低，有自主产权的高附加值产品所占比重还不够大，高质量产品和服务的供给还不能与不断提高的国民需求相匹配，需要通过更新更先进的生产工艺和技术生产出更好的产品、提供更好的服务。供给侧结构性改革的核心在于技术，包括技术的更新、创新、升级与换代，唯有如此才能全面推动产业结构的调整、产品生产的集聚、产业链条的发展与完善。

其二，过去我们有相当数量的核心生产环节依赖国外技术，存在产业链受制于人的问题。世界百年未有之大变局及其不断发生的新变化，使我们更加深刻地感受到必须进一步构建和完善国内更高水平的产业链、培育更多更高技术含量和更高附加值的新产能、新产业。

满足国内需求，也要解决需求侧的问题。中央政治局常委会会议强调，要充分发挥我国超大规模市场优势和内需潜力。我国人口和市场基数是超大的，问题在于怎样培育出更大的新优势、挖掘出新潜力？我认为，解决需求侧问题的关键是优化投资需求结构和促进消费需求升级。

满足国内需求，既要抓供给侧也要抓需求侧

记者：*经济学上常将投资、消费和出口比喻为拉动国民经济增长的"三驾马车"。从投资的角度看，您认为优化投资需求结构的侧重点在哪儿？*

刘迎秋：一方面要正视、重视并引导好房地产、金融等热门投资需求，提高资金的使用效率。例如，在解决房地产行业投资过热的问题上，中央明确提出，房子是用来住的，不是用来炒的。同时，房子也是商品，要更多运用市场手段和法律手段，通过市场内部的自我调节和市场的规范化、标准化、法治化来稳定房市、适度发展，满足不同类型、不同层次的住房需求。

另一方面，也要进一步扩大各类有效投资。为应对新冠肺炎疫情冲击，中央和地方不仅推出各类专项债务、抗疫特别国债，而且将刺激投资的新方向放在推进新型基础设施、新型城镇化、交通水利等重大工程这"两新一重"建设上，这是对的。与此同时，仍然要进一步加强和优化传统基建以及传统产业的更新改造投资，完善投资结构，加大公共卫生、应急物资储备、防灾减灾、旧城改造、农业农村等领域补短板力度。

投资不仅要盯住国家层面的项目，还要盯住企业自主投资项目；不仅要盯住企业自主投资，还要盯住不同群体的投资。对传统产业改造升级的投资要尽快提到日程上来，把它作为优化投资结构的一个重要方面。

其一，传统产业多为服装鞋帽、日用工业品、食品以及现代耐用品等与国计民生紧密相关的产业，但普遍存在技术含量不高等问题。这表明，传统产业领域仍然需要追加投资，推动传统产业更好、更高质量发展，以满足不断升级的消费需求。在聚力畅通国内大循环的背景下，未能得到满足的基础性消费，既是挑战更是商机，问题和困难最多的行业也是取得成功机会最多的行业。

其二，互联网行业的超级红利虽然正在消退，但整体红利仍然普遍存在，并且正在深度融入实体经济，"互联网＋工业制造""互联网＋商品流通"和"互联网＋消费"等模式正在成为主流。企业可以在这方面加大投资。

其三，实体经济是其他各类经济活动的基础。不管是技术创新、工具创新还是业态创新，一切创新最终都要回归到实体经济中来，回归到生产经营效率的提升上来。具体到传统产业上，旧的机器设备、旧厂房跟不上行业标准和实际需要，必须更新；生产环境卫生不达标，清洁化水平不够高，要加快整改；新的生产线和产品研发也需要资金投入。越来越多的传统产业已经站上了风口，向新能源、新材料、节能环保等战略性新兴产业转型升级。

全面促进消费，增强消费对经济发展的基础性作用

记者：*党的十九届五中全会提出，要顺应消费升级趋势，提升传统消费，培育新型消费，适当增加公共消费。今年，新冠肺炎疫情对经济形势造成了一定冲击，前三季度全国居民人均消费支出比上年同期名义下降3.5%，实际下降6.6%。如何提振国民消费信心，全面促进消费？*

刘迎秋：最终消费分两种，居民消费和政府消费。总体而言，政府消费应该走节约的道路，建设节约型政府，通过更合理的分配方式让利于民，更多地让老百姓去消费。我认为，要使中国的国内大循环健康发展，重点在于引导消费。

怎样引导消费？目前各地采取的举措有降低贷款利率、发放消费券等，都起到了较好的作用。但降低贷款利率，可能导致大量的货币冲击市场，特别是投机市场。长时间发放消费券，可能带来通货膨胀——适度的通货膨胀可以带来"货币幻觉"，产生拉动需求、推动供给的效应；但恶性的通货膨胀将给社会带来颠覆性的影响甚至破坏作用，是对国民福祉的严重损害。因此，严格说来，上述举措都是应急性、暂时性的。

经济学基本原理告诉我们，广大民众的消费水平最终取决于其可支配收入水平。在收入水平给定的情况下，民众会按照自己收入的生命周期来安排消费，所以消费是分层次、分阶段、有周期的。大家经常强调中国有14亿人口，是一个巨大的市场，有数量优势，但是，如果人们对自己的收入没有稳定增长的预期，就不会、不愿、甚至不敢更多消费，这样一来，内需市场的潜力就无从谈起。必须清醒地看到，消费是收入的函数，收入是就业的函数，就业是企业的函数，企业是企业家的函数。企业家没有信心，企业就没有活力，就业就不能提振，收入就没有提升基础，居民没有收入就不可能有更多、更大规模的消费。所以我说，消费不是"刺激"的，也是不需要"刺激"的。消费作为收入的函数，只能是通过引导使大众作出理性、科学和能够带来更大效用的消费支出安排。

因此，要扩大消费进而拉动国内需求，就要提高居民的可支配收入水平。而其中尤为重要的一点，就是做好就业和企业发展的推动工作，要保居民就业、保市场主体。有数据显示，当前，民营企业就业存量占比近80%，增量占比接近甚至超过100%，民营企业是城镇就业的最大保障。因此，保市场主体，重点是保民营企业。要牢牢抓住民营企业这个"关键变量"，宣传、弘扬企业家精神，大力支持民营企业发展，以此来保证为社会源源不断地提供更多就业岗位、更大幅度提升劳动者和广大居民的可支配收入水平。

除此之外，要把边际消费倾向相对较高、消费潜力较大的中低收入者作为引导、拉动消费的主体。这方面工作的重点有：加快完善教育、医疗、失业、住房、养老等社会保障体制机制，加大社会保障力度；加快推进城乡一体化改革，解决两亿多农民工的户籍、住房、子女教育、社保等难题，使他们享受到稳定的市民待遇；大力推进乡村振兴和新农村建设；进一步提高农村居民的社保水平、扩大农村社保覆盖面，推出更多像新农合一样的社保新产品；进一步清理旅游、教育、培训等领域"高物价""乱收费"现象，加大监督和惩戒力度，如此等等。总之，要创造稳定向好的生产环境和生活保障，使更多消费者能消费、敢消费、消费好。

浙江在新发展格局构建中要再创民营经济高质量发展新优势

记者：*您在上文中提出，保护和发展市场主体特别是民营企业对于提升居民收入、拉动内需、畅通国内循环意义重大。作为民营经济大省，浙江在构建新发展格局中是否占有先机？*

刘迎秋：浙江是民营经济大省，发展民营经济具有坚实的基础。然而，浙江大型制造业企业占比小，存在产业结构不尽合理、产学研转化不够畅通、企业经营管理仍有代际缺口和接续不力等问题。浙江要加快融入国内国际双循环、融入和引领新发展格局，优势和重点之一在于再创民营经济高质量发展新优势。具体来讲可以采取以下几种举措：

一是鼓励、引导企业兼并重组、股份合作。充分发挥市场的资源配置功能，整合有效市场资源，推动更多大企业和小企业或中小企业间的联合、合作。通过企业兼并、股权转让、股份合作等实现企业兼并重组的重要机制和方式，形成更多大型、超大型、高附加值和高技术含量的制造业企业，快速提升产业层级和行业集中度，培育壮大更多新的产业增长极。

二是在块状经济的基础上推动区块之间链的相连、形成更多更高水平的产业集群。浙江块状经济发达，且具有明显的地方特色，但同时也存在横向割据、低产能、同质化竞争等问题。要探索加强块状经济之间的链接合作，尤其要运用数字赋能手段，通过科创走廊、产业飞地、工业互联网等平台载体，推动资源要素更加自由地流动，增强区域内协同分工和整体抵御风险能力。

三是要做好引导消费的工作，就必须在产品的迭代升级上下功夫。消费的基础是生产。因此，要尤为重视企业创新能力的提升。对于现有产品和服务，好用的可以考虑进一步简化使用或促其降低成本、提高质量；资源能源消耗多的要降低消耗；技术含量低的要向技术含量高的靠拢；容易造成污染的要通过研发更多清洁产品加以替代，并由此用优质供给促进、引导和推动消费。

四是要积极帮助和扶持有发展潜力的企业更好发展。要对浙江经济发展的新趋势、新特色进行排序，把发展注意力和政策倾斜集中到排序层级高、发展前景好、发展后劲足的领域和企业上。对于目前发展面临一定瓶颈的支柱型民营企业，要帮助他们总结分析成功与衰落的经验教训，使其顺利走出困境、重振雄风。在这方面，政府要主动担当，牢固树立"民营企业和民营企业家是我们自己人"的理念，主动组织专业力量帮助他们分析问题、加大纾困扶持力度，增强企业家信心，坚定企业家发展的决心和恒心。另一方面，也要重视发挥民间力量。社会组织、行业协会、商会要在帮助企业上做更多工作。企业与企业之间也可以通过相互帮扶共谋发展。而对于发展迅速、条件优越、具有一定基础的战略性新兴产业和未来产业，如人工智能、机器人、大数据、区块链等，要鼓励和引导好，抓好数字经济"一号工程"，推动浙江做数字化、智能化生产的领头羊。

总而言之，要总结改造传统的、发现促进新兴的、梳理提高支柱型的，做到包容、有序发展；要保护企业、保护企业家，弘扬企业家精神，在推动企业更好更快更高质量发展的基础上，提升企业效率、增加劳动就业、提高劳动收入、拉动国内需求，加快形成以国内大循环为主体、国内国际双循环相互促进的新发展格局。

扫一扫 看访谈 全视频

之江青年论坛

提升环境治理水平的三个着力点

尹晓敏

作为习近平生态文明思想的重要萌发地和绿水青山就是金山银山理念的发源地，浙江自提出生态省建设战略以来，先后推出了"千村示范、万村整治"工程、全国首个跨省流域生态补偿机制、"河长制"等一系列先行先试举措，在全省掀起了一场全方位、系统性的绿色革命，走出了一条经济转型升级、资源高效利用、环境持续改善的绿色高质量发展之路。2019年，我省通过生态环境部组织的国家生态省建设试点验收，建成了全国首个生态省。

为了深入贯彻落实党的十九届五中全会精神，促进我省经济社会发展全面绿色转型，"十四五"期间浙江将在更深层次、更广领域落实绿水青山就是金山银山理念和全域美丽大花园建设的战略部署，围绕建设美丽中国先行示范区，创造性地实施一批更具省域特色的环境治理硬核措施，不断开辟绿色发展新境界，让绿色成为浙江发展最动人的色彩。我省应更注重从如下方面提升环境治理水平：

环境治理对象应更注重全面性

"十四五"时期是浙江低碳发展的关键期，是扎实推进我省海洋生态保护的历史窗口期，也是实施山水林田湖草生态保护修复工程的全面发力期，还是我省全域加速"无废城市"建设、破解固体废物管理难题的纵深推进期。

在梳理评估浙江现有生态环境质量考核体系的基础上，应当根据《深化生态文明示范创建 高水平建设新时代美丽浙江规划纲要(2020—2035年)》等文件精神，全面推进碧水、蓝天、净土、清废等行动，优化完善考核指标，以科学合理的考核体系为重要抓手全面深化生态环境治理，使浙江的绿色发展所涉领域更为广泛、治理对象更为全面、工作开展更为有效。

例如，对标2030年前碳排放达峰、2060年前碳中和的国家承诺，改进我省控制温室气体排放类指标；以美丽海湾、美丽海洋建设为主线和载体，针对我省近岸海域水环境质量不佳这一短板，修改完善近岸海域水环境质量考核评价指标，突出总氮、总磷排放控制；聚焦省级山水林田湖草生态保护修复试点工作，设立能够充分反映区域特色的生态保护修复评价指标；在充分参考吸纳国家"无废城市"最新指标的基础上，以固体废物减量化和资源化利用为核心，结合我省工作实际优化全域"无废城市"建设目标指标，并将全域"无废城市"建设纳入美丽浙江建设考核体系等。

环境治理方式应更注重系统性

这里的"系统性"主要有3个方面的要求：首先，注重从经济、生态与社会三大系统良性互动、包容共进的角度实现环境治理。通过统筹好生产、生活、生态三大空间布局，充分发挥省域环境治理的主观能动性，在推动经济高质量发展的过程中，实现经济社会发展与生态资本、生态盈余、绿色GDP的同步增长。其次，注重以系统思维推进生态环境的协同治理和生态系统内部的整体性发展。习近平总书记指出，要用系统论的思想方法看待问题，生态系统是一个有机生命躯体，应该统筹治水和治山、治水和治林、治水和治田、治山和治林。因此，我省应当基于对区域自然系统的生态安全阈值、环境承载度和容纳力的审慎评估，充分考虑生态系统的内在运行逻辑，对各个生态要素进行统筹管理和整体保护，强调在"多规合一"框架下环境治理的"全省一盘棋"理念，力避"就水治水""就土治土"等条块性、碎片化治理。最后，要改变环境治理过多依赖行政手段的现象，善于系统性地运用行政、经济、市场、法治、科技等多种手段助力环境治理。在以恪守行政合法性、合理性原则为前提谨慎使用行政手段的同时，还应充分运用经济手段(如环境税收、污染者付费、政府对环保项目的拨款补助)、市场手段(如加速推进碳汇交易、水权交易、排放权交易等生态资产市场建设)、法治手段(如完善环保法规体系、强化浙江环境执法效果、办好浙江环境司法案件)、科技手段(如通过科技创新实现绿色治理新突破)等，以提升环境治理的有效性。

环境治理制度应更注重基础性

"十四五"时期，要想构建浙江生态环境保护的长效机制，基础性制度建设的持续推进和实施落地是不可或缺的。

首先是环境信息化基础性制度。浙江应充分发挥互联网、大数据等信息技术优势，在现有制度基础上不断完善浙江生态环境监测网络与监测信息集成共享制度、生态环保综合协同管理信息平台建设制度、生态环境数字化转型建设制度、浙江"三线一单"数据应用管理平台建设制度等，通过环境信息化制度的建设实施推进生态环境数据共享，加大环境信息公开力度，助力解决环境治理中最突出的委托代理和外部性问题。

其次是权责基础性制度。建立权责一致、激励约束相容的环境安全监管责任体系是防范与化解环境责任风险的关键所在。浙江应当进一步健全生态环境监管正面清单制度、生态文明建设目标评价考核制度、生态环境损害赔偿制度、领导干部生态环境损害责任终身追究制度、领导干部自然资源资产离任(任中)审计制度、生态系统生产总值(GEP)核算制度等权责基础性制度，以权责制度之刚性筑牢绿色发展这一生命线。最后是治理基础性制度。"十四五"期间浙江生态环境机构监测监察执法垂直管理制度、"三线一单"生态环境精细化分区管治制度、"区域环评＋环境标准"审批制度、政企联动共治制度、生态环境领域"最多跑一次"改革制度等的健全完善和有效实施，对于充分发挥政府作为环境治理改革引领者、治理体系建设维护者的积极作用，并将绿色化发展的动力和压力传导给企业，促使企业恪守规则底线、把握"绿色机遇"、集聚"绿色动力"是十分必要的。

[本文系省社科规划课题成果]

【作者为浙江树人大学教授】

新发展格局：如何扩大国内需求

嘉　宾

刘迎秋
中国社会科学院研究员、研究生院原院长

2020年以来，习近平总书记多次强调要加快形成以国内大循环为主体、国内国际双循环相互促进的新发展格局。党的十九届五中全会提出，“形成强大的国内市场，构建新发展格局”。如何牢牢把握扩大内需这个战略基点，加快培育完整的内需体系？记者为此采访了著名经济学家刘迎秋。

以创新驱动、高质量供给引领和创造新需求

记者：习近平总书记提出，面向未来，我们要把满足国内需求作为发展的出发点和落脚点，加快构建完整的内需体系。怎样理解国内需求对于新发展格局的重要性？

刘迎秋：加快形成以国内大循环为主体、国内国际双循环相互促进的新发展格局，既是党中央适应国内外形势的新变化、为稳定和促进我国经济持续健康发展而作出的战略部署，也是我国经济发展到一定阶段的内在要求。经过70多年的建设与发展，特别是40多年的改革与开放，我国经济社会发展整体水平和国民生活水平均有了很大提升，形成了较为健全的国民经济结构和较为完整的国民经济体系。但是，在更好满足人民日益增长的美好生活需要和进一步提升国民福祉的要求下，在国内外发展格局发生重大变化、贸易保护主义和单边主义重新抬头的背景下，经济发展就需要从较多依赖国际经济循环转向构建以国内大循环为主体、国内国际双循环相互促进的新发展格局。

国内市场是形成新发展格局、拉动经济增长的重要引擎。事实上，从 2008 年国际金融危机爆发以来，我国经济便开始向以国内大循环为主体转变。例如，经常项目顺差同国内生产总值的比率从 2007 年的 9.9%降至现在的不到 1%，国内需求对经济增长的贡献率有 7 个年份超过 100%。随着世界经济低迷、全球市场萎缩的不断深化，中国年度国民经济活动总量在全球的比重会越来越高、贸易顺差也会越来越缩小，中国经济必然会越来越依赖内需的发展。

记者：党的十九届五中全会提出，要把实施扩大内需战略同深化供给侧结构性改革有机结合起来，以创新驱动、高质量供给引领和创造新需求。

刘迎秋：是的。满足国内需求，首先要紧紧抓住供给侧结构性改革这条主线。其一，虽然我国经济整体结构已经比较完善，但层次还比较低，有自主产权的高附加值产品所占比重还不够大，高质量产品和服务的供给还不能与不断提高的国民需求相匹配，需要通过更新更先进的生产工艺和技术生产出更好的产品、提供更好的服务。供给侧结构性改革的核心在于技术，包括技术的更新、创新、升级与换代，唯有如此才能全面推动产业结构的调整、产品生产的集聚、产业链条的发展与完善。

其二，过去我们有相当数量的核心生产环节依赖国外技术，存在产业链受制于人的问题。世界百年未有之大变局及其不断发生的新变化，使我们更加深刻地感受到必须进一步构建和完善国内更高水平的产业链、培育更多更高技术含量和更高附加值的新产能、新产业。

满足国内需求，也要解决需求侧的问题。中央政治局常委会会议强调，要充分发挥我国超大规模市场优势和内需潜力。我国人口和市场基数是超大的，问题在于怎样培育出更大的新优势、挖掘出新潜力？我认为，解决需求侧问题的关键是优化投资需求结构和促进消费需求升级。

满足国内需求，既要抓供给侧也要抓需求侧

记者：经济学上常将投资、消费和出口比喻为拉动国民经济增长的“三驾马车”。从投资的角度看，您认为优化投资需求结构的侧重点在哪儿？

刘迎秋：一方面要正视、重视并引导好房地产、金融等热门投资需求，提高资金的使用效率。例如，在解决房地产行业投资过热的问题上，中央明确提出，房子是用来住的，不是用来炒的。同时，房子也是商品，要更多运用市场

手段和法律手段，通过市场内部的自我调节和市场的规范化、标准化、法治化来稳定房市，适度发展，满足不同类型、不同层次的住房需求。

另一方面，也要进一步扩大各类有效投资。为应对新冠疫情冲击，中央和地方不仅推出各类专项债务、抗疫特别国债，而且将刺激投资的新方向放在推进新型基础设施、新型城镇化、交通水利等重大工程这“两新一重”建设上，这是对的。与此同时，仍然要进一步加强和优化传统基建以及传统产业的更新改造投资，完善投资结构，加大公共卫生、应急物资储备、防灾减灾、旧城改造、农业农村等领域补短板力度。

投资不仅要盯住国家层面的项目，还要盯住企业自主投资项目；不仅要盯住企业自主投资，还要盯住不同群体的投资。对传统产业改造升级的投资要尽快提到日程上来，把它作为优化投资结构的一个重要方面。

其一，传统产业多为服装鞋帽、日用工业品、食品以及现代耐用品等与国计民生紧密相关的产业，但普遍存在技术含量不高等问题。这表明，传统产业领域仍然需要追加投资，推动传统产业更好、更高质量发展，以满足不断升级的消费需求。在聚力畅通国内大循环的背景下，未能得到满足的基础性消费，既是挑战更是商机，问题和困难最多的行业也是取得成功机会最多的行业。

其二，互联网行业的超级红利虽然正在消退，但整体红利仍然普遍存在，并且正在深度融入实体经济，“互联网＋工业制造”“互联网＋商品流通”“互联网＋消费”等模式正在成为主流。企业可以在这方面加大投资。

其三，实体经济是其他各类经济活动的基础。不管是技术创新、工具创新还是业态创新，一切创新最终都要回归到实体经济中来，回归到生产经营效率的提升上来。具体到传统产业上，旧的机器设备、旧厂房跟不上行业标准和实际需要，必须更新；生产环境卫生不达标，清洁化水平不够高，要加快整改；新的生产线和产品研发也需要资金投入。越来越多的传统产业已经站上了风口，向新能源、新材料、节能环保等战略性新兴产业转型升级。

全面促进消费，增强消费对经济发展的基础性作用

记者：党的十九届五中全会提出，要顺应消费升级趋势，提升传统消费，培育新型消费，适当增加公共消费。2020 年，新冠肺炎疫情对经济形势造成了一定冲击，前三季度全国居民人均消费支出比上年同期名义下降 3.5%，实际

下降6.6%。如何提振国民消费信心，全面促进消费？

刘迎秋：最终消费分两种，居民消费和政府消费。总体而言，政府消费应该走节约的道路，建设节约型政府，通过更合理的分配方式让利于民，更多地让老百姓去消费。我认为，要使中国的国内大循环健康发展，重点在于引导消费。

怎样引导消费？各地采取的举措有降低贷款利率、发放消费券等，都起到了较好的作用。但降低贷款利率，可能导致大量的货币冲击市场，特别是投机市场。长时间发放消费券，可能带来通货膨胀——适度的通货膨胀可以带来“货币幻觉”，产生拉动需求、推动供给的效应；但恶性的通货膨胀将给社会带来颠覆性的影响甚至破坏作用，是对国民福祉的严重损害。因此，严格说来，上述举措都是应急性、暂时性的。

经济学基本原理告诉我们，广大民众的消费水平最终取决于其可支配收入水平。在收入水平给定的情况下，民众会按照自己收入的生命周期来安排消费，所以消费是分层次、分阶段、有周期的。大家经常强调中国有14亿人口，是一个巨大的市场，有数量优势，但是，如果人们对自己的收入没有稳定增长的预期，就不会、不愿甚至不敢更多消费。这样一来，内需市场的潜力就无从谈起。必须清醒地看到，消费是收入的函数，收入是就业的函数，就业是企业的函数，企业是企业家的函数。企业家没有信心，企业就没有活力，就业就不能提振，收入就没有提升基础，居民没有收入就不可能有更多、更大规模的消费。所以我说，消费不是“刺激”的，也是不需要“刺激”的。消费作为收入的函数，只能是通过引导使大众作出理性、科学和能够带来更大效用的消费支出安排。

因此，要扩大消费进而拉动国内需求，就要提高居民的可支配收入水平。而其中尤为重要的一点，就是做好就业和企业发展的推动工作，要保居民就业、保市场主体。数据显示，当前，民营企业就业存量占比近80%，增量占比接近甚至超过100%，民营企业是城镇就业的最大保障。因此，保市场主体，重点是保民营企业。要牢牢抓住民营企业这个“关键变量”，宣传、弘扬企业家精神，大力支持民营企业发展，以此来保证为社会源源不断地提供更多就业岗位、更大幅度提升劳动者和广大居民的可支配收入水平。

除此之外，要把边际消费倾向相对较高、消费潜力较大的中低收入者作为引导、拉动消费的主体。这方面工作的重点有：加快完善教育、医疗、失业、住房、养老等社会保障体制机制，加大社会保障力度；加快推进城乡一体化改革，解决2亿多农民工的户籍、住房、子女教育、社保等难题，使他们享受到稳定的市民待遇；大力推进乡村振兴和新农村建设，进一步提高农村居民的社保水平、扩大农村社保覆盖面，推出更多像新农合一样的社保新产品；进一步清理旅游、教育、培训等领域“高物价”“乱收费”现象，加大监督和惩戒力度；等等。总之，要创造稳定向好的生产环境和生活保障，使更多消费者能消费、敢消费、消费好。

浙江在新发展格局构建中要再创民营经济高质量发展新优势

记者：您在上文中提出，保护和发展市场主体特别是民营企业对于提升居民收入、拉动内需、畅通国内循环意义重大。作为民营经济大省，浙江在构建新发展格局中是否占有先机？

刘迎秋：浙江是民营经济大省，发展民营经济具有坚实的基础。然而，浙江大型制造业企业占比小，存在产业结构不尽合理、产学研转化不够畅通、企业经营管理仍有代际缺口和接续不力等问题。浙江要加快融入国内国际双循环、融入和引领新发展格局，优势和重点之一在于再创民营经济高质量发展新优势。具体来讲可以采取以下几种举措。

一是鼓励、引导企业兼并重组、股份合作。充分发挥市场的资源配置功能，整合有效市场资源，推动更多大企业和小企业或中小企业间的联合、合作。通过企业兼并、股权转让、股份合作等实现企业兼并重组的重要机制和方式，形成更多大型、超大型、高附加值和高技术含量的制造业企业，快速提升产业层级和行业集中度，培育壮大更多新的产业增长极。

二是在块状经济的基础上推动区块链之间的相连、形成更多更高水平的产业集群。浙江块状经济发达，且具有明显的地方特色，但同时也存在横向割据、低产能、同质化竞争等问题。要探索加强块状经济之间的链接合作，尤其要运用数字赋能手段，通过科创走廊、产业飞地、工业互联网等平台载体，推动资源要素更加自由地流动，增强区域内协同分工和整体抵御风险能力。

三是要做好引导消费的工作，就必须在产品的迭代升级上下功夫。消费的基础是生产。因此，要尤为重视企业创新能力的提升。对于现有产品和服务，好用的可以考虑进一步简化使用或促其降低成本、提高质量；资源能源消耗多的要降低消耗；技术含量低的要向技术含量高的靠拢；容易造成污染的要通过研发更多清洁产品加以替代，并由此用优质供给促进、引导和推动消费。

四是要积极帮助和扶持有发展潜力的企业更好发展。要对浙江经济发展的新趋势、新特色进行排序，把发展注意力和政策倾斜集中到排序层级高、发展前景好、发展后劲足的领域和企业上。对于目前发展面临一定瓶颈的支柱型民营企业，要帮助他们总结分析成功与衰落的经验教训，使其顺利走出困境、重振雄风。在这方面，政府要主动担当，牢固树立“民营企业和民营企业家是我们自己人”的理念，主动组织专业力量帮助他们分析问题、加大纾困扶持力度，增强企业家信心，坚定企业家发展的决心和恒心。同时，也要重视发挥民间力量。社会组织、行业协会、商会要在帮助企业上做更多工作。企业与企业之间也可以通过相互帮扶共谋发展。对于发展迅速、条件优越、具有一定基础的战略性新兴产业和未来产业，如人工智能、机器人、大数据、区块链等，要鼓励和引导好，抓好数字经济“一号工程”，推动浙江做数字化、智能化生产的领头羊。

总而言之，要总结改造传统的、发现促进新兴的、梳理提高支柱型的，做到包容、有序发展；要保护企业、保护企业家，弘扬企业家精神，在推动企业更好更快更高质量发展的基础上，提升企业效率、增加劳动就业、提高劳动收入、拉动国内需求，加快形成以国内大循环为主体、国内国际双循环相互促进的新发展格局。

以消费导向促进新发展格局构建

本报记者 潘如龙 章 忻 周宇晗

之江会客厅

嘉宾简介

迟福林 研究员，博士生导师，第十一届、十二届全国政协委员。中国(海南)改革发展研究院院长，中国特色自由贸易港研究院院长，兼任中国经济体制改革研究会副会长、中国行政体制改革研究会副会长。

享受国务院特殊津贴专家，曾获全国“五个一工程”奖、孙冶方经济科学论文奖、中国发展研究奖等多项荣誉，入选“影响新中国60年经济建设的100位经济学家”、《20世纪中国知名科学家学术成就概览(经济学卷)》。多年致力于经济体制改革理论与实践研究。

党的十九届五中全会提出，形成强大国内市场，构建新发展格局。中国拥有14亿人的消费大市场，这是一个得天独厚的战略资源。如何最大程度地激发我国的消费潜力，以消费为导向促进新发展格局的构建？日前，本报记者采访了著名经济学家、中国(海南)改革发展研究院院长迟福林。

服务型消费是释放14亿人消费潜力的关键

我国已进入消费新时代，消费成为拉动经济增长的第一动力，实现增长方式由投资导向转向消费导向是个客观趋势。加快构建以国内大循环为主体、国内国际双循环相互促进的新发展格局，关键在于扩大内需、释放14亿人的消费潜力。迟福林认为，扩大内需不仅可以释放国内大市场的潜力，同时也是实现高水平对外开放的关键，建设强大国内市场是推进高水平开放的务实选择，对后疫情时期的世界经济增长是个重大利好。

迟福林认为，释放14亿人的消费需求重点在于服务型消费。2019年，我国居民服务型消费占比为45.9%，估计“十四五”时期服务型消费每年大约提升0.8~1个百分点左右，到2025年居民服务型消费占比将超过50%。这表明我国将逐步进入服务型消费社会。如何理解服务型消费？迟福林指出，当前人们的消费已经不满足于单纯的物质消费，更需要文化、教育、医疗、旅游、信息等能满足美好生活需求的消费。

畅通国内大循环的关键在于实现产业结构升级，使服务型消费与人们的需求相适应，这就倒逼传统产业转型升级，促进科技变革，推动现代服务业、服务制造业、绿色产业发展。另外，消费结构升级将促进城乡融合发展。迟福林认为，“十四五”时期要将促进和激活农村消费新业态作为重点发展方向，推进农村生活方式和生产方式的革命性变革。一方面，进一步畅通城乡经济循环；另一方面，放大农村经济功能，为形成全面融合的新型城乡关系奠定坚实的经济基础。

同时，服务型消费打通了国内各个市场之间的壁垒，开辟了新的消费领域，让经济活起来，有利于实现高质量发展。5月7日至10日，海南举行了首届中国国际消费品博览会，70个国家和地区的1505家企业带来2628个消费精品品牌参展，这表明中国的消费市场受到了全球市场的关注，也进一步激发了国内的消费热情。

服务型消费的快速增长，还有利于打通国际大循环中的部分堵点，对世界经济增长产生重要影响。随着服务业市场的不断开放，中国将成为全球最大规模的服务贸易市场和全球最大的服务型消费新增市场。迟福林预计，未来5年，我国服务进口规模有望累计达到2.5万亿美元，占全球比重将超过10%；未来15年，我国服务进口将超过10万亿美元。以数字经济、信息技术为代表的新兴服务贸易将成为新亮点，知识密集型服务进口在服务贸易中的地位将进一步提升，成为吸引国际市场的亮点之一。

以市场开放、监管转型发展服务型消费

在推动消费结构转型升级、发展服务型消费的过程中，政府与企业各自扮演什么样的角色？迟福林针对市场开放度、政府的监管转型等，给出了相关建议。

扩大市场开放度，培育多种类型的市场主体。迟福林认为，发展服务型消费，需要开拓与老百姓需求相适应的服务业市场。过去的市场开放度不够，导致服务型产品难以或不能满足老百姓日益变化的需求。相比较而言，制造业的市场开放度比较高，服务业的市场开放度与制造业相比有一定的差距，阻碍了服务业的进一步发展。因此，服务型消费要发展，必须进一步开放市场。

向哪些市场主体开放？迟福林提出，市场开放需要引入中小企业、民营企业、外资企业等市场主体。习近平主席在博鳌亚洲论坛2018年年会开幕式上的主旨演讲中指出，“要加大开放力度，加快保险行业开放进程，放宽外资金融机构设立限制，扩大外资金融机构在华业务范围，拓宽中外金融市场合作领域”。外资的不断引进，中国消费市场开放程度越来越高，吸引了更多的市场主体参与，从而形成良性循环。

政府要加快监管转型。在向以消费为导向的经济转型中，需要有效发挥政府的作用，能否加快推进监管转型，成为经济转型面临的重要课题。

加快制定面向服务型消费的监管标准。随着服务型消费在居民消费中的比重不断提高，数字经济、平台经济、服务贸易不断发展，政府监管对象也在不断地由可量化的商品转向服务。服务监管需要对基于标准的规则规制进行监管，比如，针对平台经济，政府需要制定有标准的监管规则规制，避免相关企业的无限度扩张。因此，政府需要在维护市场正常秩序和公平正义上加快转型，从对商品的监管转向对标准、规则、管理的服务型监管。

激活服务型消费 浙江拥有天时地利人和

作为沿海发达省份、外向型经济大省，浙江的服务型消费和贸易潜力巨大。2020年，全省城镇居民人均消费支出36197元，比全国平均水平高出9190元，居全国31个省(区、市)第3位。迟福林认为，扩大内需，释放服务型消费潜力，浙江拥有天时地利人和的优势。

首先，浙江区位优势明显。浙江已经成为中国消费市场尤其是服务型消费市场的一个区域亮点。第七次人口普查结果显示，浙江全省常住人口为6456.7万人，与第六次全国人口普查相比增长了18.63%。人口的快速增长，为浙江带来更广阔的消费市场，尤其是年轻人不断涌入，对文化、教育、医疗、旅游、信息等服务型消费的需求不断提升。迟福林认为，浙江要将发展数字经济、信息产业、服务型制造业作为经济发展的一个重要环节。

其次，浙江拥有灵敏度很高的民营企业。浙江向来是民营企业发展的沃土，这不仅得益于政府对发展民营企业的支持，也归功于浙江民营企业家普遍具有创新的浙商精神，对市场变化拥有极强的敏锐度，反应力强。迟福林认为，浙江民营企业转型速度快，随时能适应市场需求，并作出相应的转变。比如随着数字经济的发展，浙江一批传统的中小民营企业加快转型，转向健康、信息等领域。他建议，浙江可以继续深化企业的转型升级，并在转型升级中形成发展服务型经济的新优势。

第三，浙江的消费结构升级走在全国前列。在科技、医疗、教育等服务型领域，浙江拥有广大的消费市场，并以此深化了数字经济、平台经济的发展，形成了独有的经济发展优势。如何在既有优势下建立更加规范、完备的管理标准，并建立相应的服务体系，是浙江实现高质量发展的关键。迟福林表示，浙江将会以服务型消费推动科技革命、产业革命、绿色发展等，在经济高质量发展方面走在全国前列。

之江青年论坛

党史融入思政教育重在补钙壮骨铸魂

梁 丽

思政课的特殊性和重要性在于其承担着为党育人、为国育才的政治责任，更事关“培养什么人、怎样培养人、为谁培养人”这个根本问题。在建党百年这个关键节点，如何将党史学习教育全方位融入思政育人“大课堂”，凸显党史在思政育人中的功能，使其更好地发挥“立德树人”的作用，教育引导青年学生学史明理、学史增信、学史崇德、学史力行，不断推动青年学生厚植爱国情怀、矢志为中华民族伟大复兴而不懈奋斗，是当前思政课的重大课题。当前，特别要讲好政治理论课、德行修养课、实干奋进课“三课”，让党史学习教育融入课堂、融入实践、融入校园文化，让学生在学习党史、立德修身中补钙、壮骨、铸魂。

讲好政治理论课，在破译“精神密码”中“补钙”

百年党史为思政课教学提供了丰厚滋养。从播下革命火种的小小红船，到领航复兴伟业的巍巍巨轮，中国共产党留下了弥足珍贵的宝贵经验和精神财富。将党史学习教育融入思政课教学，就是要用学术讲政治，讲清楚马克思主义哲学背后的理论逻辑、实践逻辑和历史逻辑，用理论和思想的力量引导学生对马克思主义真学真懂真信真用。将党史学习教育融入思政课教学，就是要通过讲述革命故事、阐释红船精神，真正让学生明白革命先烈血洒疆场、视死如归靠的就是坚定的理想信念，真正让学生知道幸福生活来之不易。将党史学习教育融入思政课教学，就是要让学生懂得李大钊同志“为人间留正气”，毛泽东同志“当年忠贞为国愁，何曾怕断头”，周恩来同志“为中华之崛起而读书”是何其坚定的信念，是何等远大的志向，教育学生树立远大的理想，肩负起时代赋予的崇高责任。我们要用思想政治理论课这一强有力的“法宝”，引导学生补足信仰之钙，筑牢理论之基，真正让学生明白中国共产党为什么能、为什么行、为什么好。

讲好德行修养课，在领悟“见微知著”中“壮骨”

一方面，要教育引导学生熟读马克思主义经典，熟读党史国史文献，深刻学习领会习近平新时代中国特色社会主义思想，从党史中感受思想伟力。另一方面，要善于从大历史观出发，以时空为轴，以历史事件、红色故事、关键人物为出发点，做到讲清楚大事件、讲透彻小故事、讲明白革命精神、讲全面哲学理论，讲出共产党人的初心使命、为民情怀。要让学生明白中国共产党人为什么百毒不侵，为什么拥有特别坚定的信仰、特别豪迈的血性、特别坚韧的品质、特别激扬的状态；要引导学生从党的伟大斗争历程中领会真理的力量，从英雄人物身上体悟忠诚干净的灵魂，从时代楷模身上感受高尚担当的道德风范，让明大德、守公德、严私德成为学生自觉自愿的价值追求；要引导学生牢记中国共产党是怎么诞生的，人民军队是怎么建立的，红色政权是怎么夺取的，新中国是怎么成立的，改革开放是怎么来的，深刻认识到中华民族伟大复兴绝不是轻轻松松、敲锣打鼓就能实现的，从而激发学生的爱国、爱党、爱社会主义、爱人民、爱家的热情，促使学生把对革命先辈的敬仰转化为勤奋学习、踏实生活、许身报国的实际行动，争做担当中华民族伟大复兴重任的时代新人，在全面建设社会主义现代化强国新征程中接续奋斗。

讲好实干奋进课，在树立“鸿鹄之志”中“铸魂”

学史在于力行，学史在于奋进。一方面，要根据学生不同的年龄学段、认知水平、接受能力等，组织开展党史小故事主题班会、手抄报比赛、演讲比赛、唱红歌、跳红舞、重走红军路、瞻仰烈士陵园、参观爱国主义教育基地等活动，发挥革命博物馆、纪念馆、党史馆等“红色基因库”作用，让红色故事变得生动活泼，让广大学生喜闻乐见，切实增强爱国主义教育的感染力和亲和力，激发学生的爱国热情，教育引导学生修身立学、知史明理、大爱无疆，自觉将人生小目标与“中国梦”大目标相结合，立鸿鹄志、做新时代奋斗者，用学业奠定未来、用激情点燃梦想、用理想照亮人生，在“两个一百年”的伟大奋斗征程中当好新时代“赶考人”。另一方面，要创新思政课教学理念，丰富教学内容，活化教学方式，组织学生开展进企业、进社区、进家庭、进农家书屋等实践活动，让思政教育接地气、聚人气、冒热气、扬正气，让学生在走基层、进社会中读懂“江山就是人民，人民就是江山”的思想内涵，求知善读、练就过硬的本领，成为合格的社会主义建设者和接班人。

【作者为浙江省中国特色社会主义理论体系研究中心中国计量大学研究基地特约研究员】

未来社区：国家-社会关系互动中的社区共同体

张蔚文 麻玉琦

治理之道

社区具有高度地方性、分散化的特点，通过社区建设对市民社会实现有效的动员和控制，是国家有效治理的现实需求。此外，社区与城市整体频繁地进行着人流、物流、信息流的交互。尤其是在信息时代，社区居民的个体数据经过采集汇聚、融合分析与集成共享，日益成为社区治理乃至城市治理、国家治理所依赖的关键资源。从这个意义上讲，信息时代的社区建设，不仅承载着民众对未来生活的美好憧憬，更是推进城市治理体制创新、形塑国家-社会间良性互动关系的突破口之一。尚在进行中的浙江省“未来社区”建设，正是对此的有益探索。

作为经济最为活跃、流动人口规模最大的省份之一，浙江省自改革开放以来开启了高速的城镇化建设进程。近几年来，伴随着城镇化的快速推进，老旧小区空间集约利用、社区公共设施服务水平相对滞后等问题愈发突出，传统的社区模式未能提供更好的解决方案。与此同时，“互联网+”时代加速到来，“城市大脑”等项目的成功落地，为社区建设提供了基于大数据的数字化、智能化平台，为上述社区问题提供了全新的解决方案。2019年6月28日，浙江省发改委公布了“浙江省首批未来社区试点创建项目建议名单”，24个项目成功入选并开始规划落地。

通俗地讲，“未来社区”是以满足人民对美好生活向往为根本目的的人民社区，是以人本化、生态化、数字化为价值导向，以未来邻里、教育、健康、创业、建筑、交通、低碳、服务和治理等场景创新为引领的新型城市功能单元。虽然都是强调引入智慧技术来提升社区的治理能力和公共服务水平，浙江省的“未来社区”与“智能社区”“智慧社区”等概念存在根本上的不同——根据其方案设计，它在两个维度的治理结构上作出了更为明显的创新。

纵向上的国家-社会关系建构维度

第一个维度是纵向上的国家-社会关系建构维度。在传统社区事务管理中，国家、政府居于主导地位，社会力量则相对成长缓慢，社区自治逻辑生长空间遭受挤压。

社区治理结构的重要创新方向之一，就是为社区“减负”，尤其是将社区的自治组织从国家的行政链条中“解放”出来，使其从“对上负责”回到“对下负责”，进而拓展和提升社区的自治资源与自治能力。

根据我们的研究和建议，在浙江省“未来社区”的建设方案中，这一创新方向应体现为“未来社区工作委员会(以下简称为工作委员会)”的建设。工作委员会由社区居委会、社区代表、社区管家等共同组成。其中，社区居委会依法行使议事监督职能，并负责在社区中选聘处理行政事务和公共服务的专职人员；社区代表脱胎于社区业主委员会，负责发起和参与公益活动、公众讲座、社会组织项目、社区治理服务满意度调查等社区公共事务；社区管家来自企业化运作的运营管理公司，负责社区的日常物业服务，同时与社区代表、网格员等进行信息沟通，共同参与社区议题。不难看出，工作委员会的设计，极大地明晰了社区内各组织间的权力与责任界限：社区代表利用信息沟通和人际互动的优势，积极参与决策、管理、服务、考核等社区公共事务，增强了社区组织整体上的回应性；专职的社区管家、“百通岗”和网格员，分担原先属于居委会的部分行政工作和服务工作，并在此过程中与其他组织紧密协调，确保工作过程和结果符合社区整体上的预期目标。总的来说，真正发掘和培育社区内各自治组织和居民等原生力量，并通过建立互动、协商、反馈等机制，实现了自治逻辑下社会力量的有效发育。

横向上的社区集体行动维度

社区并不是一个静止的概念，而是一个不断建构中的社会共同体。目前，我国的许多现代社区是一个相对“浅交往”的“陌生人社会”，邻里间的信任关系相对淡薄，社会支持网络和社会资本发育不足，居民的社区认同感与社区参与度不足。

因此，社区治理结构的重要创新方向之二，就是要建立起社区互动和社区参与的良性机制，使社区居民主动参与集体行动、形成共同体，生成社区公共议程。我们认为，浙江省的“未来社区”建设为此提供了操作性极强的可行路径。其一，工作委员会的建立弱化了社区公共事务的行政性质，在一定程度上发掘了社区自治事务的主要行动者和潜在行动者。其二，“未来社区”规划应注重公共空间的打造，如文化公园、口袋公园、邻里中心、社区客厅等，在公共空间内定期组织丰富的社区文化活动，增强居民对社区的归属感和凝聚力。其三，要尝试建立起一支动态的社区志愿管家团队，由退休专业人员、自由职业者、居家办公人员等志愿者组成，利用自身专长完成“社区需求服务池”内的管理或服务任务。社区志愿管家团队的建立，有利于拉近服务者与被服务者之间的距离，营造“远亲不如近邻”的邻里氛围，有助于邻里信任关系和社会支持网络的建构。其四，“未来社区”尝试推广“服务换积分，积分换服务”的激励机制，居民可以通过参与社区公共事务、参加公益活动、进行知识技能共享等获取一定的积分，并通过积分兑换，获取个性化、定制化的特别服务；同时，积分机制还与金融机构征信关联，实现居民个人增信。这种激励机制在一定程度上实现了居民社会资本的“可视化”，不仅促成了居民间的资源互助和资源共享，还形成了“人人贡献”的邻里交流互动氛围，为搭建社区治理中自治共治的社区共同体、生成社区集体行动奠定了坚实的基础。

总体而言，中国社区最核心的表征，在于它既是国家治理能力建构的组成部分，也是社会自治的最基本空间单元。实现数据、技术、制度、组织间的互动关系，是信息时代社区治理转型升级的根本目标。浙江省的“未来社区”建设，在纵向上“解锁”了传统意义上的行政等级链，发掘和培育了社区的原生“社会”力量，实现了国家-社会关系的良性互动；在横向上，推进社区共同体的搭建，将社区集体行动转化为社区公共议程，进而拓展和提高社区层面上社会的自治资源与自治能力。从这个意义上说，在信息时代的社区建设中，浙江省正走在全国前列。

【作者分别为浙江大学公共管理学院副院长、中国新型城镇化研究院副院长，浙江大学公共管理学院博士生】

学术动态

深化碳达峰碳排放研究 实现绿色发展

近日，资源环境管理卓越青年学者论坛(第一期)在杭州举行。该论坛由中国自然资源学会资源经济研究专业委员会、浙江省环境科学学会环境经济专业委员会、浙江大学科斯经济研究中心联合主办，通过邀请国内资源环境管理研究领域的卓越青年学者，就资源环境方面的话题展开交流。学者们分别从中国经济发展与碳排放之间的关系，碳交易对我国应对气候变化、发展绿色低碳经济的重要意义等角度出发，探讨了当前保护环境、合理利用资源的有效路径。

推进“两山银行”发展 促进乡村振兴

近日，由浙江省社科联、常山县委、常山县人民政府联合主办的首届“两山银行”学术研讨会在常山县召开，会上介绍和评估全国、全省“两山银行”发展态势，现场考察“两山银行”常山实践情况，宣传推广先进经验，研究“两山银行”未来发展问题和走向，促进乡村振兴和农业农村现代化，推进共同富裕先行示范。与会专家就如何真正把“两山银行”打造成绿水青山转化为金山银山创新实践的金字招牌，展开了一系列探讨。

改革创新思政课 担起立德树人使命担当

新时代高校思政课改革创新与使命担当专题研讨会日前在浙江万里学院举行。本次研讨会会聚了来自北京大学、西安交通大学、复旦大学等高校近90名专家学者、高校思政课教师，线上线下共同探讨新时代高校思政课改革创新和使命担当。主题报告强调高校思政课教师的基本功是要搞好科学研究，自觉强化学科支撑并落实到教学当中。之后，与会专家围绕如何上好新时代的思政课、改革创新思政课程进行了深入的研讨。

以消费导向促进新发展格局构建

嘉　宾

迟福林

中国（海南）改革发展研究院院长

党的十九届五中全会提出，形成强大国内市场，构建新发展格局。中国拥有 14 亿人的消费大市场，这是一个得天独厚的战略资源。如何最大程度地激发我国的消费潜力，以消费为导向促进新发展格局的构建？记者采访了著名经济学家迟福林。

服务型消费是释放 14 亿人消费潜力的关键

我国已进入消费新时代，消费成为拉动经济增长的第一动力，实现增长方式由投资导向转向消费导向是个客观趋势。加快构建以国内大循环为主体、国内国际双循环相互促进的新发展格局，关键在于扩大内需、释放 14 亿人的消费潜力。迟福林认为，扩大内需不仅可以释放国内大市场的潜力，同时也是实现高水平对外开放的关键，建设强大国内市场是推进高水平开放的务实选择，对后疫情时期的世界经济增长是个重大利好。

迟福林认为，释放 14 亿人的消费需求重点在于服务型消费。2019 年，我国居民服务型消费占比为 45.9%，估计“十四五”时期服务型消费每年提升 0.8～1 个百分点左右，到 2025 年居民服务型消费占比将超过 50%。这表明我国将逐步进入服务型消费社会。如何理解服务型消费？迟福林指出，当前人们的消费已经不满足于单纯的物质消费，更需要文化、教育、医疗、旅游、信息等能满足美好生活需求的消费。

畅通国内大循环的关键在于实现产业结构升级，使服务型消费与人们的需求相适应，这就倒逼传统产业转型升级，促进科技变革，推动现代服务业、服务制造业、绿色产业发展。另外，消费结构升级将促进城乡融合发展。迟福林认为，“十四五”时期要将促进和激活农村消费新业态作为重点发展方向，推进农村生活方式和生产方式的革命性变革。一方面，进一步畅通城乡经济循环；另一方面，放大农村经济功能，为形成全面融合的新型城乡关系奠定坚实的经济基础。

同时，服务型消费打通了国内各个市场之间的壁垒，开辟了新的消费领域，让经济活起来，有利于实现高质量发展。2021 年 5 月 7 日至 10 日，海南举行了首届中国国际消费品博览会，70 个国家和地区的 1505 家企业带来2628 个消费精品品牌参展，这表明中国的消费市场受到了全球市场的关注，也进一步激发了国内的消费热情。

服务型消费的快速增长，还有利于打通国际大循环中的部分堵点，对世界经济增长产生重要影响。随着服务业市场的不断开放，中国将成为全球最大规模的服务贸易市场和全球最大的服务型消费新增市场。迟福林预计，未来 5 年，我国服务进口规模有望累计达到 2.5 万亿美元，占全球比重将超过 10%；未来 15 年，我国服务进口将超过 10 万亿美元。以数字经济、信息技术为代表的新兴服务贸易将成为新亮点，知识密集型服务进口在服务贸易中的地位将进一步提升，成为吸引国际市场的亮点之一。

以市场开放、监管转型发展服务型消费

在推动消费结构转型升级、发展服务型消费的过程中，政府与企业各自扮演什么样的角色？迟福林针对市场开放度、政府的监管转型等给出了相关建议。

扩大市场开放度，培育多种类型的市场主体。迟福林认为，发展服务型消费，需要开拓与老百姓需求相适应的服务业市场。过去的市场开放度不够，导致服务型产品难以或不能满足老百姓日益变化的需求。相比较而言，制造业的市场开放度比较高，服务业的市场开放度与制造业相比有一定的差距，阻碍了服务业的进一步发展。因此，服务型消费要发展，必须进一步开放市场。

向哪些市场主体开放？迟福林提出，市场开放需要引入中小企业、民营企业、外资企业等市场主体。习近平主席在博鳌亚洲论坛 2018 年年会开幕式上

的主旨演讲中指出，“要加大开放力度，加快保险行业开放进程，放宽外资金融机构设立限制，扩大外资金融机构在华业务范围，拓宽中外金融市场合作领域”。外资的不断引进、中国消费市场开放程度越来越高，吸引了更多的市场主体参与，从而形成良性循环。

政府要加快监管转型。在向以消费为导向的经济转型中，需要有效发挥政府的作用，能否加快推进监管转型，成为经济转型面临的重要课题。

加快制定面向服务型消费的监管标准。随着服务型消费在居民消费中的比重不断提高，数字经济、平台经济、服务贸易不断发展，政府监管对象也在不断地由可量化的商品转向服务。服务监管需要对基于标准的规则规制进行监管，比如，针对平台经济，政府需要制定有标准的监管规则规制，避免相关企业的无限度扩张。因此，政府需要在维护市场正常秩序和公平正义上加快转型，从对商品的监管转向对标准、规则、管理的服务型监管。

激活服务型消费 浙江拥有天时地利人和

作为沿海发达省份、外向型经济大省，浙江的服务型消费和贸易潜力巨大。2020 年，全省城镇居民人均消费支出 36197 元，比全国平均水平高出 9190 元，居全国 31 个省（区、市）第 3 位。迟福林认为，扩大内需，释放服务型消费潜力，浙江拥有天时地利人和的优势。

首先，浙江区位优势明显。浙江已经成为中国消费市场尤其是服务型消费市场的一个区域亮点。第七次全国人口普查结果显示，浙江全省常住人口为 6456.7 万人，与第六次全国人口普查相比增长了 18.63%。人口的快速增长，为浙江带来更广阔的消费市场，尤其是年轻人不断涌入，对文化、教育、医疗、旅游、信息等服务型消费的需求不断提升。迟福林认为，浙江要将发展数字经济、信息产业、服务型制造业作为经济发展的一个重要环节。

其次，浙江拥有灵敏度很高的民营企业。浙江向来是民营企业发展的沃土，这不仅得益于政府对发展民营企业的支持，也归功于浙江民营企业家普遍具有创新的浙商精神，对市场变化拥有极强的敏锐度，反应力强。迟福林认为，浙江民营企业转型速度快，随时能适应市场需求，并作出相应的转变。比如随着数字经济的发展，浙江一批传统的中小民营企业加快转型，转向健康、信息等领域。他建议，浙江可以继续深化企业的转型升级，并在转型升级中形成发展服务型经济的新优势。

最后，浙江的消费结构升级走在全国前列。在科技、医疗、教育等服务型领域，浙江拥有广大的消费市场，并以此深化了数字经济、平台经济的发展，形成了独有的经济发展优势。如何在既有优势下建立更加规范、完备的管理标准，并建立相应的服务体系，是浙江实现高质量发展的关键。迟福林表示，浙江将会以服务型消费推动科技革命、产业革命、绿色发展等，在经济高质量发展方面走在全国前列。

加强长三角产业分工协作

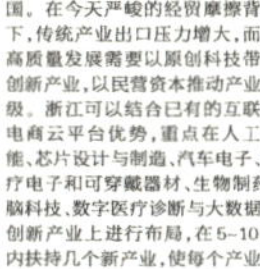

之江会客厅

嘉　宾　中国科学院院士、浙江大学校长 吴朝晖
原哈佛医学院教授、哥伦比亚大学微电子博士 马启元
江苏省社会科学院经济研究所所长、研究员 胡国良
浙江省发展规划研究院副总规划师、研究员 周世锋

主持人　本报记者 潘如龙

落实长三角区域一体化发展国家战略，全面提升长三角制造业发展水平，引领全国高质量发展，加强产业分工与协作是基础。本期我们和浙江省科学技术协会共同邀请了4位院士专家，一起探讨如何加强区域内产业的分工与协作，按照集群化发展方向，打造全国先进制造业集聚区，着力构建现代化经济体系。

面向更高质量的一体化发展

吴朝晖

马启元

胡国良

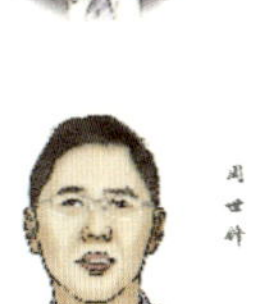

周世锋

绘图:潘泓璇

主持人:*在推进长三角一体化发展中，如何紧扣"一体化"和"高质量"两个关键词，强化创新驱动，提升产业链水平？*

吴朝晖:长三角一体化的最终目标是要实现更高质量的发展，这就要特别强调创新驱动、建立现代化经济体系，同时提升产业链水平。

当今世界正处于百年未有之大变局，新技术、新业态、新模式层出不穷。以人工智能为标志的智能增强时代加快到来，使未来的空间转向人、物理世界、智能机器以及虚拟信息世界构成的四元空间，将进一步重构生产力和生产关系，重组社会形态与产业结构，突出表现为以数字创新、人工智能创新为代表的第四次工业革命浪潮席卷全球。数字创新、人工智能将进一步打破区域边界、突破行业限制，让长三角的经济社会运行在效率、质量、动能等多维度打开新的格局。

所以我们预测，数字创新和智能增强时代的到来，将开启新一轮的经济社会大发展。

怎么通过创新驱动、数字战略的驱动，来实现更高质量的发展？我们认为需要借助以数字泛在、万物互联、虚实孪生为特征的数字技术革命，对长三角地区经济社会运行方式与空间界限进行颠覆性、重构性变革。

胡国良:实现高质量发展和提升产业链水平其实是一个问题的两个方面。高质量发展的一个重要内涵是推进企业产品的高附加值，而提升产业链水平则是提升产品附加值，最终实现高质量发展的一条重要路径。

突破长三角产业在全球价值链低端锁定困境，构建新型高端的价值链体系，是长三角产业战略转型与升级的主要方向。发展全产业链战略和建立全球价值链与国家价值链并重的价值链体系，是长三角产业价值链升级的两大重要路径。

一方面，以开放合作的模式充分吸纳外部力量，创造与国内外多方合作伙伴的互促共赢局面，使全产业链、全价值链上的各方，通过产业的关联效应达到相互配合、相互推动。

另一方面，要结合国家提升国内消费这一政策趋势，逐步形成长三角产业在国内市场的盈利模式和价值链体系，构建以本土市场需求、本土企业、本土自主创新能力为基础的国家价值链体系。

发挥比较优势发展重点产业

主持人:*在长三角三省一市产业结构当中，浙江的比较优势是什么？按照高质量发展的要求，浙江应重点发展哪些产业？*

吴朝晖:浙江具有较好的数字创新的实践基础，创新创业活力迸发:一是有阿里巴巴等一批世界级的数字企业;二是形成了以浙江大学为代表的高校创新创业源头;三是浙江与长三角其他区域的空间交互能力较强。

我们认为，数字经济是长三角特别是浙江发展的坚实基础，数字创新是长三角特别是浙江发展的主要动能，其中，数字经济以产业数字化、数字产业化以及城市数字化为主要内容，数字创新以数字化人才、数字科技金融和数字基础设施为核心要素。通过数字战略驱动和科教创新的引领，我们就能抓住当今经济社会变革的历史性机遇，确立相匹配的经济社会发展模式，进一步推动长三角区域迈向更高质量的一体化发展。

在这方面，我们浙江大学倡议成立了长三角研究型大学联盟，并发布了数字长三角战略报告，希望进一步推动数字经济、数字科学、数字社会和数字政府的发展，进而构建高质量一体化的数字化长三角。

马启元:浙江的优势是以浙商为代表的民营制造企业和互联网电商企业。在改革开放的前30年，浙商在传统工业制造上打造了民营经济1.0版。在过去十多年的互联网经济大潮中，浙商又打造了全球第一的电商产业，成为民营经济2.0版。

浙江民企出口，在小商品、机电、汽车部件等传统行业里领先全国。在今天严峻的经贸摩擦背景下，传统产业出口压力增大，而向高质量发展需要以原创科技带动创新产业，以民营资本推动产业升级。浙江可以结合已有的互联网电商云平台优势，重点在人工智能、芯片设计与制造、汽车电子、医疗电子和可穿戴器材、生物制药、脑科技、数字医疗诊断与大数据等创新产业上进行布局，在5-10年内扶持几个新产业，使每个产业达到万亿元产值。

胡国良:浙江的比较优势，一是宜居宜业的绿水青山;二是发达的网络经济;三是充满活力的民营经济。

浙江实现产业高质量发展还可以从以下几个方面发力:首先，主动承接上海的高端产业转移。一是适当控制土地成本和劳动力成本的快速上升，保持制造业的成本优势;二是加快推进职业技术教育和高级技能培训，提升劳动力综合素质;三是优化提升产业集聚区，赋予传统工业园区更多的高技术孵化和产业化内容。

其次，浙江制造业要主动对接上海服务业。上海发展"国际金融中心"和"国际航运中心"需要以制造业作支撑。浙江应积极对接上海的服务功能，这对上海来说是服务业市场化的过程，对浙江来说则是优化制造业发展的过程。

再次，共享区域政策红利和创新红利。一是共享长三角经济区普惠政策;二是放大和创新国家给予的区域性政策空间;三是放大浙江、上海、江苏自贸区溢出政策。让长三角其他地区也可以通过试验小范围推广或者通过投资合作，共享区域性政策溢出红利。

周世锋:浙江的比较优势，一是数字经济等新经济新动能发展迅猛。浙江数字经济总量和增速均居全国前列，对经济增长的作用正日益显现。二是市场主体活跃丰富。浙江的人均市场主体拥有量全国第一，上市公司总量长三角第一。三是服务业对经济贡献率加大。服务业增加值比重上升较快，近几年增速高出第二产业约6个百分点。

下一步围绕高质量发展，产业发展可突出三个着力:着力打造数字经济、生命健康、新材料等世界级产业集群，培育发展新技术、新业态、新模式，形成一批拥有核心技术、产业链完整、骨干企业支撑、标志性平台承载的优势产业。

着力打造文旅产业发展高地。依托之江文化产业带、横店影视文化产业集聚区、大运河文化带以及诗路文化带，建设具有国际影响力的文化旅游品牌。

着力打造现代服务业新引擎。围绕平台经济、分享经济、体验经济和创意经济等业态，融合提升传统服务业。推动生产性服务业与制造业深度融合，实现制造业由生产型向生产服务型转变。

积极引导长三角产业合理布局

主持人:*在长三角一体化过程中，如何坚持市场机制主导和产业政策引导相结合，推动产业合理布局和结构升级？*

马启元:改革开放特别是浦东开放以来，长三角的各地经济发展各有特色。上海主要是政府引导，发展产业经济。江苏以外向型经济为主，三资为主的电子制造业和生物医药占据中国三分之一市场份额。

未来十年，中国将进入原创科技产业发展时代。民营企业，特别是浙商具有敢于冒险、决策果断、机制灵活的特点，应该成为中国发展原创科技的主力。未来十年应该是民营经济3.0版升级的十年，是民营企业发展原创科技的十年。浙江本地民营经济需要转型升级。政府可以主动引导民企进入原创科技领域，发展高端制造业，特别是"卡脖子"的战略核心产业。

胡国良:产业布局怎么样才是合理的？其实，产业如何布局，更多是市场自我选择的结果，但是政府在其中应起到引导的作用。

一是要打破地区分割和行政垄断，充分发挥市场机制的基础性作用，鼓励要素合理流动，逐步形成一体化的土地、资本、产权、人才、技术和劳动力市场。

二是组织编制一体化的区域规划，明确各地产业发展方向和空间布局，实行产业导向和空间导向"双重调控"。

三是按照新型分工的原则，实现功能互补、错位发展。大都市中心区应把着重点放在总部、研发、设计、品牌、市场营销等环节，大都市郊区和周边中小城市则应重点发展生产制造、零部件配套、仓储采购等环节。

四是加强政策引导和协调，打造一体化的投资信息平台，实施产业链招商引资，促进大都市区主导优势产业链的形成，构筑一批具有国际竞争力的优势产业群。

五是围绕主导优势产业链的建设，以大都市为中心，强化交通运输网络特别是城际快速通道建设，加快完善一体化的"1小时都市圈"产业协作配套圈。

周世锋:一是市场经济主导，充分发挥企业根据市场需要应对市场竞争顺应产业链进行布局的自主决策作用，发挥各类行业协会产业联盟的布局引导作用。三省一市政府共同打造好优良的营商环境，明确空间准入的负面清单和正面清单，不搞差异化政策恶性竞争。

二是产业政策引导，强化中心城市产业集聚能力，推动产业结构升级，重点布局总部经济、研发设计、高端制造、销售等产业链环节，打造具有全球竞争力的产业创新高地。推动中心城市一般制造业向外转移，通过产业转移合作区等载体，建立利益共享机制，加大对产业转移重大项目的土地、融资等政策支持力度。

加强产业分工合作，发挥一体化优势

主持人:*改革开放以来，长三角三省一市经济发展的道路不尽相同，形成的产业格局各有各的特点。在一体化背景下，如何加强产业分工合作，充分发挥一体化的优势？*

马启元:首先是海外人才与项目对接。上海是长三角海归人才聚集之地，特别在半导体芯片、生物医药、医疗器械和人工智能领域，浙江可以积极吸引海归创业人才与项目在上海研发、在浙江制造。

其次是浙江民间资本与上海资本市场对接。原创科技产业发展离不开资本的支持，民营经济3.0版必须是"以我为主"。政府可出台原创科技"投资抵税"政策，引导浙江民营资本成立核心产业的产业基金。投资原创科技企业，特别是海外高端人才的创业公司，形成浙江资本+海外人才项目+上海科创板的快速发展核心科技的产业链。新的原创科技基金应具有全球视野，主动对接科创板。

胡国良:第一，推进长三角产业分工合作的关键是以上海为龙头带动长三角形成世界级、现代化、一体化的产业区。上海率先实现转移，最重要的是打造并释放"科技创新中心"功能，通过建设具有全球影响力的科技创新中心，增强创新对经济发展的驱动作用。

第二，推进长三角产业分工合作的基础是实现区域专业化分工，共同打造跨地区国家级产业价值链，在产业链打造中实现产业转型升级。

第三，推进长三角产业分工合作的根本是坚持市场主导，让企业成为推动区域分工合作的主动力。从本质上讲，区域一体化程度高低是企业基于产业价值链的空间分工合作促成的。

第四，推进长三角产业分工合作的保障是构建区域间计量单位共享的产业协作机制。整体而言，长三角地区仍未形成有效的产业协作机制，保障区域一体化进程的体制机制尚不健全。

周世锋:要共同推动制造业高质量发展，按照产业集群化发展方向，打造全国先进制造业集聚区。强化电子信息、生物医药、高端装备、新材料、汽车等区域优势产业合作，推动传统产业升级改造，形成若干世界级制造业集群。加快发展、培育一批具有国际竞争能力的龙头企业。

要合力发展高端服务经济。共同培育高端服务品牌，加快服务业服务内容、业态和商业模式创新，联合打造一批高水平服务业集聚区和创新平台。大力推进服务业标准化建设，在旅游、养老、文化等领域探索跨区域合作新模式。

大会圆满落幕 探索永无止境

李攀

未来的日子，我们还需要进一步互相交流，探索前行，继续共同开拓美丽新世界。来年，让我们再相约乌镇，相约在这深秋诗画般的江南。

今日时评

22日，世界互联网大会在乌镇落下帷幕。过去的3天，来自全球83个国家和地区的约1500名嘉宾齐聚乌镇，纵论大势，共商大计。最新的互联网科技成果、最前沿的互联网思维、最蓬勃的互联网创业项目，在古老而富有朝气的江南水乡相遇，碰撞出绚烂的火花。这无疑是全世界互联网行业的一场饕餮盛宴，也是人类互联网发展史上的一页华章。

增添信心，凝聚共识。在国际局势日趋纷繁复杂、不确定性因素进一步增多的大背景下，世界互联网大会隆重召开，展示了喜人的成就，让人们看到了互联沟通世界、智慧点亮未来的光明前景，增添了前行的动力和信心。携手应对风险挑战，深化网络空间安全合作、发展合作、治理合作，让网络空间命运共同体更具生机活力、更好造福世界各国人民，成为普遍共识。

开放包容，精彩绝伦。"互联网之光"博览会迎来五大洲38个国家和地区的601家企业参展，比上届增长3成，国际化元素更加凸显，观众观展热度持续高涨，总参观人次超过10万人次，参观人次和国(境)外观众数量均创历年之最。博览会聚焦最新发展趋势和前沿技术动态，人工智能、5G应用、工业互联网、网络安全、云计算、大数据、物联网等领域的一批高水平、有特色的新技术新产品及新应用竞相登台亮相，引来无数关注的目光。

集思广益，富有创见。如何发展好、运用好、治理好互联网，是本届大会热议的话题。不论是人工智能、5G、开源芯片等前沿技术，还是直面数字鸿沟、网上未成年人保护与网络生态治理等问题挑战，都受到与会嘉宾热烈关注。一系列重要理论成果在大会上发布，既有对世界互联网发展50年和中国互联网发展25年历史进程的回顾，也有对过去一年全球和中国互联网发展新实践、新态势、新进展的呈现，更有对未来互联网发展的规划和展望。

创新涌动，引领未来。5G自动微公交"哪吒"在乌镇开跑，让很多人难以置信。世界互联网领先科技成果发布，彰显了强大创新活力，成为观察全球最前沿技术的一扇窗口。22日，"直通乌镇"全球互联网大赛举行了总决赛，海内外互联网创业的弄潮儿齐聚乌镇。未来在哪里？未来可能就寄托在这些初创企业和创业者身上。在万物互联时代，工业互联网的前景值得期待。

时至今日，互联网才走过50周年，中国全功能接入互联网也不过25周年。在此前几千年漫长的时光里，人们都没有看到互联网之光，甚至怎么也想不到互联网会如此神奇;在此后的岁月中，互联网将给人类插上进步的翅膀，给人类带来无穷的想象和发展的空间。然而，我们对互联网的了解还远远不够，互联网产业的发展还有着惊人潜力，互联网带来的安全风险值得人类警惕。

与互联网可能具有的生命力相比，人类也许依然处于互联网时代的黎明时分，微微的晨光还照不亮太远的路。未来的日子，我们还需要进一步互相交流，探索前行，继续共同开拓美丽新世界。来年，让我们再相约乌镇，相约在这深秋诗画般的江南。

浙江标准引领 高质量发展

张萍

做好标准化工作，为创新驱动发展战略提供了重要引擎。及时总结浙江在标准化改革的创新经验，发现不足，将更好地促进浙江标准化建设之路继续走在全国前列。

弄潮锐评

器范自然，标准无假。不久前，浙江首次发布了标准化工作白皮书《2019年浙江省标准化工作白皮书》，将浙江标准化工作推上一个新的台阶，也交出了浙江作为首个国家标准化综合改革试点省的一份答卷。

人类社会文明进步不能无标准，标准化工作事关经济社会发展全局。党的十八大以来，习近平总书记就标准化工作作出了一系列重要论述，为做好新时代标准化工作提供了根本遵循。

浙江标准，不断发挥引领作用。2007年，浙江在全国率先提出要"大力实施标准化战略"，2016年12月，浙江获国务院批准率先开展国家标准化综合改革试点。在全省上下的共同努力下，标准化日益融入经济社会的各个方面，构建形成了制造、服务、农业等各个领域的"浙江标准"体系。通过设立标准创新贡献奖、发布白皮书，调动各类标准创新主体的积极性，充分发挥标准对经济社会发展的基础性、引领性作用。

这一进程中，"最多跑一次"标准体系、"品字标"高标准体系、《数字化转型标准化建设方案》、以"枫桥经验""后陈经验""余村经验"为蓝本的系列基层治理"浙江标准"，不断助推浙江产业升级、社会进步和治理能力提升，让浙江以自信的姿态，向全国乃至全世界展示和分享着浙江经验和浙江智慧。

标准浙江，更具竞争力。

高标准才有高质量。标准决定质量，有什么样的标准就有什么样的质量，谁制定标准，谁就拥有话语权;谁掌握标准，谁就占据制高点。浙江正处在转向高质量发展阶段的关键期，越是这种时候，越要沉下心来促转型、面向未来抓创新。在推进标准化工作中，浙江抢占了高质量发展时代的主动权，从制造业、数字经济，到绿色发展、基本公共服务、乡村振兴、"一带一路"等领域，浙江标准化改革创新的这些成果，为各行各业的高质量发展打下了基础。

做好标准化工作，为创新驱动发展战略提供了重要引擎。创新是提升标准水平的手段和动力，标准又为促进创新成果转化提供了桥梁和纽带。创新成果通过标准迅速得到推广，能加快市场化和产业化步伐，所产生的乘法效应能形成强大的创新动力，引领新业态、新模式发展壮大。打个比方，儿童座椅怎么约束才算安全，电商如何在网上追溯产品质量，什么样的旗袍才是优等品？"义乌制造"在吸管、玩具、饰品、化妆品等多个领域参与或主导制定的国家标准、国际标准，正在促使这个制造之都不断创新，拿出高质量的度量衡，赢得产业主导地位。

从"车同轨、书同文"，到现代工业规模化生产，都是标准化的生动实践，都在强调标准化建设的重要性。及时总结浙江标准化改革的创新经验，发现不足，将更好地促进浙江标准化建设之路继续走在全国前列。

有理君
与你一起学习

扫一扫!
结识弄潮君

加强长三角产业分工协作

嘉　宾

吴朝晖
中国科学院院士，中国科学院副院长、党组副书记

马启元
原哈佛医学院教授、哥伦比亚大学微电子博士

胡国良
江苏省社会科学院经济研究所所长、研究员

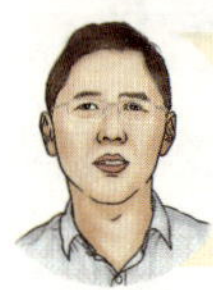

周世锋
浙江省发展规划研究院副院长、研究员

落实长三角区域一体化发展国家战略，全面提升长三角制造业发展水平，引领全国高质量发展，加强产业分工与协作是基础。我们和浙江省科学技术协会共同邀请了4位院士专家，一起探讨如何加强区域内产业的分工与协作，按照集群化发展方向，打造全国先进制造业集聚区，着力构建现代化经济体系。

面向更高质量的一体化发展

记者：在推进长三角一体化发展中，如何紧扣“一体化”和“高质量”两个关键词，强化创新驱动、提升产业链水平？

吴朝晖：长三角一体化的最终目标是要实现更高质量的发展，这就要特别强调创新驱动，建立现代化经济体系，同时提升产业链水平。

当今世界正处于百年未有之大变局，新技术、新业态、新模式层出不穷。以人工智能为标志的智能增强时代加快到来，使未来的空间转向人、物理世界、智能机器以及虚拟信息世界构成的四元空间，将进一步重构生产力和生产关系，重组社会形态与产业结构，突出表现为以数字创新、人工智能创新为代表的第四次工业革命浪潮席卷全球。数字创新、人工智能将进一步打破区域边界、突破行业限制，让长三角的经济社会运行在效率、质量、动能等多维度打开新的格局。

所以我们预测，数字创新和智能增强时代的到来，将开启新一轮的经济社会大发展。

怎么通过创新驱动、数字战略的驱动，来实现更高质量的发展？我们认为需要借助以数字泛在、万物互联、虚实孪生为特征的数字技术革命，对长三角地区经济社会运行方式与空间界限进行颠覆性、重构性变革。

胡国良：实现高质量发展和提升产业链水平其实是一个问题的两个方面。高质量发展的一个重要内涵是推进企业产品的高附加值，而提升产业链水平则是提升产品附加值，最终实现高质量发展的一条重要路径。

突破长三角产业在全球价值链低端锁定困境，构建新型高端的价值链体系，是长三角产业战略转型与升级的主要方向。发展全产业链战略和建立全球价值链与国家价值链并重的价值链体系，是长三角产业价值链升级的两大重要路径。

一方面，以开放合作的模式充分吸纳外部力量，创造与国内外多方合作伙伴的互促共赢局面，使全产业链、全价值链上的各方，通过产业的关联效应达到相互配合、相互推动。另一方面，要结合国家提升国内消费这一政策趋势，逐步形成长三角产业在国内市场的盈利模式和价值链体系，构建以本土市场需求、本土企业、本土自主创新能力为基础的国家价值链体系。

发挥比较优势发展重点产业

记者：在长三角三省一市产业结构当中，浙江的比较优势是什么？按照高质量发展的要求，浙江应重点发展哪些产业？

吴朝晖：浙江具有较好的数字创新的实践基础，创新创业活力迸发：一是有阿里巴巴等一批世界级的数字企业；二是形成了以浙江大学为代表的高校创新创业源头；三是浙江与长三角其他区域的空间交互能力较强。

我们认为，数字经济是长三角特别是浙江发展的坚实基础，数字创新是长三角特别是浙江发展的主要动能。其中，数字经济以产业数字化、数字产业化以及城市数字化为主要内容，数字创新以数字化人才、数字科技金融和数字基础设施为核心要素。通过数字战略驱动和科教创新的引领，我们就能抓住当今经济社会变革的历史性机遇，确立相匹配的经济社会发展模式，进一步推动长三角区域迈向更高质量的一体化发展。

在这方面，浙江大学倡议成立了长三角研究型大学联盟，并发布了数字长三角战略报告，希望进一步推动数字经济、数字科学、数字社会和数字政府的发展，进而构建高质量一体化的数字化长三角。

马启元：浙江的优势是以浙商为代表的民营制造企业和互联网电商企业。在改革开放的前30年，浙商在传统工业制造上打造了民营经济1.0版。在过去十多年的互联网经济大潮中，浙商又打造了全球第一的电商产业，成为民营经济2.0版。

浙江民企出口，在小商品、机电、汽车部件等传统行业里领先全国。在今天严峻的经贸摩擦背景下，传统产业出口压力增大，而向高质量发展需要以原创科技带动创新产业，以民营资本推动产业升级。浙江可以结合已有的互联网电商云平台优势，重点在人工智能、芯片设计与制造、汽车电子、医疗电子和可穿戴器材、生物制药、脑科技、数字医疗诊断与大数据等创新产业上进行布局，在5～10年内扶持几个新产业，使每个产业达到万亿元产值。

胡国良：浙江的比较有优势，一是宜居宜业的绿水青山；二是发达的网络经济；三是充满活力的民营经济。

浙江实现产业高质量发展还可以从以下几个方面发力。

首先，主动承接上海的高端产业转移。一是适当控制土地成本和劳动力成本的快速上升，保持制造业的成本优势；二是加快推进职业技术教育和高级技能培训，提升劳动力综合素质；三是优化提升产业集聚区，赋予传统工业园区更多的高技术孵化和产业化内容。

其次，浙江制造业要主动对接上海服务业。上海发展国际金融中心和国际航运中心需要以制造业作支撑。浙江应积极对接上海的服务功能，这对上海来说是服务业市场化的过程，对浙江来说则是优化制造业发展的过程。

最后，共享区域政策红利和创新红利。一是共享长三角经济区普惠政策；二是放大和创新国家给予的区域性政策空间；三是放大浙江、上海、江苏自贸区溢出政策。让长三角其他地区也可以通过试验小范围推广或者通过投资合作，共享区域性政策溢出红利。

周世锋：浙江的比较优势，一是数字经济等新经济新动能发展迅猛。浙江数字经济总量和增速均居全国前列，对经济增长的作用正日益显现。二是市场主体活跃丰富。浙江的人均市场主体拥有量全国第一，上市公司总量长三角第一。三是服务业对经济贡献率加大。服务业增加值比重上升较快，近几年增速高出第二产业约 6 个百分点。

下一步围绕高质量发展，产业发展可突出三个“着力”：着力打造数字经济、生命健康、新材料等世界级产业集群，培育发展新技术、新业态、新模式，形成一批拥有核心技术、产业链完整、骨干企业支撑、标志性平台承载的优势产业。

着力打造文旅产业发展高地。依托之江文化产业带、横店影视文化产业集聚区、大运河文化带以及诗路文化带，建设具有国际影响力的文化旅游品牌。

着力打造现代服务业新引擎。围绕平台经济、分享经济、体验经济和创意经济等业态，融合提升传统服务业。推动生产性服务业与制造业深度融合，实现制造业由生产型向生产服务型转变。

积极引导长三角产业合理布局

记者：在长三角一体化过程中，如何坚持市场机制主导和产业政策引导相结合，推动产业合理布局和结构升级？

马启元：改革开放特别是浦东开放以来，长三角的各地经济发展各有特色。上海主要是政府引导，发展产业经济。江苏以外向型经济为主，三资为主的电子制造业和生物医药占据中国三分之一市场份额。

未来十年，中国将进入原创科技产业发展时代。民营企业，特别是浙商具有敢于冒险、决策果断、机制灵活的特点，应该成为中国发展原创科技的主力。未来十年应该是民营经济 3.0 版升级的十年，是民营企业发展原创科技的十年。浙江本地民营经济需要转型升级。政府可以主动引导民企进入原创科技领域，发展高端制造业，特别是“卡脖子”的战略核心产业。

胡国良：产业布局怎么样才是合理的？其实，产业如何布局，更多是市场自我选择的结果，但是政府在其中应起到引导的作用。

一是要打破地区分割和行政垄断，充分发挥市场机制的基础性作用，鼓励要素合理流动，逐步形成一体化的土地、资本、产权、人才、技术和劳动力市场。

二是组织编制一体化的区域规划，明确各地产业发展方向和空间布局，实行产业导向和空间导向“双重调控”。

三是按照新型分工的原则，实现功能互补、错位发展。大都市中心区应把着重点放在总部、研发、设计、品牌、市场营销等环节，大都市郊区和周边中小城市则应重点发展生产制造、零部件配套、仓储采购等环节。

四是加强政策引导和协调，打造一体化的投资信息平台，实施产业链招商引资，促进大都市区主导优势产业链的形成，构建一批具有国际竞争力的优势产业群。

五是围绕主导优势产业链的建设，以大都市为中心，强化交通运输网络特别是城际快速通道建设，加快完善一体化的“1 小时都市圈”产业协作配套圈。

周世锋：一是市场经济主导，充分发挥企业根据市场需要应对市场竞争顺应产业链进行布局的自主决策作用，发挥各类行业协会产业联盟的布局引导作用。三省一市政府共同打造好优良的营商环境，明确空间准入的负面清单和正面清单，不搞差异化政策恶性竞争。

二是产业政策引导，强化中心城市产业集聚能力，推动产业结构升级，重点布局总部经济、研发设计、高端制造、销售等产业链环节，打造具有全球竞争力的产业创新高地。推动中心城市一般制造业向外转移，通过产业转移合作区等载体，建立利益共享机制，加大对产业转移重大项目的土地、融资等政策支持力度。

加强产业分工合作，发挥一体化优势

记者：改革开放以来，长三角三省一市经济发展的道路不尽相同，形成的产业格局各有各的特点。在一体化背景下，如何加强产业分工合作，充分发挥一体化的优势？

马启元：首先是海外人才与项目对接。上海是长三角海归人才聚集之地，特别在半导体芯片、生物医药、医疗器械和人工智能领域，浙江可以积极吸引海归创业人才与项目在上海研发、在浙江制造。

其次是浙江民间资本与上海资本市场对接。原创科技产业发展离不开资本的支持，民营经济 3.0 版必须是“以我为主”。政府可出台原创科技“投资抵税”政策，引导浙江民营资本成立核心产业的产业基金。投资原创科技企业，特别是海外高端人才的创业公司，形成浙江资本＋海外人才项目＋上海科创板的快速发展核心科技的产业链。新的原创科技基金应具有全球视野，主动对接科创板。

胡国良：第一，推进长三角产业分工合作的关键是以上海为龙头带动长三角形成世界级、现代化、一体化的产业区。上海率先实现转移，最重要的是打造并释放“科技创新中心”功能，通过建设具有全球影响力的科技创新中心，增强创新对经济发展的驱动作用。

第二，推进长三角产业分工合作的基础是实现区域专业化分工，共同打造跨地区国家级产业价值链，在产业链打造中实现产业转型升级。

第三，推进长三角产业分工合作的根本是坚持市场主导，让企业成为推动区域分工合作的主动力。从本质上讲，区域一体化程度高低是企业基于产业价值链的空间分工合作促成的。

第四，推进长三角产业分工合作的保障是构建区域间计量单位共享的产业协作机制。整体而言，长三角地区仍未形成有效的产业协作机制，保障区域一体化进程的体制机制尚不健全。

周世锋：要共同推动制造业高质量发展，按照产业集群化发展方向，打造全国先进制造业集聚区。强化电子信息、生物医药、高端装备、新材料、汽车等区域优势产业合作，推动传统产业升级改造，形成若干世界级制造业集群。加快发展、培育一批具有国际竞争能力的龙头企业。

要合力发展高端服务经济。共同培育高端服务品牌，加快服务业服务内容、业态和商业模式创新，联合打造一批高水平服务业集聚区和创新平台。大力推进服务业标准化建设，在旅游、养老、文化等领域探索跨区域合作新模式。

创新长三角一体化发展的体制机制

之江会客厅

嘉　宾　中国科学院院士、复旦大学原校长 杨玉良
原哈佛医学院教授、哥伦比亚大学微电子博士 马启元
浙江省委政策研究室原副主任 郭占恒
浙江省发展规划研究院副总规划师 周世锋

主持人　本报记者 潘如龙

2018年11月，习近平总书记在首届中国国际进口博览会上宣布，支持长江三角洲区域一体化发展并上升为国家战略。2019年6月，浙江省推进长三角一体化发展大会强调，全省域全方位推动长三角高质量一体化发展。浙江要实施这一国家战略，落实大会精神，首先要创新体制机制，为高质量一体化发展提供动力和保障。本期我们与浙江省科学技术协会共同邀请了4位院士和专家，一起探讨如何创新长三角一体化发展的体制机制。

“八八战略”奠定浙江融入长三角一体化发展的基础

主持人：长江三角洲区域一体化发展上升为国家战略，落实这一国家战略，对浙江来说，似乎是水到渠成的事情。早在2003年，浙江省委十一届四次全会作出“八八战略”的决策部署，其中第二条就是，进一步发挥浙江的区位优势，主动接轨上海、积极参与长江三角洲地区合作与交流。这为日后浙江积极融入长三角一体化发展奠定了战略性基础。请谈谈“八八战略”指引下，浙江在接轨大上海、参与长三角合作方面建立了哪些卓有成效的体制机制？

郭占恒：习近平同志在浙江、上海工作期间，就高度重视长三角一体化发展，而且充分肯定体制机制建设的重要性。2003年3月，在沪浙两省市经济社会发展情况交流会上，习近平同志明确指出，进一步完善合作机制，在沪苏浙三省市经济合作与发展座谈会制度的基础上，建议建立沪苏浙三省市党政主要领导定期会晤机制，以及相关的专项议事制度，定期举办“长江三角洲经济一体化发展论坛”。

浙江一直高度重视和加强接轨上海、推进长三角一体化发展的制度建设。早在2003年，省委、省政府就制定下发《关于主动接轨上海积极参与长江三角洲地区合作与交流的若干意见》，明确了基本原则，提出要健全协调机制和制定各地实施办法。

2017年7月，浙江省党政代表团赴上海、江苏、安徽学习考察，积极参加编制落实《长三角一体化发展三年行动计划》《长三角一体化发展规划纲要》。

2018年6月，杭州与松江、苏州、宣城等九城（区）签订长三角地区共建G60科创走廊战略合作协议。2019年6月，浙江又高规格召开推进长三角一体化发展大会，制定了一系列政策举措。

周世锋：浙江为推进长三角合作制定的体制机制有：推动建立了长三角主要领导人座谈会制度，并在浙江杭州举行了第一次会议，在此基础上深化形成了三级运作、统分结合的长三角区域合作机制。在新的背景下，浙江成立了推进长三角一体化发展领导小组，由省委书记任组长，参与组建长三角区域合作办公室，派人常驻上海联合办公。市县层面结合机构改革，成立长三角区域合作专门机构。积极参与12个合作专题组，建立常态化紧密型磋商合作机制等。

杨玉良　马启元　郭占恒　周世锋

绘图：潘泓璇

长三角高质量一体化发展的体制机制挑战

主持人：区域一体化发展是个重大机遇，但由于跨地理区位、行政区域，且各省市实际情况不同，在合作过程中也面临着体制机制的挑战。请谈谈推进长三角高质量一体化发展中需要破除哪些障碍？

杨玉良：地理交界的地方或者行政区划交界的地方，一般来说都是壁垒。要打破这个壁垒，一是让资源共享，二是实现资源更好地调配，比如甲地用不上的资源，乙地可以用。但是，这在现实当中肯定会碰到一些问题。

现在大家都在签各种各样的协议，但我个人感觉还不够，推进区域一体化发展是一项系统性工程，不是签一个简单的协议就能解决问题的；另外，也不是两个地区或两个部门之间进行合作就够了，需要从长三角全局来统筹规划、三省一市联合推进，形成真正互利共赢，充分激发政府、企业、社会和个人积极性主动性的长效机制。

马启元：区域一体化发展需要打破行政管理上的体制障碍，在产业发展上建立合作平台与联盟，在引进科技人才与项目上差异化发展，在医疗、教育等资源上互联共享。而要实现以上举措，首先就要解放思想，摒弃单一的、区域性的、狭隘的发展模式和发展理念。

周世锋：目前，跨区域共建共享共保共治机制不健全，基础设施建设、生态环境保护、公共服务等方面的一体化发展水平有待提升。阻碍经济高质量发展的行政壁垒仍未完全打破，地方标准不统一，准入门槛有差异，统一开放的市场体系尚未形成。区域之间成本共担、利益共享的机制尚未建立，有效的生态补偿机制仍在不断探索中。

郭占恒：一是认识问题。由于长三角三省一市间发展仍有差距，有的地方可能还存在着“小算盘”。因此，要树立“一盘棋”的思想和胸怀，真心合作，互利共赢。

二是能力问题。现在各地合作心情迫切，但有的地区合作能力不足。尤其是涉及具体的规划、产业、项目落地，具体的道路、网络、运输联通，具体的金融、贸易结算，具体的人学、看病、科研等资源共享，尚存在不知如何下手、不知如何打通关节点等问题。

三是主体问题。现在对推进一体化发展，政府很积极，专家学者很活跃，但企业参与度不够，鲜见以企业为主体的长三角主题高层论坛或研究智库，公众献计献策也不多。而缺少企业和各种民间主体的广泛参与，一体化发展就难以走深走实。

四是开放问题。长三角高质量一体化发展，不仅是长三角三省一市的事，更是国家的重大战略，也事关世界第六大城市群和“黄金”产业带的崛起，因此，必须有开放的眼光和胸怀，与国际国内接轨。如何跳出长三角发展长三角，吸引长三角外乃至全世界的人才、技术、资金等高端要素，来共同推动长三角高质量一体化发展，还有待深入研究。

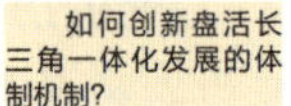

如何创新盘活长三角一体化发展的体制机制？

主持人：在具体的贯彻落实上，三省一市如何创新体制机制，加强区域一体化发展的制度保障？

杨玉良：为了加快推进一体化，第一个建议是加强干部交流。因为政府在长三角高质量一体化发展中担当着不可或缺的角色，政府能否坚定改革决心和方向事关一体化全局。除了高级干部的交流，还要进行长三角内部中低层干部的交流，确保相关政策从制定到落实都切实有力。

二是营造良好的创业环境，建设创业者乐园。一个地方的创业氛围跟政策环境和商务成本是有关系的，许多创新创业项目在起步时需要当地政府的支持和帮扶。长三角各地区可以各自利用资金、政策、人才、学校、土地等方面的优势，例如设立一定规模的创业基金，着重提升对人才和中小型企业的吸引力，形成与北京、广州、深圳等大城市的商务成本落差。未必要把引进大企业作为唯一目标。

马启元：体制创新需要政府引导，特别是发展投入大、周期长的高端制造业和核心技术产业。而核心产业发展的首要因素是人才，特别是海外高端人才。在海外人才与项目引进与管理上，长三角地区要加大机制创新，更多地关注认可高端人才创新思维的“脑”的价值，而不是单单关注开发产品的“手”的价值，还要用政策与事业留住人才的“心”。

此外，浙江有长三角地区最大规模的民间资本。政府可以出台引导投资的优惠政策，包括投资赋税等，从而带动浙江民间资本投向创新科技产业。建立产业投资基金以及项目融资平台，让浙江的民间资本通过核心产业项目与上海科创板对接。科创板对上市企业的关注重点在于原创技术、创业领军人才与团队以及未来产品的市场竞争力，而不是企业当下的产值、利润，这对传统的民间产业投资模式带来巨大冲击。必须明确，未来科技投资更多是看人、看脑、看未来。发展核心产业，需要尽快改变观念和模式，这样才能让浙江资本抓住投资和培育更多像阿里巴巴一样的公司的机遇。

郭占恒：关键是要把思想和行动统一到习近平总书记关于推动长三角一体化发展的要求上来，着力在以下几方面下功夫。

一是构建国家主导的高层次的协调机制。同时，三省一市及有关部门、有关地市区也应建立相应的协调机制，形成由高层到基层的协调体系。

二是构建与《长三角一体化发展规划纲要》衔接的刚性的规划机制。三省一市在编制具体规划时，应主动与《纲要》对接。同时，考虑编制《长三角一体化发展“十四五”规划》，并把相关内容纳入各自的“十四五”规划。

三是构建政府主导、企业主体、社会组织和公众共同推进的合力机制。政府机构及智库论坛在研究推进一体化发展时，应主动吸纳听取企业和民间代表的意见，更多发挥企业、社会组织和公众的主体作用。

四是构建一体化发展的平台机制。建立共建共享的科技、教育、人才、金融、医疗、旅游、环保、开发区、示范区等大平台。

五是构建问题快速反馈和协调处理机制。可设立长三角一体化热线，及时处理基层和企业反映的问题，使“最多跑一次”改革覆盖整个长三角地区。

六是构建大数据配置和处理机制。组织大数据团队，对长三角地区的人口、资源、环境、科技、教育、医疗等自然资源和社会资源进行优劣分析和科学配置，便于各自发挥优势、补齐短板。

周世锋：发挥好地方立法对推进长三角一体化发展的推动作用，探索地方人大执法检查工作协作，为长三角高质量一体化发展提供有力的法治保障。

建立长三角重点领域制度规划和重大政策沟通协调机制，提高政策制定的统一性、规则的一致性和执行的协同性。比如，在企业登记、环境保护、投融资、人力资源管理、公共服务等领域加快建立政府间政策协商机制。

建立长三角区域干部跨界互派挂职制度，加强沟通、互相学习，消除隔阂、增强共识，形成一体化合力。

充分发挥市场在一体化中的主体地位和积极作用，减少政府对企业配置市场要素的干预，在共建统一优良的营商环境过程中，让区域内增量要素自由流动、存量要素共享共赢。

中国新闻名专栏
之江观察

在乌镇遇见5G 预见美好未来

李攀

当清风又一次穿过古镇巷陌，吹黄银杏梧桐，世界互联网行业即将进入“乌镇时间”。在每年的世界互联网大会上，很多高精尖的互联网新产品、新应用都闪亮登场。今年，第六届世界互联网大会就将首次实现乌镇景区和镇区的5G网络全覆盖。

5G，牵引着无数人关注的目光。据报道，互联网大会首日，5G无人驾驶微公交会正式“开跑”，往返于会场入口与嘉宾签到处之间，接送来自世界各地的与会嘉宾。它既能“眼观六路”，识别200米内的行人、机动车辆等障碍物，还能“耳听八方”，掌控公里级范围的道路信息。在很多人看来，这简直宛如科幻大片中的虚构场景，难以置信。

6年前，乌镇成为世界互联网大会永久会址。从那一刻起，这个古老的江南水乡小镇插上了互联网翅膀，敞开怀抱迎接最前沿的科技、最时髦的应用，这次把5G也揽入怀中。

5G勾勒出来的崭新图景，其实早在浙江铺展开来。“闻G起舞”貌似已成为浙江人的生活常态。如果游西湖，很可能会偶遇51路5G公交车。这趟途经西湖边北山路、杨公堤、南山路的公交车，通过5G信号将沿途湖光山色实时传输到车内的4K大屏上播放。此外，看病、上学、居住等很多场景，都已经有了5G的影子。不过，5G具有的巨大魔力，远不止满足人们吃穿住用行等日常需要。

当下，几乎人人都在谈论5G，原因在于5G是一场技术革命，也是关联众多领域的产业革命，更指向社会重大变革。作为全面构筑经济社会数字化转型的关键基础设施，5G将推动传统行业转型、数字经济创新，成为未来十年乃至更长时间内的发展新引擎。有报告预测，到2025年，5G将带动我国直接和间接总经济产出35.4万亿元，拉动300万个新增就业。等到那时，5G与我们的生活会有更极致的融合。

因此，真正让5G发挥好新引擎作用，关键要培育壮大5G产业，下好“5G+”先手棋。作为数字经济先行地，浙江见事早、行动快，抢抓重大战略机遇期，正加快建设5G产业高地。今年4月，省政府发布的《关于加快推进5G产业发展的实施意见》提出，到2022年，5G产业规模居全国第一方阵，5G在经济社会各领域得到广泛应用和深度融合。

相信不久的将来，5G的应用必将绘制出更绚烂的画卷。也许多年后人们会发现，今年世界互联网大会上的5G应用，不过是人们刚刚尝到了5G的甜头，更多的美好还在等着呈现。现在，第六届世界互联网大会即将开幕，就让我们在乌镇预见美好未来。

一次虐童 就该终身禁业

刘雪松

今日时评

10月15日，新京报从国家卫健委获悉，《托育机构设置标准（试行）》和《托育机构管理规范（试行）》已自10月8日起正式实施。新规明确，托育机构工作人员应满足无虐待儿童记录等条件。这意味着，只要有一次虐童记录，将终身不得进入托育行业。

为婴幼儿的安全和健康设置严格的职业门槛，既是民众的强烈诉求，也是法治的迫切需求。尽管对于虐婴、虐童行为，法律上有着相应的刑与罚，但现实中的“辣手摧花”事件，却仍是屡见不鲜。

对于孩子来说，一次受虐，可能终生留下阴影。孩子小，虽然皮肉痛苦早晚会消失，但对于这个世界的不解、恐惧，却从蹒跚学步起就埋藏于心了。父母再心痛，都比不上稚嫩肉体包裹着的心伤。

对托育职业产生敬畏，光靠追究法律责任显然是不够的。以2017年发生的北京红黄蓝幼儿园虐童案为例，当年11月有10余名幼儿家长发现孩子遭遇老师扎针、喂不明药片。警方介入调查，并将涉案教师刘某某刑拘。最终，刘某某获刑1年6个月，并被责令5年内禁止从事未成年人看护教育工作。

1年6个月，抚不平家长和孩子遭遇的一生之痛。5年禁业，堵不住其他孩子不被伤害的漏洞。一次虐童，就该终身禁业。国家卫健委的两项新规，为托育从业人员筑高了就业门槛，从而在资质的准许源头，把有虐童劣迹的人员彻底排除在门外。这道关，把在了前面，把到了位，是孩子之福、社会之福，是法治为孩子和社会提供了一道硬核“福利”。

孩子是家庭的未来，社会的未来。从离开父母怀抱的那一刻起，呵护孩子、监督托管和教育，是法治社会的应有之义，也是必要保障。

来自上游新闻的报道显示，今年9月7日发生在河南扶沟县水泉学校6年级的“老师让学生吃垃圾”事件目前已有进展，涉事老师已被检方批捕，学校正在整改中。9月7日当天，因寝室卫生没打扫，多名学生被这所寄宿制民办小学的政教主任江老师逼迫吃下垃圾，随后出现腹泻、胃部不适等症状。

作为一名教育工作者，对待幼小的学生如此施虐，令人发指。这是典型的教育病态，是德不配位、法不到位。而发生在义务教育阶段的虐童事件，前些年不绝于耳。殴打、强奸、体罚……摧残手段无所不有，社会无法容忍。由此，从一次虐婴、终身禁业，我们应联想到更大范围的未成年人在教育机构的保护问题，应联想到如何从更大范围筑高教育工作的就业门槛。这同样是教育之义、法治之义。

教育是立国之本、强国之基。教育强，需要监督教育的法治强。从入职的源头和门槛把好关，将有虐童劣迹的人员拒之于教育职业的“门外”，既是对“门内”孩子的保护、教育工作者的警示，也是对虐待犯罪行为的震慑。这一步，可以迈，也应该迈。

创新长三角一体化发展的体制机制

杨玉良
中国科学院院士、复旦大学原校长

马启元
原哈佛医学院教授、哥伦比亚大学微电子博士

郭占恒
浙江省委政策研究室原副主任

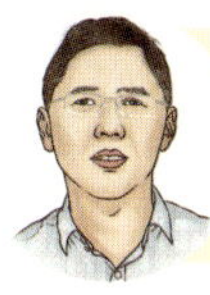

周世锋
浙江省发展规划研究院副院长、研究员

2018年11月，习近平总书记在首届中国国际进口博览会上宣布，支持长江三角洲区域一体化发展并上升为国家战略。2019年6月，浙江省推进长三角一体化发展大会强调，全省域全方位推动长三角高质量一体化发展。浙江要实施这一国家战略，落实大会精神，首先要创新体制机制，为高质量一体化发展提供动力和保障。记者与浙江省科学技术协会共同邀请了4位院士和专家，一起探讨如何创新长三角一体化发展的体制机制。

“八八战略”奠定浙江融入长三角一体化发展的基础

记者：长江三角洲区域一体化发展上升为国家战略，落实这一国家战略，对浙江来说，似乎是水到渠成的事情。早在2003年，浙江省委十一届四次全会作出“八八战略”的决策部署，其中第二条就是进一步发挥浙江的区位优势，主动接轨上海、积极参与长江三角洲地区合作与交流。这为日后浙江积极融入长三角一体化发展奠定了战略性基础。请谈谈“八八战略”指引下，浙江在接轨大上海、参与长三角合作方面建立了哪些卓有成效的体制机制？

郭占恒：习近平同志在浙江、上海工作期间，就高度重视长三角一体化发展，而且充分肯定体制机制建设的重要性。2003年3月，在沪浙两省市经济社会发展情况交流会上，习近平同志明确指出，进一步完善合作机制；在沪苏浙三省市经济合作与发展座谈会制度的基础上，他建议建立沪苏浙三省市党政主要领导定期会晤机制，以及相关的专项议事制度，定期举办“长江三角洲经济一体化发展论坛”。

浙江一直高度重视和加强接轨上海、推进长三角一体化发展的制度建设。早在2003年，省委、省政府就制定下发《关于主动接轨上海积极参与长江三角洲地区合作与交流的若干意见》，明确了基本原则，提出要健全协调机制和制定各地实施办法。

2017年7月，浙江省党政代表团赴上海、江苏、安徽学习考察，积极参加编制落实《长三角一体化发展三年行动计划》《长三角一体化发展规划纲要》。

2018年6月，杭州与松江、苏州、宣城等九城（区）签订长三角地区共建G60科创走廊战略合作协议。2019年6月，浙江又高规格召开推进长三角一体化发展大会，制定了一系列政策举措。

周世锋：浙江为推进长三角合作制定的体制机制包括：推动建立了长三角主要领导人座谈会制度，并在浙江杭州举行了第一次会议，在此基础上深化形成了三级运作、统分结合的长三角区域合作机制。在新的背景下，浙江成立了推进长三角一体化发展领导小组，由省委书记任组长，参与组建长三角区域合作办公室，派人常驻上海联合办公。市县层面结合机构改革，成立长三角区域合作专门机构。积极参与12个合作专题组，建立常态化紧密型磋商合作机制等。

长三角高质量一体化发展的体制机制挑战

记者：区域一体化发展是个重大机遇，但由于跨地理区位、行政区域，且各省市实际情况不同，在合作过程中也面临着体制机制的挑战。请谈谈推进长三角高质量一体化发展中需要破除哪些障碍?

杨玉良: 地理交界的地方或者行政区划交界的地方，一般来说都是壁垒。要打破这个壁垒，一是让资源共享，二是实现资源更好地调配，比如甲地用不上的资源，乙地可以用。但是，这在现实当中肯定会碰到一些问题。

现在大家都在签各种各样的协议，但我个人感觉还不够，推进区域一体化发展是一项系统性工程，不是签一个简单的协议就能解决问题的；另外，也不是两个地区或两个部门之间进行合作就够了，需要从长三角全局来统筹规划、三省一市联合推进，形成真正互利共赢，充分激发政府、企业、社会和个人积极性主动性的长效机制。

马启元: 区域一体化发展需要打破行政管理上的体制障碍，在产业发展上建立合作平台与联盟，在引进科技人才与项目上差异化发展，在医疗、教育等资源上互联共享。而要实现以上举措，首先就要解放思想，摒弃单一的、区域性的、狭隘的发展模式和发展理念。

周世锋: 目前，跨区域共建共享共保共治机制不健全，基础设施建设、生态环境保护、公共服务等方面的一体化发展水平有待提升。阻碍经济高质量发展的行政壁垒仍未完全打破，地方标准不统一，准入门槛有差异，统一开放的市场体系尚未形成。区域之间成本共担、利益共享的机制尚未建立，有效的生态补偿机制仍在不断探索中。

郭占恒: 一是认识问题。由于长三角三省一市间发展仍有差距，有的地方可能还存在着“小算盘”。因此，要树立“一盘棋”的思想和胸怀，真心合作，互利共赢。

二是能力问题。现在各地合作心情迫切，但有的地区合作能力不足。尤其是涉及具体的规划、产业、项目落地，具体的道路、网络、运输联通，具体的金融、贸易结算，具体的入学、看病、科研等资源共享，尚存在不知如何下手、不知如何打通关节点等问题。

三是主体问题。现在对推进一体化发展，政府很积极，专家学者很活跃，但企业参与度不够，鲜见以企业为主体的长三角主题高层论坛或研究智库，公众献计献策也不多。而缺少企业和各种民间主体的广泛参与，一体化发展就难以走深走实。

四是开放问题。长三角高质量一体化发展，不仅是长三角三省一市的事，更是国家的重大战略，也事关世界第六大城市群和“黄金”产业带的崛起，因此，必须有开放的眼光和胸怀，与国际国内接轨。如何跳出长三角发展长三角，吸引长三角外乃至全世界的人才、技术、资金等高端要素，来共同推动长三角高质量一体化发展，还有待深入研究。

如何创新盘活长三角一体化发展的体制机制？

记者：在具体的贯彻落实上，三省一市如何创新体制机制，加强区域一体化发展的制度保障？

杨玉良：为了加快推进一体化，第一个建议是加强干部交流。因为政府在长三角高质量一体化发展中担当着不可或缺的角色，政府能否坚定改革决心和方向事关一体化全局。除了高级干部的交流，还要进行长三角内部中低层干部的交流，确保相关政策从制定到落实都切实有力。

第二个是营造良好的创业环境，建设创业者乐园。一个地方的创业氛围跟政策环境和商务成本是有关系的，许多创新创业项目在起步时需要当地政府的支持和帮扶。长三角各地区可以各自利用资金、政策、人才、学校、土地等方面的优势，例如设立一定规模的创业基金，着重提升对人才和中小型企业的吸引力，形成与北京、广州、深圳等大城市的商务成本落差。未必要把引进大企业作为唯一目标。

马启元：体制创新需要政府引导，特别是发展投入大、周期长的高端制造业和核心技术产业。而核心产业发展的首要因素是人才，特别是海外高端人才。在海外人才与项目引进与管理上，长三角地区要加大机制创新，更多地关注认可高端人才创新思维的“脑”的价值，而不是单单关注开发产品的“手”的价值，还要用政策与事业留住人才的“心”。

此外，浙江有长三角地区最大规模的民间资本。政府可以出台引导投资的优惠政策，包括投资赋税等，从而带动浙江民间资本投向创新科技产业。建立产业投资基金以及项目融资平台，让浙江的民间资本通过核心产业项目与上海科创板对接。科创板对上市企业的关注重点在于原创技术、创业领军人才与团队以及未来产品的市场竞争力，而不是企业当下的产值、利润，这给传统的民间产业投资模式带来巨大冲击。必须明确，未来科技投资更多是看人、看脑、看未来。发展核心产业，需要尽快改变观念和模式，这样才能让浙江资本抓住投资和培育出更多像阿里巴巴一样的公司的机遇。

郭占恒：关键是要把思想和行动统一到习近平总书记关于推动长三角一体化发展的要求上来，着力在以下几方面下功夫。

一是构建国家主导的高层次的协调机制。同时，三省一市及有关部门、有关地市区也应建立相应的协调机制，形成由高层到基层的协调体系。

二是构建与《长三角一体化发展规划纲要》衔接的刚性的规划机制。三省一市在编制具体规划时，应主动与该纲要对接。同时，发布《长三角一体化发展规划“十四五”实施方案》，并把相关内容纳入各自的“十四五”规划。

三是构建政府主导，企业主体、社会组织和公众共同推进的合力机制。政府机构及智库论坛在研究推进一体化发展时，应主动吸纳听取企业和民间代表的意见，更多发挥企业、社会组织和公众的主体作用。

四是构建一体化发展的平台机制。建立共建共享的科技、教育、人才、金融、医疗、旅游、环保、开发区、示范区等大平台。

五是构建问题快速反馈和协调处理机制。可设立长三角一体化热线，及时处理基层和企业反映的问题，使“最多跑一次”改革覆盖整个长三角地区。

六是构建大数据配置和处理机制。组织大数据团队，对长三角地区的人口、资源、环境、科技、教育、医疗等自然资源和社会资源进行优劣分析和科学配置，便于各自发挥优势、补齐短板。

周世锋：发挥好地方立法对推进长三角一体化发展的推动作用，探索地方人大执法检查工作协作，为长三角高质量一体化发展提供有力的法治保障。

建立长三角重点领域制度规划和重大政策沟通协调机制，提高政策制定的统一性、规则的一致性和执行的协同性。比如，在企业登记、环境保护、投融资、人力资源管理、公共服务等领域加快建立政府间政策协商机制。

建立长三角区域干部跨界互派挂职制度，加强沟通、互相学习，消除隔阂、增强共识，形成一体化合力。

充分发挥市场在一体化中的主体地位和积极作用，减少政府对企业配置市场要素的干预，在共建统一优良的营商环境过程中，让区域内增量要素自由流动、存量要素共享共赢。

数字经济引领浙江高质量发展

嘉　宾　国务院发展研究中心信息中心研究员 李广乾
浙江省信息化发展研究院院长 陈畴镛
浙江省工业和信息化研究院院长 兰建平

主持人　本报记者 潘如龙

2003年，习近平同志在浙江工作期间就提出了推进数字浙江建设。2017年底，浙江省委经济工作会议提出：把数字经济作为"一号工程"来抓，深化数字浙江建设。7月12日，在国务院新闻办公室举办的浙江专场新闻发布会上，省委主要领导强调在"八八战略"指引下，全力打造数字经济"一号工程"。数字经济已经成为浙江高质量发展的新动能。本期我们特邀3位专家学者，一起来谈谈数字经济如何引领浙江高质量发展。

数字经济发展的 国家战略和浙江态势

主持人：近日发布的《财富》世界500强排行榜显示，全球7大互联网相关企业中，中国占了4家，表明数字经济已经成为推动我国经济社会发展的强大动能。请谈谈我国数字经济的国家战略布局和浙江的数字经济发展的态势。

李广乾：数字经济在我国经济社会发展中正占据越来越重要的地位。随着物联网、云计算、大数据、人工智能等新一代信息技术的迅速发展，新技术、新业态、新模式给数字经济带来新的变化和内涵。为加快数字经济发展，国家进行了一系列战略布局：

一是加快实施"宽带中国"战略，并在近期启动5G工程，为数字经济发展提供新的信息基础设施；二是实施"互联网+"行动计划，加快发展工业互联网，鼓励发展平台经济、共享经济，加快传统产业数字化；三是实施"双创"工程，大力发展高新技术产业，实现信息领域核心技术设备的创新发展，加快数字产业化；四是积极推进"数字丝绸之路"建设，助力"走出去"战略；五是大力推进政府信息系统整合共享，推动政府数据共享开放，不断优化营商环境；六是颁布实施网络安全法与电子商务法等法律法规，为数字经济健康稳定发展保驾护航。

近年来，浙江在促进数字经济发展方面走在全国前列，信息化发展水平在全国处于领先地位，智慧城市建设成为国内发展标杆。

陈畴镛：我国《促进数字经济发展战略纲要》提出，以提高数字化生产力为核心，以促进新业态与实体经济深度融合为重点，着力加快我国经济社会各领域数字化转型步伐。

2018年，我国数字经济增加值为31.3万亿元，占GDP的比重达到34.8%；浙江数字经济总量达2.33万亿元，较上年增长19.26%，占GDP的比重达41.54%。全国数字经济核心产业（数字产业化）增加值占数字经济总量的比重为20.5%，而浙江占比为23.8%，表明在浙江特别是杭州数字经济发展中，新业态、新产业、新模式更为突出。

兰建平：从全球来看，世界经济正进入数字经济发展的新时代，以5G为代表的新一代信息技术的突破和应用将带来直接产出的爆发式增长。从我国来看，数字经济已经成为经济弯道超车、快速壮大的主要发力手段和关键战略路径。实践已经证明数字经济对中国经济高质量发展具有倍增、叠加和转换效应。从我省来看，浙江将数字经济作为"一号工程"，在国家信息经济示范省的基础上，全力建设国家数字经济示范省。目前浙江数字经济发展位于全国的第一梯队，"产业数字化"指标得分列全国第一位，两化深度融合、智能制造、企业上云等走在全国前列。

绘图：潘泓璇

数字经济何以成为浙江 高质量发展的新动能

主持人：近年来，数字革命迅速发展，浙江省委、省政府认为这将是推动经济变革、社会变革的一个最大变量，把数字经济作为"一号工程"来打造。请问，数字经济为何能成为浙江高质量发展的新动能？

陈畴镛：浙江是数字经济发展先发地。2003年，到浙江工作不久的习近平同志就提出了建设数字浙江的决策部署，并把它作为"八八战略"的重要内容。党的十八大以来，省委、省政府把发展信息经济作为浙江实现"两个高水平"的重要抓手。2017年底，省委经济工作会议提出实施数字经济"一号工程"，全面推进经济数字化转型，积极争创国家数字经济示范省。

浙江发展数字经济，我认为主要有以下特征：一是以数字技术创新推进创新驱动战略，通过技术创新突破活动激发新产品、新服务、新应用不断涌现；二是着力构建基于互联网的"平台+生态"模式，以商业模式创新引领消费升级；三是加快互联网、大数据、人工智能与实体经济深度融合，推动供给侧结构性改革；四是发挥浙江市场机制优势，促进创新创业精神与互联网基因叠加产生倍增效应；五是以"最多跑一次"改革为引领，创新数字经济治理与监管制度，优化政府服务，打造最佳营商环境。

兰建平：数字经济成为浙江高质量发展的新动能，主要体现在以下几方面：

一是数字经济已经成为拉动我省经济增长的主力军。浙江数字经济总量从2014年的1万多亿元增长至2018年的2.33万亿元；数字经济占GDP比重从不足27.25%上升至41.54%，2019年上半年全省数字经济核心产业增加值同比增长14.8%，远远高于工业增长的幅度。

二是数字经济领域是我省创新创业的主战场。2017年全省数字经济核心产业R&D（研究与发展）经费投入规模达到317.77亿元，占全省R&D经费支出的25%；随着之江实验室、阿里达摩院等创新平台的建设，数字经济领域的一批创新成果开始逐步涌现；云栖小镇、梦想小镇等特色小镇已经成为各地创新创业的重要平台。

三是数字经济是助推传统产业质效提升的主引擎。2013年以来，我省以纺织服装、装备制造、石油化工等传统优势行业为重点开展智能化技术改造、企业上云、工业互联网等行动。2018年，全省在役工业机器人数量达7.1万台，累计上云企业达28万家，建设数字化车间60个、无人工厂6家。

如何培育浙江 数字经济新优势

主持人：浙江数字经济下一步发展重点是什么？难点在哪里？

陈畴镛：浙江数字经济发展的重点是打造"三区三中心"。

一是要突出抓好数字长三角、城市大脑、"5G+"等数字化重点项目，强化之江实验室等数字经济创新平台建设。

二是加快推进产业数字化，以开展"工业互联网+智能制造"融合示范试点为引领，推进互联网、大数据、人工智能与实体企业深度融合，形成产业数字化的新兴业态和应用模式。

三是着力突破数字核心技术，实现"数字化驱动—开放式创新—网络化协同"，加快发展数字产业集群，加大数字技术创新所需的人才培养、资金投入、体制建设等资源投入，培育数字经济生态圈。

难点之一是要解决企业数字化转型的能力与内生动力不足问题。大多数中小企业认为，数字化投资回报周期长、转换成本高，或者缺乏数字化技术、资金、人才。

难点之二是行业大数据平台缺失，企业间数据的交换、融合尚在初始阶段，政府公共数据面向企业开放的程度还不高，数据资源的挖掘利用程度不深，尚未形成较为成熟的数据驱动产业升级路径。

兰建平：浙江下一阶段将继续以创建国家数字经济示范省为目标，深入实施数字经济五年倍增计划。重点工作包括：抓好标志性引领性数字项目建设；着力抓好主导数字产业、世界级数字企业、数字产业平台的培育，加快培育发展数字产业集群；加快传统制造业数字化改造提升和工业互联网建设应用；推进数字科技创新中心、新型贸易中心、新兴金融中心建设；加快数字经济体制机制创新等。

发展数字经济的难点在于：

一是如何培育数字经济新优势。要突破"卡脖子"关键技术，推动数字技术从整体性演进、群体性突破进入到深度应用的新阶段；找准着力点，在数字经济领域培育本土化的国际企业，打造2~3个能冲击全球制高点的世界级产业集群。

二是如何推进产业互联网发展进入新阶段。要利用好我省制造业门类齐全、民营经济发达、中小微企业众多的优势，总结出具有浙江特色的、可复制可推广的数字化转型路线图，让浙江民营企业在数字经济时代焕发新的活力。

三是如何较好地解决数字经济产业综合实力不足的问题。近年来我省列入全国软件百强、电子信息百强榜的龙头企业数量呈下降趋势。此外，在基础产业布局方面，缺芯、少"魂"、少屏甚至是无屏的问题突出，如何补齐短板，实现"两条腿走路"，是浙江未来产业发展要解决的问题。

当然，数字经济本质是知识经济，人才是第一要素，要坚定不移地解决制约数字经济发展的各种人才约束问题，努力打造我省数字经济发展的人才高地。

以政府数字化转型 推动数字经济发展

主持人：数字经济离不开数据的整合、开放、共享，而政府掌握了很多数据，要以政府数字化转型来推动数字经济发展。请问浙江在以政府数字化转型推动数字经济发展上，有哪些经验和启示？

李广乾：数字经济的快速发展，有赖于良好的营商环境建设，而这种良好的营商环境又与浙江在全国率先开展政府数字化转型密不可分。

长期以来，浙江电子政务建设一直走在全国前列。充分应用大数据、人工智能等新一代信息技术，加强政务服务标准化建设，着力推进"放管服"改革。加强政府数据整合，早在2017年5月1日就开始施行的《浙江省公共数据和电子政务管理办法》，对公共数据和电子政务规划与建设、管理与应用、安全与保障等作出了相应规范，这是国内首个省级公共数据和电子政务管理办法。在充分保障信息安全的条件下，浙江在全国率先采用云计算技术整合政府信息系统建设。在当前的电子政务建设中，浙江云计算应用实践具有积极的引导作用。

陈畴镛：浙江以深化"最多跑一次"改革为动力，从服务、政策、制度、环境多方面优化政府供给，把政府数字化转型作为深入实施数字经济"一号工程"的重要举措，以流程再造实现跨部门、跨系统、跨地域、跨层级高效协同，建成"掌上办事"之省和"掌上办公"之省。

浙江创新数字经济治理与监管制度，结合法治浙江、平安浙江建设，制定电子商务、互联网金融、信用信息管理等相关政策法规，出台政府与公共信息资源开放共享的管理办法，引导数字经济新业态、新模式规范发展。在全国率先成立杭州互联网法院，用信息化手段打造网上智能审判系统，实现起诉、调解、举证、庭审等诉讼环节全程网络化，大幅提高了司法透明度。今年3月4日，杭州互联网法院启动运行我省首个互联网发展"司法指数"，发挥监测、评估、预警、引导、激励等功能，从独特视角反映互联网发展状况，揭示互联网发展问题与风险。

兰建平：一是以紧跟时代需求的体制机制助推产业高质量发展。2017年，杭州互联网法院正式挂牌，成为中国第一家互联网法院；同年，我省率先开展《浙江省电子商务条例》的立法工作。司法和立法保障不断完善，有效助力我省电子商务产业的繁荣。

二是以开放包容的制度环境激发创业创新活力。淘宝小镇电商园与工商部门等多部门合作开展"最多跑一次"改革，在网站上开放外地申请绿色通道，打破工商登记的时间和地域限制，实现零门槛、零费用、零跑动。从"最多跑一次"到"一次都不用跑"，有效降低了企业和创业者的时间成本和金钱成本。

三是以数据驱动的新型政务服务精准助推企业发展。目前，浙江城市大脑、企业大脑、"亩均论英雄"大数据平台等一批基于数据驱动的政府监管、服务平台正在建设中，到2020年我省将基本建成数字化政府。

读懂华为高薪背后的科技梦

王玉宝

人民日报客户端转载的一篇报道显示，近日，华为以"天价高薪"招聘应届博士生。消息很快引起很多网友的关注。

"天价高薪"到底有多高？8位获聘应届博士生每人年薪89.6万元起步，最高的两位每人年收入可达182~201万元人民币。这是什么概念？有媒体前往浙大打探，该校信息技术、自动化控制专业应届博士生一般年薪36万元，部分高的有六七十万元，但拿到百万年薪的很少。

颇有意思的是，在这一次对"天价高薪"的网络围观中，没有仇富、没有心理失衡，却大多是赞叹，赞叹这些学生的优秀，欣喜于他们异于常人的天赋、耕耘终于得到社会和企业的认可，同时也赞叹于华为的大气、魄力和远见，他们愿意在顶级人才上"下血本"，这是为未来播种。这种可喜的舆论折射了企业和社会对待人才态度的吻合和共识。

在惊叹于"天价高薪"之余，更值得憧憬的还有"天价高薪"的"续集"。按照华为的计划，今明两年，他们将从全世界招聘数百名"天才少年"。如此大手笔地全球揽才，寄寓着企业深沉的科技梦，或许预示着一场新的科技攻关与突破可能在这家中国顶级的科技企业拉开序幕。联系到华为以及许多国内科技企业在核心技术上多处受制于人，我们更期待华为这一系列招聘计划能在未来几年结出创新硕果。

实际上，社会对华为有这个信心，华为自身也有这个积淀。根据最新发布的世界500强榜单，华为位于第61位，名列内地科技型企业之首，与谷歌母公司Alphabet以及微软较为接近，远超脸谱公司。而近年来，华为的研发投入和发明专利更是连续名列全球科技型企业前列。

当然，当下有很多行业及企业都在向着"卡脖子"科技问题开刀，华为只是其中的一把"尖刀"。华为长期致力于自主创新并取得了不凡战绩，此次的"天价高薪"招聘无疑更加激发了社会对于华为在科技创新突破上的期待。

不过，高薪可能只是个"敲门砖"。企业创新的文化、宽容的氛围、攻克难关的决心、激发人才创造性的有效机制等，都是孕育创新的复杂系统中不可缺少的环节。因此，全社会包括华为在内恐怕都须对此抱以更多耐心。

华为"天价高薪"成为一个新闻热点，无论是对当下中国社会还是科技界、企业界都具有激励意义。很多网友感叹"多读书果然能赚钱"。特别是华为对人才的不惜重金，和那种"未来要拖着这个世界往前走、自己创造标准"的强大使命感和卓越追求，如果能激发更多科技企业的共鸣和投入，那么中国的科技创新之路上将涌现更多生力军。

推广ETC 消费者拒绝"套路"

李　攀

入夏以来，银行铆足了劲发力推广ETC，并推出送通行费、加油返现、一元洗车等多重优惠吸引车主办理ETC业务。据《北京晚报》报道，一些车主办完后发现，部分银行ETC业务存在营销陷阱：有的借记卡办理ETC时被莫名开通了消费贷款业务，有的卡片存在盗刷风险，但对这些风险一些银行却很少提示。

据统计，截至2018年底，我国汽车保有量2.4亿台，ETC用户为7656万人，占比约为32%，可见，ETC市场空间不小。在利益驱使下，各金融机构围绕推广ETC推出各种营销措施，但这些措施中也不乏给消费者"挖坑"的套路。

正所谓"世上没有无缘无故的爱"，有的金融机构表面上抛出多重优惠吸引客户，可背地里已经给客户挖好了大坑，就等客户不知不觉跳下去。这固然可能跟金融机构本身为了防范风险有关，但是这种风险不应该转嫁到消费者头上。就拿消费贷来说，一旦强制将ETC绑定消费贷，车主一不小心就要支付利息，这不是强买强卖吗？

在日益倡导诚信经济和法治经济的当下，这样的陷阱不应该存在。ETC消费陷阱影响到这项惠民政策的落地，让民生获得感打了一定的折扣。

今年政府工作报告提出，两年内取消全国高速公路省界收费站，实现不停车快捷收费，这是政府提升人民群众获得感、幸福感、安全感的一项切实举措。商业银行等金融机构推广ETC，应该坚持公正、阳光、透明的底线和原则，实现经济效益与社会效益的统一，而不应只顾自己却坑了消费者。

民生无小事，一枝一叶总关情。服务消费者，就应该从一点一滴的小事上做起，多为消费者着想，尽到告知的义务，少让消费者蒙在鼓里，埋下风险隐患，这样才能赢得市场的回馈和社会的尊重，也才能使一些惠民政策真正惠及老百姓。当然，消费者也要多长一个心眼，大胆地用法律手段维护自己的合法权益，选择诚信经营、质量可靠的金融机构办理ETC，并且要注意风险提示，防止权益受损。

金华银行创新推出"信义金贷"助推信用金华建设

近日，金华银行为市民徐先生发放了一笔金额为10万元的"信义金贷"，及时解决了他房屋装修资金不足的问题。

"没想到，自己的'信义金'还可以帮助我顺利从银行贷款。"徐先生说："以后要好好珍惜自己的信用，作一个讲诚信、讲文明的人。"

如何进一步创新融资担保方式，积极推进银行业加大信用贷款发放力度，是今年金华银保监分局推动的重点工作之一。为积极响应金华市委、市政府关于全市信用体系建设的决策部署，推进"信义金华"城市形象建设，6月14日，金华市正式推出了社会信用体系建设创新应用——"信义金"。它是针对金华市范围内年满18周岁、具有完全民事行为能力的自然人，在全省统一的自然人公共信用评价的基础上，融合各部门各行业信用信息，形成反映其公共信用状况和文明状况，具有金华地方特色的个人评分。对积极参与志愿服务、慈善捐赠、无偿献血、行政记功的市民，"信义金"分值会相应提高；对有拖欠生活缴费、违规经营、酒驾毒驾、闯红灯等有不文明或违法行为的市民，"信义金"分值会相应降低。

市民可通过关注金华市市民卡微信公众号，绑定市民卡或者身份证号码查询个人"信义金"分值。分值高的市民，可以享受图书借阅、旅游、健身、医疗、出行、住宿、招聘、贷款等方面诸多"城市礼遇"。

在金华银保监分局的指导下，金华银行找准契合点，针对"信义金"量身定制了"信义金贷"，倡导讲诚信、讲文明风尚，助推全市诚信体系建设。"信义金贷"是指"信义金"分值达500分以上且符合金华银行贷款准入条件的用于日常消费或生产经营的个人贷款业务，"信义金"分值达550分以上的市民还可享受优惠的贷款利率，最低可享受基准利率。市民可按需选择形式多样的贷款种类，担保方式及授信期限，贷款最长期限可达10年。

作为"市民的银行"，一直以来，金华银行以极大的热忱服务市民，给予符合条件的贷款客户利率优惠。在此基础上，金华银行加大了金融服务创新力度。截至目前，金华银行已办理"信义金贷"50笔，发放金额1010万元。

市民向金华银行工作人员咨询业务 时补法 摄

（傅伟 王芬）

· 资讯 ·

数字经济引领浙江高质量发展

嘉　宾

李广乾

国务院发展研究中心研究员

陈畴镛

杭州电子科技大学原党委副书记、原副校长

兰建平

浙江省发展规划研究院副院长

2003年，习近平同志在浙江工作期间就提出了推进数字浙江建设。2017年底，浙江省委经济工作会议提出：把数字经济作为“一号工程”来抓，深化数字浙江建设。2019年7月12日，在国务院新闻办公室举办的浙江专场新闻发布会上，省委主要领导强调在“八八战略”指引下，全力打造数字经济“一号工程”。数字经济已经成为浙江高质量发展的新动能。记者特邀3位专家学者，一起来谈谈数字经济如何引领浙江高质量发展。

数字经济发展的国家战略和浙江态势

记者：2019年发布的《财富》世界500强排行榜显示，全球7大互联网相关企业中，中国占了4家，表明数字经济已经成为推动我国经济社会发展的强大动能。请谈谈我国数字经济的国家战略布局和浙江的数字经济发展的态势。

李广乾：数字经济在我国经济社会发展中正占据越来越重要的地位。随着物联网、云计算、大数据、人工智能等新一代信息技术的迅速发展，新技术、新业态、新模式给数字经济带来新的变化和内涵。为加快数字经济发展，国家进行了一系列战略布局。

一是加快实施“宽带中国”战略，并在近期启动5G工程，为数字经济发展提供新的信息基础设施；二是实施“互联网+”行动计划，加快发展工业互联网，鼓励发展平台经济、共享经济，加快传统产业数字化；三是实施“双创”工程，大力发展高新技术产业，实现信息领域核心技术设备的创新发展，加快数字产业化；四是积极推进“数字丝绸之路”建设，助力“走出去”战略；五是大力推进政府信息系统整合共享，推动政府数据共享开放，不断优化营商环境；六是颁布实施网络安全法与电子商务法等法律法规，为数字经济健康稳定发展保驾护航。

近年来，浙江在促进数字经济发展方面走在全国前列，信息化发展水平在全国处于领先地位，智慧城市建设成为国内发展标杆。

陈畴镛：我国《促进数字经济发展战略纲要》提出，以提高数字化生产力为核心，以促进新业态与实体经济深度融合为重点，着力加快我国经济社会各领域数字化转型步伐。

2018年，我国数字经济增加值为31.3万亿元，占GDP的比重达到34.8%；浙江数字经济总量达2.33万亿元，较上年增长19.26%，占GDP的比重达41.54%。全国数字经济核心产业（数字产业化）增加值占数字经济总量的比重为20.5%，而浙江占比为23.8%，表明在浙江特别是杭州数字经济发展中，新业态、新产业、新模式更为突出。

兰建平：从全球来看，世界经济正进入数字经济发展的新时代，以5G为代表的新一代信息技术的突破和应用将带来直接产出的爆发式增长。从我国来看，数字经济已经成为经济弯道超车、快速壮大的主要发力手段和关键战略路径。实践已经证明数字经济对中国经济高质量发展具有倍增、叠加和转换效应。浙江将数字经济作为“一号工程”，在国家信息经济示范省的基础上，全力建设国家数字经济示范省。目前浙江数字经济发展位于全国的第一梯队，“产业数字化”指标得分列全国第一位，两化深度融合、智能制造、企业上云等走在全国前列。

数字经济何以成为浙江高质量发展的新动能

记者：近年来，数字革命迅速发展，浙江省委、省政府认为这将是推动经济变革、社会变革的一个最大变量，把数字经济作为“一号工程”来打造。请问，数字经济为何能成为浙江高质量发展的新动能？

陈畴镛：浙江是数字经济发展先发地。2003 年，到浙江工作不久的习近平同志就提出了建设数字浙江的决策部署，并把它作为“八八战略”的重要内容。党的十八大以来，省委、省政府把发展信息经济作为浙江实现“两个高水平”的重要抓手。2017 年底，省委经济工作会议提出实施数字经济“一号工程”，全面推进经济数字化转型，积极争创国家数字经济示范省。

浙江发展数字经济，我认为主要有以下特征：一是以数字技术创新推进创新驱动战略，通过技术创新突破活动激发新产品、新服务、新应用不断涌现；二是着力构建基于互联网的“平台＋生态”模式，以商业模式创新引领消费升级；三是加快互联网、大数据、人工智能与实体经济深度融合，推动供给侧结构性改革；四是发挥浙江市场机制优势，促进创新创业精神与互联网基因叠加产生倍增效应；五是以“最多跑一次”改革为引领，创新数字经济治理与监管制度，优化政府服务，打造最佳营商环境。

兰建平：数字经济成为浙江高质量发展的新动能，主要体现在以下几方面：

一是数字经济已经成为拉动浙江省经济增长的主力军。浙江数字经济总量从 2014 年的 1 万多亿元增长至 2018 年的 2.33 万亿元；数字经济占 GDP 比重从不足 27.25%上升至 41.54%，2019 年上半年全省数字经济核心产业增加值同比增长 14.8%，远远高于工业增长的幅度。

二是数字经济领域是浙江省创新创业的主战场。2017 年全省数字经济核心产业 R&D（研究与发展）经费投入规模达到 317.77 亿元，占全省 R&D 经费支出的 25%；随着之江实验室、阿里达摩院等创新平台的建设，数字经济领域的一批创新成果开始逐步涌现；云栖小镇、梦想小镇等特色小镇已经成为各地创新创业的重要平台。

三是数字经济是助推传统产业质效提升的主引擎。2013 年以来，浙江省以纺织服装、装备制造、石油化工等传统优势行业为重点开展智能化技术改造、企业上云、工业互联网等行动。2018年，全省在役工业机器人数量达7.1万台，累计上云企业达28万家，建设数字化车间60个、无人工厂6家。

如何培育浙江数字经济新优势

记者：浙江数字经济下一步发展重点是什么？难点在哪里？

陈畴镛：浙江数字经济发展的重点是打造“三区三中心”。

一是要突出抓好数字长三角、城市大脑、“5G+”等数字化重点项目，强化之江实验室等数字经济创新平台建设。

二是加快推进产业数字化，以开展“工业互联网+智能制造”融合示范试点为引领，推进互联网、大数据、人工智能与实体企业深度融合，形成产业数字化的新兴业态和应用模式。

三是着力突破数字核心技术，实现“数字化驱动-开放式创新-网络化协同”，加快发展数字产业集群，加大数字技术创新所需的人才培养、资金投入、体制建设等资源投入，培育数字经济生态圈。

难点之一是要解决企业数字化转型的能力与内生动力不足问题。大多数中小企业认为，数字化投资回报周期长、转换成本高，或者缺乏数字化技术、资金、人才。

难点之二是行业大数据平台缺失，企业间数据的交换、融合尚在初始阶段，政府公共数据面向企业开放的程度还不高，数据资源的挖掘利用程度不深，尚未形成较为成熟的数据驱动产业升级路径。

兰建平：浙江下一阶段将继续以创建国家数字经济示范省为目标，深入实施数字经济五年倍增计划。重点工作包括：抓好标志性引领性数字项目建设；着力抓好主导数字产业、世界级数字企业、数字产业平台的培育，加快培育发展数字产业集群；加快传统制造业数字化改造提升和工业互联网建设应用；推进数字科技创新中心、新型贸易中心、新兴金融中心建设；加快数字经济体制机制创新等。

发展数字经济的难点在于：

一是如何培育数字经济新优势。要突破“卡脖子”关键技术，推动数字技术从整体性演进、群体性突破进入到深度应用的新阶段；找准着力点，在数字经济领域培育本土化的国际企业，打造2～3个能冲击全球制高点的世界级产业集群。

二是如何推进产业互联网发展进入新阶段。要利用好浙江省制造业门类齐全、民营经济发达、中小微企业众多的优势，总结出具有浙江特色的、可复制可推广的数字化转型路线图，让浙江民营企业在数字经济时代焕发新的活力。

三是如何较好地解决数字经济产业综合实力不足的问题。近年来浙江省列入全国软件百强、电子信息百强榜的龙头企业数量呈下降趋势。此外，在基础产业布局方面，缺芯、少“魂”、少屏甚至是无屏的问题突出，如何补齐短板，实现“两条腿走路”，是浙江未来产业发展要解决的问题。

当然，数字经济本质是知识经济，人才是第一要素，要坚定不移地解决制约数字经济发展的各种人才约束问题，努力打造浙江省数字经济发展的人才高地。

以政府数字化转型推动数字经济发展

记者：数字经济离不开数据的整合、开放、共享，而政府掌握了很多数据，要以政府数字化转型来推动数字经济发展。请问浙江在以政府数字化转型推动数字经济发展上，有哪些经验和启示？

李广乾：数字经济的快速发展有赖于良好的营商环境建设，而这种良好的营商环境又与浙江在全国率先开展政府数字化转型密不可分。

长期以来，浙江电子政务建设一直走在全国前列。充分应用大数据、人工智能等新一代信息技术，加强政务服务标准化建设，着力推进“放管服”改革。加强政府数据整合，早在2017年5月1日就开始施行的《浙江省公共数据和电子政务管理办法》，对公共数据和电子政务规划与建设、管理与应用、安全与保障等作出了相应规范，这是国内首个省级公共数据和电子政务管理办法。在充分保障信息安全的条件下，浙江在全国率先采用云计算技术整合政府信息系统建设。在当前的电子政务建设中，浙江云计算应用实践具有积极的引导作用。

陈畴镛：浙江以深化“最多跑一次”改革为动力，从服务、政策、制度、环境多方面优化政府供给，把政府数字化转型作为深入实施数字经济“一号工程”的重要举措，以流程再造实现跨部门、跨系统、跨地域、跨层级高效协同，建成“掌上办事”之省和“掌上办公”之省。

浙江创新数字经济治理与监管制度，结合法治浙江、平安浙江建设，制定电子商务、互联网金融、信用信息管理等相关政策法规，出台政府与公共信息资源开放共享的管理办法，引导数字经济新业态、新模式规范发展。在全国率先成立杭州互联网法院，用信息化手段打造网上智能审判系统，实现起诉、调解、举证、庭审等诉讼环节全程网络化，大幅提高了司法透明度。2019 年 3 月 4 日，杭州互联网法院启动运行浙江省首个互联网发展“司法指数”，发挥监测、评估、预警、引导、激励等功能，从独特视角反映互联网发展状况，揭示互联网发展问题与风险。

兰建平：一是以紧跟时代需求的体制机制助推产业高质量发展。2017 年，杭州互联网法院正式挂牌，成为中国第一家互联网法院；同年，浙江省率先开展《浙江省电子商务条例》的立法工作。司法和立法保障不断完善，有效助力浙江省电子商务产业的繁荣。

二是以开放包容的制度环境激发创业创新活力。淘宝小镇电商园与工商部门等多部门合作开展“最多跑一次”改革，在网站上开放外地申请绿色通道，打破工商登记的时间和地域限制，实现零门槛、零费用、零跑动。从“最多跑一次”到“一次都不用跑”，有效降低了企业和创业者的时间成本和金钱成本。

三是以数据驱动的新型政务服务精准助推企业发展。目前，浙江城市大脑、企业大脑、“亩均论英雄”大数据平台等一批基于数据驱动的政府监管、服务平台正在建设中。

积极探索碳达峰碳中和实现路径

本报记者 潘如龙

之江会客厅

嘉 宾 谷树忠 全国政协委员，国务院发展研究中心资源与环境政策研究所副所长、研究员
钟茂初 全国政协委员，南开大学经济研究所教授、博士生导师
庄贵阳 中国社会科学院生态文明研究所副所长，中国社会科学院大学教授、博士生导师

习近平主席日前在“领导人气候峰会”上指出，以前所未有的雄心和行动，共同构建人与自然生命共同体。2020年9月，习近平主席正式宣布，我国将力争于2030年前实现碳达峰、2060年前实现碳中和。在此后党的十九届五中全会、中央经济工作会议、全国两会、中央财经委员会第九次会议等一系列重要会议上，党中央对碳达峰、碳中和工作作出部署。如何深刻理解这一重大战略决策的历史背景、探索实现路径？本报记者采访了3位国内知名的相关问题专家。

事关中华民族永续发展和构建人类命运共同体

记者：习近平总书记指出：实现碳达峰、碳中和是一场广泛而深刻的经济社会系统性变革，要把碳达峰、碳中和纳入生态文明建设整体布局。请问，我国提出2030年前实现碳达峰目标和2060年前实现碳中和愿景的背景是什么，有何历史意义？

庄贵阳：2020年是《巴黎协定》规定的更新国家自主贡献目标和通报面向21世纪中叶的长期温室气体低排放发展战略的关键一年，全球减排目标向“净零碳排放”演进。而联合国环境署(UNEP)发布的《排放差距报告》指出，根据《巴黎协定》下各缔约方承诺的自主贡献目标，预期2030年的排放值距离实现《巴黎协定》2℃和1.5℃温控目标所要求的排放值之间有较大差距。

同时，中国进入新发展阶段，将在新发展理念的指导下，加快构建以国内大循环为主体、国内国际双循环相互促进的新发展格局。国际国内的新形势要求中国尽早实现碳达峰、碳中和。这不仅是我国统筹国内国际两个大局、寻求更具可持续性、包容性和韧性的经济增长方式的必然选择，也直接关系到全球气候治理的成败，受到世界各国的广泛关注。

谷树忠：我国碳达峰目标、碳中和愿景的庄严宣示，一方面是我国在新发展阶段实现经济高质量发展、生态文明高质量建设的需要，是加速我国产业结构转型、能源结构转型、贸易结构转型的需要，另一方面也是积极应对全球气候变化、共建美丽世界的需要，是共同构建人与自然生命共同体的需要，同时也是应对纷繁复杂的国际竞合形势、深刻变化的国内主要矛盾的需要。

绘图：潘泓璇

瞄准碳中和推进碳达峰

记者：中央财经委员会第九次会议研究了实现碳达峰、碳中和的基本思路和主要举措。实现碳达峰、碳中和的主要路径有哪些？

庄贵阳：随着工业化、城市化进程的推进，从理论上讲，碳达峰是必然可期的、迟早会到来的。但我国碳达峰、碳中和要求以政策干预来实现，短期内不仅要促进提前达峰，还要求削峰、压峰、拉低峰值水平，为碳中和预留空间。

碳达峰、碳中和的深层次问题是能源问题。以能源转型推动经济社会系统性降碳、脱碳是我国实现碳达峰目标、碳中和愿景的主线。在供给端，高比例发展可再生能源，建设以可再生能源为主体的能源体系和电力系统。在需求端，推动再电气化和高耗能、高排放部门节能增效。近中期要求能源、工业、建筑、交通四个重点部门排放水平及强度逐步下降。“十四五”时期乃至很长一个阶段，新增的能源消费量应该主要由非化石能源满足。

发展、应用负排放技术从大气中移除二氧化碳并将其储存起来，以抵消难以减排的碳排放也是值得关注的减排路径之一。负排放技术手段包括造林、推广使用生物炭、生物质能源耦合碳捕集与封存、海洋施肥、海洋碱性等。

钟茂初：我认为，从政策方针角度来看，其根本路径是“绿色低碳化转型”，即从传统生产生活方式向绿色低碳生产生活方式转型，从粗放型增长方式向高生产效率、高生态效率增长方式转型，从碳排放软约束向刚性约束转型，从“碳排放权”无偿使用向市场价值可实现可交易转型。最核心的是两个因素，一个是碳排放额度的刚性指标约束，另一个则是碳排放额度使用效率的提升。

从具体的产业角度来看，碳减排的主要路径在于能源、建筑、交通运输、工业制造业等部门。一是调整能源结构，大幅增加绿色低碳能源产能；二是发展绿色建筑，大幅降低建筑物碳排放；三是发展新能源交通运输制造业，逐步替代传统石化能源交通运输工具；四是以信息化、数字化方式改造传统工业制造业，大幅改进其能源及其他资源的使用效率；五是通过植树造林等方式发展碳汇产业，以吸纳抵消不可降低的碳排放。

此外，消费领域也要积极探索碳减排路径和责任机制。如，在住房、汽车等重要领域探索对消费者推行“碳票”约束机制，既可促进消费行为向绿色低碳转型，也可通过消费者的绿色低碳选择“倒逼”生产者基于市场和利润进行绿色低碳转型。

谷树忠：碳达峰的路径很多：一是产业结构调整路径，即限制、淘汰高能耗、高碳荷的产业，鼓励、发展低能耗、低碳荷甚至零碳荷的产业；二是能源结构调整路径，即限制乃至逐步有序地淘汰高碳能源，鼓励发展低碳、零碳能源；三是交通运输结构调整优化路径，即限制、淘汰高能耗、高排放的交通运输方式，鼓励、支持低能耗、低排放的交通运输方式；四是技术装备升级改造路径，即限制、淘汰高能耗、高排放的技术装备，支持、发展低能耗、低排放、无排放的技术装备，提高单位能耗、单位碳排放的产出效率。

碳中和的路径，除碳达峰路径之外，还包括其他重要路径：一是碳封存的路径，即把二氧化碳封存在某个特定的容器内，防止其溢出到大气中；二是碳吸收的路径，即通过发展碳汇，增强生态系统对二氧化碳的吸收能力，限制乃至减少向大气排放的二氧化碳总量；三是碳利用的路径，即把二氧化碳通过化学、物理、生物等措施，加工、制作、转化成有用的物质，如通过光合作用转化成有益的农产品，通过化学反应制作肥料、药品等。

无论哪种路径，都有一个技术可行、经济可行的问题，在技术可行的前提下，提高经济可行性是各个路径的关键所在。为此，各个路径都有一个降本增效的问题，只有成本较低、收益较高、操作便利的路径才是好路径。

坚持系统观念，处理好发展和减排之间的关系

记者：落实碳达峰、碳中和决策部署，既是技术问题，也是政策问题，需要坚定不移地贯彻新发展理念，坚持系统观念。作为发展中国家，我国如何处理好发展和减排之间的关系？

谷树忠：碳排放权是重要的发展权，随着碳达峰、碳中和决策的推进，碳排放权的重要性将与日俱增，碳排放权的分配将日益成为一个重要而敏感的问题。在碳排放总量既定的前提下，碳排放权在地区之间、行业之间、企业之间的分配将直接关系到地区、行业、企业的发展甚至兴衰、存亡。理想的情景是：通过合理地分配碳排放权，既确保国家碳达峰目标、碳中和愿景的如期实现，又确保国家经济社会发展目标的如期实现；既能实现单位碳排放量的经济社会产出最大化以支撑经济社会的持续发展，又能实现各地区各行业相对公平地获得碳排放权以支撑地区间行业间相对均衡地发展。

不言而喻，碳排放权的分配既是一个科学问题，需要科学可信、及时准确的测算，也是一个政策问题，需要平衡兼顾、协商博弈，甚至还是一个政治问题，需要妥善处理好各地区、各民族、各阶层、各团体的利益诉求。

钟茂初：我认为应当考虑以下问题。

一是政策目标和预期成效要明确。其一，政策制定，必须以碳达峰、碳中和时间表倒推出各时间点的“碳排放额度”，将之合理分配到各主体；其二，政策成效必须以碳排放额度使用效率是否得以提升为评判依据，避免不计成本、收益的“碳减排”；其三，在碳排放额度指标管理的前提下，基于政府有为、市场有效的原则，寻求基于利益杠杆的市场化政策机制；其四，政策应充分考虑碳减排的经济合理性、碳减排的有效性以及政策的可行性。充分考量各阶段经济、民生可承受程度与政策监管成本等政策可行性因素，避免“运动式治理”“一刀切政策”“层层加码”等政策思维。

二是要合理制定绿色低碳产业支持政策。在“国内可循环”“打造自主可控安全可靠的产业链供应链”背景下，特别是在“保持制造业比重基本稳定”的目标下，不能仅从碳排放程度高低的产业特性来决定是否发展某一产业，而要从“国内可循环”“产业链安全”的角度来确定，并以不断提高该产业的碳排放效率作为其发展方向。绿色低碳产业发展规划，必须包含对低效率产业的替代。如，新能源汽车产业发展规划，必须包含对传统汽车的替代规划，避免形成新的产能过剩而造成无谓的碳排放增加。

庄贵阳：从区域层面看，我国区域发展不平衡，区域间的技术、经济发展水平、资源禀赋存在较大差异，碳达峰、碳中和需要在全国一盘棋的工作思路下，因地制宜为各省市制定逻辑一致的差异化行动方案。充分利用各区域自然资源禀赋，推动资源深度融合。

建立清洁、低碳、高效、安全的能源生产和消费体系需要超前部署，煤炭煤电行业有序退出是大势所趋。对于煤炭资源富集地区来说，“十四五”既是一个尤为重要的爬坡过坎阵痛期，也是实现2030年前碳达峰开篇布局的关键期。按照市场规律坚决淘汰煤炭、钢铁、焦化、电力、水泥等高排放产业的落后产能和化解过剩产能，探索建设以煤电联营为基础的“风光火储一体化”大型综合能源基地。

发挥制度优势，压实各方责任

记者：围绕碳达峰目标和碳中和愿景，如何压实各方责任，并对其进行有效监管？

庄贵阳：为如期实现碳达峰、碳中和的中长期目标，各级地方政府、各行业部门正积极响应，加快研究部署本地本部门碳达峰、碳中和行动方案。生态环境部已明确表示，将碳达峰纳入中央环保督察。

一方面，要发挥制度优势，自上而下将减排目标层层分解至地方政府部门。各级党委和政府要从讲政治的高度出发，提升政治判断力、政治领悟力和政治执行力，做到有目标、有措施、有检查。同时，发挥城市引领作用，以典型城市的案例经验“以点带面”，带动全国碳达峰目标、碳中和愿景的实现。另一方面，要发挥市场优势，通过碳定价等政策将减排责任压实至企业。我国自2011年起陆续在北京、上海等七个省市开展碳排放权交易试点，预计在今年年中启动全国碳市场。在新的气候目标下，我国的减排路径和政策需要在一系列应对气候变化“政策包”的基础上，根据新达峰目标提出更加强有力、有针对性的行动方案和政策建议，需要在推进机制、激励政策上继续完善，尤其要在科技政策、碳金融政策、投融资政策、区域协同政策、监管和评估政策等方面加大力度进行突破性创新。

在施政过程中需要明确政策间的协调配合关系，提高政策间协同程度。由于碳达峰目标和碳中和愿景的实现触及多领域多行业主体的利益，需要统筹考虑不同地区、行业特点，建立健全监测、报告、核查机制和激励约束机制等辅助配套政策，提高信息披露水平和政策透明度。

谷树忠：首先，要把碳达峰、碳中和的目标和任务层层落实到各地区、各部门、各行业。当然目标和任务的分解要科学合理，既要充分考虑到地区、部门、行业的特点，更要考虑到统一目标、统一时间、统一工作等要求。其次，要明确碳达峰、碳中和目标实现的主体责任，在已有节能减排目标愿景责任制的基础上，建立健全碳达峰、碳中和目标责任制。第三，要进一步建立健全碳奖惩机制，对如期实现阶段性目标的地区、部门、行业进行表扬、奖励，对未如期实现阶段性目标的地区、部门、行业进行批评、惩戒。第四，要建立健全碳排放监测、统计制度和体系，及时、准确地掌握碳排放总量和强度等情况，支撑碳决策科学有效，为严厉惩处二氧化碳排放、能源消耗等方面弄虚作假行为提供数据支撑。第五，要建立健全碳汇建设保障体系，改革完善全民义务植树行动方案，科学制定、严格执行碳汇建设规划，发现、拓展、建设、利用各类碳汇，增加碳汇总能力。

之江青年论坛

传承好习近平总书记留给浙江的宝贵财富

省委党校中青一班一支部

《习近平在浙江》采访实录就像一本治国理政的“百科全书”，生动再现了习近平新时代中国特色社会主义思想在浙江萌发的时空场景，历史性展示了习近平科学的思维方法在浙江的探索与实践。采访实录蕴含着的治国理政精髓闪耀着马克思主义的真理光辉，认真学习、用心感悟，传承好习近平同志留给浙江的宝贵财富，是我们的使命所需、责任所在。

聚焦物质生产 继承和发展了马克思主义政治经济学

马克思主义认为，无产阶级政党的“全部理论来自对政治经济学的研究”，应该从经济关系及其发展中解释政治及其历史。采访实录详实记录了习近平同志驾驭马克思主义政治经济学推动发展的实践历程。习近平同志坚持把发展作为第一要务，干在实处、走在前列；坚持以“绿水青山就是金山银山”理念推动科学发展，推进生态省、绿色浙江建设；以“四千精神”支持、引导、鼓励民营经济快速健康发展，鼓励浙商发展“地瓜经济”，以多元化投资大力推进国有企业改革；从全局着眼“跳出浙江发展浙江，走出去融合发展浙江”；统筹城乡兴“三农”，率先提出走新型城镇化道路；明确新世纪新阶段浙江经济进一步发展的天地在海上，通过发展海洋经济拓宽浙江发展的视野和格局，等等，这一系列探索和实践为习近平新时代中国特色社会主义经济思想的形成和发展奠定了基础，启发我们深入学习马克思主义政治经济学基本原理和方法论，掌握科学的经济分析方法，更好地回答新发展阶段我国经济发展的理论和实践问题。

传授看家本领 诠释和实践了马克思主义方法论

马克思主义认为，要坚持矛盾论、实践论，用历史的、联系的、辩证的、发展的观点看待事物。采访实录详实记录了习近平同志坚持马克思主义哲学观，注重运用辩证、历史方法，给我们传授看家本领的历史实践。习近平同志从实践出发，坚持实事求是，做到“三个走遍”，调查研究务求“深、实、细、准、效”，形成了指导浙江长远发展的总纲“八八战略”；注重两点论，坚持用好市场和政府“两只手”，坚持“腾笼换鸟、凤凰涅槃”，坚持市民与农民“两种人”均衡发展；尊重科学，把握规律，践行一线工作法，亲自领导指挥取得了抗击非典疫情的胜利。习近平同志以亲身实践和工作成效，启示我们必须坚持战略思维、历史思维、辩证思维、创新思维、法治思维、底线思维等科学思维方法，一切从实际出发，坚持真理、维护真理，与时俱进坚持和发展中国特色社会主义。

关注人的本质 用实际行动实践了马克思人民主体思想

马克思主义认为，人民是历史的创造者，每个人的自由发展是一切人的自由发展的条件，共产主义是通过人并且为了人而对人的本质的真正占有。采访实录详实记录了习近平同志坚持以人为本、以人民为中心的感人故事。习近平同志平易近人、谦逊待人，平等真诚对待每一个人，关心离退休老同志，关注弱势群体，关爱干部身心健康。习近平同志从浙江人的特点出发，总结提炼和大力弘扬红船精神、浙江精神，为浙江人民注入强大的精神动力。习近平同志具有强烈的人民情怀，把人民看成自己的亲人，像爱父母那样爱老百姓，“我将无我、不负人民”；牢记群众利益无小事，深入人民、服务人民，把群众上访变为干部下访，真心诚意为群众办实事、解难事、做好事；坚持人民至上、生命至上，“宁可十防九空、不可万一失防”“宁听骂声，不听哭声”，强调“江山就是人民，人民就是江山”。新发展阶段全面建设社会主义现代化国家，需要我们深刻感悟习近平同志的人民情怀，把满足人民日益增长的美好生活需要作为工作的出发点和落脚点，为了人民的事业而接续奋斗。

（执笔人：李军、叶乃杰、朱建军）

扫一扫，看全文

学术动态

深化党史党建研究 促进思政理论建设

近日，中国共产党领导与中华民族伟大复兴理论研讨会暨浙江工商大学党史党建教育研究中心成立大会在浙江工商大学举行。会上，专家学者围绕努力建设好中共党史学的三大体系、从党的百年历史汲取中华民族伟大复兴的力量等重大议题展开深入交流研讨。

浙江“三个地”的政治优势为开展党史党建研究、推进党史学习教育提供了得天独厚的历史资源和鲜活生动的案例素材。党史党建教育研究中心的成立，是浙江高校党史学习教育的重要成果，更为高校加强中共党史学科建设、培养党史研究人才、形成和完善学科体系提供了探索路径。

创新现代政府监管理论 推进治理现代化

日前，第十届中国政府监管论坛在浙江财经大学召开，论坛以“加强政府有效监管，推进国家治理体系和治理能力现代化”为主题，聚焦新形势新背景下如何建立与新发展格局相适应的现代政府监管理论体系，应对好环境革命、数字经济、新业态新产业等新型政府监管问题，提出了一系列建议，并倡导构建中国特色政府监管理论与实践体系，为浙江打造“重要窗口”贡献力量。其中，如何推进数字政府迭代升级、如何重构数字经济下政府监管体制机制等问题，不仅是浙江数字化改革的重点，也是新发展阶段全国范围内转变政府职能、深化“放管服”改革、推进国家治理体系和治理能力现代化的必然要求。

拓展新时代中非合作 主动服务“一带一路”

近日，教育部和浙江省“省部共建非洲研究与中非合作协同创新中心”启动仪式暨第一次工作会议在金华召开。会议由浙江师范大学主办、浙江师范大学非洲研究院具体承办。

2020年9月，国家教育部办公厅发布《教育部办公厅关于认定2020年度省部共建协同创新中心的通知》(教科技厅函〔2020〕39号)，正式认定浙江师范大学非洲研究院主建申报的“非洲研究与中非合作协同创新中心”为教育部和浙江省“省部共建协同创新中心”，由教育部和浙江省联合共建，浙江师范大学承建。这是国内人文社科领域为数不多的国家级协同创新机构，在非洲研究领域尚属首家。

积极探索碳达峰碳中和实现路径

嘉　宾

谷树忠

全国政协委员，国务院发展研究中心资源与环境政策研究所副所长、研究员

钟茂初

十三届全国政协委员，南开大学经济研究所教授、博士生导师

庄贵阳

中国社会科学院生态文明研究所副所长、研究员，中国社会科学院大学教授、博士生导师

2021 年，习近平主席在“领导人气候峰会”上指出，以前所未有的雄心和行动，共同构建人与自然生命共同体。2020 年 9 月，习近平主席正式宣布，我国将力争于 2030 年前实现碳达峰、2060 年前实现碳中和。在此后党的十九届五中全会、中央经济工作会议、全国两会、中央财经委员会第九次会议等一系列重要会议上，党中央对碳达峰、碳中和工作作出部署。如何深刻理解这一重大战略决策的历史背景、探索实现路径？记者采访了 3 位国内知名的相关问题专家。

事关中华民族永续发展和构建人类命运共同体

记者：习近平总书记指出，实现碳达峰、碳中和是一场广泛而深刻的经济社会系统性变革，要把碳达峰、碳中和纳入生态文明建设整体布局。请问，我国提出 2030 年前实现碳达峰目标和 2060 年前实现碳中和愿景的背景是什么，有何历史意义？

庄贵阳：2020年是《巴黎协定》规定的更新国家自主贡献目标和通报面向21世纪中叶的长期温室气体低排放发展战略的关键一年，全球减排目标向“净零碳排放”演进。联合国环境署（UNEP）发布的《排放差距报告》指出，根据《巴黎协定》下各缔约方承诺的自主贡献目标，预期2030年的排放值距离实现《巴黎协定》的2℃和1.5℃温控目标所要求的排放值之间有较大差距。

同时，中国进入新发展阶段，将在新发展理念的指导下，加快构建以国内大循环为主体、国内国际双循环相互促进的新发展格局。国际国内的新形势要求中国尽早实现碳达峰、碳中和。这不仅是我国统筹国内国际两个大局、寻求更具可持续性、包容性和韧性的经济增长方式的必然选择，也直接关系到全球气候治理的成败，受到世界各国的广泛关注。

谷树忠：我国碳达峰目标、碳中和愿景的庄严宣示，一方面是我国在新发展阶段实现经济高质量发展、生态文明高质量建设的需要，是加速我国产业结构转型、能源结构转型、贸易结构转型的需要，另一方面也是积极应对全球气候变化、共建美丽世界的需要，是共同构建人与自然生命共同体的需要，同时也是应对纷繁复杂的国际竞合形势、深刻变化的国内主要矛盾的需要。

瞄准碳中和推进碳达峰

记者：中央财经委员会第九次会议研究了实现碳达峰、碳中和的基本思路和主要举措。实现碳达峰、碳中和的主要路径有哪些？

庄贵阳：随着工业化、城市化进程的推进，从理论上讲，碳达峰是必然可期的、迟早会到来的。但我国碳达峰、碳中和要求以政策干预来实现，短期内不仅要促进提前达峰，还要求削峰、压峰、拉低峰值水平，为碳中和预留空间。

碳达峰、碳中和的深层次问题是能源问题。以能源转型推动经济社会系统性降碳、脱碳是我国实现碳达峰目标、碳中和愿景的主线。在供给端，高比例发展可再生能源，建设以可再生能源为主体的能源体系和电力系统。在需求端，推动再电气化和高耗能、高排放部门节能增效。近中期要求能源、工业、建筑、交通四个重点部门排放水平及强度逐步下降。“十四五”时期乃至很长一个阶段，新增的能源消费量应该主要由非化石能源满足。

发展、应用负排放技术从大气中移除二氧化碳并将其储存起来，以抵消难以减排的碳排放也是值得关注的减排路径之一。负排放技术手段包括造林、推广使用生物炭、生物质能源耦合碳捕集与封存、海洋施肥、海洋碱性等。

钟茂初：我认为，从政策方针角度来看，其根本路径是“绿色低碳化转型”，即从传统生产生活方式向绿色低碳生产生活方式转型，从粗放型增长方式向高生产效率、高生态效率增长方式转型，从碳排放软约束向刚性约束转型，从“碳排放权”无偿使用向市场价值可实现可交易转型。最核心的是两个因素，一个是碳排放额度的刚性指标约束，另一个则是碳排放额度使用效率的提升。

从具体的产业角度来看，碳减排的主要路径在于能源、建筑、交通运输、工业制造业等部门。一是调整能源结构，大幅增加绿色低碳能源产能；二是发展绿色建筑，大幅降低建筑物碳排放；三是发展新能源交通运输制造业，逐步替代传统石化能源交通运输工具；四是以信息化、数字化方式改造传统工业制造业，大幅改进其能源及其他资源的使用效率；五是通过植树造林等方式发展碳汇产业，以吸纳抵消不可降低的碳排放。

此外，消费领域也要积极探索碳减排路径和责任机制。如在住房、汽车等重要领域探索对消费者推行“碳票”约束机制，既可促进消费行为向绿色低碳转型，也可通过消费者的绿色低碳选择“倒逼”生产者基于市场和利润进行绿色低碳转型。

谷树忠：碳达峰的路径很多：一是产业结构调整路径，即限制、淘汰高能耗、高碳荷的产业，鼓励、发展低能耗、低碳荷甚至零碳荷的产业；二是能源结构调整路径，即限制乃至逐步有序地淘汰高碳能源，鼓励发展低碳、零碳能源；三是交通运输结构调整优化路径，即限制、淘汰高能耗、高排放的交通运输方式，鼓励、支持低能耗、低排放的交通运输方式；四是技术装备升级改造路径，即限制、淘汰高能耗、高排放的技术装备，支持、发展低能耗、低排放、无排放的技术装备，提高单位能耗、单位碳排放的产出效率。

碳中和的路径，除碳达峰路径之外，还包括其他重要路径：一是碳封存的路径，即把二氧化碳封存在某个特定的容器内，防止其溢出到大气中；二是碳吸收的路径，即通过发展碳汇，增强生态系统对二氧化碳的吸收能力，限制乃至减少向大气排放的二氧化碳总量；三是碳利用的路径，即把二氧化碳通过化学、物理、生物等措施，加工、制作、转化成有用的物质，如通过光合作用转化成有益的农产品，通过化学反应制作肥料、药品等。

无论哪种路径，都有一个技术可行、经济可行的问题，在技术可行的前提下，提高经济可行性是各个路径的关键所在。为此，各个路径都有一个降本增效的问题，只有成本较低、收益较高、操作便利的路径才是好路径。

坚持系统观念，处理好发展和减排之间的关系

记者：落实碳达峰、碳中和决策部署，既是技术问题，也是政策问题，需要坚定不移地贯彻新发展理念，坚持系统观念。作为发展中国家，我国如何处理好发展和减排之间的关系？

谷树忠：碳排放权是重要的发展权，随着碳达峰、碳中和决策的推进，碳排放权的重要性将与日俱增，碳排放权的分配将日益成为一个重要而敏感的问题。在碳排放总量既定的前提下，碳排放权在地区之间、行业之间、企业之间的分配将直接关系到地区、行业、企业的发展甚至兴衰、存亡。理想的情景是：通过合理地分配碳排放权，既确保国家碳达峰目标、碳中和愿景的如期实现，又确保国家经济社会发展目标的如期实现；既能实现单位碳排放量的经济社会产出最大化以支撑经济社会的持续发展，又能实现各地区各行业相对公平地获得碳排放权以支撑地区间行业间相对均衡地发展。

不言而喻，碳排放权的分配既是一个科学问题，需要科学可信、及时准确的测算，也是一个政策问题，需要平衡兼顾、协商博弈，甚至还是一个政治问题，需要妥善处理好各地区、各民族、各阶层、各团体的利益诉求。

钟茂初：我认为应当考虑以下问题。

一是政策目标和预期成效要明确。其一，政策制定，必须以碳达峰、碳中和时间表倒推出各时间点的碳排放额度，将之合理分配到各主体；其二，政策成效必须以碳排放额度使用效率是否得以提升为评判依据，避免不计成本、收益的碳减排；其三，在碳排放额度指标管理的前提下，基于政府有为、市场有效的原则，寻求基于利益杠杆的市场化政策机制；其四，政策应充分考虑碳减排的经济合理性、碳减排的有效性以及政策的可行性。充分考量各阶段经济、民生可承受程度与政策监管成本等政策可行性因素，避免“运动式治理”“一刀切政策”“层层加码”等政策思维。

二是要合理制定绿色低碳产业支持政策。在“国内可循环”“打造自主可

控安全可靠的产业链供应链”背景下，特别是在“保持制造业比重基本稳定”的目标下，不能仅从碳排放程度高低的产业特性来决定是否发展某一产业，而要从国内可循环、产业链安全的角度来确定，并以不断提高该产业的碳排放效率作为其发展方向。绿色低碳产业发展规划必须包含对低效率产业的替代。如新能源汽车产业发展规划，必须包含对传统汽车的替代规划，避免形成新的产能过剩而造成无谓的碳排放增加。

庄贵阳：从区域层面看，我国区域发展不平衡，区域间的技术、经济发展水平、资源禀赋存在较大差异，碳达峰、碳中和需要在全国“一盘棋”的工作思路下，因地制宜为各省市制定逻辑一致的差异化行动方案。充分利用各区域自然资源禀赋，推动资源深度融合。

建立清洁、低碳、高效、安全的能源生产和消费体系需要超前部署，煤炭煤电行业有序退出是大势所趋。对于煤炭资源富集地区来说，“十四五”既是一个尤为重要的爬坡过坎阵痛期，也是实现 2030 年前碳达峰开篇布局的关键期。按照市场规律坚决淘汰煤炭、钢铁、焦化、电力、水泥等高排放产业的落后产能和化解过剩产能，探索建设以煤电联营为基础的“风光火储一体化”大型综合能源基地。

发挥制度优势，压实各方责任

记者：围绕碳达峰目标和碳中和愿景，如何压实各方责任，并对其进行有效监管？

庄贵阳：为如期实现碳达峰、碳中和的中长期目标，各级地方政府、各行业部门正积极响应，加快研究部署本地本部门碳达峰、碳中和行动方案。生态环境部已明确表示，将碳达峰纳入中央环保督察。

一方面，要发挥制度优势，自上而下将减排目标层层分解至地方政府部门。各级党委和政府要从讲政治的高度出发，提升政治判断力、政治领悟力和政治执行力，做到有目标、有措施、有检查。同时，发挥城市引领作用，以典型城市的案例经验“以点带面”，带动全国碳达峰目标、碳中和愿景的实现。另一方面，要发挥市场优势，通过碳定价等政策将减排责任压实至企业。我国自 2011 年起陆续在北京、上海等七个省市开展碳排放权交易试点。在新的气候目标下，我国的减排路径和政策需要在一系列应对气候变化“政策包”的基础上，根据碳达峰目标提出更加强有力、有针对性的行动方案和政策建议，需要在推进机制、激励政策上继续完善，尤其要在科技政策、碳金融政策、投融资政策、区域协同政策、监管和评估政策等方面加大力度进行突破性创新。

在施政过程中需要明确政策间的协调配合关系，提高政策间协同程度。由于碳达峰目标和碳中和愿景的实现触及多领域多行业主体的利益，需要统筹考虑不同地区、行业特点，建立健全监测、报告、核查机制和激励约束机制等辅助配套政策，提高信息披露水平和政策透明度。

谷树忠：第一，要把碳达峰、碳中和的目标和任务层层落实到各地区、各部门、各行业。当然目标和任务的分解要科学合理，既要充分考虑到地区、部门、行业的特点，也要考虑到统一目标、统一时间、统一工作等要求。第二，要明确碳达峰、碳中和目标实现的主体责任，在已有节能减排目标愿景责任制的基础上，建立健全达峰、碳中和目标责任制。第三，要进一步建立健全奖惩机制，对如期实现阶段性目标的地区、部门、行业进行表扬、奖励，对未如期实现阶段性目标的地区、部门、行业进行批评、惩戒。第四，要建立健全碳排放监测、统计制度和体系，及时、准确地掌握碳排放总量和强度等情况，支撑碳决策科学有效，为严厉惩处二氧化碳排放、能源消耗等方面弄虚作假行为提供数据支撑。第五，要建立健全碳汇建设保障体系，改革完善全民义务植树行动方案，科学制定、严格执行碳汇建设规划，发现、拓展、建设、利用各类碳汇，增加碳汇总能力。

三个地·理论周刊

加快构建新发展格局

新发展格局：如何深刻认识长三角的地位和作用

——访著名经济学家、北京大学教授平新乔

本报记者 潘如龙 章 忻 周宇晗

之江会客厅

嘉宾简介

平新乔，浙江绍兴人，著名经济学家，孙冶方经济科学奖获得者，北京大学经济学院梓才讲席教授，北京大学经济与管理学部副主任，北京大学教学指导委员会副主任，博士生导师。

从1985年起长期在北京大学从事教学工作，研究方向为微观经济学、产业组织理论、财政学，在国内外学术刊物上发表200多篇学术论文。

主要著作有：《微观经济学十八讲》（2001年出版，已连续重印30次）；《财政学与比较财政制度》（1992年出版，2018年新一版）。

习近平总书记在扎实推进长三角一体化发展座谈会上指出，必须深刻认识长三角区域在国家经济社会发展中的地位和作用，率先形成新发展格局。长江三角洲区域是我国经济发展最活跃的区域之一，约占全国四分之一的经济总量。在构建新发展格局中，长三角区域拥有哪些优势？浙江又应如何发挥积极作用？近日，著名经济学家、北京大学经济学院教授平新乔接受本报记者采访，畅谈了想法。

新发展格局“新”在何处？

记者：今年以来，习近平总书记多次指出，要推动形成以国内大循环为主体、国内国际双循环相互促进的新发展格局。您认为新发展格局有哪些创新之处？

平新乔：从发展经济学角度看，从20世纪80年代开始，中国经济已经出现了国内经济大循环和国际经济大循环两种发展模式。上世纪80年代以后，国际经济进入和平发展时期，党中央布局“两头在外”的发展模式，即原材料进口，生产在国内，销售在国际市场。这种发展模式是最早的国际大循环，也推动了东南沿海经济的发展。最初的国内经济循环主要集中在江浙一带。通过发展乡村工业，江浙一带既解放了农村的剩余劳动力，农民在收入提高的基础上也增加了对城市生产的工业消费品（如自行车、手表和缝纫机等）的需求；同时，乡村工业也在积累了生产资料之后，扩大再生产，拉动对工业生产资料的需求。这样，城市与乡村之间、工业与农业之间就通过市场形成了国内循环。比如江苏常州和浙江绍兴、萧山等地都是依靠这一模式发展起来的。

虽然有两种发展模式，但从上世纪90年代开始，中国经济发展实际以“两头在外”为指导思想，依靠国际市场拉动经济，并且这种发展模式在中国持续了20多年。此次提出新发展格局，是转变经济发展方式的必然要求，也是发展中国特色社会主义市场经济的必然选择。

第一，构建新发展格局是突破经济中遭遇的瓶颈。“两头在外”推动了我国经济的发展，但近年来，外贸对于中国经济的支持度不断减弱。2006年，我国进出口贸易总额占GDP比重达到最高值，即64.24%。然而到2009年时，外贸占GDP的比重从2008年的56%下降到43%。自此，我国外贸占GDP的比重一直在50%以下，且不断下降，目前是33%左右。

外贸对经济发展的贡献度不断下降是客观现象。诺贝尔经济学奖获得者威廉·阿瑟·刘易斯在1979年曾指出：如果发展中国家想要通过外贸赶超发达国家，必然会遭遇瓶颈。因为，随着发达国家经济总量不断增大，发达国家的经济增速会不断下降，其向发展中国家进口的增速也会下降。这会给依赖外贸发展经济的发展中国家造成天然屏障：出口贸易额的增速会不断下降，外贸占GDP的比重也会相应降低。2008年全球金融危机以后，整个西方世界的经济可能会面临长期停滞，因此，构建新发展格局是调整“两头在外”的发展模式，以解决我国在出口贸易上遇到的困难和瓶颈问题。

第二，构建新发展格局首次明确提出要以国内大循环为主体。改革开放40多年以来，我们重视对外开放，也重视内需。但从未说过要以内需为主，只是强调要扩大内需。新发展格局首次确立了内需在我国经济发展中的基础性地位。实际上，在上世纪90年代以前，我们国家的经济发展是以内需为主，直到2001年加入世界贸易组织以后，经济发展逐渐从以内需为主转向以外需为主。从2001年到2008年，中国的对外贸易额不断攀升，直到2008年，对外贸易额在国民经济中的相对比重开始不断下降，有时甚至出现绝对量的下降。但即使外循环受到严峻挑战，我们直到今年前，还是没有提出要以国内大循环为主体。因此，这次党中央提出以国内大循环为主体，是经过40多年来内外循环结合、交替转变的实践之后，对中国经济所处的内外环境作了深入分析之后所提出的战略方针。

第三，构建新发展格局强调国内循环与国际循环间相互促进的作用。在以前的经济发展中，提到外需可能会忽略内需，提到内需可能会忽略外需。新发展格局则明确要将内需与外需二者相连、统筹考虑。当前有种对新发展格局的误读，认为以国内大循环为主体是“闭关锁国”，是历史的倒退。强调国内循环与国际循环之间相互促进的关系正是破除了这种误读，我们不是要“闭关锁国”，而是要实行更高水平的对外开放。事实上，我们以国内大循环为主体，可以降低参与国际经济大循环的风险和不确定性，进一步提高我们在国际经济循环里的收益；而继续参与国际经济循环，又可以提高我们国内经济大循环的质量。

长三角区域像人的咽喉一样重要

记者：习近平总书记在扎实推进长三角一体化发展座谈会上指出，长三角区域要率先形成新发展格局。在构建新发展格局中，长三角拥有怎样的战略地位和优势？

平新乔：习近平总书记近期主持召开的扎实推进长三角一体化发展座谈会和经济社会领域专家座谈会，从整体出发谋篇布局，为中国经济未来发展奠定了基调。

在构建新发展格局中，要以国内大循环为主体。我认为国内大循环既是一个包含生产、分配、流通、消费等领域的大循环，大循环下要有四至五个区域循环，可以形成相对独立的运转，率先形成新发展格局，从而推动全国形成新格局。当前的长三角、珠三角、渤海湾是大循环下的3个子系统，将来成都、西安等地可以形成一个循环，长沙、武汉、郑州等地再形成一个循环。在构建新发展格局中，长三角拥有的优势最齐全。

第一，长三角间各省市联系紧密，经济发展程度高。1990年，党中央实施浦东开发开放战略。浦东的开发开放促进了长三角经济带的形成，也加深了浙江和上海之间的联系。浦东开发开放相当于将上海向东面平移，东临东海，南临浙江宁波、舟山群岛。浦东开发开放唤醒了杭州湾大湾区的经济活力。由于历史原因，上海与江苏之间有天然的联系，浦东的开发开放则为浙江带来了经济发展的机遇。

第二，长三角拥有人才优势。习近平总书记在扎实推进长三角一体化发展座谈会上表示，长三角要发挥人才富集、科技水平高、制造业发达、产业链供应链相对完备和市场潜力巨大等诸多优势，要为全国提供高水平科技供给。与其他区域相比，长三角是国内一流高校的集聚地。这里聚集了复旦大学、上海交通大学、浙江大学、南京大学、中国科技大学等世界一流大学建设高校，即中国最好的10所大学有一半在长三角，这里还有同济大学、东南大学、华东师范大学等国内知名高校。中国科学院有许多高水平的研究所和分院分布在上海、合肥。可以说，长三角是国家的智力中心之一。

第三，长三角拥有工业基础优势。长三角是中国工业发展中心，拥有近百年的工业发展历程。与珠三角相比，长三角的工业发展程度较高，出口产品的定位和技术水平高于珠三角生产的产品，在全国出口产品的总量中，长三角制造的产品占出口产品的一半左右。从这些方面来说，我觉得长三角区域像人的咽喉一样重要。

第四，长三角拥有强大的辐射能力。一方面，它的经济辐射能力覆盖华东地区；另一方面它对全国GDP总量作出了突出贡献。目前，长三角地区创造的GDP总量占全国GDP总量的四分之一左右，而长三角人口只占全国十分之一左右。以全国十分之一的人口创造全国GDP总量的四分之一，这说明长三角在中国经济发展中拥有强大的市场潜力。

扩大浙江在长三角拥有的技术优势

记者：作为长三角地区的重要组成部分，浙江在构建新发展格局中应当如何作为？

平新乔：我注意到，自长三角一体化战略启动一年多以来，长三角地区已经吸引几千亿元的资金，有几百个项目正在落实执行。比如，浙江慈溪正在打造高新技术产业园区，中国科技大学Alpha（阿尔法）创新研究院在德清落户等。这些项目都与推进省内科学技术发展有关。

在我看来，新发展格局中的国内大循环是从需求和供给两方面出发，对国内经济提出了要求：一是要重视国内市场，以国内需求为主体；二是要从供给角度出发，增加科技供给，以创新打通国内大循环，尤其是在人工智能、芯片制造等高端技术领域摆脱技术“卡脖子”状态。浙江在人工智能、数字经济领域拥有技术优势与能力，接下来需要将这些优势进一步放大。

第一，重视科研，注重形成创新氛围。有了全体创新的气氛，才能激发创新活力。这种工作由政府来做会发挥巨大效应，往往一个好政策的出台，就会在科技界、企业科创人员、知识分子中产生巨大的激励。在科研前期，政府要搭台，全面投入，提供资金、体制方面的帮助。同时政府也要有耐心，全世界科技研发的成功率在千分之一左右，许多研发成果需要二三十年的时间。

第二，注重引进拔尖人才。1955年，钱学森回国，投身国内建设，“以一人之力将中国科技水平向前推进了近20年”。当前，我们也要注重从国外引进国际知名人才，通过提供安家费、科研经费等方式，吸引国外人才回国效力。当然，吸引国际高端一流人才的，不仅仅是经费，更重要的是要提供舞台。有了这些人才，就可以缩小与发达国家之间的差距。另外，也可以通过兴办大学的方式，在浙江兴办一些小而精的高等学校，既引进人才，也培养人才。

第三，重视教育。在西里尔·E·布莱克等所著的《日本和俄国的现代化》一书中，他们提到日本和俄国花费了80年的时间，实现了国家的现代化。在走向国家现代化进程中，这两个国家都十分重视教育，尽管侧重点有所不同。在国家形成自主创新能力方面，教育是重要一环。浙江可以先行示范，实现全民教育，争取让所有高中生都能上大学。

第四，继续巩固数字经济的发展优势。浙江的电子商务、大数据技术、5G技术发展水平较高，浙江因此跳过了重化工业阶段，避免环境污染，在保证“一江春水向东流”的生态优势下进入发达阶段。浙江要进一步研发清洁能源，研发新材料，占领产业链的价值高地。同时，生态优势可以进一步转化为吸引人才、企业、技术落地的优势。

第五，注重科研企业的制度创新。美国硅谷中的高新技术企业中，50%的员工是研发人员，40%左右的员工是制造人员，是研发与制造并重的企业。这是一种全新的企业模式。要想提高自主创新能力，浙江也可以打造一批模式灵活的企业，比如研发与制造相结合的企业。建议政府建立更为灵活的体制机制，更好地扶持科研型企业。

扫一扫 看访谈全视频

我在之江学新语

念好“节约经”掀起新风尚

黄 平

2005年2月23日，时任浙江省委书记习近平同志在浙江日报《之江新语》专栏发表文章《建设资源节约型社会是一场社会革命》，指出：“在消费领域，要大力倡导合理消费、适度消费的消费观念和消费行为，使节能、节水、节材、节粮、垃圾分类回收、减少使用一次性用品等，成为全社会的自觉行动。”如今，重温习近平同志这段精辟论述，对于我们抓好节约粮食、杜绝浪费，为“重要窗口”建设增色添彩具有十分重要的指导意义。

仔细研读《之江新语》，其中《强本还须节用》《加强监管是建设节约型社会的保障》《机关表率是建设节约型社会的重点》等篇目，都谈到了“勤俭节约”“杜绝浪费”“珍惜资源”等内容。近年来，习近平同志在多个场合屡屡提到“厉行节约、反对浪费”，这些强调一脉相承。当前正处于百年未有之大变局，国际形势波诡云谲，疫情阴霾仍未散尽，再提节约粮食、杜绝浪费有着重大的现实意义。

厉行节约，要融入传统文化教育、文明实践服务、清廉风尚建设。食为政首，粮安天下。厉行节约需要民之相趋，更要公器垂范。通过制度规范、商家共推、志愿倡导、家风传承，引导全社会形成“节约光荣、浪费可耻”的风尚，让文明之花开遍餐桌，让节约的理念深入人心。

【作者为长兴县委宣传部常务副部长】

扫一扫 看全文

之江青年论坛

创绿色架构 书“浙样”文章

张环宙

党的十九届四中全会指出，生态文明建设是关系中华民族永续发展的千年大计。绿色是生态文明建设的要义。忠实践行“八八战略”、奋力打造“重要窗口”，就必须继续深入学习贯彻省委十四届七次全会精神，把全会的部署要求进一步深化、细化、具体化。准确把握浙江阶段性特征，省委提出要认真思考和回答10大新课题。其中，浙江越来越受到各方面广泛关注后，如何在更高层次更高水平上彰显生态之美、人文之美、和谐之美，是10大新课题之一。总体构筑“国家公园+未来社区+美丽乡村+风情海岛+绿色交通”内涵式发展架构，是对这一新课题的理论思考，对于浙江实现绿色发展具有重要现实意义。

引领国家公园示范先行

一是重构我省自然保护地空间体系。坚持绿水青山就是金山银山理念，以钱江源国家公园试点建设为契机，依托天目山等国家级自然保护区，制定中长期目标和空间规划，推动以国家公园建设为主体的自然保护地空间体系优化和制度更新。二是提升整体形象品牌。建立产业准入、生产创新、过程监督、产品认证、品牌共塑等生态友好型产业配套制度体系，提升国家公园品牌价值。三是实现在地共建共享共治。建立政府、社区、行业协会、公益组织等多方参与理事会、委员会等形式多元共治机制，带动周边地区经济社会发展，让良好生态转化为区域经济发展的环境优势，打磨国家公园“浙江范式”。

构建产城人文未来社区

一是重塑城市生态和谐空间。要把生态文明全面融入城镇化进程，扩大城市生态空间，注重对现有建筑进行整治，增设人文景观，增加敞开空间，使城市空间与自然空间和谐，营造青山映城、绿水绕城、城在景中、城景交融的现代山水城市风貌。引入生产性农业作物，作为城市景观形态和绿色基质，融入城市环境中，把城市轻轻放在大自然中。二是推进新型业态培育。改变传统城市发展空间格局和文化生态，活化生产要素，创新经营业态，拓展服务功能，形成以工促农、以城带乡、工农互惠、城乡一体的新型工农、城乡关系。三是加快田园城市产业布局。突出现代第三产业、新兴战略产业、高科技产业、文创产业和三大产业之间的互动，将城市先进技术和乡村田园风光结合，促进健康生活和产业交互发展。出台健康、养老、文化等幸福产业培育规划，推广“互联网+”模式，推动文化与旅游产业，健康养老与农业跨界融合。

推进美丽乡村绿色发展

一是推进万村景区化典型建设。对窗口门户型、平原水乡型、丘陵山地型、旅游观光型、历史文化型、文化养老型等村落加以分类保护与建设。二是打造绿色家园。建立农村生活垃圾分类、收集、运输和处理系统，完善农村生活垃圾治理及其保障机制，彻底解决“垃圾围村”困局。三是打造绿色水源。多途径引导农村群众合理使用化肥农药，减少化学物质对水资源污染，规范农村地区畜牧养殖业带来的水资源污染。四是打造绿色田园。发展生态高效农业，推广立体式生态农业模式，加强宣传推广和相关培训力度。

推动风情海岛永续发展

一是树立海洋战略思维。以主动服务“一带一路”、长三角一体化发展国家战略为契机，以海岛为蓝色海洋中的“美丽盆景”，以山海统筹的大手笔，擘画山海联动的新格局。二是培育中高端海岛旅游精品。重视中高端市场的引领带动作用，探索开发邮轮旅游、游艇旅游、人造海滩、高端度假岛等旅游精品，培育碧海金沙、海钓休闲、文化艺演、节庆会展、航空旅游、游船巡游等旅游业态。三是完善海岛发展重大政策。重点支持无人岛用于海洋产业培育与旅游开发，完善无人岛开发管理办法，强化生态监管保护。

绿色交通驱动整体活力

一是加快国家风景道建设。建设浙西南景区化高速公路，扩容国省道，打造美丽经济交通走廊。二是构筑骑行绿道网。重点建设由环杭州湾、环南太湖、沿钱塘江、沿瓯江、沿海防护林带等构成的骑行绿道网，构建区域绿道、城市绿道和社区绿道等层次分明的绿道网体系。三是加大黄金旅游带建设。打造唐诗之路黄金旅游带、浙西南生态旅游带、大运河（浙江段）文化带、佛道名山旅游带、浙中影视文化旅游带、浙北精品旅游带、海湾海岛等精品旅游带，形成亮丽风景线。

【作者为省委党校2020年秋季进修一班学员、浙江外国语学院副院长、省地理学会副理事长】

新发展格局：如何深刻认识长三角的地位和作用

平新乔

北京大学经济学院梓材讲席教授

习近平总书记在扎实推进长三角一体化发展座谈会上指出，必须深刻认识长三角区域在国家经济社会发展中的地位和作用，率先形成新发展格局。长江三角洲区域是我国经济发展最活跃的区域之一，约占全国 1/4 的经济总量。在构建新发展格局中，长三角区域拥有哪些优势？浙江又应如何发挥积极作用？平新乔教授接受记者采访，畅谈了想法。

新发展格局"新"在何处？

记者： *习近平总书记多次指出，要推动形成以国内大循环为主体、国内国际双循环相互促进的新发展格局。您认为新发展格局有哪些创新之处？*

平新乔： 从发展经济学角度看，从 20 世纪 80 年代开始，中国经济已经出现了国内经济大循环和国际经济大循环两种发展模式。20 世纪 80 年代以后，国际经济进入和平发展时期，党中央布局"两头在外"的发展模式，即原材料进口，生产在国内，销售在国际市场。这种发展模式是最早的国际大循环，也推动了东南沿海经济的发展。最初的国内经济循环主要集中在江浙一带。通过发展乡村工业，江浙一带既解放了农村的剩余劳动力，农民在收入提高的基础上也增加了对城市生产的工业消费品（如自行车、手表和缝纫机等）的需求；同时，乡村工业也在积累了生产资料之后，扩大再生产，拉动对工业生产资料的需求。这样，城市与乡村之间、工业与农业之间就通过市场形成了国内循环。比如江苏常州和浙江绍兴、萧山等地都是依靠这一模式发展起来的。

虽然有两种发展模式，但从 20 世纪 90 年代开始，中国经济发展实际以“两头在外”为指导思想，依靠国际市场拉动经济，并且这种发展模式在中国持续了 20 多年。此次提出新发展格局，是转变经济发展方式的必然要求，也是发展中国特色社会主义市场经济的必然选择。

第一，构建新发展格局是突破经济中遭遇的瓶颈。“两头在外”推动了我国经济的发展，但近年来，外贸对于中国经济的支持度不断减弱。2006 年，我国进出口贸易总额占 GDP 比重达到最高值，即 64.24%。然而到 2009 年时，外贸占 GDP 的比重从 2008 年的 56%下降到 43%。自此，我国外贸占 GDP 的比重一直在 50%以下，且不断下降，目前是 33%左右。

外贸对经济发展的贡献度不断下降是客观现象。诺贝尔经济学奖获得者威廉·阿瑟·刘易斯在 1979 年曾指出，如果发展中国家想要通过外贸赶超发达国家，必然会遭遇瓶颈。因为随着发达国家经济总量不断增大，发达国家的经济增速会不断下降，其向发展中国家进口的增速也会下降。这会给依赖外贸发展经济的发展中国家造成天然屏障：出口贸易额的增速会不断下降，外贸占 GDP 的比重也会相应降低。2008 年全球金融危机以后，整个西方世界的经济可能会面临长期停滞，因此，构建新发展格局是调整“两头在外”的发展模式，以解决我国在出口贸易上遇到的困难和瓶颈问题。

第二，构建新发展格局首次明确提出要以国内大循环为主体。改革开放 40 多年以来，我们重视对外开放，也重视内需。但从未说过要以内需为主，只是强调要扩大内需。新发展格局首次确立了内需在我国经济发展中的基础性地位。实际上，在 20 世纪 90 年代以前，我们国家的经济发展是以内需为主，直到 2001 年加入世界贸易组织以后，经济发展逐渐从以内需为主转向以外需为主。从 2001 年到 2008 年，中国的对外贸易额不断攀升，直到 2008 年，对外贸易额在国民经济中的相对比重开始不断下降，有时甚至出现绝对量的下降。但即使外循环受到严峻挑战，我们直到 2020 年前，还是没有提出要以国内大循环为主体。因此，这次党中央提出以国内大循环为主体，是经过 40 多年来内外循环结合、交替转变的实践之后，对中国经济所处的内外环境作了深入分析之后所提出的战略方针。

第三，构建新发展格局强调国内循环与国际循环间相互促进的作用。在以前的经济发展中，提到外需可能会忽略内需，提到内需可能会忽略外需。新发展格局则明确要将内需与外需二者相连、统筹考虑。当前有种对新发展格局的误读，认为以国内大循环为主体是“闭关锁国”，是历史的倒退。强调国内循环与国际循环之间相互促进的关系正是破除了这种误读，我们不是要“闭关锁国”，而是要实行更高水平的对外开放。事实上，我们以国内大循环为主体，可以降低参与国际经济大循环的风险和不确定性，进一步提高我们在国际经济循环里的收益；而继续参与国际经济循环，又可以提高我们国内经济大循环的质量。

长三角区域像人的咽喉一样重要

记者：习近平总书记在扎实推进长三角一体化发展座谈会上指出，长三角区域要率先形成新发展格局。在构建新发展格局中，长三角拥有怎样的战略地位和优势？

平新乔：习近平总书记在2020年主持召开的扎实推进长三角一体化发展座谈会和经济社会领域专家座谈会，从整体出发谋篇布局，为中国经济未来发展奠定了基调。

在构建新发展格局中，要以国内大循环为主体。国内大循环是一个包含生产、分配、流通、消费等领域的大循环。大循环下要有四至五个区域循环，可以形成相对独立的运转，率先形成新发展格局，从而推动全国形成新格局。当前的长三角、珠三角、渤海湾是大循环下的3个子系统，将来成都、西安等地可以形成一个循环，长沙、武汉、郑州等地再形成一个循环。在构建新发展格局中，长三角拥有的优势最齐全。

第一，长三角间各省市联系紧密，经济发展程度高。1990年，党中央实施浦东开发开放战略。浦东的开发开放促进了长三角经济带的形成，也加深了浙江和上海之间的联系。浦东开发开放相当于将上海向东面平移，东临东海，南临浙江宁波、舟山群岛。浦东开发开放唤醒了杭州湾大湾区的经济活力。由于历史原因，上海与江苏之间有天然的联系，浦东的开发开放则为浙江带来了经济发展的机遇。

第二，长三角拥有人才优势。习近平总书记在扎实推进长三角一体化发展座谈会上表示，长三角要发挥人才富集、科技水平高、制造业发达、产业链供应链相对完备和市场潜力巨大等诸多优势，要为全国提供高水平科技供给。与其他区域相比，长三角是国内一流高校的集聚地。这里聚集了复旦大学、上海交通大学、浙江大学、南京大学、中国科技大学等世界一流大学建设高校，即中国最好的 10 所大学有一半在长三角，这里还有同济大学、东南大学、华东师范大学等国内知名高校。中国科学院有许多高水平的研究所和分院分布在上海、合肥。可以说，长三角是国家的智力中心之一。

第三，长三角拥有工业基础优势。长三角是中国工业发展中心，拥有近百年的工业发展历程。与珠三角相比，长三角的工业发展程度较高，出口产品的定位和技术水平高于珠三角生产的产品，在全国出口产品的总量中，长三角制造的产品占出口产品的一半左右。从这些方面来说，长三角区域像人的咽喉一样重要。

第四，长三角拥有强大的辐射能力。一方面，它的经济辐射能力覆盖华东地区；另一方面，它对全国 GDP 总量作出了突出贡献。长三角地区创造的 GDP 总量占全国 GDP 总量的 1/4 左右，而长三角人口只占全国 1/10 左右。以全国 1/10 的人口创造全国 GDP 总量的 1/4，这说明长三角在中国经济发展中拥有强大的市场潜力。

扩大浙江在长三角拥有的技术优势

记者：作为长三角地区的重要组成部分，浙江在构建新发展格局中应当如何作为？

平新乔：自长三角一体化战略启动一年多以来，长三角地区已经吸引几千亿元的资金，有几百个项目正在落实执行。比如，浙江慈溪正在打造高新技术产业园区，中国科技大学 Alpha（阿尔法）创新研究院在德清落户等。这些项目都与推进省内科学技术发展有关。

在我看来，新发展格局中的国内大循环是从需求和供给两方面出发，对国内经济提出了要求：一是要重视国内市场，以国内需求为主体；二是要从供给角度出发，增加科技供给，以创新打通国内大循环，尤其是在人工智能、芯片制造等高端技术领域摆脱技术“卡脖子”状态。浙江在人工智能、数字经济领域拥有技术优势与能力，接下来需要将这些优势进一步放大。

第一，重视科研，注重形成创新氛围。有了全体创新的气氛，才能激发创新活力。这种工作由政府来做会发挥巨大效应，往往一个好政策的出台，就会在科技界、企业科创人员、知识分子中产生巨大的激励。在科研前期，政府要搭台，全面投入，提供资金、体制方面的帮助。同时政府也要有耐心，全世界科技研发的成功率在千分之一左右，许多研发成果需要二三十年的时间。

第二，注重引进拔尖人才。1955 年，钱学森回国，投身国内建设，“以一人之力将中国科技水平向前推进了近 20 年”。当前，我们也要注重从国外引进国际知名人才，通过提供安家费、科研经费等方式，吸引国外人才回国效力。当然，吸引国际高端一流人才的，不仅仅是经费，更重要的是提供舞台。有了这些人才，就可以缩小与发达国家之间的差距。另外，也可以通过兴办大学的方式，在浙江兴办一些小而精的高等学校，既引进人才，也培养人才。

第三，重视教育。西里尔・E・布莱克等所著的《日本和俄国的现代化》一书中提到日本和俄国花费了 80 年的时间，实现了国家的现代化。在走向国家现代化进程中，这两个国家都十分重视教育，尽管侧重点有所不同。在国家形成自主创新能力方面，教育是重要一环。浙江可以先行示范，实现全民教育，争取让所有高中生都能上大学。

第四，继续巩固数字经济的发展优势。浙江的电子商务、大数据技术、5G 技术发展水平较高，浙江因此跳过了重化工业阶段，避免环境污染，在保证“一江春水向东流”的生态优势下进入发达阶段。浙江要进一步研发清洁能源，研发新材料，占领产业链的价值高地。同时，生态优势可以进一步转化为吸引人才、企业、技术落地的优势。

第五，注重科研企业的制度创新。美国硅谷中的高新技术企业中，50%的员工是研发人员，40%左右的员工是制造人员，是研发与制造并重的企业。这是一种全新的企业模式。要想提高自主创新能力，浙江也可以打造一批模式灵活的企业，比如研发与制造相结合的企业。建议政府建立更为灵活的体制机制，更好地扶持科研型企业。

浙江日報

ZHEJIANG DAILY

中共浙江省委机关报

浙江日报报业集团 ZHEJIANG DAILY PRESS GROUP

2020年12月15日 星期二 庚子年十一月初一

国内统一连续出版物号：CN 33-0001

邮发代号：31-1 第26135期

人类减贫经验国际论坛在北京开幕

习近平致贺信

新华社北京12月14日电 人类减贫经验国际论坛12月14日在北京开幕。国家主席习近平向论坛致贺信。

习近平指出，消除贫困是人类共同理想。中国共产党和中国政府始终把让人民过上好日子作为奋斗目标，为此进行了长期艰苦卓绝的努力。2012年以来，中国在之前扶贫攻坚的基础上，全面打响脱贫攻坚战。经过8年持续努力，今年中国现行标准下农村贫困人口已经全部脱贫，贫困县已经全部摘帽，近1亿农村贫困人口实现脱贫，为全球减贫事业作出重大贡献。中国将继续巩固和拓展脱贫攻坚成果，扎实推进共同富裕，不断提升民生福祉水平。

习近平强调，当前，疫情仍在全球肆虐，减贫事业面临严峻挑战。中国愿同世界各国一道，携手推进国际减贫进程，推动构建人类命运共同体。希望论坛与会人士深化减贫经验交流，广泛凝聚共识，提振减贫信心，为加速全球减贫进程贡献智慧和力量。

省委常委会会议研究2022年杭州亚运会和亚残运会筹办工作

办一届群众参与度高人文精神足的体育盛会

省委书记袁家军主持

本报杭州12月14日讯（记者 刘乐平）14日上午，省委常委会召开会议，听取2022年杭州亚运会和亚残运会筹办情况汇报，研究部署相关工作。

省委书记袁家军主持。

会议充分肯定2022年亚运会和亚残运会筹办工作取得的阶段性成绩。特别是面对今年新冠肺炎疫情冲击，亚组委坚持疫情防控与筹备工作“两手抓”，各参与方及早推动在建场馆及设施全面复工，实现筹办各项工作按计划推进。

会议强调，要进一步增强办好亚运会和亚残运会的责任感使命感。要提高政治站位、增强大局观念、树立战略思维，把筹办亚运盛会的过程，变成集中展示“八八战略”历史性成就、加快打造“重要窗口”标志性成果、为争创社会主义现代化先行省赋能助力的过程，全力兑现“把十九届亚运会办成具有中国特色、浙江风采、杭州韵味、精彩纷呈的体育文化盛会”的庄严承诺，向习近平总书记和党中央、向全省全国乃至全亚洲人民交出一份高分答卷。

会议强调，亚运筹办工作是一项复杂的系统工程，要以系统观念、系统方法优化改进提升2022年杭州亚运会和亚残运会筹办各项工作，把筹办工作作为一个“大系统”。场馆建设要保质保量，城市品质要联动提升，宣传推介要有声有色，力量配备要高效协同，应急准备要尽早抓细，省内运动员要强化训练，沟通对接要积极主动，以筹办工作牵引和推动我省加快转换新旧动能、扩大交流合作、提升城市品位、改善基础设施、优化社会治理、保护生态环境、提高公民素质。

会议强调，要进一步突出具有浙江辨识度的优势，更好彰显我省承办亚运会和亚残运会的特色。要突出品牌塑造和市场运营，树立经营理念、重视市场运作，发动外企、国企、民企参与赞助，努力为杭州亚运会创造最佳的经济效益；突出智能应用，全面应用人工智能、大数据等数字技术，使“智能亚运”品牌成为全国乃至全球有影响的一张金名片；突出绿色生态，广泛应用绿色低碳节能环保新技术，持续开展蓝天、碧水、净土、清废行动，全方位展现浙江践行绿水青山就是金山银山理念的成果；突出文明素质，打造一支高水平的志愿者队伍，全方位提升全省人民文明素质，力争办成一届群众参与度高、人文精神足的体育盛会。

会议还研究了《浙江省应对人口老龄化中长期规划》等事项。

袁家军在省委全面依法治省委员会第三次会议上强调

深入学习贯彻习近平法治思想 努力建设法治中国示范区

本报杭州12月14日讯（记者 刘乐平）14日下午，省委全面依法治省委员会召开第三次会议，深入学习贯彻习近平法治思想和党的十九届五中全会精神、中央全面依法治国工作会议精神，全面落实中央以及省委关于法治建设的决策部署，对2021年及今后一个时期的法治浙江建设进行谋划部署。

省委书记、省委全面依法治省委员会主任袁家军主持会议并讲话。陈金彪、朱国贤、黄建发、王昌荣、梁黎明、赵光君、王双全、刘小涛、孙景淼、修长智、李占国、贾宇出席。会上，省委依法治省办负责人作了情况汇报。会议审议并原则通过了法治浙江建设规划（2021—2025年）等文件。

袁家军指出，习近平法治思想是全面依法治国的根本遵循和行动指南。笃学践行习近平法治思想，必须深刻认识其理论贡献、历史贡献、实践贡献，深刻认识习近平法治思想是内涵丰富、论述深刻、逻辑严密、系统完备的科学思想体系，深刻认识浙江是习近平法治思想重要萌发地和法治中国建设重要实践地，深刻认识新发展阶段浙江有责任、也有条件勇当笃学践行习近平法治思想排头兵。我们要以更高的政治觉悟、更强的责任担当、更大的信心决心，学深悟透习近平法治思想，与时俱进深化法治化改革，努力建设法治中国示范区，奋力打造全面展示中国特色社会主义法治优越性的“重要窗口”。

袁家军充分肯定这些年来法治浙江建设取得的重大阶段性成果，强调面对新阶段新形势，必须与时俱进深化法治化改革，在笃学践行习近平法治思想、依法推进省域治理现代化、提升法治建设质量和效益、建设群众满意的法治社会、展示社会主义法治优越性上争当示范，到2035年建成法治政府、法治社会，建成与省域治理现代化、高水平整体智治体系相适应的法治浙江，建成法治中国示范区。

袁家军强调，要找准新发展阶段法治化改革的突破口，坚持问题导向和效果导向，不断将“利民为本、法治为基、整体智治、高效协同”的理念贯彻落实到法治浙江建设的全过程和各领域，从群众需求出发、用群众感受验证，加快形成一批有辨识度有影响力的标志性成果，推进法治浙江建设迭代升级、提质增效。要加快打造党建引领的法治环境，加快以数字化牵引法治建设，加快推进综合行政执法改革，加快构建规范高效司法监督体系，加快推进社会治理法治化，加快构建依法治网体系，加快完善风险闭环依法管控体系。

袁家军强调，深化法治化改革是一项牵一发而动全身的重大改革，全省各地各部门必须加强组织领导和整体推进。要找到党委领导法治建设的着力点，强化法治建设人才力量保障，健全法治化改革专班工作机制，不断形成整体推进法治化改革的强大合力。

浙江可以也应当成为双循环战略枢纽

——访中国人民大学商学院教授陈甬军

本报记者 潘如龙 周宇晗 章 忻

高端访谈⑪

名片

陈甬军 经济学博士，中国人民大学商学院教授、博士生导师，国家重点学科产业经济学学科带头人，国务院政府特殊津贴专家。先后主持国家社会科学基金、自然科学基金和国家发改委、教育部等省部级科研项目10余项。

构建新发展格局是“十四五”时期乃至未来更长时间我国经济发展的重大战略部署。省委十四届八次全会建议将“基本建成国内大循环的战略支点、国内国际双循环的战略枢纽”列入“十四五”时期浙江经济社会发展主要目标。如何深刻理解“战略枢纽”的特殊内涵，找准着力点？近日，本报记者采访了著名经济学家、中国人民大学教授陈甬军。

“8”字形双循环的交汇点

今年以来，党中央提出加快构建以国内大循环为主体、国内国际双循环相互促进的新发展格局，是适应当前经济发展阶段变化的主动选择。陈甬军认为，畅通国内国际双循环对统筹发展和安全有特殊的重要性。国内循环和国际循环相互促进，相当于电力系统的双回路供电，平时国内国际市场可以相互补充、相互支撑，遇到风险挑战时又能单独作战，充分发挥双循环体制的稳定性、安全性。

基于新发展格局的特点，陈甬军提出了躺倒的“8”字形理论模型，以此来论述双循环的关系。大圈代表以国内大循环为主体，小圈代表国际循环，浙江刚好位于两个圈的交汇点。国际循环和国内循环缺一不可、相互交融，而“战略枢纽”则是两个圆圈的交汇点、连接点，是开关、龙头。通过“战略枢纽”，区域内部和国内其他地区、国内与国际市场能更好联通，资源要素能自由进出、充分流动；关键时刻，通过调控“战略枢纽”可以起到控制全局的作用。

陈甬军认为，浙江可以也应当成为国内国际双循环的战略枢纽。首先，浙江经济发展居全国前列，尤其是外向型经济发达，宁波舟山港货物吞吐量连续11年位居全球港口第一；数字经济势头强劲，占区域生产总值比重提升至10.7%，具有参与双循环的实力和潜力。

（下转第五版）

扫一扫 看访谈视频

12月14日，临安公路抢险队员在积雪道路抛撒除雪剂，清除倒伏竹子，帮助打滑车辆脱困，确保雪后道路安全畅通。本报记者 董旭明 拍友 裘泽城 摄

12月14日，金华市区下起今冬第一场雪，气温骤降。自来水公司工作人员给新装水表包上厚厚的防冻保温套，防止低温冻坏水表。金华日报记者 胡肖飞 摄

12月14日，安吉县报福镇福灵竹笋专业合作社的竹林里，当地青年志愿者正帮助合作社工人采挖冬笋，销往市场。拍友 夏鹏飞 摄

前11个月进出口总值同比增长10.3%

浙江外贸贡献率全国居首

本报杭州12月14日讯（记者 翁杰 通讯员 庄朝晖）记者14日从杭州海关获悉，前11个月，浙江省进出口总值达3.06万亿元，较去年同期增长10.3%。其中，出口2.27万亿元，同比增长9.6%；进口7857.3亿元，同比增长12.7%。同期，浙江分别拉动全国进出口、出口和进口增长1.0、1.3、0.7个百分点，贡献率均居全国首位。

“下半年以来，浙江外贸持续保持高速增长，11月继续保持这一势头。”杭州海关有关负责人表示，当月浙江省进出口总值达3183.9亿元，同比增长18.5%；出口2381.6亿元，同比增长20.8%。

从市场来看，浙江对欧盟、美国、东盟进出口增长较快，自“一带一路”沿线国家和地区进口拉动明显。1月至11月，对欧盟、美国、东盟进出口同比分别增长9.4%、19.4%、17.9%，合计占全省进出口总值的44.5%。同期，自“一带一路”沿线国家进口2926.9亿元，大幅增长33.0%，拉动整体进口增长10.4个百分点。

全球疫情影响下，浙江的高新技术产品出口持续快速增长。1月至11月，全省出口高新技术产品1804.2亿元，同比增长25.2%。（下转第二版）

打造干好工作的有效闭环

李 攀

今日说

2020年省政府民生实事点评活动于12月11日正式启动，所有项目“民生码”已张贴于项目所在地。对2020年省政府民生实事完成情况，大家是否满意，有什么意见建议，都可以扫码参与。此外，市民还能通过“浙里督”门户网站、“浙里办”客户端等平台进行评价。

年初，省政府工作报告列出十方面民生实事。民生无小事，枝叶总关情。件件民生实事关乎群众获得感、幸福感和安全感，既是政府的郑重承诺，也燃起了群众的热切期待。如今实事办得怎样，上下都很关心。

近来，省委反复强调，各项工作要善于搭建好目标体系、工作体系、政策体系、评价体系。评价，恰是干好一项工作的闭环所不可或缺的部分，也是塑造唯实惟先、善作善成团队文化的重要力量。把评价搞得扎扎实实，才能检验工作成效，优化工作作风；才能四两拨千斤，让来年的民生实事乃至其他各项工作做得更好。

对实事的办理效果，政府部门要以开放的胸襟接受广大群众的监督和评价，听得进去各种意见建议。扫码点评极大方便了群众看、群众评，群众有了参与感，对政府的信任度、亲近感更高了。政府也能真正了解民生实事的质量，从而不断补短板扬长板。这彰显了政府的有诺必践，也体现了政府对人民主体地位的尊重。

市民扫码点评民生实事的生动实践，是通过移动互联网等技术手段，坚持并不断完善为民办实事长效机制。作为数字经济先行地，浙江全方位深化政府数字化转型，打造“整体智治、唯实惟先”现代政府，理应多运用云计算、大数据、物联网、人工智能等数字技术，助力决策更科学、治理更精准、服务更高效。

集纳民政、医保等多部门社会救助数据

平阳建成返贫监测自动预警系统

本报平阳12月14日电（记者 郑晨婵 共享联盟平阳站 林斌 通讯员 陈樽）12月14日早上9时许，平阳县昆阳镇练川村的余恩（化名）刚吃过早饭，就听到手机“叮”地一响。打开一看，是银行发来的信息：卡内分别入账814元和8040元两笔钱。

没过多久，乡镇民政专员朱毅就带着刚办好的低保证上门了：“老余，你的低保证我给你送来了。”余恩赶忙问：“早上到账的钱是什么情况？”朱毅笑着解释：“你还记得前一阵，我来给你办低保的事吗？814元就是这个月的低保金，而8000多元是系统监测到你的医疗支出费用高，主动给你申请的临时救助金。”

原来，身为家庭顶梁柱的余恩不久前被检查出患有尿毒症。尽管有医保，但每个月他仍需承担4000多元的医疗费用。正当余恩一筹莫展之际，朱毅主动上门。“县里的返贫监测预警系统发现，最近几个月，你有大额的医疗费用支出，我来看看是不是需要帮忙。”朱毅说。听完余恩的情况后，第二天，朱毅就帮他办理了低保申请，系统还自动将信息发送至相关部门，为他申请医疗救助、临时救助等符合条件的救助项目。

余恩的困境得到缓解，得益于平阳建成的返贫监测自动预警系统。“我们在工作走访中发现，许多低保、低边户都是因突然得病或者家庭意外等，导致家庭困难，存在致贫风险，而他们大多数人并不知道如何申请低保、低边救助。”平阳县民政局副局长兰江旭说。

据悉，该预警系统集纳了该县民政、医保、住建、教育等10个部门的社会救助数据，自动收集因病个人自负医疗费2万元以上、新办残疾人证、家庭主要劳动力死亡、因学享受慈善救助和因灾（或因疫）受助等关键信息数据，经精准比对排查后，一旦发现有致贫风险的困难群众，系统会实时触发预警响应，并将有关信息自动推送至各乡镇，由民政专员入户走访核实并录入系统。

随后，系统会将信息自动推送至各社会救助有关部门，帮群众申请办理包括临时救助、物价补贴等在内的21项社会救助，全过程实现群众困难提前预警、部门救助主动跟进，有效避免群众返贫。数据显示，今年以来，平阳全县范围内已排查疑似困难对象9465户共19546人，将核实认定的1970户共2566人纳入救助。

浙江可以也应当成为双循环战略枢纽

陈甬军
中国人民大学教授

构建新发展格局是“十四五”时期乃至未来更长时间我国经济发展的重大战略部署。浙江省委十四届八次全会建议将“基本建成国内大循环的战略支点、国内国际双循环的战略枢纽”列入“十四五”时期浙江经济社会发展主要目标。如何深刻理解“战略枢纽”的特殊内涵，找准着力点？记者采访了陈甬军教授。

“8”字形双循环的交汇点

2020年以来，党中央提出加快构建以国内大循环为主体、国内国际双循环相互促进的新发展格局，是适应当前经济发展阶段变化的主动选择。陈甬军认为，畅通国内国际双循环对统筹发展和安全有特殊的重要性。国内循环和国际循环相互促进，相当于电力系统的双回路供电，平时国内国际市场可以相互补充、相互支撑，遇到风险挑战时又能单独作战，充分发挥双循环体制的稳定性、安全性。

基于新发展格局的特点，陈甬军提出了躺倒的“8”字形理论模型，以此来论述双循环的关系。大圈代表以国内大循环为主体，小圈代表国际循环，浙江刚好位于两个圈的交汇点。国际循环和国内循环缺一不可、相互交融，而“战略枢纽”则是两个圆圈的交汇点、连接点，是开关、龙头。通过“战略枢纽”，区域内部和国内其他地区、国内与国际市场能更好联通，资源要素能自由进出、充分流动；关键时刻，通过调控“战略枢纽”可以起到控制全局的作用。

陈甬军认为，浙江可以也应当成为国内国际双循环的战略枢纽。首先，浙江经济发展居全国前列，尤其是外向型经济发达，宁波舟山港货物吞吐量连续11年位居全球港口第一；数字经济势头强劲，占区域生产总值比重提升至10.7%，具有参与双循环的实力和潜力。其次，2020年习近平总书记赋予浙江“努力成为新时代全面展示中国特色社会主义制度优越性的重要窗口”的新目标新定位，而成为战略枢纽、率先探索构建新发展格局正是成为“重要窗口”、展示中国特色社会主义制度优越性的题中之义。

浙江打造“战略枢纽”的着力点

“十四五”时期是浙江经济社会发展的重要历史性机遇期。贯彻新发展理念、构建新发展格局，浙江打造国内国际双循环的战略枢纽要抓住哪些着力点？陈甬军提出以下建议：

一是壮大区域经济实力和竞争力，充分发挥浙江经济发展的区位优势，更好对接区域和国内市场。协同培育长三角一体化大市场，打造长三角世界级城市群金南翼、长三角全面创新改革试验区，构建长三角科创共同体，提升在区域乃至全国产业链供应链中的地位和能级。

二是持续推进“一带一路”统领全面开放，重塑国际合作和竞争新优势。以商事制度改革等市场化改革破除体制机制障碍，使市场、资源等高端要素畅通循环，营造市场化法治化国际化的一流营商环境；推动新型基础设施互联互通走向“一带一路”，扩大与“一带一路”国家的开发开放合作；承接好自由贸易试验区建设以及一系列国家级创新试点建设，构建内外融合互通的现代化物流体系。

三是进一步发挥浙江人文优势，丰富双循环的内涵。浙江可围绕文化强省建设，在深度参与双循环的过程中，更好将浙江的文化产品和科技成果推向全国、推向世界，同时抓住要素流通整合的机遇，引进更多人文社科、高等教育、科学技术、创新人才等资源，为构建新发展格局提供源源不断的精神滋养。

探索构建新发展格局有效路径

浙江省委十四届八次全会将“展现探索构建新发展格局有效路径的新担

当”作为新发展阶段浙江必须担负起的“五大历史使命”之一。陈甬军提出，浙江全力打造国内大循环的战略支点、国内国际双循环的战略枢纽，不仅对全国加快构建新发展格局意义重大，还是自身高质量发展的必然要求。

产业结构优化升级。浙江是制造业大省、外贸大省，但长期以来产业链价值链位于中低端，外贸依存度过高等问题依然存在。打造国内国际双循环的战略枢纽，一方面立足浙江发展浙江，可以充分发挥浙江的比较优势，加快制造业转型升级、布局战略性新兴产业和未来产业，增强浙江整体产业结构的优越性和竞争力。另一方面跳出浙江发展浙江，立足扩大内需与深化供给侧结构性改革有机结合，更好对接和满足国内市场需求。

产业链供应链现代化。双循环运行的基础是产业链与供应链，以及以此为基础的价值链。而“开关”灵敏与否，直接关系到双循环的通畅程度。打造国内国际双循环的战略枢纽，必然要求实现内外贸一体化调控，促进法律法规、监管体制、质量标准、检验检疫等方面的省内标准与国内、国际标准相衔接；必然要求构建现代化的物流体系，通过深化商事制度改革等优化营商环境，推进港口、货运、铁路等基础设施建设，探索应用冷链物流、电子商务、云物流等现代物流技术等，畅通内外贸易、释放市场活力。

增强全局意识和担当意识。在陈甬军看来，“战略枢纽”的打造是长期的、多方面的。浙江要基于自身发展实际和在国内、国际经济变革中的定位，增强全局意识和担当意识，将打造国内国际双循环战略枢纽的独特使命融入到忠实践行“八八战略”、奋力打造“重要窗口”，争创社会主义现代化先行省的新征程中，更好地以“浙江之答”回应“时代之问”，以“浙江之窗”展现“中国之治”。

共同
富裕

『八八战略』指引浙江大地发生精彩蝶变

——五论学习贯彻省委十四届十次全会精神

本报特约评论员

中国共产党在浙江的百年奋斗历程，波澜壮阔、辉煌精彩，这其中最鲜明的底色就是"红色根脉"。中国共产党在南湖红船诞生，这是"红色根脉"的源头坐标。浙江是习近平新时代中国特色社会主义思想重要萌发地，这是"红色根脉"的新时代标识。习近平总书记在浙江工作期间作出"八八战略"重大决策部署，在省域层面对中国特色社会主义进行了卓有成效的理论创新和实践创新，为习近平新时代中国特色社会主义思想的形成打下了扎实的实践根基、提供了丰富的理论素材。

"八八战略"是习近平总书记在浙江工作期间为浙江量身打造、指路引航的总纲领总方略。18年来，浙江坚定不移把"八八战略"作为指引浙江推动中国特色社会主义生动实践、推进省域治理现代化的科学理论体系、根本行动指南、强大精神动力，在坚持中发展，在继承中创新，与自觉践行习近平总书记赋予浙江的新要求新期望、新目标新定位、新使命新愿景紧密结合起来，与时俱进推动"八八战略"迭代升级、丰富发展，不断建立健全落实"八八战略"的目标体系、工作体系、政策体系和评价体系，构建完善以年度评估报告为标志的"八八战略"抓落实机制，推动"八八战略"形成"理论付诸实践、实践上升到理论、理论再付诸实践"的螺旋上升。

在"八八战略"指引下，全省上下不断打开思想空间、认知空间、发展空间，推动浙江破茧成蝶、凤凰涅槃，发生了全面深刻的变化、影响深远的变化、鼓舞人心的变化，构建形成了现代产业体系、科技创新体系、全面开放体系、协调发展体系、社会治理体系、先进文化体系、生态建设体系、民生保障体系、风险防控体系、政治保障体系等10大体系，实现了从经济大省向经济强省、从对内对外开放向深度融入全球、从总体小康向高水平全面小康的跃变，充分彰显了习近平新时代中国特色社会主义思想的真理力量和实践伟力。

"惟其艰难，方显勇毅；惟其磨砺，始得玉成"。省委十四届十次全会强调，我们要更加坚定忠诚拥护"两个确立"、坚决做到"两个维护"的决心和定力，坚定不移沿着"八八战略"指引的路子奋勇前进，紧扣2023年"八八战略"实施20周年，研究构建深化"八八战略"的制度体系，自觉运用"八八战略"蕴含的立场、观点、方法来解决改革发展实际问题，奋力书写忠实践行"八八战略"的新篇章，用实干和实绩彰显"八八战略"真理光芒、实践伟力和时代价值。

学习宣传贯彻党的十九届六中全会精神

深刻理解共同富裕的使命要求

——访中央党校（国家行政学院）马克思主义学院院长张占斌

本报记者 潘如龙

高端访谈

嘉宾简介

张占斌 中央党校（国家行政学院）马克思主义学院院长，一级教授、博士生导师，原国家行政学院经济学部主任。第十三届全国政协委员。国家社科基金重大项目首席专家。

党的十九届六中全会通过的《中共中央关于党的百年奋斗重大成就和历史经验的决议》明确，推动人的全面发展、全体人民共同富裕取得更为明显的实质性进展。如何深刻理解共同富裕的使命要求，本报记者采访了中央党校（国家行政学院）马克思主义学院院长张占斌教授。

首先要充分认识共同富裕的科学内涵

在"两个一百年"奋斗目标的历史交汇期，适应我国社会主要矛盾的变化，必须把促进全体人民共同富裕作为为人民谋幸福的着力点。这是新的时代使命。张占斌认为，深刻理解共同富裕的使命要求，首先需要明确两个背景，要理解共同富裕与中国式现代化的关系，要深刻把握新时代共同富裕理论的最新发展。

在此背景下，张占斌认为，可以得出共同富裕的科学内涵在于：从内容而言，共同富裕包含了物质文明、精神文明和生态文明等内容；从主体而言，共同富裕是全体人民人人有份、共同享有；从程度而言，共同富裕承认合理的差异；从性质而言，共同富裕追求的是公平正义；从实现方式而言，共同富裕是依靠共同奋斗与制度安排，不能搞劫富济贫；从进程而言，共同富裕是在动态发展中分阶段实现。同时我们也要深刻把握推动共同富裕的重要原则，在于坚持基本经济制度不动摇，坚持统筹效率与公平，坚持量力而行与尽力而为，坚持勤劳致富与创新致富，坚持循序渐进与先行示范。

"现在，已经到了扎实推动共同富裕的历史阶段"

党的十九届五中全会明确到2035年基本实现社会主义现代化远景目标，提出了"扎实推动共同富裕""全体人民共同富裕取得更为明显的实质性进展"的明确要求。习近平总书记指出："现在，已经到了扎实推动共同富裕的历史阶段。"张占斌认为，可以从两个方面理解这一历史使命与必然要求。

张占斌说，一方面，扎实推动共同富裕是中国共产党践行初心使命的重要体现，是更好满足人民日益增长的美好生活需要的生动实践。共同富裕是马克思主义的一个基本目标，马克思、恩格斯指出，"无产阶级的运动是绝大多数人的，为绝大多数人谋利益的独立的运动"，在未来社会将最终实现生产以所有的人富裕为目的。共同富裕是马克思、恩格斯所设想的未来社会的重要特征。党带领人民推翻三座大山，建立社会主义制度，推进改革开放的伟大事业，就是为了解放、发展和保护生产力，就是为了逐步实现全体人民共同富裕。另一方面，扎实推动共同富裕是当前历史发展阶段的必然要求。新中国70多年来的发展特别是改革开放40多年的成就，有条件有能力来逐步扎实推动共同富裕。新中国成立特别是改革开放以来，我们集中精力搞现代化建设，整个国家的发展都上了一个大台阶，脱贫攻坚战取得全面胜利，全面建成小康社会取得伟大历史性成就。我国已经连续十多年保持世界第二大经济体地位。

当前我国经济长期向好，国家治理能力提升，发展韧性强劲，为实现共同富裕奠定了坚实的基础。同时，也要看到，当前我国发展仍有不足，收入分配、社会保障、基本公共服务等仍然存在着一定问题。张占斌认为，立足当前条件，我们完全有能力进一步推动解决这些问题，而扎实推动共同富裕正是解决这些问题的科学路径与必然要求。

以系统思维推进共同富裕系统工程

扎实推动共同富裕是一项复杂而艰巨的系统工程，必须具有全局观念，以系统思维做好顶层设计，以理论创新引领共同富裕的变革性实践。张占斌认为，可以从夯实共同富裕经济基础、完善收入分配机制、构建共同富裕的政策体系三个维度推进共同富裕工程。

张占斌表示，一是以新发展理念为指导，夯实共同富裕的经济基础。生产力发展是实现共同富裕的关键和基础，必须以创新发展理念为指导，转换发展动力；以协调发展理念为指导，促进区域城乡间协调发展；以绿色发展理念为指导，尊重并顺应自然规律；以开放发展理念为指导，解决发展内外联动问题；以共享发展理念为指导，促进民生资源在各个阶层间均衡配置。二是强化共同富裕的总体设计，完善收入分配机制，优化收入分配格局。包括深化初次分配制度改革，增强初次分配的公平性；深化再分配制度改革，加强再分配的调节性职能；更好发挥第三次分配功能，助力实现共同富裕；建立全覆盖、更公平、可持续的社会保障制度等等。现在中央正在制定促进共同富裕行动纲要，值得期待。三是构建共同富裕的政策体系，落实社会公平正义，畅通社会流动渠道。包括实施系统整体与经济社会配套的公共政策支撑，特别是基本公共服务体系的保障；完善有利于促进共同富裕的就业政策；完善有利于促进共同富裕的教育政策；完善有利于促进精神生活富裕的文化政策等等。

高质量发展建设共同富裕示范区，是党中央、国务院赋予浙江的光荣使命。省委十四届十次全会提出，奋力扛起共同富裕示范探路的使命担当，放大社会凝聚力新优势。张占斌认为，浙江建设共同富裕示范区有着独到的优势。一是浙江人有敢闯敢试、敢为人先的改革创新精神，从全国第一家规范意义上的政府集中办事机构——行政服务中心的创设，到"最多跑一次"改革，再到数字化改革，浙江在不断地释放改革红利、创新红利。二是浙江的民营经济非常活跃，像漫天的星斗，活力无限，发挥着极为重要的作用，未来仍需要稳定民营企业的预期，不断优化营商环境、提高市场化程度，充分调动他们的积极性、创造性。三是浙江到处是绿水青山，环境保护工作做得好，生态一体化，在绿色发展方面走在前列，未来在生态经济上大有可为，使绿水青山源源不断地转化为金山银山。

奔赴山区26县，科技支撑共同富裕

新一批省派科技特派员出征

本报杭州12月6日讯（记者 林婧）省农科院6日举行省派第十五批科技特派员出征仪式，130名科技特派员将于本月底之前到达派驻地。派驻地主要以山区26县为主，部分派驻地为杭州、嘉兴农业占比较大的乡镇。据介绍，这批科技特派员队伍更年轻、学历和知识水平更优秀，超七成年龄在45周岁以下，超八成有硕士或博士学位。

省农科院院长林福呈表示，科技特派员要发挥扎根基层紧密联系生产实际的优势，结合自身专业和派驻地的产业特点，适时引入适合当地发展的新品种新技术，推动科技成果真正应用于一线，提高品种、技术的转化效率，真正成为主导品种和主推技术。

力量强、人员多、专业齐全是省农科院科技特派员队伍的优势。省农科院蚕桑与茶叶研究所副研究员李清声是本批科技特派员之一，作为一名90后，他深知青年科技特派员要积极发挥年轻人的热情与朝气。"既要产出理论型科研成果，也要把论文写在大地上，产出适用于田间地头的核心技术。"李清声说。

省科技厅相关负责人介绍，在充分考虑派驻乡镇、县（市、区）产业需求和科技特派员技术专长基础上，我省共确定第十五批省派个人科技特派员380名，并增补4个地方自筹经费支持的省团队科技特派员。

据了解，我省着力深化科技特派员制度，从2021年起，努力构建以个人、团队、法人和工业科技特派员为内容的全方位技术服务体系，每年省市县联合派遣个人科技特派员3000人以上、团队科技特派员300个以上、法人科技特派员30家以上，各类科技特派员总量达1万人以上。

全力以赴扩大有效投资

嘉兴63个项目集中开工

本报嘉兴12月6日电（记者 王杭徽 通讯员 王陈晨）12月6日上午，嘉兴举行扩大有效投资攻坚行动暨市区快速路三期工程开工仪式，总投资270.3亿元的63个项目集中开工。

集中开工项目中，嘉兴市区快速路环线工程三期一阶段，总投资26.8亿元，是嘉兴市区北部各区域间中长距离快速交通的联系通道。项目建成后，能有效分离中长距离交通，缓解嘉兴市区交通拥堵，同时，有效支撑城市各功能板块之间的快速联系，推进城市空间拓展。

嘉兴大力推进民生项目落地。总投资9.9亿元的嘉兴市第一医院二期项目，总建筑面积10.7万平方米。项目将设置病房、手术中心、综合ICU、健康管理中心、医学中心实验室、专病实验室等，同时将配建智能停车库、污水处理站等辅助设施。

在嘉善经济技术开发区新建的高端封测产品项目，由全国领先的集成电路高端封测团队创立。项目面向5G、6G等应用领域，提供高端封测技术研发和量产，达产后年产值超10亿元、年应缴税收超1.6亿元。

嘉兴市政府负责人表示，嘉兴将坚持"以项目看发展论英雄"，凝心聚力抓项目，只争朝夕上项目，比学赶超赛项目，强化保障推项目，迅速掀起嘉兴量大项目建设的热潮，用有效投入的新增长换取高质量发展的新业绩。

近2800场夜谈解决5700多件难题

桐庐"新村夜话"，"拉家常"里办实事

六中全会精神在基层

本报讯（记者 张彧 见习记者 王柯宇）81岁的桐庐县瑶琳镇高翔村村民余加根没想到，自己不久前在"新村夜话"上吐露的一件烦心小事，竟然这么快就被解决了。近日，在村里樟述议事厅的"新村夜话"暨十九届六中全会精神宣讲现场，村党委书记、村委会主任汪勤就用这张曾让老余"烦恼"的市民卡做起了开场白——

"党的十九届六中全会强调，让老百姓过上好日子是我们一切工作的出发点和落脚点。上次'新村夜话'时，老余说现在养老金直接打到市民卡里，不过他的市民卡和村里的银行不对应，取不了钱，每次都要往返20多公里去邻镇取，所以我们马上和银行对接，现在已经帮村里398位老人全部免费更换了对应银行的市民卡。"宣讲一开始，听到汪勤带来的好消息，现场响起了掌声。

全会强调，补齐民生保障短板、解决好人民群众急难愁盼问题是社会建设的紧迫任务。在汪勤看来，"新村夜话"这样的宣讲载体，不仅是基层群众了解中央政策部署的重要方式，也是党员干部及时精准帮助群众排忧解难的有效路径。

12月1日，桐庐县江南镇深澳村在百年古建筑怀素堂里举行"新村夜话"，镇村干部、深澳百匠艺术街区的匠人们围绕贯彻落实全会精神，做精做靓深澳百匠艺术街区，打造共同富裕深澳样板畅谈交流。 共享联盟江南微融站 吴斌 摄

用"桐庐话"讲"桐庐事"，政策精神宣讲"沾泥土、接地气"。今年，桐庐将坚持了26年的"周四夜学"有机更新，创新推出了"新村夜话"宣讲活动，动员农民、回乡青年、基层干部等成立204支志愿宣讲队伍，在晚饭后到村民家中，围绕重大理论、形势政策、文化传承等内容开展一线交流，且每次话题都与群众生产生活密切结合。比如，江南镇石泉村开展以垃圾分类为主题的"新村夜话"；桐君街道迎春社区邀请律师给老年朋友讲解《民法典》……截至目前，桐庐累计组织开展"新村夜话"宣讲活动2795场，受众超13万人次，"新村夜话"宣讲团还荣获2021年度全国基层理论宣讲先进集体称号。

以讲促干，党员干部练就"走亲大脚掌"。在每一场"新村夜话"中，村民的需求和建议都被仔细记录，一批民生关键小事得到有效解决。合村乡有群众反映乡域内自然村之间出行不便，现在19个自然村之间开通了互联的"幸福班车"；凤川街道有居民反映小区门口的斑马线设计不合理，街道随即与多部门合作，设置了行人等候区……截至目前，"新村夜话"宣讲活动共收集群众民生需求6395件，解决问题5796件。

"这样面对面的交流宣讲，不仅倒逼我们学习提高理论水平，同时也让我们更精准主动把握村民的所需所想。"分水镇大路村党委书记、村委会主任申屠超仕说。

桐庐县委宣传部主要负责人表示，桐庐"新村夜话"宣讲团将进一步拓展基层理论宣讲的形式和内容，以更接地气的内容和形式让全会精神"飞入寻常百姓家"，同时不断强化为民服务的理念，以实际行动深入贯彻全会精神。

浙大城院成立"长三角国际传播研究中心"

本报杭州12月6日讯（记者 纪驭亚）6日，"长三角国际传播研究中心"揭牌仪式暨长三角国际传播形势分析研讨会在杭州举行。长三角国际传播研究中心由浙大城市学院传媒与人文学院和中国网浪潮新闻联合发起，并邀请美国密苏里新闻学院、上海、江苏、安徽等地国际问题研究专家共同参与，在国内外知名机构与媒体的指导下组建，旨在打造一个智库型国际传播平台，做强、做实"长三角"大外宣。

据悉，长三角国际传播研究中心将邀请海内外国际问题研究专家和海内外学者、媒体负责人担任研究中心顾问、专家组成员和研究人员，就"长三角"地区的时事热点进行研讨，并提供对外传播方案；建立海内外官方媒体传播矩阵，研究中心的签约合作媒体将定期发布研究中心提供的"长三角"地区外宣内容；建立"长三角"地区外宣媒体资源库，主要创作介绍"长三角"地区人文地理、经济发展、社会生活类外宣产品；同时通过与海外机构的合作，组建民间智库型传播体系，组建海内外自媒体传播矩阵，让更多人了解真实的"长三角"，了解真实的中国。

超12400000000斤！2021年浙江粮食总产创六年新高

本报杭州12月6日讯（记者 金梁 祝梅 通讯员 江彬 唐豪）12月6日，记者从国家统计局浙江调查总队获悉，2021年浙江粮食生产呈现播种面积、单位面积、总产量"三增"局面。其中，全年粮食总产124.2亿斤，比上年增产3.0亿斤，增长2.5%，创下六年新高。

饭碗，要端在自己手上。保障播种面积，是粮食增产的关键。今年以来，全省各地落实最严格的耕地保护制度，严格按照"坚决遏制增量、妥善处置存量、严治抛荒"的要求，组织开展耕地"非粮化"整治和严治抛荒，挖掘粮食生产空间，扩种粮食作物。据统计，全省粮食播种面积1510.1万亩，比2020年增加20.0万亩，增长1.3%。其中谷物播种面积1225.9万亩，比2020年增加19.6万亩，增长1.6%。

"天气与科技"利好叠加，促单位面积产量增长。发布酉籼15等粮食主导品种34个、水稻叠盘出苗育秧等技术25项……在全年气候总体适宜，灾害性天气发生范围小、程度轻的基础上，我省大力推广优质品种、先进适用技术和新型农作制度，广泛开展绿色高产创建，提升粮食生产水平和综合效益。2021年，全省粮食单位面积产量411.2公斤/亩，比2020年增加4.7公斤/亩，增长1.2%。

加大政策扶持，调动农民种粮积极性，更是增产的重要因素。省农业农村厅相关负责人表示，我省不断完善各项粮食生产扶持政策，加大扶持力度，形成了规模粮油补贴、订单奖励、最低收购价、贷款贴息等一系列扶持政策。

目前，规模粮油直接补贴达120元/亩；小麦最低收购价为每50公斤113元，比去年提高1元，早籼稻、中晚籼稻、粳稻每50公斤最低收购价分别为125元、131元和133元，比国家稻谷最低收购价高3元；全面落实小麦、早稻、晚稻每百斤30元、30元、20元的订单奖励政策，早稻订单收购实现应收尽收。

深刻理解共同富裕的使命要求

嘉　宾

张占斌

国家哲学社会科学一级教授、中央党校（国家行政学院）马克思主义学院原院长

党的十九届六中全会通过的《中共中央关于党的百年奋斗重大成就和历史经验的决议》明确提出，推动人的全面发展、全体人民共同富裕取得更为明显的实质性进展。如何深刻理解共同富裕的使命要求，记者采访了张占斌教授。

充分认识共同富裕的科学内涵

在“两个一百年”奋斗目标的历史交汇期，适应我国社会主要矛盾的变化，必须把促进全体人民共同富裕作为为人民谋幸福的着力点。这是新的时代使命。张占斌认为，深刻理解共同富裕的使命要求，首先需要明确两个背景，要理解共同富裕与中国式现代化的关系，要深刻把握新时代共同富裕理论的最新发展。

在此背景下，张占斌认为，可以得出共同富裕的科学内涵在于：从内容而言，共同富裕包含了物质文明、精神文明和生态文明等内容；从主体而言，共同富裕是全体人民人人有份、共同享有；从程度而言，共同富裕承认合理的差异；从性质而言，共同富裕追求的是公平正义；从实现方式而言，共同富裕是依靠共同奋斗与制度安排，不能搞劫富济贫；从进程而言，共同富裕是在动态发展中分阶段实现。同时我们也要深刻把握推动共同富裕的重要原则，在于坚持基本经济制度不动摇，坚持统筹效率与公平，坚持量力而行与尽力而为，坚持勤劳致富与创新致富，坚持循序渐进与先行示范。

“现在，已经到了扎实推动共同富裕的历史阶段”

党的十九届五中全会明确到2035年基本实现社会主义现代化远景目标，提出了“扎实推动共同富裕”“全体人民共同富裕取得更为明显的实质性进展”的明确要求。习近平总书记指出：“现在，已经到了扎实推动共同富裕的历史阶段。”张占斌认为，可以从两个方面理解这一历史使命与必然要求。

张占斌说，一方面，扎实推动共同富裕是中国共产党践行初心使命的重要体现，是更好满足人民日益增长的美好生活需要的生动实践。共同富裕是马克思主义的一个基本目标，马克思、恩格斯指出，“无产阶级的运动是绝大多数人的，为绝大多数人谋利益的独立的运动”，在未来社会将最终实现生产以所有人的富裕为目的。共同富裕是马克思、恩格斯所设想的未来社会的重要特征。党带领人民推翻三座大山，建立社会主义制度，推进改革开放的伟大事业，就是为了解放、发展和保护生产力，就是为了逐步实现全体人民共同富裕。扎实推动共同富裕是当前历史发展阶段的必然要求。新中国70多年来的发展特别是改革开放40多年的成就，有条件有能力来逐步扎实推动共同富裕。新中国成立特别是改革开放以来，我国集中精力搞现代化建设，整个国家的发展都上了一个大台阶，脱贫攻坚战取得全面胜利，全面建成小康社会取得伟大历史性成就。我国已经连续十多年保持世界第二大经济体地位。

当前我国经济长期向好，国家治理能力提升，发展韧性强劲，为实现共同富裕奠定了坚实的基础。同时，也要看到，当前我国发展仍有不足，收入分配、社会保障、基本公共服务等仍然存在着一定问题。张占斌认为，立足当前条件，我们完全有能力进一步推动解决这些问题，而扎实推动共同富裕正是解决这些问题的科学路径与必然要求。

以系统思维推进共同富裕系统工程

扎实推动共同富裕是一项复杂而艰巨的系统工程，必须具有全局观念，以系统思维做好顶层设计，以理论创新引领共同富裕的变革性实践。张占斌认为，可以从夯实共同富裕经济基础、完善收入分配机制、构建共同富裕的政策体系三个维度推进共同富裕工程。

张占斌表示，一是以新发展理念为指导，夯实共同富裕的经济基础。生产力发展是实现共同富裕的关键和基础，必须以创新发展理念为指导，转换发展动力；以协调发展理念为指导，促进区域城乡间协调发展；以绿色发展理念为指导，尊重并顺应自然规律；以开放发展理念为指导，解决发展内外联动问题；以共享发展理念为指导，促进民生资源在各个阶层间均衡配置。二是强化共同富裕的总体设计，完善收入分配机制，优化收入分配格局。包括深化初次分配制度改革，增强初次分配的公平性；深化再分配制度改革，加强再分配的调节性职能；更好发挥第三次分配功能，助力实现共同富裕；建立全覆盖、更公平、可持续的社会保障制度等。三是构建共同富裕的政策体系，落实社会公平正义，畅通社会流动渠道。包括实施系统整体与经济社会配套的公共政策支撑，特别是基本公共服务体系的保障；完善有利于促进共同富裕的就业政策；完善有利于促进共同富裕的教育政策；完善有利于促进精神生活富裕的文化政策等。

高质量发展建设共同富裕示范区，是党中央、国务院赋予浙江的光荣使命。浙江省委十四届十次全会提出，奋力扛起共同富裕示范探路的使命担当，放大社会凝聚力新优势。张占斌认为，浙江建设共同富裕示范区有着独到的优势。一是浙江人有敢闯敢试、敢为人先的改革创新精神，从全国第一家规范意义上的政府集中办事机构——行政服务中心的创设，到“最多跑一次”改革，再到数字化改革，浙江在不断地释放改革红利、创新红利。二是浙江的民营经济非常活跃，像漫天的星斗，活力无限，发挥着极为重要的作用，未来仍需要稳定民营企业的预期，不断优化营商环境、提高市场化程度，充分调动他们的积极性、创造性。三是浙江到处是绿水青山，环境保护工作做得好，生态一体化，在绿色发展方面走在前列，未来在生态经济上大有可为，使绿水青山源源不断地转化为金山银山。

以发展大格局看共同富裕

——访著名经济学家常修泽教授

本报记者 潘如龙

嘉宾简介

常修泽 著名经济学家，中国宏观经济研究院教授、博士生导师。历任南开大学经济研究所副所长，国家计委经济研究所常务副所长，国家发改委学术委员会委员等职。

习近平总书记在中央财经委员会第十次会议上强调，要坚持以人民为中心的发展思想，在高质量发展中促进共同富裕。浙江如何发挥特色和优势，以高质量发展促进共同富裕？本报记者就此采访了著名经济学家、中国宏观经济研究院教授常修泽先生。

从发展大格局考虑问题，“在做大做好蛋糕的基础上分好蛋糕”

“讨论共同富裕，要从发展大格局上考虑问题。”一见面，常修泽教授就提出这个观点。

他说，从发展大格局看，1949年，我国人均国民收入仅27美元，不足印度57美元的一半。1978年，浙江省GDP仅123亿元人民币，但2021年快速攀升至73516亿元，增长596倍。何以至此？常修泽教授认为，一靠改革开放，二靠千万人民的创造。其中，像浙江的“老百姓经济”就发挥了基础性作用。

常修泽教授说，浙江高质量发展建设共同富裕示范区的一条经验，就是首先做大“蛋糕”。一则，理论上体现了“生产决定分配”的基本原理。二则，符合中国发展实际。有一个规律性现象：哪个地区坚持“两个毫不动摇”比较有力，多种所有制经济发展得好，哪个地区“蛋糕”就做得大，人民生活水平提高就快，反映收入差距的相关系数也相对较低。浙江就是一个活生生的标本。

从浙江说开去，他认为，“共同富裕绝不仅仅是一个单纯的分配问题，而是一个经济社会发展的全局性、战略性问题”。各地应从浙江先行示范中获得启示，牢牢扭住高质量发展这个“牛鼻子”，把握各自经济的显著特色和优势，设法调动全社会投资创业、劳动就业的积极性，让一切发展生产力的积极因素和创新创造活力竞相迸发。在此基础上，再研究分好“蛋糕”的问题。

在相当长的历史时期内，共同富裕是“共同而有差别的普遍富裕”

常修泽教授引用马克思在《哥达纲领批判》中的理性分析——在整个社会主义社会，劳动具有“个人谋生手段”的性质，不同的劳动能力仍然是各自的“天然特权”，从而带来物质利益的差别。他指出，只要是按劳分配，由于个人劳动能力的差别，分配的结果必然有差别。“这种劳动差别产生的利益差别，不要说在社会主义初级阶段，即使到了社会主义社会中级乃至高级阶段，恐怕依然存在。如果再加上非劳动要素的参入，情况更为复杂。”常修泽教授说。

因此，他主张从两方面努力：一是设法缩小劳动能力差别。尤其要重视“人本要素”的开发和人的劳动能力的提升，包括做好职业教育和技能培训等各类教育，普遍提高人们劳动水平；二是对非劳动生产要素（如土地、资本、数据等）的参入也要研究调节，在此问题上，建议按照中央关于“七大生产要素”合理配置的精神，“全要素”统筹进行。

发挥特色优势，以民营经济高质量发展促进共同富裕

常修泽教授表示，民营经济是浙江经济的最大特色和最大优势，是打造高质量就业创业体系的重要力量。

从基本面看，民营经济能促进创新发展。从全国看，民营经济创造的GDP占60%以上，技术创新成果占70%以上。浙江民营经济引领风骚，作为数字经济的先行地，创新成果更为显著。创新发展成为促进共同富裕“基础的基础”。

从社会面看，民营经济有效促进就业。2021年，浙江省市场主体868.5万户，其中民营市场主体达839.6万户，占96.7%，贡献了87%的就业岗位，有利于缩小收入差距。

民营经济是浙江的一张“金名片”。聚焦高质量发展、共同富裕示范，须坚持“两个毫不动摇”，促进“两个健康”，推动新时代民营经济新飞跃。积极构建亲清健康政商关系。同时，建立社会容错和企业自觉纠错“双机制”。“社会对企业家要宽容、要包容；另一方面，企业家也要自律、自纠，这样相向而行，才能互利双赢。”常修泽教授说。

擦亮对口工作“金名片”

本报杭州2月10日讯（记者 全溧）2月10日，记者从省对口工作领导小组第十五次会议上获悉，过去一年，我省全力打造对口工作升级版，形成了一批在全国有影响力和显示度的成果、亮点、模式，打造了一批具有浙江特色的金名片，对口工作继续走在全国前列。

精准发力乡村振兴成效显著。我省在规划、资金、人才等方面倾斜聚力，大力实施人畜饮水管道等一系列硬件设施改造，成功打造新疆阿克苏巴格其村等一批乡村振兴示范村，青海海西红柳村等高原美丽乡村发展成乡村旅游网红打卡地。此外，我省还精准把脉对口地区乡村发展优势资源，精准布局优势产业，有效提升产业价值链。

助力高质量发展亮点纷呈。组团式教育不断深化，实现从学前、中小学到大学，从普教、职教到特教的结对帮扶全覆盖；组团式医疗不断拓展，“以院包科”助力对口地区医院建成一批特色学科；促进就业力度不断加大，东西部协作工作中帮助农村劳动力就业人数完成率、帮助脱贫人口就业人数完成率等指标位列全国第一；民生基础设施不断完善，80%以上的资金用于保障和改善民生，80%以上的资金用于县及县以下基层。

“今年，我们将在把握重点、推动高质量发展上下功夫，在放大优势、推动共同富裕上下功夫，在补齐短板、打造更多亮点上下功夫，在高效协同、凝聚工作合力上下功夫，推动重点区域、重点领域、重点工作取得突破性进展、标志性成果，持续打造对口工作升级版，持续擦亮对口工作金名片。”省对口办相关负责人说。

浙江检察推进脱薄争先

本报讯（通讯员 陈泉 汪琤 记者 钱祎）2月10日，记者从省检察院获悉：我省检察机关将以脱薄争先为突破口，推进基层检察院高质量均衡化建设，服务保障全省在协调均衡发展中实现共同富裕。

浙江的薄弱基层检察院是与省内其他检察院比较的“相对薄弱”。去年，我省分别有4家、5家基层检察院被确定为全国、全省相对薄弱检察院。省检察院组织互学互看互比跨区域调研，实施基层检察院建设八大抓手方案、组织结对共建“六个一”专项工作，在全国率先出台和实施脱薄争先评估办法。

2022年是最高检确定的质量建设年和基层建设深化年。浙江检察机关将把脱薄争先当成发展机遇，切实增强服务大局、整体先行的政治自觉，以脱薄争先补强法律监督的薄弱环节，推动基层检察院整体提升。省检察院将于近期开展全省相对薄弱检察院脱薄和新入列工作。相对薄弱检察院将把脱薄争先作为补短板强弱项的契机，大胆探索变输血为造血；其他基层检察院将加强“不进则退”的忧患意识，在争先创优上持续发力。

化茧成蝶迎客来

——访绍兴羊山攀岩中心

本报讯（记者 沈听雨 郑培庚 通讯员 冯建华 陶文强）近日，记者来到位于绍兴市柯桥区的羊山攀岩中心，只见百余名施工人员穿梭于工地内，抓紧进行场馆外立面和内部精装修。

“大家都在争分夺秒赶进度，希望场馆早日竣工亮相，为杭州亚运会增光添彩。”柯桥区教育体育服务中心驻羊山攀岩中心部负责人王荣芳说，目前整个场馆建设已步入决胜收官阶段，计划于今年2月底前竣工验收、3月底前完成赛事功能验收。

作为杭州亚运会攀岩项目的比赛场馆，羊山攀岩中心建筑面积约9000平方米，由比赛场地、热身场地、室内馆及相关配套设施组成。

羊山攀岩中心的主体结构已完工，远远望去，就像一枚被部分镂空的“蚕茧”，造型精巧而别致。设计方华汇集团副总建筑师黄会明介绍，这一造型融合了纺织布料特有的飘逸灵动，又提取了攀岩运动蕴含的力量和动感的美学线条，半开放的设计还与羊山的自然景观相辅相成，通过借景的手法引入羊山石城原始风景。同时，场馆内还保留了一个高5米、占地面积约80平方米的大石块，也与羊山公园的风景相映成趣。

羊山攀岩中心效果图。 绍兴市亚筹办供图

设计团队对馆内升国旗的位置也作了精心布置。杭州亚运会期间，当国旗在场馆内徐徐升起时，运动员和观众都能通过半开放的场馆看到羊山公园的最高峰，真正做到运动和自然完美融合。

精致的设计理念背后，带来的是前所未有的挑战。攀岩运动被称为“岩壁上的芭蕾”，有柔中带刚的特性。为了让场馆体现出这样的特质，团队经过反复斟酌比较，使用了一种高强度混凝土材料，让场馆远观时柔美，近看时又能感受到力量。最终，根据“蚕茧”的造型和纹理，用这样的材料定制了近2000个长方形或三角形的块面，像搭积木一样完成了整个造型。

杭州亚运会后，这里将成为一座集体育设施、运动休闲、文化旅游于一体的高标准亚运主题公园，带动周边发展的同时，为绍兴注入新的活力。

长三角高层次人才招聘会启幕

10万岗位“云端”引才

本报杭州2月10日讯（记者 张梦月 通讯员 钱丽）2月10日，“新春纳才·杭向未来”长三角高层次人才招聘大会在杭拉开序幕。这是春节后全省第一场形式丰富、覆盖面广泛、层次较高的招聘盛会，全力助推名企、名校、名院“云端”引才“开门红”。

招聘大会采用线上线下相结合的形式，通过空中双选会、空中宣讲会、云端直播带岗、视频云面试、线下招聘等方式，帮助企业和求职者寻找合适的“合作伙伴”，“云招聘”将持续一个月。

“云招聘”组织了海康威视、网易、吉利、杭锅集团等众多知名企业，以及浙江大学、西湖大学等知名高校院所开展“云上”招才纳贤，覆盖长三角和省内城市超1万家用人单位设岗招聘，提供岗位超10万个。

招聘紧扣杭州市重点产业紧缺人才需求目录，设立文化、旅游休闲、金融服务、生命健康、高端装备以及人工智能、云计算大数据、信息软件等“5+3”产业招聘区；设立人才西进专区，加快西部县（市、区）人才发展，助力乡村振兴；聚焦新春复工复产旺盛需求，设立特色招聘区，积极推出产业急盼、企业急需的优质岗位；面向高层次、高能级人才，特别推出博士和博士后专区、留创专区，此外还特别增设了猎头机构的市场化引才。

北京航空航天大学杭州创新研究院招聘专员屈亦成告诉记者，该院现已启动2022年博士后全球招募工作，目前研究院设立人工智能、大数据科学与脑机智能、量子精密测量与传感、综合交通大数据、微电子与信息材料、网络空间安全六大研究中心，共有63个博士后岗位在招。

心向冬奥

2月9日，宁波市镇海区招宝山街道车站路社区团总支举办“牵暖心之手 赴冰雪之约”庆元宵活动，20余名小朋友在中国非物质文化（民间美术类）遗产传承人、南派泥塑第五代传承人黄铁军老师的指导下，制作冬奥会主题泥塑作品，一只只造型可爱的“冰墩墩”新鲜出炉。

本报记者 贺元凯
拍友 汤越 罗梦圆 摄

各地集中隔离人员陆续解封

省疾控中心发出暖心倡议

本报杭州2月10日讯（记者 郑文 通讯员 江献）近日，杭州各地集中隔离人员陆续“解封”回家，为巩固来之不易的防疫成果，做好安全、有序的闭环转运，浙江省疾控中心发出暖心倡议——

离开集中隔离点前，请做好隔离房间、个人物品的清洁和消毒，规范处理好个人生活垃圾，按照隔离点的要求系紧袋口并正确放置。走出隔离点时，请勿随意触摸隔离点内其他物品和设备，勿随意触摸口罩和脸部，上车前请做好手部消毒。请做好防寒保暖，注意内外温差，随身准备好雨伞等防雨工具。小区工作人员请做好小区内公共区域的各项清洁和消毒工作，并提前与社区和集中隔离点对接。

在转运途中，排队等候车辆时请与他人保持一米线距离，并全程规范佩戴好口罩，避免非必要的交谈和接触。乘坐车辆途中，请务必全程规范佩戴口罩，进食或饮水后请立即佩戴好口罩，若口罩湿了请及时更换。

回家之后，请及时脱掉个人防护用品，立即洗手，将外套挂于阳台等通风处。做好家庭内环境的清洁和手部经常接触区域和物品的消毒，做好日常室内通风。根据社区的指导，及时、正确、规范处理好在集中隔离前未及时清理的生活垃圾。请按照规定做好7天日常健康监测，一旦出现发热、干咳、乏力、嗅觉味觉减退、鼻塞、流涕、咽痛、结膜炎、肌痛和腹泻等症状时勿自行服药，及时到就近发热门诊就医，就医途中尽量避免乘坐公共交通工具，向医生如实报告个人接触史、旅居史和活动史。

居家健康监测期间，非必要不外出、不聚集、不扎堆，必须外出时请做好个人防护，自觉做好亮码、测温、戴口罩、保持“一米线”距离、勤洗手、就餐时使用公筷公勺等个人防护措施。7天居家健康监测结束前，请按照疫情防控要求和社区统一安排，再接受一次核酸检测。

教育部发布2022年工作要点

我省教师关注哪些关键词

本报讯（记者 姜晓蓉）近日，教育部发布2022年工作要点，共涉及6大类35个要点，围绕落实教育优先发展战略地位、深入推进“双减”、职业教育发展、高校学科建设等重点工作提出新要求。文件公布后，我省校长、老师纷纷转发，那么，他们最关心哪些问题？新的一年他们有哪些新期待？记者采访了相关人士，听听他们的说法。

让杭州市西湖区留下幼儿园党支部书记、园长郑秀凤感触最深的是，出台“幼儿园保教质量评估指南”。一直以来，一所幼儿园到底是“好”还是“不好”，缺乏各方认可的统一标准。郑秀凤说，一所幼儿园要在为幼儿建立安全感和归属感的前提下，为他们一生的发展打好教育基础，这需要有科学、专业的教育评价机制同步跟进，而“幼儿园保教质量评估指南”的出台是为学前教育质量的保驾护航。

“工作要点提出，继续把‘双减’工作摆在突出位置、重中之重。”杭州市春晖小学教育集团总校长田冰冰非常关注“双减”，上学期按照“双减”工作相关要求，该校的课后服务托管模式聚焦学生个性化成长，有效与课内互补，取得了良好效果。田冰冰表示，“双减”是推进教育教学水平高质量发展的有效举措，接下来要进一步提高学校作业设计水平、课堂教学水平及课后服务水平，保障课堂教学质量和课后服务管理水平双提质。

杭州市钱江外国语实验学校、杭州市丁兰实验中学校长赵骎则把关注点放在了“深化新时代教育评价改革”。“教育评价是衡量学生的尺子，而评价要更加关注学生的核心素养。新时代教育改革背景下，新修订的课程标准整体以核心素养为纲。”赵骎说，学生学习知识不仅仅是了解和记忆知识，而是要学会知识在不同的情境下应用和迁移，这才是形成素养的有效路径。

高校教师更多地把目光聚焦于如何提升教育对社会的服务能力。浙江师范大学工学院副教授张楠好认为，增强职业教育的适应性非常有必要：“当前职业教育培养的人才不能适应新技术的发展，无法满足‘互联网+’背景下产业发展的需求，另一方面，职业教育培养的高技能人才数量有限，高技能人才处于短缺状态。”

“高等院校作为科技创新的重要载体，任重道远。”浙江师范大学教师教育学院教授王占军说，如何提高高校科技成果转化绩效、实现高校科技成果转化有效治理，成为新时代建设世界科技强国战略目标导向下必须直面的课题。

以发展大格局看共同富裕

嘉　宾

常修泽

中国宏观经济研究院教授、国家发改委经济研究所原常务副所长

习近平总书记在中央财经委员会第十次会议上强调，要坚持以人民为中心的发展思想，在高质量发展中促进共同富裕。浙江如何发挥特色和优势，以高质量发展促进共同富裕？记者就此采访了常修泽教授。

从发展大格局考虑问题，“在做大做好蛋糕的基础上分好蛋糕”

“讨论共同富裕，要从发展大格局上考虑问题。”一见面，常修泽教授就提出这个观点。

他说，从发展大格局看，1949 年，我国人均国民收入仅 27 美元，不足印度 57 美元的一半。1978 年，浙江省 GDP 仅 123 亿元人民币，但 2021 年快速攀升至 73516 亿元，增长 596 倍。何以至此？常修泽教授认为，一靠改革开放，二靠千万人民的创造。其中，浙江的“老百姓经济”就发挥了基础性作用。

常修泽教授说，浙江高质量发展建设共同富裕示范区的一条经验，就是首先做大“蛋糕”。一则，理论上体现了生产决定分配的基本原理。二则，符合中国发展实际。有一个规律性现象：哪个地区坚持“两个毫不动摇”比较有力，多种所有制经济发展得好，哪个地区“蛋糕”就做得大，人民生活水平提高就快，反映收入差距的相关系数也相对较低。浙江就是一个活生生的标本。

他认为，“共同富裕绝不仅仅是一个单纯的分配问题，而是一个经济社会发展的全局性、战略性问题”。各地应从浙江先行示范中获得启示，牢牢扭住高质量发展这个“牛鼻子”，把握各自经济的显著特色和优势，设法调动全社会投资创业、劳动就业的积极性，让一切发展生产力的积极因素和创新创造活力竞相迸发。在此基础上，再研究分好“蛋糕”的问题。

在相当长的历史时期内，共同富裕是“共同而有差别的普遍富裕”

常修泽教授引用马克思在《哥达纲领批判》中的理性分析——在整个社会主义社会，劳动具有“个人谋生手段”的性质，不同的劳动能力仍然是各自的“天然特权”，从而带来物质利益的差别。他指出，只要是按劳分配，由于个人劳动能力的差别，分配的结果必然有差别。“这种劳动差别产生的利益差别，不要说在社会主义初级阶段，即使到了社会主义社会中级乃至高级阶段，恐怕依然存在。如果再加上非劳动要素的参入，情况更为复杂。”常修泽教授说。

因此，他主张从两方面努力：一是设法缩小劳动能力差别。尤其要重视“人本要素”的开发和人的劳动能力的提升，包括做好职业教育和技能培训等各类教育，普遍提高人们劳动水平；二是对非劳动生产要素（如土地、资本、数据等）的参入也要研究调节，在此问题上，建议按照中央关于“七大生产要素”合理配置的精神，“全要素”统筹进行。

发挥特色优势，以民营经济高质量发展促进共同富裕

常修泽教授表示，民营经济是浙江经济的最大特色和最大优势，是打造高质量就业创业体系的重要力量。

从基本面看，民营经济能促进创新发展。从全国看，民营经济创造的 GDP 占 60%以上，技术创新成果占 70%以上。浙江民营经济引领风骚，作为数字经济的先行地，创新成果更为显著。创新发展成为促进共同富裕“基础的基础”。

从社会面看，民营经济有效促进就业。2021 年，浙江省市场主体达 868.5 万户，其中民营市场主体达 839.6 万户，占 96.7%，贡献了 87%的就业岗位，有利于缩小收入差距。

民营经济是浙江的一张“金名片”。聚焦高质量发展、共同富裕示范，须坚持“两个毫不动摇”，促进“两个健康”，推动新时代民营经济新飞跃。积极构建亲清健康政商关系。同时，建立社会容错和企业自觉纠错“双机制”。“社会对企业家要宽容、要包容；企业家也要自律、自纠，这样相向而行，才能互利双赢。”常修泽教授说。

浙江日報

ZHEJIANG DAILY

中共浙江省委机关报

浙江日报报业集团 ZHEJIANG DAILY PRESS GROUP

2021年7月12日 星期一 辛丑年六月初三

国内统一连续出版物号：CN 33-0001

邮发代号：31-1 第26344期

《中朝友好合作互助条约》签订60周年

习近平同金正恩互致贺电

新华社北京7月11日电 7月11日，中共中央总书记、国家主席、中央军委主席习近平同朝鲜劳动党总书记、国务委员长、朝鲜武装力量最高司令官金正恩就《中朝友好合作互助条约》签订60周年互致贺电。

习近平在贺电中指出，1961年，中朝老一辈领导人高瞻远瞩，作出签订《中朝友好合作互助条约》的战略决策，为巩固两国人民用鲜血凝成的战斗友谊、推动两国持久友好合作奠定了重要政治法律基础。60年来，中朝双方秉持条约精神，相互坚定支持，携手并肩奋斗，增强了两党两国兄弟般的传统友谊，促进了各自社会主义事业发展，维护了地区乃至世界和平稳定。

习近平强调，近年来，我同总书记同志多次会晤，规划两党两国关系发展蓝图，增添中朝友谊的时代内涵，达成一系列重要共识。当今世界，百年未有之大变局正在加速演进。我愿同总书记同志加强战略沟通，把握好中朝关系前进方向，引领两国友好合作不断迈上新台阶，更好造福两国和两国人民。

（下转第三版）

中共中央国务院发布意见

加强基层治理体系和治理能力现代化建设

（详见第三版）

如何同频共振，从共建迈向共富——

八婺聚力，金华破局

本报记者 蒋蕴 金春华 蒋梦桦 徐贤飞

你想象中的金华，是什么样子的？

近日，在新一轮国土空间总体规划编制中，金华市政府组织专家团队，把未来城市群形态布局在一个大大的"D"字型空间里。

"D"字勾画金华区域融合的未来：金义一体是区域联动的桥头堡，从金华市区再到义乌，连结成一条核心廊道，逐步形成以其为核心集聚，同时外围城市相连的区域结构。

曾经，有八婺之称的金华，市县之间、县县之间是出了名的"散装"，阻碍整体发展不说，还影响到交通、饮水等民生问题。

"想要共富，先行共建。"金华市委书记陈龙告诉记者，新世纪以来，破散促聚、共建金华这一理念，无论在官方还是民间，已日益成为共识。

尤其自2018年起，金华开始推进市域系统性共建，推动金义一体化、全域同城化，一批重大共建项目落地，饮用水等资源要素全市统筹，核心区30分钟通勤圈基本形成，产业协同不断跨区突破，民生保障全域共享，网络状城市群、组团式现代化都市区建设雏形初现。

共建红利不断释放。今年一季度，金华市规上工业增加值、数字经济核心产业制造业增加值、交通和民间投资增速，进口增速等指标均列全省第一、GDP增速全省第二。

穿梭在金华城区的金义东市域轨道交通地上线路。 拍友 洪兵 摄

八婺聚力，金华不一样了。

共饮一江清水
拆掉储水桶全市一盘棋

八婺合力的故事，还得从义乌人的一个储水桶讲起。

熟悉义乌大街小巷的人，不难发现义乌城乡面貌发生的一个大变化：原来几乎每家屋顶上都立着的储水桶，逐渐消失了。

"早年限时供水是常事，储水桶是标配。最近一两年自来水没停过，水质也好，储水桶再没用过，倒是成了累赘。"当地群众说。

义乌是典型的缺水城市，人均水资源不足全国水平的1/6，随着发展加速、人口增长加快，水荒日趋严重。但邻居东阳，人口约是义乌的一半，水资源总量却是义乌两倍多。这成为金华境内资源要素不均衡的一个典型。

问题出在跨区域统筹难。两市曾经过多轮协商，在本世纪初签下了国内首例水权交易协议。东阳来水缓解了义乌的供水紧张，但若干年后，双方争议的阀门打开了，觉得吃亏的东阳一度想终止协议。用水难还是如达摩克利斯之剑悬在义乌人头上。

解决之道在于加强市一级统筹，让各方诉求都能合理照顾到，达成以共建实现共赢的共识。

理念一变天地宽。在金华市协调下，双方于2019年签订一个新供水方案，义乌的水荒基本得到解决，东阳也多了一条绿水青山转化为金山银山的路子。

（下转第二版）

创新机制抓落实

——五论学习习近平总书记"七一"重要讲话精神、不断提升干部"八个力"

本报评论员

建设变革型组织、提高领导干部塑造变革能力，要不断提升执行力。在问题、挑战不断"翻新"的情况下，党员干部不仅要强化执行，还要善于执行，要提升创造性执行的能力，特别是善用系统观念、系统工程方法抓落实，形成闭环机制，确保唯实惟先、善作善成。

提高党员干部塑造变革的能力，提升执行力是内在要求。没有执行力，变革就无法落地，严谨的计划成纸上谈兵，正确的决策成空中楼阁，宏伟的蓝图成一纸空文。浙江的干部群众一贯崇尚务实、执行力强。但是，有的地方和部门也存在一种现象，即对要求明确、容易整改、短期见效的事项抓得紧，而对事关长远、需常抓不懈的事情则容易时紧时松。要不断提升执行力，发扬斗争精神、坚持系统观念，创新手段抓落实、创新机制保落实，确保抓工作一贯到底、不折不扣、不谈条件、不推责任。

要不折不扣抓落实。肩负习近平总书记的重要嘱托和党中央殷切期待，浙江的党员干部要在讲政治上要求更高，用对以习近平同志为核心的党中央的忠诚之心、爱戴之心、拥护之心，把旗帜鲜明讲政治的要求化为内在主动，坚决做到"总书记有号令、中央有部署，浙江见行动"。要在忠实践行"八八战略"上求深入、求落地、求实效，加快构建实施"八八战略"年度评估机制。

要健全体系筑"闭环"。提升执行力是一个系统工程，需要坚持系统观念，创造性地借鉴系统工程方法。既要有制度顶层设计，还要有有效指标体系、工作推进体系、政策体系、评价体系、专班工作机制。设立有效指标体系，逐条核对，才能避免走样；完善评价机制，增加群众评价权重，才能杜绝自说自话；抓好督促检查，才能构筑完整闭环。对浙江来说，尤其要加快形成高质量发展建设共同富裕示范区"四张清单"，形成闭环式工作链条。

要用好优势"滚雪球"。善用起始优势，"雪球"就会越滚越大。要创造性地把"滚雪球"效应应用到提升执行力上，让执行的过程成为放大细节、放大特色的过程，让特色更"特"、优势更"优"、强处更"强"。"滚雪球"的过程还要注重迭代升级，把每一次迭代的结果作为下一次迭代的初始值，不断地由旧值递推出新值，不断地逼近目标和结果。

要挺膺入局担责任。岗位就是责任，职务就是担子，落实就是本事。工作链也是责任链，党员干部挺膺负责，就要在每一刻、每一处需要自己发挥作用、扛起担子的地方站出来、冲上去。不能犹豫徘徊、虚与委蛇、敷衍塞责，更不能甩锅推挑子，要把该自己落实到点的事情落实到严丝合缝，把该自己去办的事情办得滴水不漏。

奋斗百年路 启航新征程 牢记初心使命 争取更大光荣

加快打造新时代文化高地

本报记者 陆遥 沈听雨 姜晓蓉 通讯员 摇慧敏

"中华民族是世界上伟大的民族，有着5000多年源远流长的文明历史，为人类文明进步作出了不可磨灭的贡献。"习近平总书记在庆祝中国共产党成立100周年大会上的重要讲话，揭示了中华文明的地位。

良渚遗址是实证中华五千多年文明史的圣地，7月6日，良渚古城遗址迎来申遗成功两周年纪念日。申遗成功两年来，当地扎实推进后申遗时代良渚古城遗址保护研究传承利用工作，不断跨上新台阶、形成新局面。

"初心不渝再出发。作为一项文脉工程、民心工程、软实力工程，良渚遗址的保护利用只有起点没有终点。"良渚遗址管理区党工委书记、管委会主任王姝说，我们将坚定不移沿着习近平总书记指引的方向前进，以打造展示真实立体的古代中国和现代中国的"重要窗口"为目标，以规划建设良渚国家文化公园为抓手，着力构建"以文化促发展、以发展强保护"的文化赋能区域综合发展新格局，不断推动良渚遗址保护研究传承利用工作高质量、可持续发展。

在建党百年之际，总书记、党中央赋予浙江高质量发展建设共同富裕示范区的光荣使命。打造新时代文化高地，推进社会主义先进文化发展先行示范，成为高质量发展建设共同富裕示范区的重要目标之一。

"习近平总书记的庄严宣告，标定中国共产党引领中国人民奋进百年的里程碑，也标注出中华民族抵达的历史新高度。"7月2日，省文化和旅游厅召开厅党组理论学习中心组学习扩大会议，厅党组书记、厅长褚子育强调，要以总书记重要讲话精神为指引，通过赋能高质量发展先行示范、推进文化和旅游城乡区域协调发展先行示范、推进社会主义先进文化发展先行示范、创新生态旅游发展先行示范、推进省域文化和旅游治理先行示范，切实强化守好"红色根脉"、扛起"五大历史使命"的政治担当。

推动文化产业高质量发展，是加快打造新时代文化高地的一大抓手。围绕中国共产党成立100周年这一重大节点，我省已创作推出了《大浪淘沙》《精神的力量》《流金岁月》《叛逆者》等十余部叫好又叫座的作品。接下来，入选国家广电总局庆祝建党百年电视剧展播重点剧目的《春风又绿江南》《幸福到万家》《和平方舟》，现实题材剧《大国飞天》《梦想城》，革命题材剧《虎胆巍城》《渡江战役》等也将陆续与观众见面。

（下转第五版）

聚焦山区26县奔富路

借力发展 借梯登高

开发区的"山海协作"

本报记者 金梁 梅玲玲

高质量发展建设共同富裕示范区，需要建立在产业高质量的基础上，山区26县当前最欠缺的就是能够承接产业发展的高能级平台，经济开发区成为一个重要选择。

然而，山区县开发区的短板显而易见，如基础设施较差，招商力度不够、产业基础薄弱，再加上交通不便、资源不足等，对大企业、大项目的吸引力非常有限。

如何扭转这种格局？近日，浙江11个经济发达地区开发区结对山区26县开发区，帮扶推动这些地方共建发展开放平台，以求让山区26县经济实现"弯道超车"。

不是"乱点鸳鸯谱"

以结对的方式进行帮扶，浙江人并不陌生。

"过去的结对，是山海协作工程下区县之间的全面合作，两地开发区之间尚未形成精准对接机制，我们想在深化山海协作机制的基础上探索新模式。"省商务厅开发区处处长杨威说，作为试水，11个经济发达地区开发区率先与山区县开发区结对，推进项目共引、产业共建，在共同富裕的道路上结伴同行。

当前，山区26县拥有18个开发区，还有8个正在筹建。这意味着，如果条件允许，山区26县未来可能会实现开发区全覆盖。结对的目的，就是要带动这些山区县开发区赶上先进地区的步伐。

这自然不能"乱点鸳鸯谱"。在前期，省商务厅对山区26县的主导产业进行了摸底，然后再从全省开发区清单中，为他们物色"对象"。

比如，松阳开发区主导产业方向是智能装备制造和精密制造，而嘉兴经济技术开发区主导产业之一是高端装备制造，两者产业相近；再如，天台经济开发区的大车配产业颇有特色，而湖州经济技术开发区在新能源汽车产业方面集聚了一批龙头企业，两者在产业链上有互补空间……

（下转第五版）

优化收入分配 推进共同富裕

——访中国财政科学研究院研究员贾康

本报记者 潘如龙 吴晔 周宇晗 章忻

嘉宾简介

贾康 全国政协参政议政人才库特聘专家，第十一届、十二届全国政协委员，中国财政科学研究院研究员、博士生导师，华夏新供给经济学研究院院长，财政部原财政科学研究所所长。

习近平总书记在"七一"重要讲话中强调，着力解决发展不平衡不充分问题和人民群众急难愁盼问题，推动人的全面发展、全体人民共同富裕取得更为明显的实质性进展。《中共中央 国务院关于支持浙江高质量发展建设共同富裕示范区的意见》提出，深化收入分配制度改革，多渠道增加城乡居民收入。针对这一话题，本报采访了著名财经专家、中国财政科学研究院研究员贾康。

注重初次分配的规则和过程公平

新的征程上，在推动共同富裕过程中，必然要求政府能动地优化再分配，进行必要的制度建设和政策设计。贾康认为，再分配之前的初次分配，应该更多注重规则和过程的公平。要以激励创新、注重效率来"做大蛋糕"，这是整个社会的"发展底盘"。而规则和过程越体现公平，越有利于促进效率，越有利于发展。从这个意义上讲，我们仍然要花大力气营造更加公平公正的营商环境。

省委十四届九次全会提出，率先基本形成更富活力创新力竞争力的高质量发展模式。贾康认为，经济社会发展的活力，源于对效益与创业创新的激励和动力机制，基本原理是鼓励人们创新创业，需要给予物质利益的必要引领。对于民营经济发达的浙江，可以考虑进一步降低市场准入门槛，更好打造高标准法治化营商环境，激发社会资本的投资活力、创新潜力和市场竞争力。

再分配环节，要动态进行优化调整

习近平总书记在"七一"重要讲话中指出，坚持在发展中保障和改善民生，坚持人与自然和谐共生，协同推进人民富裕、国家强盛、中国美丽。在发展过程中，如何把握好效率和公平之间的关系，是经济社会工作的重点，也是难点。浙江省委十四届九次全会提出，坚持体现效率、促进公平，加快"扩中"、全面"提低"、进一步激励财富创造，率先在优化收入分配格局上取得积极进展。贾康认为，初次分配之后的再分配环节，要更多注重结果的适当平衡，既不能让收入分配过于平均，也不能让收入分配过于悬殊，"分好蛋糕"。这需要与时俱进，在初次分配基础上动态地进行优化调整。（下转第三版）

扫一扫 看视频

优化收入分配 推进共同富裕

贾 康
原中国财政科学研究所所长

习近平总书记在“七一”重要讲话中强调，着力解决发展不平衡不充分问题和人民群众急难愁盼问题，推动人的全面发展、全体人民共同富裕取得更为明显的实质性进展。《中共中央 国务院关于支持浙江高质量发展建设共同富裕示范区的意见》提出，深化收入分配制度改革，多渠道增加城乡居民收入。针对这一话题，记者采访了著名财经专家贾康。

注重初次分配的规则和过程公平

新的征程上，在推动共同富裕过程中，必然要求政府能动地优化再分配，进行必要的制度建设和政策设计。贾康认为，再分配之前的初次分配，应该更多注重规则和过程的公平。要以激励创新、注重效率来“做大蛋糕”，这是整个社会的“发展底盘”。规则和过程越体现公平，越有利于促进效率，越有利于发展。从这个意义上讲，我们仍然要花大力气营造更加公平公正的营商环境。

浙江省委十四届九次全会提出，率先基本形成更富活力创新力竞争力的高质量发展模式。贾康认为，经济社会发展的活力，源于对效益与创业创新的激励和动力机制，基本原理是鼓励人们创新创业，需要给予物质利益的必要引领。对于民营经济发达的浙江，可以考虑进一步降低市场准入门槛，更好打造高标准法治化营商环境，激发社会资本的投资活力、创新潜力和市场竞争力。

再分配环节，要动态进行优化调整

习近平总书记在“七一”重要讲话中指出，坚持在发展中保障和改善民生，坚持人与自然和谐共生，协同推进人民富裕、国家强盛、中国美丽。在发展过程中，如何把握好效率和公平之间的关系，是经济社会工作的重点，也是难点。浙江省委十四届九次全会提出，坚持体现效率、促进公平，加快“扩中”、全面“提低”、进一步激励财富创造，率先在优化收入分配格局上取得积极进展。贾康认为，初次分配之后的再分配环节，要更多注重结果的适当平衡，既不能让收入分配过于平均，也不能让收入分配过于悬殊，“分好蛋糕”。这需要与时俱进，在初次分配基础上动态地进行优化调整。

贾康认为，再分配的主要运行机制方面，一是要特别注重发挥财政的转移支付作用，扶助弱势群体和欠发达区域；二是互助共济的基本社会保障，在此之上还要积极发展更丰富的多样化机制，比如在基本养老之外，还要有第二支柱和第三支柱——第二支柱是企业年金和职业年金，第三支柱就是个人自愿选择、形成个人养老金账户的商业性养老保险。

把握好改革创新和先行示范

新的征程上，必须全面深化改革开放，立足新发展阶段，完整、准确、全面贯彻新发展理念，构建新发展格局，推动高质量发展。在浙江省委学习习近平总书记“七一”重要讲话精神专题读书班上，省委主要领导强调要以实际工作成果来检验学习贯彻成效，完善“改革突破争先、服务提质争先、风险防控争先”机制。要发挥好数字化改革对各领域各方面改革的引领撬动作用，从整体上推动经济社会发展和治理能力的质量变革、效率变革、动力变革。

浙江省委十四届九次全会提出，实施居民收入和中等收入群体双倍增计划，推动收入分配制度改革先行示范。贾康认为，在推动收入分配改革攻坚克难方面，我们要有紧迫感，努力使相关规则和制度按照最大公约数式的税收法定和规范的公共选择原则一步步推进，不断地进行创新和完善。直接税改革一定要通过这样一种公众参与机制，在立法过程中取得最大公约数。

浙江省委提出，要以新视角新高度谋划推进突破性改革，跳出原来的思维定式和路径依赖。贾康认为，收入分配制度改革的重要托底手段之一是税收改革。当前，在直接税方面，还有相当可观的改革创新空间，正在高质量发展建设共同富裕示范区的浙江，是否可以加入国家相关直接税改革等试点范围，更积极地进行制度安排与政策创新，非常值得探讨。

浙江日報

ZHEJIANG DAILY

中共浙江省委机关报

浙江日报报业集团 ZHEJIANG DAILY PRESS GROUP

2021年6月22日 星期二 辛丑年五月十三

国内统一连续出版物号：CN 33-0001

邮发代号：31-1 今日12版 第26324期

浙江在线 浙江新闻

民族复兴的坚强核心

——中国共产党成立100周年启示录之“领航篇”

1921—2021。

这一百年，中国史诗般翻天覆地、改天换地。

100年前，嘉兴南湖上的热血青年，划动中华民族伟大复兴“红船”。

100年来，民族复兴壮阔航程，有砥柱中流更显波澜壮阔；百年大党初心永驻，为千秋伟业奋勇向前。

奋进百年 肩负救国兴国富国强国历史重任，永远做中国人民和中华民族的先锋队，铸就彪炳史册的历史丰碑

初心如磐 始终把为中国人民谋幸福、为中华民族谋复兴写在旗帜上，凝聚磅礴伟力、永葆奋斗精神

领航时代 深刻把握历史发展大势和人类文明进程，直面挑战、胸怀天下、勇立潮头，掌舵民族复兴伟业一往无前

（据新华社 全文详见第四版）

省委理论学习中心组会议专题学习《中国共产党组织工作条例》，观看视频《生命重于泰山——学习习近平总书记关于安全生产重要论述》

更好以浙江党建之窗展现百年大党的风华正茂

袁家军主持会议并讲话 郑栅洁黄建发出席

本报杭州6月21日讯（记者 刘乐平）21日上午，省委理论学习中心组召开会议，专题学习《中国共产党组织工作条例》，观看视频《生命重于泰山——学习习近平总书记关于安全生产重要论述》，研究部署我省贯彻落实工作。

省委书记袁家军主持会议并讲话。郑栅洁、黄建发和省委理论学习中心组其他成员、副省级领导干部，省直有关单位负责人参加会议。

袁家军指出，《中国共产党组织工作条例》的印发是党组织建设史上的一件大事。在建党百年这个重要时间节点，党中央制定出台我们党历史上第一部关于组织工作的统领性、综合性基础主干法规，为做好新时代党的组织工作、加强党的组织建设提供了基本遵循。我们要深刻认识到《条例》出台，是贯彻落实新时代党的组织路线的重大举措，有利于更好地贯彻落实新时代党的组织路线，更好发挥党的组织优势，开创党的组织建设新局面；是不断完善党内法规制度体系的重大举措，有利于从制度上保证全党在重大问题上统一行动，更好维护党中央权威和集中统一领导，加快推进党和国家治理体系和治理能力现代化；是全面提高组织工作质量的重大举措，有利于提高组织工作科学化制度化规范化水平，系统推进组织、干部、人才和相关工作，进一步把党的组织优势巩固好、发展好、发挥好。

袁家军强调，要以“铸魂、赋能、强基、聚才、护航”为重点，加快推动浙江组织工作高质量发展，着力构建党建统领、整体智治、唯实惟先的新时代浙江组织工作新格局，更好以浙江党建之窗展现百年大党的风华正茂。要着力强化党对组织工作的领导，把“两个维护”作为最高政治原则和根本政治规矩来坚守，把党的领导贯彻到组织工作各方面全过程，把组织路线服务保证政治路线作为基本定位。要着力形成上下贯通、执行有力的严密组织体系，增强党组织政治功能和组织力，强化抓基层、强基础、固基本的工作导向，持续提升党员队伍质量。要着力锻造与现代化建设相匹配的干部队伍，提高选人用人质量，加强干部培养培育，坚持严管厚爱。要着力优化人才创新创业生态，健全人才工作机制，搭建人才平台，优化人才服务。

袁家军强调，各级党委（党组）要主动承担起抓好《条例》落实的领导责任，各级组织部门和广大组工干部要带头学习、遵守、执行《条例》。要深入开展学习宣传，把学习《条例》与党史学习教育紧密结合、纳入党员干部教育培训重要内容，大力宣传《条例》和新时代组织工作取得的历史性成就、发生的历史性变革，确保《条例》在我省有效贯彻落实。

袁家军强调，要深入学习贯彻习近平总书记关于安全生产重要论述精神，牢固树立统筹发展和安全理念，直面风险，在查找隐患、发现问题、解决问题上下更大力气，务求把重大风险隐患消灭在萌芽状态。要坚决扛起安全责任，严格落实“管行业必须管安全、管业务必须管安全、管生产经营必须管安全”的工作要求，围绕死角和盲区，落实落细相关责任。要健全体系，把风险当事故，出现重大风险也要问责，确保不出大问题。要从已经发生的事故中举一反三，吸取教训，认真查摆在抓落实上的差距和不足，坚决防范和遏制重大安全事故发生，为庆祝建党百年创造安全稳定的环境。

省委常委会会议研究浙川东西部协作和交流合作工作

以更高标准推进浙川东西部协作和交流合作取得更多标志性成果

省委书记袁家军讲话

本报杭州6月21日讯（记者 刘乐平）21日上午，省委常委会举行会议，研究浙川东西部协作和交流合作工作，部署相关工作。

省委书记袁家军主持会议并讲话。

会议指出，这次学习考察，代表团亲眼目睹了四川决胜脱贫攻坚取得的历史性成就、发生的历史性变革，更加深刻地感受到了习近平新时代中国特色社会主义思想的真理力量、实践伟力和中国特色社会主义制度的政治优势。在新发展阶段深化浙川东西部协作，不仅是党中央赋予浙江的政治责任和光荣使命，也是浙江高质量发展建设共同富裕示范区的应有之义；不仅是浙川两省交流合作的纽带，也是浙江加快发展的现实需要。我们要深刻认识到，深化东西部协作和定点帮扶工作是“国之大者”，是党中央着眼推动区域协调发展、促进共同富裕作出的重大决策，进一步增强深化浙川东西部协作和交流合作的思想和行动自觉，以走在前列的姿态，切实扛起东西部协作的政治责任，扎实开展新发展阶段浙川交流合作，续写新时代浙川一家亲新篇章。

会议强调，要抓好浙川两省互访所涉事项的工作落实，以更高的标准推进浙川东西部协作和交流合作取得更多标志性成果。要做好脱贫攻坚政策有序衔接，系统化、市场化、精准化推进东西部协作工作，共同做深助力防止返贫的文章。要发挥企业主体作用，不断创新劳务协作、消费帮扶的方式方法，为脱贫劳动力提供稳岗就业服务。要扩大农产品采购规模，加快建设一批农产品加工、仓储、冷链、物流等基础设施，提升当地农产品规模化、组织化程度。要以数字化改革赋能协作工作，助力当地提升经济治理、社会治理、公共管理的数字化水平。要精准对接对口地区人才需求，深化“组团式”医疗、“组团式”教育等援助工作，帮助招引紧缺的科创、生态、文旅等领域专家人才。

会议强调，在做好东西部协作工作的同时，我们也要看到四川有很多好的地方值得学习借鉴。比如，成都的新经济发展、创新驱动、城市治理等方面，都有许多好经验好做法，我们必须以开放的视野、谦虚的态度，取其之长、补己之短，决不能故步自封。

会议还研究了其他事项。

黄建发同志任中共浙江省委副书记

本报讯 日前，中共中央批准：黄建发同志任中共浙江省委副书记。

庆祝建党100周年

奋斗百年路 启航新征程

高质量发展建设共同富裕示范区

共同富裕的两个维度两对关系

——访中国社科院副院长王灵桂

本报记者 潘如龙 章忻 吴晔 周宇晗

高端访谈

嘉宾简介

王灵桂 中国社会科学院党组成员、副院长、研究员，中国社会科学院大学教授，中国非洲研究院院长，中国社会科学院国家高端智库副理事长，商务部“一带一路”咨询委员会成员、全国工商联“一带一路”国际合作委员会委员。

党中央、国务院专门出台《关于支持浙江高质量发展建设共同富裕示范区的意见》，支持浙江高质量发展建设共同富裕示范区。如何深入落实《意见》精神，勇扛使命、勇闯新路？本报记者采访了中国社会科学院副院长王灵桂。

实现物质文明与精神文明双提升

支持浙江高质量发展建设共同富裕示范区，有利于通过实践进一步丰富共同富裕的思想内涵。王灵桂认为，共同富裕美好社会是中国特色社会主义迈向更高阶段的社会形态，是文明全面提升的社会形态，其内涵包含物质层面和精神层面，浙江高质量发展建设共同富裕示范区，必须要实现物质文明与精神文明的双提升。

实现共同富裕，首先要“做大蛋糕”。推进全体人民共同富裕是一项长期任务，必须始终坚持发展这个第一要务，贯彻新发展理念，打好服务构建新发展格局组合拳，推进经济高质量发展，进一步激发活力创新力竞争力。着力强化科技创新，打造全球数字变革高地，加快建设“互联网+”、生命健康、新材料三大科创高地和创新策源地，不断解放和发展生产力，为实现全体人民共同富裕打好坚实的物质基础。

实现共同富裕，还要关注精神富有。王灵桂认为，共同富裕既要重视物质富裕，也要重视精神富有。浙江省委主要领导提出，将坚持物质文明和精神文明相协调，加强社会主义核心价值观引领、深入实施新时代文化浙江工程，以文化创新推动思想进步、文明提升推动社会进步。

如何实现精神富有，王灵桂对浙江提出了四点建议：一是打造新时代文化高地，守好“红色根脉”。坚持推动学习贯彻习近平新时代中国特色社会主义思想走心走深，大力发展文化生产力，构建以文化力量推动社会全面进步新格局。同时不断加强公民道德建设，培育好“最美浙江人”等品牌。

二要根据社会的文化消费能力，减免文化产业相关税费，规范文化产品定价体系，降低文化消费门槛。

（下转第二版）

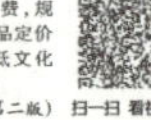

扫一扫 看视频

“全县一盘棋”破解发展不平衡，让美丽的更富裕、富裕的更美丽——

武义：南北区域比翼齐飞

本报记者 戴睿云 徐贤飞 共享联盟武义站 李增炜

浙中山区县武义，正奔跑在赶超的路上。曾经，武义是全省排名“吊车尾”的欠发达县之一。去年，武义在全省53个县(市)的综合排名上升到30名；城乡居民收入倍差从2015年的2.25:1缩小至去年的2.12:1。

从高水平全面小康迈向共同富裕，武义如何实现新发展？南弱北强的发展不平衡问题，是武义正在突破的难题。去年5月开始，该县以在发展相对滞后的南部山区建立4个区域发展联盟为突破口，推动机制改革，“全县一盘棋”统筹干部和要素资源，推动南北区域协调发展。

一子落，满盘活。让美丽的南部更富裕，让富裕的北部更美丽——在武义，南北比翼齐飞的新态势正在显现。

骑行爱好者在武义县参加茶园骑行活动。 共享联盟武义站 朱骤 摄

灵活机制激发动能

近年来，随着农村人口转移和城镇化发展，武义南部和北部区域的发展不平衡问题持续凸显：

南部风景美丽但山高路远，人口持续外流，加上要素资源分散，形成了“小弱散”状态，发展内生动力不足；

北部平原新型城市化和工业化进程不断加快，工业总产值占全县九成，中心镇街人口不断聚集，但建设指标、干部力量紧缺，生态环境有较大提升空间。

“人口、企业向北部集聚，干部的配备和乡镇街道的运作机制要因势而变，才能激发更多内生动能，让南北区域都更好发展。”武义县委书记姚激扬说。

区域发展联盟应运而生。去年5月以来，武义按照“体制不变机制变”的工作要求，在保留现有乡镇（街道）机构框架和编制的前提下，以区位相邻、功能相近为原则，对18个乡镇（街道）中位于南部的11个乡镇（街道）进行统筹，组建熟溪、柳城、王宅、桃溪4个区域发展联盟（下称“联盟”），不再对联盟的乡镇（街道）单独考核，而是将联盟作为管理和考核主体。 （下转第三版）

共同富裕新征程

学党史 悟思想 办实事 开新局

新昌打造“驻企服务”2.0版

帮到心坎上 落到最实处

本报讯（记者 夏丹 孙良 通讯员 俞锋新 俞颖颖）原材料价格猛涨，成为当下不少制造业企业最头痛的事。可在新昌，当地特色产业轴承行业，采购成本与去年同期相比普遍下降了7%。这是怎么回事？

新昌县拥有600多家轴承企业，仅原材料轴承钢一年的采购额就在50亿元左右。资金需求大、融资难、账期短、无议价权等都是原材料采购的痛点。“原本今年钢材价格普遍上涨，可政府出面搭建了新昌轴承行业原材料集采平台，由平台集中采购原材料，我们只要在平台下单，通过贸易额度评估和审核后，就能完成采购。”浙江品诺机械有限公司负责人王继阳道出个中玄机。他算下来，今年至今轴承钢的采购成本降了7.5%。 （下转第三版）

不断巩固发展反腐败斗争压倒性胜利

本报杭州6月21日讯（记者 戴睿云 通讯员 颜新文 黄也倩）21日，省委反腐败协调小组会议在杭召开。会议审议通过了修订后的《中共浙江省委反腐败协调小组工作规则》等4项制度，听取了各成员单位有关工作情况汇报，对下一步深入开展反腐败工作进行了研究部署。

会议指出，省委不断强化对反腐败工作全过程、全方位领导，省委反腐败协调小组充分履行统筹协调职能，着力保障反腐败协调机制运行顺畅，各成员单位担当有为，持续提升反腐败斗争的力度、质量和效果，不断巩固发展反腐败斗争压倒性胜利。

2021年是中国共产党建党100周年，是我省高质量发展建设共同富裕示范区的第一年，做好反腐败工作使命光荣、责任重大。各成员单位要步调一致、合力治腐，持续保持惩治腐败高压态势。要惩防并举，既在“惩”这一手上释放强有力震慑，也在“防”和“治”上下功夫、促协作、聚合力，真正释放“三不”一体推进的叠加效应；要坚持以法治思维、法治方式开展反腐败协作，加强各个环节密切配合，继续探索开展网上移送职务犯罪案件，建立权威高效、衔接顺畅的涉案物品保管和处置工作机制，提升法法衔接的效率，增强贯通协同的效果；要统筹力量，深入开展“天网2021”行动，聚焦“百名红通人员”等重点个案，用好各项法律手段追逃追赃，坚持追逃和防逃并重，统筹各方力量攻坚克难，务求取得新的进展。

新闻提要

守好“红色根脉” 谱写青春华章

——新时代青年理论宣讲研讨会发言摘登

5版

共同富裕的两个维度两对关系

王灵桂
中国社会科学院原副院长

《中共中央　国务院关于支持浙江高质量发展建设共同富裕示范区的意见》（下称《意见》），支持浙江高质量发展建设共同富裕示范区。如何深入落实《意见》精神，勇扛使命、勇闯新路？记者采访了中国社会科学院原副院长王灵桂。

实现物质文明与精神文明双提升

支持浙江高质量发展建设共同富裕示范区，有利于通过实践进一步丰富共同富裕的思想内涵。王灵桂认为，共同富裕美好社会是中国特色社会主义迈向更高阶段的社会形态，是文明全面提升的社会形态，其内涵包含物质层面和精神层面，浙江高质量发展建设共同富裕示范区，必须实现物质文明与精神文明的双提升。

实现共同富裕，首先要“做大蛋糕”。推进全体人民共同富裕是一项长期任务，必须始终坚持发展这个第一要务，贯彻新发展理念，打好服务构建新发展格局组合拳，推进经济高质量发展，进一步激发活力创新力竞争力。着力强化科技创新，打造全球数字变革高地，加快建设“互联网＋”、生命健康、新材料三大科创高地和创新策源地，不断解放和发展生产力，为实现全体人民共同富裕打好坚实的物质基础。

实现共同富裕，还要关注精神富有。王灵桂认为，共同富裕既要重视物质富裕，也要重视精神富有。浙江省委主要领导提出，将坚持物质文明和精神文明相协调，加强社会主义核心价值观引领，深入实施新时代文化浙江工程，以文化创新推动思想进步、文明提升推动社会进步。

如何实现精神富有，王灵桂对浙江提出了四点建议。

一要打造新时代文化高地，守好“红色根脉”。坚持推动学习贯彻习近平新时代中国特色社会主义思想走心走深，大力发展文化生产力，构建以文化力量推动社会全面进步新格局。同时不断加强公民道德建设，培育好“最美浙江人”等品牌。

二要根据社会的文化消费能力，减免文化产业相关税费，规范文化产品定价体系，降低文化消费门槛。

同时要提高文化产品和服务的供给能力，支持文化产业生产多品种、多层次的产品和服务，满足不同层次消费者的文化需求。

三要加大传承和弘扬优秀传统文化的产品供给，健全高品质精神文化服务体系，积极主动发掘传统文化资源打造江南特色的文化创新高地，将优秀的传统文化资源转化为强大的现实生产力。

四要围绕社会主义文化大发展大繁荣的重大科技需求，深入实施科技带动战略，全面提升文化创新能力，转变文化产业发展方式，推动文化事业和文化产业更好发展。

把握好个人与集体的关系

《意见》提出，高质量发展建设共同富裕示范区，要紧扣推动共同富裕和促进人的全面发展；坚持以社会主义核心价值观为引领，加强爱国主义、集体主义、社会主义教育，厚植勤劳致富、共同富裕的文化氛围。准确理解共同富裕，还要把握个人与集体之间的关系。

人民是历史的创造者。王灵桂认为，实现共同富裕的进程中，每一个个体的努力都至关重要。浙江省委全会提出，要进一步解放思想、创新思维，创新致富、勤劳致富、先富帮后富，政府社会企业个人共创共建，循序渐进、由低到高、由局部到整体，以共同富裕新理念推动示范区建设。

浙江发达的民营经济和活跃的科技创新，与人民蕴含的首创精神，充分发挥创新创造能力是分不开的。高质量发展建设共同富裕示范区需要进一步激发群众的创新创造活力，具体而言，建议从两方面入手。

一是要政府有为，破除体制机制、观念上的束缚，尊重和呵护群众的首创精神；二是在科技创新领域，要瞄准青年人才、青年科学家的培养，为他们创造更加宽松的发展空间，激发其灵感，让他们有更多机会提出天才性的原创观点。

个体富裕并不代表集体富裕，只有将个人发展融入时代潮流中，才能更好地推动个人与社会的进步。我国是社会主义国家，在王灵桂看来，扎实推进共同富裕是要在全社会形成共同协作、共同前进的社会氛围。近年来，在党的领导下，全社会正在倡导和形成共同努力、共同奋斗、共同发展的社会氛围。在这方面，浙江可提供正面、积极的示范。

因此，在实现共同富裕的进程中，既要重视个体富裕，也要重视集体富裕；既要实现物质的富裕，也要实现精神的富有，只有这四层环环相扣，才能全面准确地理解和把握共同富裕的深刻内涵。

建设消费型社会，构建共富型制度政策体系

郑永年

香港中文大学（深圳）教授、前海国际事务研究院院长

浙江省委高质量发展建设共同富裕示范区推进大会提出，要探索一批共富机制性制度性创新模式，推动发展型制度政策加快向共富型跃升转变。如何以国际视野考量共富型制度政策体系的构建，浙江省第十五次党代会召开前夕，记者采访了郑永年教授。

推动向消费型社会转变

共同富裕是社会主义的本质要求，既要通过高质量发展创造财富，又要分配好财富以实现社会公平。面对风云变幻的国际形势，在当下中国，郑永年认为，实现高质量发展创造财富的关键，是建设消费社会，促进经济增长从出口导向型向内需型转变。中央强调，构建新发展格局要牢牢把握扩大内需这个战略基点。建设消费社会，就必须建立一套有利于扩大内需的制度政策，完善养老和医疗保障、兜底救助、住房供应和保障等体系。

在一个国家里，中等收入群体是财富的主要载体，是消费的主力军，消费社会的形成有赖于中等收入群体的不断壮大。中央财经委员会第十次会议指出，要扩大中等收入群体比重，形成中间大、两头小的橄榄型分配结构。郑永年认为，从国际视野看，一个社会要稳定，要可持续发展，就必须壮大中等收入群体。一定规模的中等收入群体和合理完善的社会制度体系，是消费社会的

两大支柱。市场机制是创造财富最有效的机制，它可以产生一个中等收入群体，但不能保护这个群体，因此需要完善的共富型制度政策体系来保障。

第一次分配要实现基本的社会公平

形成合理规模的中等收入群体，促进消费、扩大内需，必然要求社会具备基本的公平和公正，使更多的人共享经济社会发展的成果。在收入高度分化情况下，消费社会就很难建立。在郑永年看来，经济成果分享面临的最大挑战，是如何促进第一次分配的公平，着力解决第一次分配的结构性问题。

中央财经委员会第十次会议提出，要正确处理效率和公平的关系，构建初次分配、再分配、三次分配协调配套的基础性制度安排。习近平总书记把“鼓励勤劳创新致富”作为促进共同富裕的重要原则，强调“幸福生活都是奋斗出来的，共同富裕要靠勤劳智慧来创造”。马克思说劳动是人的本质。实现社会公平，第一次分配最重要，要强调“劳动致富”。

共同富裕首先要高质量发展，要每一个人都通过劳动参与到做大“蛋糕”的过程当中来。如果一个人光靠第二次分配，他一定致富不了。因此，要努力使第一次分配就实现基本的公平和公正——既能使社会实现充分的就业，又能使劳动者得到应得的报酬。第二次分配讲公平，但也讲效率，要促进经济发展。如果第二次分配只讲公平，那么如何解释凯恩斯主义？郑永年说，即使在西方，第二次分配也被普遍用来促进经济的发展，尤其是可持续发展。

中小企业是收入公平分配的关键

第一次分配的结构性问题，主要源于大型企业和中小型企业的失衡，解决之道在于大力发展中小企业。习近平总书记指出，要支持中小微企业发展，发挥其就业主渠道作用。中小企业解决了大部分人就业，是技术创新与技术进步的重要来源，也是参与国际竞争的重要力量。郑永年认为，在世界各国，尤其是在东亚，中小企业是一个社会实现收入公平分配的最主要力量。中小企业的发展有助改善产业结构，塑造中间大、两头小的橄榄型社会结构，最终实现共同富裕。浙江是民营经济大省，中小企业众多，占全省企业总数的八成以上。改革开放以来，浙江成为全国发展最为均衡的省份之一，广大中小企业功不可没。中小企业越是发达，社会就越公平公正。在高质量发展建设共同富裕示范区推进大会上，浙江省委提出，要构建高质量就业创业体系，强化中小企业融通发展机制，构建品质消费普及普惠促进体系。

“当今世界，几乎所有强健的经济体都拥有一个庞大的中小企业群体。”郑永年说，在世界地缘政治剧变的今天，越来越多的西方国家转向内部优先的发展政策，其中针对中小企业的扶持政策尤为突出。因此，他建议，培养一大批对全球产业格局具有重要影响的技术型民营企业，鼓励和引导民营企业加快转型升级，深化供给侧结构性改革，不断提升技术创新能力和核心竞争能力。

城乡双向流动助推农村可持续发展

扩大内需，广阔的农村市场不容小觑。实施乡村振兴战略、推动城乡融合发展，是乡村共同富裕的必由之路。这是一项系统工程，需要一整套制度政策的支持，在郑永年看来，其中最重要的是城乡资源的双向流动。

当前，乡村的发展基本上呈资源单向流出的局面。农村问题的解决依赖工业化和以人为核心的新型城镇化，要深入推进农业转移人口市民化重大改革，不断缩小城乡差别。但城镇化不是要消灭农村，而是要保护农村。从国际经验看，无论欧美还是其他国家，当城市化达到70%左右的水平时，社会会出现一种现象，就是“富人的乡下，穷人的城市”。当基础设施、公共服务、人居环境逐渐提升，乡村的风光会成为很多人的向往，也会成为相当一部分城市居民改善居住条件的庞大需求。

近年来，政府对农村的投入越来越大，正在持续推进农村基础设施建设、人居环境整治等。但是如果不能吸引人口回流，不能引入社会资本，光靠政府投入，恐将难以为继。“从发达国家情况来看，只有实施城乡的双向流动，才能实现农村的可持续发展。”郑永年认为，中国农村三权分置的土地制度，可以为城市居民实现返乡梦提供制度条件和物质条件。

中华文明根植于农耕文明。郑永年认为，中国农耕文明绵延数千年而不衰，主要是因为一代代乡贤的“叶落归根”。当下的农村有着同样的渴望，人们也有同样的冲动。一个理想社会应该是开放、包容的社会，而不是排他性的二元结构。通过“两进两回”等制度设计，鼓励和吸引城市居民回乡，既可以实现可持续的乡村发展，更可以减轻城市的负担。也就是说，城乡的双向人口流动，对农村和城市是双赢的。

浙江日报

ZHEJIANG DAILY

中共浙江省委机关报

浙江日报报业集团
ZHEJIANG DAILY PRESS GROUP

2021年8月9日 星期一 辛丑年七月初二

国内统一连续出版物号:CN 33-0001

邮发代号:31-1 第26372期

浙江在线 浙江新闻

浙江生态环境“半年报”出炉

空气和水环境质量稳中有升

本报讯（记者 郑亚丽）2021年上半年，浙江的生态环境“成绩单”如何？日前，省生态文明示范创建办公室通报了全省深入打好污染防治攻坚战的“半年报”。

空气环境质量稳中有升。1月至6月，全省设区城市$PM_{2.5}$平均浓度为26微克/立方米，同比持平。设区城市日空气质量优良天数率为94.7%，同比上升1.1个百分点。

空气质量的提升，与交通运输结构优化密不可分。2021年，全省计划淘汰国三及以下标准营运柴油货车1万辆，上半年已淘汰6473辆，完成率为64.7%。

水依然是浙江环境治理的重点。今年1月至6月，全省河流交接断面满足功能要求比例为98%，同比上升0.7个百分点。全省县级以上集中式饮用水水源达标率为100%，同比持平。据了解，今年浙江计划建成“美丽河湖”100条，完成河道综合整治500公里。截至6月底，这两个“小目标”完成率分别为83%和75.7%。

浙江绿意更浓。在森林覆盖率上，今年全省计划新增造林40万亩。半年过去，浙江已完成新增造林43.88万亩，提前完成全省年度任务。

TOKYO 2020

东京奥运会闭幕，中国体育代表团取得优异成绩

中共中央国务院电贺我奥运健儿

中国体育代表团：

在第32届奥林匹克运动会上，全团同志表现出色，取得38枚金牌、32枚银牌、18枚铜牌的优异成绩，实现了运动成绩和精神文明双丰收，为祖国和人民赢得了荣誉。党中央、国务院向你们表示热烈的祝贺和亲切的慰问！

你们克服新冠肺炎疫情对备战参赛带来的严峻挑战，不畏艰难，科学训练，敢于争先，敢于争第一，圆满完成参赛任务。在过去的16天里，祖国和人民热切关注着你们在赛场上的良好表现，为我国体育健儿取得的每一个成绩感到高兴和自豪。你们牢记党和人民嘱托，勇于挑战，超越自我，迸发出中国力量，表现出高昂斗志、顽强作风、精湛技能，生动诠释了奥林匹克精神和中华体育精神，实现了“使命在肩、奋斗有我”的人生誓言。你们与世界各国各地区运动员同台竞技、相互切磋，促进了交流，增进了友谊。你们的出色表现进一步激发了海内外中华儿女的爱国热情，为全党全国各族人民在全面建设社会主义现代化国家新征程上团结奋斗、凝心聚力注入了精神力量。

当前，全党全国各族人民正在意气风发向着第二个百年奋斗目标迈进。希望你们以习近平新时代中国特色社会主义思想为指引，牢记初心使命，继续发扬中国体育的光荣传统，戒骄戒躁、再接再厉，进一步提升我国竞技体育综合实力，提高为国争光能力，激发广大人民群众特别是青少年参与体育运动的热情，带动群众体育发展，为推动增强人民体质、推进体育强国建设，为实现中华民族伟大复兴的中国梦贡献更大力量。

祖国和人民期待着你们平安顺利归来！

中共中央
国 务 院
2021年8月8日
（新华社北京8月8日电）

8月8日，第32届夏季奥林匹克运动会闭幕式在日本东京举行。这是中国代表团旗手苏炳添进入体育场。 新华社记者 刘大伟 摄

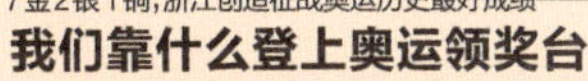

7金2银1铜，浙江创造征战奥运历史最好成绩——

我们靠什么登上奥运领奖台

3版

人物

活跃在赛场之外的3位浙江姑娘——

我在东京当奥运志愿者

4版

全面推进数字化改革

杭州开发数字化应用实现产业园区线上可查可看可比

『一键找园』，让企业落户像『网购』

本报讯（记者 刘健 通讯员 俞建龙）房租水电费贵不贵？周边交通配套是否成熟？园区提供哪些配套产业政策？……以往，企业选择入驻园区，免不了要多次上门、“货比三家”。而如今，这个烦恼在杭州正被一个叫“一键找园”的应用逐步解决。

作为今年浙江首批数字经济系统多跨应用场景揭榜的12个项目之一，目前，“一键找园”场景建设已在杭州钱塘区等地试点。“过去招商，企业和园区两者信息不对称，导致企业实地走访耗时长、落地决策准确率低，园区也无法及时掌握企业的投资需求。”杭州市经信局相关负责人介绍，借助数字孪生、大数据等技术，杭州通过“一键找园”场景建设，把园区空间载体和产业资源要素数字化、可视化，实现各类园区可查、可看、可询、可比。目前已有578家各类园区入驻。

记者打开“浙里办”APP上的“一键找园”应用，位于杭州各区（县、市）的不同级别产业平台应有尽有。点点手指，就能快速了解该园区的区域位置、运营成本、产业配套资源、享受产业政策等情况。

不久前还在为落户犯愁的杭州柏澳科技有限公司总经理徐园，通过“一键找园”在一个月内签约入驻位于杭州钱塘区的医药港小镇。用她的话说，整个过程像“网购”一样方便，而以前从查找资料到联系中介再到最终落户，往往要耗费半年时间。

以杭州医药港小镇为例，在“一键找园”应用中点击进入，就能看到由“患者承载器械”“手术机器人”等10个关键词组成的园区画像。产业资源一栏详细列出在该园区可以联系获取的技术平台、科研资源、医院资源等；运营成本一栏列明工业地价、住房租金等信息；商圈成熟度一栏能获悉园区周边快餐店、人才公寓等情况。此外，企业还能通过全景VR实现“云”上看园，快速了解园区内外环境、配套设施、空置厂房等信息。企业如果看中哪个园区，点击“联系园区”后，很快就会有平台负责人对接。

下一步，“一键找园”将探索与各类地图APP无缝衔接，不断扩大利用率。

以共富文化引领共同富裕示范区建设

——访省农办原副主任、著名“三农”专家顾益康

本报记者 潘如龙 吴 晔 章 忻 周宇晗

高端访谈

嘉宾简介

顾益康 著名“三农”研究专家，农业农村部专家咨询委员会委员，浙江省文史研究馆馆员，省农办原正厅级副主任，浙江省习近平新时代中国特色社会主义思想研究中心学术委员会委员。

共同富裕美好社会是文明全面提升的社会形态，要以文化创新推动思想进步、文明提升推动社会进步。共同富裕示范区建设离不开先进文化的引领。为此，本报采访了省委省政府农业和农村工作领导小组办公室原副主任、省文史研究馆馆员顾益康。

共产党人的初心使命是建设共同富裕美好社会的核心动力

共同富裕示范区建设以习近平新时代中国特色社会主义思想为指导，坚持以人民为中心的发展思想，坚守中国共产党人的初心使命。顾益康认为，为中国人民谋幸福、为中华民族谋复兴，始终离不开“共同富裕”4个字。实现共同富裕是社会主义的本质要求，是共产党人的根本价值追求。“没有革命的理论，就没有革命的行动。”顾益康强调，我们首先要认识到，共同富裕一定要以理论为指引，以文化为引领。一个时代与一个时代的最大不同是理念的不同，社会变革最核心的变化是理念的变化。共同富裕示范区建设是一场伟大的时代变革，标志着中国真正迈向一个共同富裕的新时代。

新时代中国共产党员的初心使命实际上也包含了“先富帮后富”这一理念追求。对于党员干部来说，如何带领更多的人致富，是一项新的历史使命。顾益康最近调研了浙西某县农村党建，深有感触，“现在很多村支书自己富起来以后在想方设法帮助村民一起发家致富，带领一家一村乃至几村人共同富裕，是他们未来的主要工作”。顾益康认为，要实现理想信念教育常态化制度化，使每一位共产党人坚守初心使命，是推进高质量发展建设共同富裕示范区的一项特别紧迫和重要的任务。

培育具有新时代特征、浙江印记的共同富裕精神文化

省委十四届九次全会提出，要进一步解放思想、创新思维，树立“创新致富、勤劳致富、先富帮后富”理念，弘扬创新创业、艰苦奋斗精神，通过自身努力和相互帮助走上共同富裕之路。（下转第五版）

扫一扫 看视频

新闻提要

重要窗口 理论周刊

7~8版

各地多措并举抓好疫情防控

2版

深读

“烟花”带来历史性高水位，城区未发生严重内涝

“锅底”余姚是如何做到的

6版

共同富裕示范区是要靠干出来的

沈 轩

带领人民摆脱贫困进而实现共同富裕，是中国共产党自诞生之日起就写在自己旗帜上的梦想。

在建党百年、全面建成小康社会之际，以习近平同志为核心的党中央支持浙江高质量发展建设共同富裕示范区，在之江大地开启了率先探索建设共同富裕美好社会的序章。

一个时代的气质与风貌，是由实干来定义的。高质量发展建设共同富裕示范区，承载着国家战略、全球意义、时代价值，是历史逻辑、理论逻辑与实践逻辑相统一的探索奋进历程，需要我们“实”字为要、“干”字当先，以打大仗的拼劲、打硬仗的闯劲、打胜仗的韧劲，谱写一部以“浙江之干”打造共同富裕之窗的恢宏史剧。

高质量发展建设共同富裕示范区，既是“殊荣”，更是“重任”，唯有头脑清醒踏实干才能不负众望

高质量发展建设共同富裕示范区意义之重大、使命之特殊、责任之艰巨，唯有置于更长远的时间长轴、更宏阔的战略视野、更深邃的历史思维，才能真正读懂读透。

在“两个一百年”转承之时，习近平总书记、党中央把这个光荣使命交给我们，既是要求以浙江的先行探索为全国破题，率先在之江大地铺展共同富裕美好社会的基本图景；又是激励我们从省域层面破解人类文明新形态的世界之问，扛起“第二个一百年”探路者的时代重任。

“知道了征途的遥远，就不会为取得的成绩沾沾自喜。”面对高质量发展建设共同富裕示范区这块金字招牌，当前媒体聚焦报道，各界褒奖和点赞纷至沓来，这些既是一种肯定，更是莫大的鞭策。

创业维艰，奋斗以成。越是在好的形势下，越是要保持清醒头脑。我们要始终牢记新的赶考路上的“两个务必”，不能“在一片喝彩声、赞扬声中丧失革命精神和斗志”，而是要更加完整、准确、全面领会中央和省委的战略部署，紧扣中央《意见》明确的五大工作原则、四大战略定位、两阶段发展目标、六个方面主要任务的顶层设计，紧盯省委《实施方案》明确的“四率先三美”和“七个方面先行示范”的路线图、任务书，清醒认识实现共同富裕的长期性、艰巨性，深刻洞察其难度之大、挑战之多、任务之重，以“没有走在前列也是一种风险”的政治自觉，以更实举措更坚定的意志做好自己的事情；树立“循序渐进、由低到高、由局部到整体”的理念，遵循经济社会发展规律，以实干破题，决不能把说了当做了、把做了当做好了，将精力集中到解决重点难点关键问题上，真正做到总书记有号令、中央有号召、浙江见行动出成效。

高质量发展建设共同富裕示范区，既蕴含着“不变初心”，更提出了“时代课题”，唯有笃定信念接续干才能梦想成真

共同富裕是全面建成小康社会后的一种更高级的社会形态。习近平总书记在浙江工作时提出的“八八战略”，从战略层面对“形势怎么看”“路子往哪里走”作出了“世纪之答”，也为破解浙江发展不平衡不充分问题下了先手棋。

“八八战略”在实质上就是要追求转型发展、高质量发展，着眼的正是让广大人民群众的获得感成色更足、幸福感更可持续、安全感更有保障，是我们党“为人民谋幸福”的初心彰显。

“一切伟大成就都是接续奋斗的结果，一切伟大事业都需要在继往开来中推进。”进入新发展阶段，党中央赋予我们高质量发展建设共同富裕示范区的重大使命，既是对浙江历届省委、省政府忠实践行“八八战略”、一张蓝图绘到底所打下的基础的肯定，更是在新征程上对如何更好满足人民对美好生活的期待、更好促进人的全面发展所提出的全新时代课题。

我们要用足“八八战略”这一总书记留给浙江的宝贵财富和干事创业的“金钥匙”，健全完善以年度报告为标志的“八八战略”抓落实机制，既在溯源过去中总结经验、探求规律，又立足当下找出发展水平上的差距、工作推进中的问题，更要面向未来，瞄准人民群众所忧所急所盼，精心谋事、用心干事、专心成事。

我们要用好“八八战略”中贯穿的马克思主义的立场观点方法，运用扬优势强弱项的辩证法，在推进共同富裕的宏大场景中锻长板、补短板；强化统筹兼顾的大局观，着眼为全国探路闯关，加快建立推动共同富裕的体制机制和政策框架；秉持敢破善立的改革观，在推进“八大创新性突破性重大举措”中不断取得新成果；树牢以人为本的民生观，始终聚焦人的全面发展和全体人民共同富裕，打造更多推动共同富裕的标志性工程、干出更多让“人民群众俱欢颜”的标志性成果。

高质量发展建设共同富裕示范区，既描绘了“美好愿景”，更列出了“施工详图”，唯有只争朝夕加油干才能兑现承诺

实现共同富裕是中国共产党对中国人民的庄严承诺，彰显了百年大党对社会主义本质的不懈探索、对解决发展不平衡不充分问题的如磐决心。

蓝图绘就，使命催征。省委全会已擘画勾勒出了五幅共同富裕美好社会的绚丽图景：人人参与、各尽所能的奋斗图景；效率与公平、发展与共享有机统一的富裕图景；全域一体、全面提升、全民富裕的均衡图景；人民精神生活丰富、人与自然和谐共生、社会团结和睦的文明图景；群众看得见、摸得着、体会得到的幸福图景。五幅图景交相辉映，中华民族几千年孜孜以求的美好梦想正一点点照进现实。

“我们需要立足于实际又胸怀长远目标的实干，而不需要不甘寂寞、好高骛远的空想。”高质量发展建设共同富裕示范区决不是张嘴即来的空头支票。兑现对人民的承诺，唯有以“自信人生二百年，会当水击三千里”的勇气闯关夺隘，以“暮色苍茫看劲松，乱云飞渡仍从容”的定力笃信实干，方能不断开辟新天地、创造新奇迹。

幸福生活是奋斗出来的。我们要以时间为轴线，把握好共同富裕示范区建设“每年有新突破、5年有大进展、15年基本建成”的目标任务的内在逻辑关系，以任务为链环，分解总体目标、落实行动单元，按年度压茬推进各项工作任务；

（下转第二版）

以共富文化引领共同富裕示范区建设

顾益康

原浙江省委省政府农办正厅级副主任、浙江省文史馆馆员

共同富裕美好社会是文明全面提升的社会形态，要以文化创新推动思想进步、文明提升推动社会进步。共同富裕示范区建设离不开先进文化的引领。为此，记者采访了著名“三农”专家顾益康。

共产党人的初心使命是建设共同富裕美好社会的核心动力

共同富裕示范区建设以习近平新时代中国特色社会主义思想为指导，坚持以人民为中心的发展思想，坚守中国共产党人的初心使命。顾益康认为，为中国人民谋幸福、为中华民族谋复兴，始终离不开“共同富裕”4个字。实现共同富裕是社会主义的本质要求，是共产党人的根本价值追求。“没有革命的理论，就没有革命的行动。”顾益康强调，我们首先要认识到，共同富裕一定要以理论为指引、以文化为引领。一个时代与一个时代的最大不同是理念的不同，社会变革最核心的变化是理念的变化。共同富裕示范区建设是一场伟大的时代变革，标志着中国真正迈向一个共同富裕的新时代。

新时代中国共产党员的初心使命实际上也包含了“先富帮后富”这一理念追求。对于党员干部来说，如何带领更多的人致富，是一项新的历史使命。顾益康最近调研了浙西某县农村党建，深有感触，“现在很多村支书自己富起来以后在想方设法帮助村民一起发家致富，带领一家一村乃至几村人共同富裕，是他们未来的主要工作”。顾益康认为，要实现理想信念教育常态化制度化，使每一位共产党人坚守初心使命，是推进高质量发展建设共同富裕示范区的一项特别紧迫和重要的任务。

培育具有新时代特征、浙江印记的共同富裕精神文化

浙江省委十四届九次全会提出，要进一步解放思想、创新思维，树立“创新致富、勤劳致富、先富帮后富”理念，弘扬创新创业、艰苦奋斗精神，通过自身努力和相互帮助走上共同富裕之路。

如何在全社会树立这一理念、弘扬这种精神，顾益康认为，必须高度重视培育与其相匹配的、具有新时代特征和浙江印记的共同富裕精神文化，建立更高境界、更高层次的财富观。

具体而言，需要努力打造共同富裕的精神文化品牌。顾益康对此有比较系统的思考：一是传承和弘扬利义并重、以民为本，民为邦本、本固邦宁，知行合一、止于至善，崇德厚生、仁爱为民等追求大同共富的优秀传统文化；二是把开天辟地、敢为人先的首创精神，坚定理想、百折不挠的奋斗精神，立党为公、忠诚为民的奉献精神的红船精神和与时俱进的浙江精神转化为打造新时代共同富裕文化精神的动力；三是致力于通过理论创新，形成新时代“共富精神”文化品牌，包括敢于为亿万人民谋幸福、为共同富裕探新路的求索创富精神，善于勤劳致富、诚信谋富、合作造富的奋斗创富精神，乐于互帮互助、共生共享、共创共富的奉献创富精神。

社会公序良俗是推进共同富裕的文化基石

《中共中央 国务院关于支持浙江高质量发展建设共同富裕示范区的意见》提出，坚持以社会主义核心价值观为引领，加强爱国主义、集体主义、社会主义教育，厚植勤劳致富、共同富裕的文化氛围。顾益康认为，共同富裕示范区建设，全社会每个成员都是参与者，需要全体社会成员普遍遵循和自我约束的公序良俗作保障。

浙江省委主要领导提出，要树立“创新致富、勤劳致富、先富帮后富”“政府社会企业个人共创共建”“循序渐进、由低到高、由局部到整体”的理念，凝聚全社会共同奋斗共同富裕的磅礴力量。顾益康认为，要通过广泛宣

传，形成“一人富不算富，大家富才是真的富”的社会共识；营造我为人人、人人为我，助人为乐、行善积德，扶贫济困、悬壶济世，有福共享、有难同当的社会风尚；加快形成互帮互助、共创共富，富而思进、共创共享的社会氛围；在全社会倡导创富光荣、共富光荣的共同富裕社会价值取向。

营造共同富裕人文场景和社会氛围

《浙江高质量发展建设共同富裕示范区实施方案（2021—2025 年）》提出，要打造新时代文化高地，推进社会主义先进文化发展先行示范。顾益康认为，发展社会主义先进文化，营造共同富裕精神文化氛围，需要及时树立楷模榜样，打造共同富裕人文场景。

榜样的力量是无穷的。共产党人的先进榜样是引领时代、号召人民的旗帜。顾益康说，从革命岁月的人民英雄，到建设年代的劳动模范，再到改革时期的改革先锋，这些都是共产党人敢为人先、走在前列的社会变革示范者，凝聚着共产党人在不同时期的伟大精神。他认为，建设共同富裕示范区，需要树立一批体现共产党人共同富裕价值追求、在共同富裕上率先垂范的先锋人物，使共同富裕的价值理念和文化精神通过他们直观地表达出来，从而在全社会营造更加浓厚的共同富裕精神文化氛围。

顾益康建议，着力建设以践行共同富裕价值理念、塑造共同富裕文化品牌为主要特征的“共富企业”“共富乡村”“共富社区”等社会基本单元，使之成为在全社会营造共同富裕人文场景和社会氛围的重要抓手和有效载体。同时，大力宣传和表彰一批共同富裕先锋人物，打造“最美浙江人”新品牌，为共同富裕示范区建设提供源源不断的精神动力，激发全社会人人争当共同富裕先锋模范的澎湃力量。

浙江日报

ZHEJIANG DAILY

中共浙江省委机关报

浙江日报报业集团 ZHEJIANG DAILY PRESS GROUP

2021年8月3日 星期二 辛丑年六月廿五

国内统一连续出版物号：CN 33-0001

邮发代号：31-1 第26366期

迈好第一步 见到新气象

——习近平总书记关于“十四五”开好局起好步重要论述综述

■ 进入新发展阶段，国内外环境的深刻变化既带来一系列新机遇，也带来一系列新挑战，要善于在危机中育先机、于变局中开新局

■ 新发展理念是一个整体，必须完整把握、准确理解、全面落实，把新发展理念贯彻到经济社会发展全过程和各领域

■ 以更加坚定的思想自觉、精准务实的举措、真抓实干的劲头，推动构建新发展格局取得扎扎实实成效

■ 心怀“国之大者”，不断提高把握新发展阶段、贯彻新发展理念、构建新发展格局的政治能力、战略眼光、专业水平

（据新华社 全文详见第五版）

奋斗百年路 启航新征程 高质量发展建设共同富裕示范区

人民日报长篇通讯聚焦我省推动山区26县跨越式高质量发展

浙江：山海协作升级

人民日报记者 李中文 窦瀚洋 刘书文

盛夏时节，位于浙江省衢州市常山县聚宝村的500多亩荷塘花开正盛，游客络绎不绝。

“通过流转荒地，打造出这片‘荷塘月色’，每年吸引大量游客前来参观。”聚宝村村委会副主任罗群介绍，“多亏了山海协作工程，让我们这个小山村焕发出新生机，带动村民增收致富。”

山海协作工程是习近平同志在浙江工作期间作出的重大战略决策，也是“八八战略”的重要内容。这些年来，历届浙江省委、省政府坚持一张蓝图绘到底，一以贯之深入实施山海协作工程，推动浙江成为区域发展最为协调的省份之一。

“山区26县能否实现跨越式高质量发展、能否取得标志性成果，事关共同富裕示范区建设全局。”浙江省委主要负责同志表示，浙江正进一步完善省域统筹机制，创新实施山海协作升级版，念好新时代“山海经”，推动山区26县跨越式高质量发展，加快缩小地区发展差距。

“飞地”建设提质提速

荷塘旅游红火了，54岁的聚宝村村民吴井玉变得更忙了。

吴井玉过去在村里经营小卖部，生意一直不温不火。如今游客越来越多，小卖部也升级成了小超市。“新进的莲子、土鸡蛋、小龙虾等卖得很俏。以前年收入最多3万元，现在翻一番没问题。”吴井玉说。

小超市里售卖的莲子、小龙虾，都是就地取材。“在500亩荷塘里养殖小龙虾、青虾，形成‘河面赏花、河里养虾’的绿色发展模式。通过莲子加工等产业，村集体累计增收50万元以上，也带动了村民实现家门口就业。”罗群说。

作为集体经济薄弱村，发展致富产业的钱从哪来？

聚宝村的资金，来自于近400公里外的慈溪高新区上林英才产业园。这里是常山县与宁波慈溪市山海协作的“产业飞地”。去年底，聚宝村拿到了“产业飞地”第一笔约3万元的分红用于虾苗采购，同时还获得慈溪市10万元山海协作援建资金，搭建莲子酒销售平台。

“常山县94个行政村盘活各类村集体发展资金，筹资9300万元入股产业园。由双方组建企业具体运营，按不低于10%的保底收益分红。”慈溪高新区党工委书记黄磊介绍，预计今年底，将向常山发放第二笔近930万元分红资金。

土地资源“小而散”，是山区县谋划开发区时经常遇到的问题。浙江出台进一步支持山海协作“飞地”高质量建设与发展的实施意见，支持山区26县到省内发达地区投资建设产业、科创、消薄（消除集体经济薄弱村）三类“飞地”，为山区发展注入更多动力。

目前，浙江有山海协作“飞地”园区42个。其中，30个消薄“飞地”带动26县2500多个集体经济薄弱村实现增收，实现返利2亿多元。今年以来，“飞地”建设更是提质提速，已拟定28个选址方案，签订9个共建协议。（下转第二版）

CCTV 《新闻联播》头条关注——

浙江：为全国推动共同富裕先行探索

扫一扫 看视频

光明日报

共同富裕“看得见、摸得着”

——浙江在高质量发展中推动共同富裕见闻

（详见第二版）

经济日报

山呼海应的致富新路

——“共同富裕看浙里”系列报道（中）

（详见第二版）

以国际比较视野看共同富裕之路

——访中国人民大学国际关系学院副院长金灿荣

本报记者 潘如龙 吴 晔 周宇晗 章 忻

高端访谈

嘉宾简介

金灿荣 教育部长江学者特聘教授，享受国务院特殊津贴，现为中国人民大学国际关系学院副院长，“杰出学者A岗特聘教授”、博士生导师，中国人民大学中国对外战略研究中心主任，兼任中国未来研究会理事长、党委书记，中央组织部咨询专家、中央统战部部聘专家。

共同富裕，是一个世界性课题。浙江高质量发展建设共同富裕示范区，可以从国际比较视野参考世界发达国家所走的道路。为此，本报采访了著名国际关系研究专家、中国人民大学国际关系学院副院长金灿荣教授。

大力发展实体经济

习近平总书记在“七一”重要讲话中强调，坚持在发展中保障和改善民生。高质量发展是共同富裕的关键，做大经济总量是优化分配的前提。《中共中央国务院关于支持浙江高质量发展建设共同富裕示范区的意见》（下称《意见》）提出，要巩固壮大实体经济根基，夯实共同富裕的产业基础。要做优做强战略性新兴产业和未来产业，培育若干世界级先进制造业集群，打响“浙江制造”品牌。金灿荣认为，浙江永远要重视制造业，重视实体经济。一方面可以保持原有的产业优势，持续壮大区域特色块状经济，加快补齐产业链供应链短板。二是充分发挥区位优势，扎实推进长三角一体化发展，主动借力、互动互补。三是重视科技创新这个关键，以数字变革和科技创新催生新的发展动能，激发浙江籍院士等科技人员的积极性，大力培育一批高端产业和隐形冠军。

从国际视野来看，有的国家贫富分化加剧正是与实体经济萎缩密不可分的。金灿荣研究美国多年，他认为美国就属于这样的国家，“它的经济差不多一半跟金融有关，虚拟经济比例过高”。金融化的美国经济为金融垄断资本带去巨额利润，却加剧了产业空心化，并减少了大量底层人民的就业机会，制造了“铁锈地带”。近20年美国互联网寡头们的崛起与金融垄断资本的融合更是加剧了这种局面。

扩大中等收入群体

中等收入群体是社会的“稳定器”。《意见》指出，实施扩大中等收入群体行动计划，激发技能人才、科研人员、小微创业者、高素质农民等重点群体活力。浙江省委十四届九次全会提出，要率先基本形成以中等收入群体为主体的橄榄型社会结构。金灿荣认为，中等收入群体的壮大对于社会稳定很重要，是共同富裕的一个重要特征。美国近年来出现的社会问题，跟其中产阶层不断缩小有关，特别是在经历了2008年的金融危机和2020年的新冠肺炎疫情冲击之后。（下转第二版）

扫一扫 看视频

枫树岭 高粱红

8月2日，杭州市淳安县枫树岭镇上江村迎来了红高粱成熟采收季，村民在田间地头忙着收割、晾晒高粱。当地按照“大下姜乡村振兴联合体”农业产业发展要求，结合土地资源、气候、产业现状以及自古种植红高粱的传统，着力打造农业精品特色产业。

拍友 毛勇锋 摄

“十四五”开局，半年报里看变化

新动能，争先更要争『尖』

创新激发高质量发展张力

本报记者 祝 梅

“十四五”开局，跃动的浙江经济曲线里，创新是最强劲的脉搏。

看结构，高技术服务业、科技服务业、数字经济核心产业服务业营业收入分别增长12.5%、11.9%和11.5%，增速比一季度分别提高2.3、4.5和1.5个百分点。

看增速，把握全球产业结构调整的趋势，数字经济“优等生”浙江加紧布局集成电路、5G、工业互联网等“新基建”项目。上半年，全省规上通信电子业增加值同比增长28.6%——而这样的两位数增速已经持续了6年。

站在新时代的风口，只要激发活力，创新就会纷至沓来。加速扩量、聚能，支撑浙江经济转型升级的新动能“肌肉”愈发强壮。

用好自己的先发优势，“十四五”开局，浙江把实施数字经济“一号工程”2.0版作为重点工作之一，持续培育壮大数字产业。上半年，全省数字经济核心产业制造业增加值增长28.2%，两年平均增长18.5%，直接拉动规上工业增加值增长3.7个百分点。

横向看，更深层、广袤的动能成长空间“藏”在业态融合里。浙江春风动力股份有限公司的“全球智能指挥控制室”里，实时滚动的数据串起上下游的供应商、经销商，龙头企业向链主型企业“转身”，产业链的高效协同带来了更强的行业竞争力。

年初，浙江13个部门联合印发《浙江省推动先进制造业和现代服务业深度融合发展的实施意见》，数字化、柔性化、集成化、共享化、平台化的融合路径，牵引数字经济解锁新赛道、释放新增量。

纵向看，新动能要有新成长，争先之外更要争“尖”。瞄准“缺芯”等全球供需难题，浙江正在推进集成电路、数字安防、网络通信、智能计算等标志性产业链建设，并以此打造全局优势。

今年6月，位于嘉善经济技术开发区的赛晶亚太半导体IGBT生产线正式投产。IGBT处于功率半导体器件供应链的中高端，相关产品在新能源汽车、轨道交通、智能电网、节能环保等众多战略性新兴产业领域需求旺盛，也是“十四五”时期国内亟待攻关的科研前沿领域之一。

更关键的是，新动能长在哪、能长多好或多快，需要有与之匹配的生态。站在新一轮科技革命和产业变革的交汇点，如何紧抓科技这一关键变量，为新动能定制好“成长计划”，持续为高质量发展蓄能，是浙江必须答好的一问。

以项目为牵引，“十四五”时期，我省安排的59个现代产业项目聚焦三大科创高地以及第三代半导体、柔性电子等未来产业，形成了鲜明的产业结构导向。上半年浙江高新技术产业投资同比增长29.9%，增速高出固定资产投资15个百分点。（下转第三版）

路桥打造“数融通”系统破解初创科技企业融资难

企业价值一“数”知

本报讯（记者 许峰 共享联盟路桥站 王恩兴）凭借企业发展潜力，就拿到了路桥农商银行500万元贷款。最近，因而克智能科技（浙江）有限公司董事长郑辉忙并快乐着。为助力初创期科技企业高质量发展，路桥区探索以“数字+金融+科技”为切入点的数字金融“三链融合”，构建政银企多方联动的数字化科技金融服务体系，着力破解初创期科技企业融资难、融资贵、融资慢等问题。

“我们这款全自动清洗机器人，不仅能根据环境场景自动控制进行相关清洗作业，还比人工清洗节水50%以上。”在郑辉口中，记者眼前这款挥舞着机械臂作业的全自动清洗机器人优势满满，而唯一的缺点，就是研发耗时、烧钱，“我们每年的研发投入就超过400万元。”

对于初创期科技企业而言，这样的“缺点”是共同的痛点，缺少抵押物、贷款收益与所承担风险的错配让银行不愿轻易伸出橄榄枝。为此，今年3月，路桥区以“政府主导+市场化运作”模式打造“数融通”应用系统，一场盘活数据、量化“价值”的数智金融服务拉开帷幕。

“以前给初创期科技企业‘评级’是头疼的事。”路桥农商银行公司业务部吕祖辉说，如今他们却有了参考依据。“数融通”汇集了台州市信用信息共享平台、台州市公共数据平台以及相关部门、行业领域的海量数据，不仅能为企业信用全方位精准画像，还创新设立“创新积分”、科技属性评分卡，通过企业行业前瞻性、技术前瞻性、内生成长性等多个维度，以科学的评级模型，为精准适配投融资机构提供依据。（下转第三版）

婺城农房审批改革化解农民建房难

建房指标多了 审批流程快了

本报讯（共享联盟婺城站 周鑫月 映红 记者 陆欣）“等了3年，我的新房梦终于要实现了。”8月2日，家住金华市婺城区长山乡长山二村的村民余伟辉，来到村农房审批改革试点一期项目前喜上眉梢，再过两天，他家的新房就要在这开工建设了。

2018年，长山二村进行小城镇改造，余伟辉的两间老房子为配合村庄建设被拆除。但因农房土地指标一直下不来，这几年，余伟辉一家只能在其他村租住。“我最期盼的就是早日能有自己的新房。”余伟辉说。

“村民急，我们更急。”长山二村党支部书记金丽娟说，长山二村有建房需求的农户共50多户，但每年的建房指标少，村民往往等上几年也没着落。

去年底，婺城区启动农房审批改革，长山二村作为试点村，争取到了一期10亩的建房指标，和去年预留的7.5亩指标，一起优先分给了余伟辉和其他26位村民。

这批建房指标从何而来？“过去，往往要到年底，才能落实宅基地建房指标，导致农民建房需求得不到满足。改革后，根据全区村庄数、人口数和新建房需求户等指标综合考量计算，婺城区每年年初都会预先安排80亩左右的土地指标，专项用于农民建房。”婺城区政府相关负责人说，各乡镇根据各村建房的迫切性、必要性进行分配，年初就能启动村内土地预征、宅基地选址、建房审批等工作。

为此，婺城在全区实行土地指标的竞争性分配，对不能落实的土地指标进行回收，在全区范围内统筹调剂。通过指标预安排，婺城区2019年、2020年分别落实农房土地指标81.7亩和112.9亩，有效破解过去因指标不足，农民建房“只能等”的局面。（下转第三版）

以国际比较视野看共同富裕之路

金灿荣
中国人民大学国际关系学院原副院长

共同富裕，是一个世界性课题。浙江高质量发展建设共同富裕示范区，可以从国际比较视野参考世界发达国家所走的道路。为此，记者采访了著名国际关系研究专家金灿荣。

大力发展实体经济

习近平总书记在“七一”重要讲话中强调，坚持在发展中保障和改善民生。高质量发展是共同富裕的关键，做大经济总量是优化分配的前提。《中共中央　国务院关于支持浙江高质量发展建设共同富裕示范区的意见》（下称《意见》）提出，要巩固壮大实体经济根基，夯实共同富裕的产业基础。要做优做强战略性新兴产业和未来产业，培育若干世界级先进制造业集群，打响“浙江制造”品牌。金灿荣认为，浙江永远要重视制造业，重视实体经济。一是可以保持原有的产业优势，持续壮大区域特色块状经济，加快补齐产业链供应链短板。二是充分发挥区位优势，扎实推进长三角一体化发展，主动借力，互动互补。三是重视科技创新这个关键，以数字变革和科技创新催生新的发展动能，激发浙江籍院士等科技人员的积极性，大力培育一批高端产业和隐形冠军。

从国际视野来看，有的国家贫富分化加剧正是与实体经济萎缩密不可分的。金灿荣研究美国多年，他认为美国就属于这样的国家，“它的经济差不多一半跟金融有关，虚拟经济比例过高”。金融化的美国经济为金融垄断资本带去巨额利润，却加剧了产业空心化，并减少了大量底层人民的就业机会，制造了“铁锈地带”。近 20 年美国互联网寡头们的崛起与金融垄断资本的融合更是加剧了这种局面。

扩大中等收入群体

中等收入群体是社会的“稳定器”。《意见》指出，实施扩大中等收入群体行动计划，激发技能人才、科研人员、小微创业者、高素质农民等重点群体活力。浙江省委十四届九次全会提出，要率先基本形成以中等收入群体为主体的橄榄型社会结构。金灿荣认为，中等收入群体的壮大对于社会稳定很重要，是共同富裕的一个重要特征。美国近年来出现的社会问题，与其中产阶层不断缩小有关，特别是在经历了 2008 年的金融危机和 2020 年的新冠疫情冲击之后。

有研究报告显示，美国贫困率超过 11%，约 4000 万人生活在贫困中，最富有的 0.1%家庭拥有全国约 20%的财富。

浙江省委主要领导提出，探索稳定和扩大中等收入群体新机制，高度关注“平均数以下”问题，推动低收入群体持续较快增收。金灿荣认为，浙江的领导干部整体素质较高，创新意识较强，人民勤劳刻苦，勇于尝试，可以在农村集体产权制度改革、集体经营性建设用地入市增值收益分配机制的建立等方面进行率先探索，不断释放制度红利和政策红利，增加低收入群体的要素收入。

追求效率与公平的结合

共同富裕是社会主义的本质要求，也是中国共产党始终如一的价值追求。金灿荣认为，这跟西方不一样，西方很多国家接受悬殊的贫富差距。

《意见》提出坚持共建共享，体现效率、促进公平。我国在改革开放前，实行计划经济，追求发展的同时，比较注重公平；改革开放以后，以经济建设为中心，比较注重效率。党的十八大以来，中国式发展更加强调效率与公平的结合。金灿荣认为，这是一条比较科学合理的道路。当前，我国社会的主要矛盾已经转化为人民日益增长的美好生活需要和不平衡不充分的发展之间的矛盾，因此，强调效率与公平的结合，就是抓住了我国社会的主要矛盾。

纵观整个世界，欧盟、日本等对公平的重视程度高一点，社会福利也好一些，但是经济社会发展效率不是特别高；美国更重视效率，关注公平少一点，社会问题就多一些，持续性不是特别好。相信浙江能通过高质量发展建设共同富裕示范区，率先走出一条新路，提供一个示范，一个兼顾效率、公平的高质量发展样板。

如何构建基层社会治理新格局

之江会客厅

嘉 宾 南京大学公共事务与地方治理研究中心主任 肖唐镖
中国政法大学政治与公共管理学院教授、博士生导师 卢春龙
浙江传媒学院社会治理传播研究所所长 王国勤

主持人 本报记者 潘如龙 郑亚丽

党的十九届四中全会提出,加强和创新社会治理,完善党委领导、政府负责、民主协商、社会协同、公众参与、法治保障、科技支撑的社会治理体系,构建基层社会治理新格局。本期我们邀请3位社会治理领域的专家学者,共同探讨如何构建基层社会治理新格局。

构建基层社会治理新格局的时代背景

绘图:潘泓璇

记者:从党的十九大报告提出"打造共建共治共享的社会治理格局"到十九届四中全会提出"构建基层社会治理新格局",社会治理重心不断向基层下移。这一变化有何时代背景和迫切性?

卢春龙:改革开放40多年来,我国在经济社会发展方面取得显著成效,但社会建设和社会治理的水平还相对滞后。同时,社会问题的复杂性、多变性和突发性,以及基层人民群众对民生保障和公共服务日益增长的需要,都考验着基层社会治理能力。因此,实现由传统国家管理向现代国家治理的理念转变,构建基层社会治理新格局就成为国家治理体系和治理能力现代化的迫切要求。

肖唐镖:除了社会建设与社会治理相对滞后本身的因素之外,我认为还同社会与经济、文化等方面的结构性关系有关。众所周知,社会与经济、政治和文化之间应当是一种相辅相成或相互制约的关系。改革开放40多年来,我国的经济领域取得巨大成就和进步,但社会领域的发展却相对滞后,尤其是社会治理尚未形成良性格局。比如,社会组织发展及其功能的发挥依然不足,公民的现代性成长及其公共参与依然不足。这一领域的滞后已经越来越制约经济和政治建设,进而影响我国社会的整体发展和进步。

王国勤:我们正处在一个全球化、市场化和信息化的时代,这也是一个大变革、大发展和大调整的时代。一方面,当前中国社会流动性非常大,伴随的是社会运行与变化的不断加速和社会复杂性与不确定性的日益增强。另一方面,互联网的普及使人们摆脱空间邻近性的束缚,使得社会问题产生影响的范围不再是个别的、分散的。再者,改革开放以来,随着中国社会的成长和发育,人民群众的主体意识以及参与社会治理的能力也在不断增强。这些因素都使得原来的基层社会治理方式受到诸多新挑战,当然也为构建基层社会治理新格局开拓了非常大的新空间。

充分释放基层社会治理的创新活力

记者:推进国家治理体系和治理能力现代化的基础性工作在基层,如何充分释放基层社会治理的创新活力?

肖唐镖:国家治理体系与治理能力的现代化,乃是一个系统性工程。在这一系统工程中,基层乃是全部工作的基础所在。在我国,不同形式的基层单位是构成社会整体的基本细胞,是所有民众生活的基本单元,即全体国民生产生活的基本共同体。各层各级乃至整体性的治理工作在基层,"共建共治共享"的最后落脚点也在基层。因此,充分鼓励和释放基层治理的创新活力特别重要。

基层治理创新活力的释放,首先应当充分相信基层、依靠群众,放手让基层在宪法和法律框架下大胆地创新和探索。其次,应当对基层的治理创新活动及其责任人给予充分的鼓励、包容和保护。此外,对基层治理的创新性成果应当及时发现和总结,在完善和提高的过程中加以制度化和推广,成为社会治理的共享性制度成果。

卢春龙:习近平总书记反复强调:"基层是一切工作的落脚点,社会治理的重心必须落实到城乡、社区。"城乡、社区是社会治理的最基本单位,也是社会治理体系中最基础的部分。党的十八大以来,我国的社会治理也日益呈现重心向基层倾斜的改革趋势。

充分释放基层治理创新活力,关键在于建设人人有责、人人尽责、人人享有的社会治理共同体,打造共建共治共享的基层社会治理新格局。治理主体上,实现由政府单一主体向多方主体转变。鼓励和引导企事业单位、社会组织、人民群众积极参与社会治理,增强社会力量参与社会治理的能力和活力。治理过程上,实现由单向度的自上而下向多向度的协商合作转变。在城乡、社区治理和基层公共事务中广泛实行群众自我管理、自我服务、自我教育、自我监督,着力推进基层直接民主制度化、规范化、程序化。治理成果上,完善基本公共服务制度、民生保障制度和公共服务监管制度,让人民群众有实实在在的获得感、幸福感、安全感。此外,还要鼓励各地城乡、社区探索新的治理实践,让基层社会治理的创新活力竞相迸发。

王国勤:充分释放基层治理创新活力,关键是要激活每个治理主体的活力和积极性。这种活力和积极性的激发,首先,要使主体的参与能够得到制度体系的保障,因此需要完善群众参与基层社会治理的制度化渠道。其次,要把碎片化和原子化的个体进行再组织化,并让各类群团组织、社会组织包括行业协会商会等在党建引领下更具活力、更加专业。此外,把更多资源下沉到基层,这也需要激发和调动各类社会资源广泛地投入基层社会治理和服务中。

构建基层社会治理新格局

记者:进入新时代,面对新变化新要求,如何构建基层社会治理新格局?

王国勤:我们围绕"新格局"下功夫,就是要把基层社会治理构建成一种具有相对稳定、又有建构能力的系统性结构关系和功能态势。

首先,只有通过制度化、规范化和程序化建设,实实在在地发挥好一核多元框架下的多元主体作用,才能真正实现政府治理和社会调节、居民自治的良性互动,夯实基层社会治理基础。

其次,要结合城乡基层社区作为治理基本单元和初级社会网络的诸多特点,健全党组织领导的自治、法治、德治相结合的城乡基层治理体系。为此,十九届四中全会《决定》在自治中加了"民主协商"的环节,在德治中提出要注重发挥家庭家教家风在基层社会治理中的重要作用。

最后,构建基层社会治理新格局需要在深度和广度上下大力气。在深度上强调精细化、精准化治理,这需要健全社区管理和服务机制,推行网格化管理、组团式服务,更好地提供精准化、精细化服务。为此,也特别强调了"科技支撑"这个环节。在广度上强调横向到边纵向到底,为此,首次提出了加快推进市域社会治理现代化以及加强边疆治理,推进兴边富民。

肖唐镖:首先,应当瞄准"治理体系和治理能力现代化"的目标,注重问题导向,着眼于长远,着眼于效能,切实补齐治理体系和治理能力现代化中的短板。

其次,应当既注重治理技术和能力的调整和提高,更注重治理体系与结构的改革和改善,在结构现代化中提升并巩固治理能力。

最后,应当紧扣治理创新的重点和难点,即体制和观念层面的创新。治理体系与治理能力的现代化,关键在于各治理主体的发育及其角色功能的结构性安排是否恰当合理,以及是否具备相适应的核心理念,这无疑是极具挑战性的难题。

卢春龙:构建基层社会治理新格局,需要从以下五个方面入手:

一是以党的领导为核心,推进党建引领的多元共治的新格局。党是领导一切的,基层社会治理必须在党的领导下进行。突出基层党组织建设在社会治理中的引领作用,引导社会组织、群团组织、人民群众等广泛参与基层社会治理。

二是深化利益整合,推进共享治理的新格局。新时代我国社会主要矛盾的判断揭示了当下社会治理中多元主体的利益分化与冲突。新发展理念中的共享发展则是解决基层社会治理深层次问题的基本路径。

三是加强制度建设,推进依法治理的新格局。法治作为实现国家治理体系和治理能力现代化的一个标尺,也是基层社会治理的制度保障和基础性准绳。地方政府在基层社会治理实践中,一定要坚持法治思维,让办事依法、遇事找法、解决问题用法、化解矛盾靠法成为常态。

四是积极利用现代科技,推进智能治理的新格局。新技术的运用迅速拓展了社会治理创新的空间和格局。在基层社会治理领域,"互联网+治理"尤其是大数据技术,通过对海量数据的快速收集、挖掘、分析和共享,掌握基层社会治理的前沿动态,形成集信息共享、部门联动、综合研判、科学决策、跟踪督办、应急处置于一体的智能化体系。

五是建设高素质专业化人才队伍,推进专业治理的新格局。社会治理要走向专业化,必然需要专业化的队伍、专业服务的技术和方法。这当中不仅要满足社会福利和社会公共服务等基础性需求,甚至还要承担提升社会福利水平和推动社会内部公共价值导向的职能转型。

弄潮锐评

把好安全关是对治理水平的考验

张 萍

能不能把好安全关,直接考验治理的现代化水平。岁末年终,各地各部门要将安全生产、社会平安作为重中之重,要举一反三,吸取事故教训,严格落实安全责任。

许村之殇,痛彻人心。截至目前,发生在海宁许村的"12·3"事故已经造成9人死亡,但已知的失联人员已经全部找到,救治和善后工作正在有条不紊地开展。年关将近,事故敲响的警钟,刺耳而响亮。坚守安全生产的红线底线,保障人民生命财产安全,才能为美好生活保驾护航。

安全生产无小事。企业作为安全生产的责任主体,责任重大。任何一起事故都是有原因、有征兆的,"海恩法则"在这次事故中再次得到印证。

事故也给安全生产监管部门当头棒喝。印染属于危险因素较多的行业,本应加强安全监管力度,现在却连基本的安全防线都没守住。基层党组织和政府担负着"促一方发展、保一方稳定"的政治责任,安全生产的管理监督职责就扛在肩上、把在手上,对一些风险隐患和违法违规行为决不能听之任之。让安全生产从理念化为行动,离不开强有力的执法监督,离不开责任的层层压实,离不开守土尽责的自我鞭策。

"人命关天,发展决不能以牺牲人的生命为代价。这必须作为一条不可逾越的红线。"安全是高质量发展的前提,正确处理安全与发展的关系,提升全社会安全整体水平,才能实现发展为了人民。随着工业化、城镇化进程的加快,发展的任务在增加、节奏在加快,各类安全风险也随之增多,涉及安全的环节也越来越多。这就需要全社会共同树立起安全观念,齐抓共管,编织一张最牢靠的安全防护网,托举起高质量发展的征程。

能不能把好安全关,直接考验治理的现代化水平。一家企业的过错和事故,最终不仅危害本企业,还导致周边企业及人民重大的生命和财产损失,造成恶劣社会影响。当前,整个社会处于相互牵连的复杂系统之中,一个螺丝发生松动,威胁的是全盘的安危。浙江的中小企业数量巨大,还存在多少忽视安全问题的企业责任主体,还有多少对安全置若罔闻的案例,必须要逐个"过筛子"。作为治理者,立足这种系统性,拧紧每一个松动的"螺丝",才能让整个系统更好运转。

岁末年终,各地各部门要将安全生产、社会平安作为重中之重。全省各地要举一反三,吸取事故教训,严格落实安全责任,全面开展隐患治理工作,系统展开地毯式排查,防止"摁下葫芦浮起瓢",答好安全这张考卷,确保人民群众生命财产安全,把安全感重新还给老百姓。

今日时评

用好互联网让司法正义触手可及

逯海涛

司法制度是治国理政的基本制度。作为数字经济发展的高地,浙江在互联网司法实践中的先行先试,正是其不断推进省域治理现代化的缩影。

最新最炫的互联网科技,以守护公平正义为己任的司法制度,两者的相遇会碰撞出怎样的火花?12月4日,最高人民法院在乌镇发布了《中国法院的互联网司法》白皮书。远程审理案件、区块链存证固证、审务云……短短几年之中,中国法院的互联网司法探索结出了累累硕果。而浙江作为数字经济发展的高地,在互联网司法的实践中敢为人先、先行先试,形成了一批全国范围内可复制可推广的宝贵经验。

互联网的快速发展深刻改变着人们的生产生活,同时也给司法带来了前所未有的机遇和挑战。互联网司法并不是简单的"互联网+司法",不等于传统诉讼制度与现代互联网技术的简单叠加,而是对传统司法体系的一次重构。互联网司法也不完全等同于智慧法院的建设,它更侧重于机制创新、规则确立,旨在梳理出一套在线诉讼的"游戏规则",并对新型涉网案件制定出治理规则。这个过程,不仅仅考验着我们对于互联网新技术的掌握程度,也考验着如何让公平正义之光照亮网络空间的能力。这对所有国家来说几乎都是一个崭新的领域,并没有太多东西可以借鉴。但是,面对时代发展、技术进步、法治需求和群众期待,我们必须紧扣时代脉搏、立足国情实际,大力探索互联网时代司法治理新模式。

让人欣喜的是,不管是从顶层设计还是基层探索来说,当下的中国互联网司法已经展现出了制度优势和治理效能。短短几年,中国庭审公开网直播庭审550万件,超过1.94亿条数据上链存证固证,全国67%的案件随案生成电子卷宗并流转应用……通过不断的自主创新,中国互联网司法如今已经初步建立了制度框架、形成了规模效应,逐步呈现了改革成效。

与科技携手同行、与法治同频共振。作为互联网强省,浙江有着深厚的产业基础和创新氛围,在互联网司法实践中,浙江扬己之长成为了"样板间"和"试验田",并交出了不俗的成绩单。2012年,浙江法院在全国首创网络司法拍卖,在业界引起不小轰动;2015年4月,省高院率先在辖区法院开展电子商务网上法庭试点,集中审理网络支付纠纷、网络著作权纠纷、网络交易纠纷等案件;2017年,全国第一家互联网法院在杭州成立,审理的多个案例成为经典判例,比如"微信小程序案""小猪佩奇案""芝麻信用隐私权案"等,为多地法院参考借鉴。此外,还有"一站式诉讼服务"让当事人"最多跑一次",甚至"一次都不用跑"等。浙江互联网司法的创新和实践,正是省域层面上治理体系和治理能力现代化在司法领域的体现。

司法制度是治国理政的基本制度,在互联网司法上的创新和尝试,正是浙江不断推进省域治理现代化的缩影。当然,互联网技术在司法实践中的应用还只是刚起步,将来仍须大胆开拓,积极创新,加快建设社会治理共同体,打造出具有浙江特色的社会治理现代化样本。

思想漫谈

中国就该自信

王玉宝

自信不是躺在功劳簿上睡大觉。自信不是掩耳盗铃,对不足视而不见、自欺欺人。自信,是看清纷繁复杂的历史潮流和现实情境,对凝结自身奋斗经验的制度和道路,秉持一份战略定力和信仰、信心。

12月3日,习近平主席在会见出席"2019从都国际论坛"外方嘉宾时指出:行稳才能致远。中国特色社会主义道路是中国能够不断发展稳定的最根本原因,得到了全中国人民的衷心拥护和支持。我们将坚定不移继续沿着我们选择的道路走下去。中国将继续坚持改革开放,如期实现"两个一百年"奋斗目标。我对中国的未来充满信心。

"充满信心"!这样的一份宣示饱含力量感,尤其是放在当下国际国内复杂变化的形势之下,能帮助我们更好地穿越迷雾,指引我们"行稳"脚下的路。

要走向梦想的远方,必须对自己的目标、路径和行走方式,在经过科学论证、作出凝结了自身深刻经验的规划之后,秉持坚定的自信。倘若没有坚定的自信,我们或是失去对远大目标的坚守,流连于路旁的风景;或是听到路人的指指点点,就心生怀疑。在当下的国内外环境中,我们尤其需要自信。

新中国成立以来,我们取得的伟大成就,难以用语言形容;浙江经济社会发展足以用"传奇"命名。这一点,我们自己自不必说,大多数国家包括许多西方发达国家以及大量西方学者纷纷刮目相看。但是,或是出于意识形态的偏见,或是出于国际竞争中的功利目的,仍有不少西方敌对势力挖空心思地对中国道路和制度进行诋毁。甚至有的时候,这些势力因为掌握了强势的国际话语权和"文化霸权",在舆论造势上"无所不用其极"。最近,某国出台的两个所谓"法案",正是典型的例证。

在这样的环境中,我们自己的"自信"就显得尤其重要。倘若一遇风吹草动,我们自己便先怯了,不淡定了,不从容了,如何还能走好脚下的路?一个"听风便是雨"、轻易为外界所动、对自己深思熟虑的选择轻易动摇的国家和民族,永远不能抵达国家发展的"彼岸"。这是党的十八大以来,以习近平同志为核心的党中央反复强调坚定"四个自信"的原因之一。从某种意义上说,对自信的坚定程度,决定了我们到底能走多远,到底能否抵达目标,到底能否实现梦想。

正如习近平主席在会见出席"2019从都国际论坛"外方嘉宾时所指出的,世界上没有哪一个国家和民族能够通过亦步亦趋、走别人的道路来实现自己的发展振兴,也没有一条一成不变的道路可以引导所有国家和民族实现发展振兴。确实,我们应该借鉴别人的优点和人类文明的精华,我们也要听取别人的中肯建议,但是,最根本的还在于我们对由自身血与火的历史淬炼出的中国特色社会主义道路、理论、制度、文化生发由内而外的坚定自信。因为,鞋是穿在我们自己脚上的,远方的路需要我们自己去走,就像再高明的向导也无法坐在家里遥控我们攀登到山峰之巅。

当年吴越相争,越王勾践10多年卧薪尝胆,对自己东山再起的计划坚定不移,最终实现了目标。这是自信的结果。东汉末年,群雄并起,西蜀确定了联吴抗曹的战略,并坚定不移,最终铸就了三分天下有其一的格局。这也是自信的结果。这些都是中国悠久历史给今日之中国的珍贵启示。中国必须自信,才能一往无前、无往不胜。对浙江而言,更要勇立潮头,为中国特色社会主义打造更好样本,沿着"八八战略"指引的路子坚定不移走下去,为实现中国梦作出应有的贡献。

如何构建基层社会治理新格局

嘉 宾

肖唐镖
南京大学公共事务与地方治理研究中心主任

卢春龙
中国政法大学副校长

王国勤
浙江传媒学院社会治理传播研究所所长

党的十九届四中全会提出，加强和创新社会治理，完善党委领导、政府负责、民主协商、社会协同、公众参与、法治保障、科技支撑的社会治理体系，构建基层社会治理新格局。记者邀请 3 位社会治理领域的专家学者，共同探讨如何构建基层社会治理新格局。

构建基层社会治理新格局的时代背景

记者：从党的十九大报告提出“打造共建共治共享的社会治理格局”到党的十九届四中全会提出“构建基层社会治理新格局”，社会治理重心不断向基层下移。这一变化有何时代背景和迫切性？

卢春龙：改革开放 40 多年来，我国在经济社会发展方面取得显著成效，但社会建设和社会治理的水平还相对滞后。同时，社会问题的复杂性、多变性和突发性，以及基层人民群众对民生保障和公共服务日益增长的需要，都考验着基层社会治理能力。因此，实现由传统国家管理向现代国家治理的理念转变，构建基层社会治理新格局就成为国家治理体系和治理能力现代化的迫切要求。

肖唐镖：除了社会建设与社会治理相对滞后本身的因素之外，我认为还同社会与经济、文化等方面的结构性关系有关。众所周知，社会与经济、政治和文化之间应当是一种相辅相成或相互制约的关系。改革开放40多年来，我国的经济领域取得巨大成就和进步，但社会领域的发展却相对滞后，尤其是社会治理尚未形成良性格局。比如，社会组织发展及其功能的发挥依然不足，公民的现代性成长及其公共参与依然不足。这一领域的滞后已经越来越制约经济和政治建设，进而影响我国社会的整体发展和进步。

王国勤：我们正处在一个全球化、市场化和信息化的时代，这也是一个大变革、大发展和大调整的时代。一方面，当前中国社会流动性非常大，伴随的是社会运行与变化的不断加速和社会复杂性与不确定性的日益增强。另一方面，互联网的普及使人们摆脱空间邻近性的束缚，使得社会问题产生影响的范围不再是个别的、分散的。再者，改革开放以来，随着中国社会的成长和发育，人民群众的主体意识以及参与社会治理的能力也在不断增强。这些因素都使得原来的基层社会治理方式受到诸多新挑战，当然也为构建基层社会治理新格局开拓了非常大的新空间。

充分释放基层社会治理的创新活力

记者：推进国家治理体系和治理能力现代化的基础性工作在基层，如何充分释放基层社会治理的创新活力？

肖唐镖：国家治理体系与治理能力的现代化，乃是一个系统性工程。在这一系统工程中，基层乃是全部工作的基础所在。在我国，不同形式的基层单位是构成社会整体的基本细胞，是所有民众生活的基本单元，即全体国民生产生活的基本共同体。各层各级乃至整体性的治理工作在基层，“共建共治共享”的最后落脚点也在基层。因此，充分鼓励和释放基层治理的创新活力特别重要。

基层治理创新活力的释放，首先，应当充分相信基层、依靠群众，放手让基层在宪法和法律框架下大胆地创新和探索。其次，应当对基层的治理创新活动及其责任人给予充分的鼓励、包容和保护。最后，对基层治理的创新性成果应当及时发现和总结，在完善和提高的过程中加以制度化和推广，成为社会治理的共享性制度成果。

卢春龙：习近平总书记反复强调，基层是一切工作的落脚点，社会治理的重心必须落实到城乡、社区。城乡、社区是社会治理的最基本单位，也是社会治理体系中最基础的部分。党的十八大以来，我国的社会治理也日益呈现重心向基层倾斜的改革趋势。

充分释放基层治理创新活力，关键在于建设人人有责、人人尽责、人人享有的社会治理共同体，打造共建共治共享的基层社会治理新格局。治理主体上，实现由政府单一主体向多方主体转变。鼓励和引导企事业单位、社会组织、人民群众积极参与社会治理，增强社会力量参与社会治理的能力和活力。治理过程上，实现由单向度的自上而下向多向度的协商合作转变。在城乡、社区治理和基层公共事务中广泛实行群众自我管理、自我服务、自我教育、自我监督，着力推进基层直接民主制度化、规范化、程序化。治理成果上，完善基本公共服务制度、民生保障制度和公共服务监管制度，让人民群众有实实在在的获得感、幸福感、安全感。此外，还要鼓励各地城乡、社区探索新的治理实践，让基层社会治理的创新活力竞相迸发。

王国勤：充分释放基层治理创新活力，关键是要激活每个治理主体的活力和积极性。这种活力和积极性的激发，首先，要使主体的参与能够得到制度体系的保障，因此需要完善群众参与基层社会治理的制度化渠道。其次，要把碎片化和原子化的个体进行再组织化，并让各类群团组织、社会组织包括行业协会商会等在党建引领下更具活力、更加专业。此外，把更多资源下沉到基层，这也需要激发和调动各类社会资源广泛地投入基层社会治理和服务中。

构建基层社会治理新格局

记者：进入新时代，面对新变化新要求，如何构建基层社会治理新格局？

王国勤：我们围绕“新格局”下功夫，就是要把基层社会治理构建成一种具有相对稳定、又有建构能力的系统性结构关系和功能态势。

首先，只有通过制度化、规范化和程序化建设，实实在在地发挥好一核多元框架下的多元主体作用，才能真正实现政府治理和社会调节、居民自治的良性互动，夯实基层社会治理基础。

其次，要结合城乡基层社区作为治理基本单元和初级社会网络的诸多特点，健全党组织领导的自治、法治、德治相结合的城乡基层治理体系。为此，党的十九届四中全会作出的决定在自治中加了“民主协商”的环节，在德治中提出要注重发挥家庭家教家风在基层社会治理中的重要作用。

最后，构建基层社会治理新格局需要在深度和广度上下大力气。在深度上强调精细化、精准化治理，这需要健全社区管理和服务机制，推行网格化管理、组团式服务，更好地提供精准化、精细化服务。为此，也特别强调了“科技支撑”这个环节。在广度上强调横向到边纵向到底，为此，首次提出了加快推进市域社会治理现代化以及加强边疆治理，推进兴边富民。

肖唐镖：首先，应当瞄准治理体系和治理能力现代化的目标，注重问题导向，着眼于长远，着眼于效能，切实补齐治理体系和治理能力现代化中的短板。

其次，应当既注重治理技术和能力的调整和提高，更注重治理体系与结构的改革和改善，在结构现代化中提升并巩固治理能力。

最后，应当紧扣治理创新的重点和难点，即体制和观念层面的创新。治理体系与治理能力的现代化，关键在于各治理主体的发育及其角色功能的结构性安排是否恰当合理，以及是否具备相适应的核心理念，这无疑是极具挑战性的难题。

卢春龙：构建基层社会治理新格局，需要从以下五个方面入手。

一是以党的领导为核心，推进党建引领的多元共治的新格局。党是领导一切的，基层社会治理必须在党的领导下进行。突出基层党组织建设在社会治理中的引领作用，引导社会组织、群团组织、人民群众等广泛参与基层社会治理。

二是深化利益整合，推进共享治理的新格局。新时代我国社会主要矛盾的判断揭示了当下社会治理中多元主体的利益分化与冲突。新发展理念中的共享发展则是解决基层社会治理深层次问题的基本路径。

三是加强制度建设，推进依法治理的新格局。法治作为实现国家治理体系和治理能力现代化的一个标尺，也是基层社会治理的制度保障和基础性准绳。地方政府在基层社会治理实践中，一定要坚持法治思维，让办事依法、遇事找法、解决问题用法、化解矛盾靠法成为常态。

四是积极利用现代科技，推进智能治理的新格局。新技术的运用迅速拓展了社会治理创新的空间和格局。在基层社会治理领域，“互联网＋治理”尤其是大数据技术，通过对海量数据的快速收集、挖掘、分析和共享，掌握基层社会治理的前沿动态，形成集信息共享、部门联动、综合研判、科学决策、跟踪督办、应急处置于一体的智能化体系。

五是建设高素质专业化人才队伍，推进专业治理的新格局。社会治理要走向专业化，必然需要专业化的队伍、专业服务的技术和方法。这当中不仅要满足社会福利和社会公共服务等基础性需求，甚至还要承担提升社会福利水平和推动社会内部公共价值导向的职能转型。

如何建设社会治理共同体

之江会客厅

嘉 宾 中国人民大学公共管理学院院长 杨开峰
浙江大学公共管理学院院长 郁建兴
中山大学城市与地方治理研究中心主任 何艳玲

主持人 本报记者 潘如龙 周宇晗

党的十九届四中全会明确提出要坚持和完善共建共治共享的社会治理制度,保持社会稳定、维护国家安全。其中,"建设人人有责、人人尽责、人人享有的社会治理共同体"的提法,受到广泛关注。本期我们特邀3位专家学者,一起来谈谈如何建设社会治理共同体。

人人有责、人人尽责、人人享有

主持人:党的十九届四中全会明确提出,要建设人人有责、人人尽责、人人享有的社会治理共同体。对于"社会治理共同体"这一提法,您是怎样理解和认识的?

杨开峰:共同体意味着成员之间主体地位平等、决策程序民主、资源配置公平、结果共享正义。首先要明确,尽管存在利益格局分化和社会主体多元化,但是矛盾是共同体成员之间的,是人民内部矛盾,我们要完善正确处理新形势下人民内部矛盾的有效机制。

其次,"人人有责"解决的是意识问题。政府要转变观念,强调人人参与不仅是因为政府资源有限,更重要的是社会治理格局正在转型,这是相信群众、依靠群众的体现。同时,公民应该有规则意识、法治意识和参与意识,认识到参与公众事务既是宪法赋予的权利,更是公民的责任和义务。

第三,"人人尽责"解决的是行动问题。一方面要用制度保障"人人尽责"的可能性、有效性;另一方面政府要给予社会组织、社会力量和人民群众更多的信任支持,完善基层群众自治机制,调动社会主体的积极性。

第四,"人人享有"解决的是结果问题。要完善相关制度,保障人人享有、人人满意。这既包括完善公共服务体系、保障群众基本生活,也包括化解矛盾冲突、照顾各方利益,不断促进社会公平正义,让城乡之间、地域之间、群体之间、家庭之间更加和谐。

绘图:潘泓璇

郁建兴:这一提法标志着我们党对于加强和创新社会治理已经有了更高标准的战略规划。过去我们讲"社会治理",通常都假定治理的主体是政府,对象是社会,是"政府的社会治理"。而社会治理的成效、对社会治理成效的评估,大多停留在政府考核的层面,与人民群众的获得感、满意度关系不是很大。

"建设人人有责、人人尽责、人人享有的社会治理共同体",传达了一个非常清晰的信号:当代中国的社会治理将迈向党委、政府、社会、公众共同治理的新局面。进一步说,社会组织、广大人民群众不仅需要在执行阶段参与社会治理,更要共同规划社会治理的目标,共同设计社会治理的政策,共同探索社会治理的工具,共同开展社会治理实践,共同评估社会治理成效。

何艳玲:建设人人有责、人人尽责、人人享有的社会治理共同体,强调的是以人民为中心的发展思想,强调对人民群众美好生活向往的回应,也强调人民的主体性和责任感。

面对日益复杂的社会结构,社会需求与公共服务供给之间日益凸显出不匹配、不兼容的地方。如何通过治理变革和机制创新来弥合两者间的"缝隙",需要重新思考。"人人有责"回答"谁来管"的问题,即由谁来主导和参与。"人人有责、人人尽责、人人享有",三个"人人"互为因果、环环相扣,为探索新时代社会治理之道提供了系统方案。

建设社会治理共同体,有三个关键点:首先,党建是引领。党的领导是中国特色社会主义的本质特征和最大优势,要充分发挥党在社会治理中总揽全局、协调各方的领导核心作用。其次,制度是保障。强化各级政府抓好社会治理的责任制,引领和推动社会力量参与社会治理。再次,落地于社区。社区是社会治理的主阵地,也是人们最能体验到美好生活的空间。这就要求政府的工作重心向下、方式多元、能力提升。

改革机制、创新方式、协同治理

主持人:党的十八大以来,我国基层社会治理水平得到了显著提升。而要真正打造社会治理共同体,形成共建共治共享的社会治理新格局,还须克服哪些痛点、难点?

杨开峰:一是政府观念和体制机制还须改革。有些地方对建立社会治理新格局的认识不到位;有些基层政府权责失衡;部分地区社会矛盾的化解诉调机制不够有力,大量矛盾纠纷没有被消除在基层。

二是协同治理手段缺乏。食品安全、医疗安全、生态环境保护等是社会关注的焦点问题,严重影响群众获得感、幸福感,但是这些问题往往超出一个地方、一个部门的职责与能力范围。

三是应对新型社会风险形势严峻。新型社会风险不确定性大,难以预测,传播迅速而广泛,容易造成金融风险等。特别是网络社会的兴起,使社会舆论、社会情绪、社会行为的机制发生变化,网络犯罪成为第一大犯罪类型,传统社会管理模式面临挑战。

四是社会组织的权能还比较薄弱。社会治理社会化程度较低,行业自治组织、群众性组织发展不充分,新经济组织和新社会组织在推动社会治理创新方面表现还不突出。

五是多元参与方式有待创新,公民意识有待加强。特别是人口流动频繁的地方,社区认同感弱,居民参与公共事务的意识淡薄,能动性难以有效调动。

郁建兴:一方面,要解决一个关键问题:激励机制的形成和完善,即如何让社会组织、广大人民群众能够自发地、积极地参与到社会共同治理中来。而解决问题的核心是如何划分责任。我们都知道公共池塘的悲剧,因为没有人知道自己到底享受了多少池塘资源,造成了多少污染,所以没办法精确地知道每个人需要承担的维护责任。我们的社会治理也是一样,如果没有办法在操作层面上划分主体责任,那么社会治理将始终是政府的社会治理。

另一方面,要处理好两对关系。一是顶层设计和地方创新的关系。顶层设计明确改革方向和边界,为地方自主创新提供操作空间和制度保障。而地方在此基础上和既定边界内,因地制宜探索治理模式。二是国家和社会的关系。一些地方政府为了迅速营造多元治理的格局,通过行政推动的手段,选择性地"培植"一些典型。这种"拔苗助长"的方式,不但不能促成社会治理的内源式发展,反而削弱了政府与社会、民众的整体互动。所以,推动社会治理应该多一些耐心和等待,大力培育社区社会组织,提高政府以外的社会治理主体的能力和水平。

民主协商是独特优势,科技支撑是突出特点

主持人:十九届四中全会发展了十九大的理论成果,在完善社会治理体制方面增加了"民主协商"和"科技支撑"的要求,您怎么理解民主协商和科技支撑在社会治理中的重要作用?

何艳玲:民主协商是基于对"共同"的理解与挖掘,分层次有重点开展工作。社会治理共同体的打造,关键是要实现对"共"的理解,它包括三层含义:共同的利益诉求、共同的商议机制、共同的行动规则。具体而言,一是要对政府、市场与社会三者的共同诉求和意见主张进行判定和识别,寻找三者之间的"最大公约数"。二是共同利益诉求是可商议的,可以通过平台搭建和机制设计,弥补现行管理体制和反馈渠道的不足之处。三是共同的商议结果是可落地的,各主体根据对协商结果的呈现、评估采取共同的行动。

科技支撑是技术治理的重要呈现。对于社会治理格局的打造,科技支撑最大的好处在于能够实现信息的交流互通。一是打破政府职能部门间的信息壁垒,缓解政府管理过程中自身的结构性紧张,比如职能部门空心化、基层政府工作部门化等。此外,社会事务的复杂性要求建立部门间的横向联合机制,这就需要用科技手段打造跨部门甚至跨行政区划的信息平台。二是打破政府与社会之间的交流壁垒。政府职能部门管理的"点"与社会事务的"面"之间不对应,垂直部门专业化的职能设置与社会事务的多样化变动性之间无法匹配。这就需要信息技术补足两者的差异,通过网格数据的收集和精细化治理,熟知民生民情。

杨开峰:民主协商是实现党的领导的重要方式,是社会主义民主政治的特有形式和独特优势,是解决基层人民内部矛盾的有效办法,是坚持群众路线的必然选择,是决策科学化、民主化的必然要求。我国基层社会治理的目标模式是党领导下的基层多元共治,必须坚持党的领导、民主协商、依法办事的有机统一。

科技支撑是现代社会治理的突出特点。现代信息技术不仅仅是技术问题,更是生产力问题,是社会本身发生深刻变化的折射,不断冲击和改变社会的边界、结构、关系、机制和认知,也深刻影响了社会治理的客观基础。社会治理的对象、理念和方式正在发生变化,新的治理问题不断涌现;同时,新兴科技为治理带来广阔的潜力和可能性,为解决一些长期积累的痛点、难点问题带来机遇。我们需要利用科技手段来重塑治理边界、改善治理结构、创新治理工具、改革治理方式,增强社会治理的执行力,提升社会治理的治理效能。

打造基层社会治理的浙江新样本

主持人:从"枫桥经验"到"三治融合""息事无讼"等,浙江在基层社会治理创新实践方面走在前列。新时代,浙江如何发挥"三个地"的独特优势,结合实际,探索打造基层社会治理新样本?

杨开峰:继续强调党建引领,建立更全面、更有效的党委、政府与社会力量凝聚合作的体制机制,更好地发挥基层党组织横向联动整合社会资源的功能。

持续转变观念,提高认识。政府部门是治理的主体,也是治理的对象,是社会治理的参与者和服务者。要努力向服务型政府、高效政府和法治政府转变。

在推进治理体系和治理能力现代化的总体大局中改善社会治理。要把社会治理同浙江其他领域的治理实践结合起来,比如同"最多跑一次"改革结合起来,同美丽乡村建设结合起来,同数字经济发展结合起来等。

建立科学评估体系,不断总结经验,实现持续创新。社会治理体系怎么样才算现代化?社会治理能力怎样才算现代化?我们怎么能保证行进在正确的道路上?评估、问责、学习必不可少。

郁建兴:一项实践之所以能够成为经验,是因为它具有超越属地治理特征的普遍性。社会治理实践要成为经验,除了完善的治理体系之外,还需要与之匹配的治理能力。制度容易学习和复制,而能力的培养需要正确的引导和时间的积累。

无论是"枫桥经验"、民主恳谈会,还是"三治融合""息事无讼",它们的背后都是一批又一批基层精英在灵活运用制度。所以,浙江省作为当代中国众多治理经验的发源地,想要在全面深化改革中进一步领跑全国,除了在制度安排和机制设计上总结经验之外,更需要去思考提升社会治理能力的经验和方法。"最多跑一次"改革在全国范围内的广泛扩散,给浙江省各级政府总结治理经验提供了重要样本。"最多跑一次"改革不仅注重制度和机制的设计,更在如何提高干部和群众的数字化思维和能力上,为其他地方政府提供了重要参考。唯有在治理体系和治理能力上双管齐下,浙江智慧才能走出浙江,成为浙江经验,为中国方案贡献浙江智慧。

中国新闻名专栏

之江观察·社会治理系列谈②

尽享数字治理红利

逯海涛

让数字科技赋能社会治理,首先管理者自身要积极主动拥抱变革,努力打造数字政府。我们还应紧跟科技进步、产业变革的步伐,积极探索治理方式的创新。

信息化浪潮带来的社会变革前所未有,区块链、大数据、云计算、人工智能、物联网等先进科技融入了百姓生活的方方面面,也成为推进社会治理现代化的重要引擎。治政之要在于安民。万物互联的时代,如何尽享数字化红利,让高科技赋能社会治理、提升社会治理水平?解好这道题,不仅考验着社会治理水平,也检视着我们对新兴科学技术的认识程度和掌控能力。

作为"一号工程",浙江的数字经济发展领跑全国。数字经济不仅仅改变了浙江百姓的日常生活,助推着产业发展,对浙江数字政府的打造、社会的数字化治理,同样意义重大。在习近平总书记所作《关于〈中共中央关于坚持和完善中国特色社会主义制度、推进国家治理体系和治理能力现代化若干重大问题的决定〉的说明》中,也建议更加重视运用人工智能、互联网、大数据等现代信息技术手段提升治理能力和治理现代化水平。

让数字科技赋能社会治理,首先管理者自身要积极主动拥抱变革,努力打造数字政府。数字政府的本质是"互联网+公共服务",折射的是政府数字化转型和治理能力的现代化。说到底,就是让人民群众更容易享受到政府服务,有更多的获得感、幸福感和安全感。要实现政府的数字化转型,就要在观念、制度和技术上寻求转变。2003年以来,浙江的政府数字化转型秉承"一脉相承、一以贯之"的理念,从"四张清单一张网"到浙江政务服务网,从深化"最多跑一次"改革到全面推进政府数字化转型,一直走在全国前列。今后,我们仍应以打造数字政府为牵引和示范,把"最多跑一次"改革推向纵深,提升治理智能化、精细化水平,增进民生福祉,助力省域治理现代化。

提升治理智能化、精细化水平,离不开科技发力。我们还应紧跟科技进步、产业变革的步伐,积极探索治理方式的创新。比如,西湖喷泉作为杭州著名的网红景点,常常在很短时间内就能汇集起巨大的人流。如何保证游览秩序平稳有序以及游客们的人身安全?西湖景区正是借力"黑科技",打造出"湖滨智芯"数据大屏。78台红外热感设备安装在景点进出口,游客进出,人数会自动反映到后台屏幕上;手机信号进入,也能被这里的2500多个手机基站捕捉到。有了科技的助力,景区不仅能精准派出工作人员进行引导,还会及时发送提醒短信,建议游客错峰游览。从"城市大脑"的不断升级,到"雪亮工程"的深度应用,再到"一体化办案"系统的推广,浙江各地用不断涌现的新技术丰富着新时代"枫桥经验"的内涵,为打造平安浙江提供了无限空间和广阔前景。

在运用新科技提升社会治理能力的过程中,我们也应该注意这样一个问题,治理的智能化、精细化不能等同于对科技的简单依赖,而应做到治理理念先行、科技为我所用。此外,针对新技术应用带来的新问题,如人脸识别技术引发的隐私保护、不同收入阶层的"数字鸿沟"问题,以及网络信息安全等,都需要我们在主动顺应数字治理趋势的同时,规避可能存在的风险,消除技术背后的隐患。

钱塘论坛

最美不过爱生活

李 攀

不需要骏马奔驰,不需要惊涛拍岸,马放南山、闲庭信步亦能绽放芳华,巧手施展照样可以把平淡的日子叠成一串串诗行。

30岁在家务农,40岁写小说,50岁在大学教写作,杭州电子科技大学宿管阿姨汤杏芬的励志故事最近被媒体广泛报道。在杭电,50岁的汤杏芬绝对是"第一号名人"。她既是兢兢业业的宿管阿姨,也是一位作家。据报道,6年时间,她已发表6部中长篇网络小说。

大学的宿管或者食堂工作人员当中出作家、出诗人,屡屡成为新闻。不久前,杭电的食堂师傅宋成宝就因写诗走红。这些故事之所以总被津津乐道,是因为故事的主角看上去十分平凡,在并不显眼的岗位上默默地工作着,但他们的才华却不简单,往往一出手就令人瞩目。在大众的视野下,他们的生活距离文学和诗意似乎非常遥远,然而在他们的内心深处,他们的生活与文学和诗意却紧密相连。

笔者想起前段时间看到的一段热传的视频。一位农民工大叔下班时被拍到戴着黄色安全帽在人行道上蹦蹦跳跳,瞬间走红网络,网友称隔着屏幕都能感受到他的高兴,也有网友称看哭了。其实,人生重要的不是干什么,也不是置身何处,而是把内心安放在哪里。都市竞争激烈,压力较大,不少人匆忙前行,心中容易塞满欲望和杂念,因此难以有一泓清水般的澄净。

然而,诗意的生活终究是每个人所向往的。日子一页页翻过,年华一点点消逝,我们就更加羡慕汤杏芬和宋成宝这般诗意地栖居,这般的淡泊和宁静。在他们接受采访时的乐观从容中,从他们笔下的文字里,我们读懂了一颗浪漫而执着的心灵。能不为浮华所动,能安心做一些自己感兴趣但不一定能迅速收获名利的事情,其实也是一种享受。不需要骏马奔驰,不需要惊涛拍岸,马放南山、闲庭信步亦能绽放芳华,巧手施展照样可以把平淡的日子叠成一串串诗行。

近些年,从因为写诗而走红的农民余秀华,到凭借《我是范雨素》受到关注的民工范雨素,再到登上央视中国诗词大会而夺冠的外卖小哥雷海为,普通人一而再、再而三地上演着一幕幕令人惊艳的瞬间。我们震撼于他们的才华,更感动于他们在平凡人生当中对诗意的付出与坚守。

究其原因,这种诗意植根于对生活的热爱。人间烟火绚烂万千,选择也很多,可罗曼·罗兰说:"世界上只有一种英雄主义,那就是认清生活的真相后,依然热爱生活。"据说,在阿尔卑斯山山谷中有一条公路,两旁景色极美,路边竖立着一个标语牌:"慢慢走,欣赏啊!"多欣赏生活吧,多为生活当中的美好驻留,生活也会给我们更多的回馈。

慢品人间烟火色,闲观万事岁月长。慢慢走,多欣赏!

福彩"15选5"

第2019301期 投注总额:549802元

中奖号码(无需排序) 02 04 06 11 12

奖级	中奖条件	中奖注数	奖金
特等奖	中5选4	0	0元
一等奖	5个号全中	100	1968元/注
二等奖	中任意4个号	3218	10元/注

奖池累计111.6550万元滚入下期。
本信息若有误以公证数据为准。

11月11日

福彩3D

第2019301期 销售总额:51922982元

中奖号码:1 0 9

奖等	浙江中奖注数	每注奖额(固定)
单选	2443	1040元
组选3	0	346元
组选6	2255	173元
其他投注方式中奖14788元		

浙江销售额3207288元,返奖额2945623元。
本信息若有误以公证数据为准。

11月11日

福彩6+1

第2019129期 投注总额:643596元

中奖号码(排序) 基本号 1 3 4 6 8 1 生肖码 蛇

奖等	中奖条件	中奖注数	奖金
一等奖	基本号码和生肖码全部按位相符	0	0元
二等奖	6位基本号按位相符	4	20000元/注
三等奖	5位基本号按位相符且生肖码相符	1	10000元/注
四等奖	5位(含基本号和生肖码)按位相符	62	500元/注
五等奖	4位(含基本号和生肖码)按位相符	[illegible]	30元/注
六等奖	3位(含基本号和生肖码)按位相符,或1位基本号按位相符且生肖码也相符	17717	5元/注

未中出奖金8971.5424万元滚入下期一等奖。
本信息若有误以公证数据为准。

11月11日

中国体育彩票排列3(浙江省)第19301期开奖信息

开奖日期:2019年11月11日 本期浙江销售金额:1499896元

本期开奖号码:3 7 9

本期中奖情况

投注方式	中奖注数	单注奖金	应派奖金合计
直选	312注	1040元	324480元
组选3	0注	346元	0元
组选6	504注	173元	87192元
合计	816注	...	411672元

17889283.12元奖金滚入下期奖池。本期兑奖截止日为2020年1月10日,逾期作弃奖处理。本信息若有误以公证数据为准。

中国体育彩票排列5第19301期开奖信息

开奖日期:2019年11月11日

本期全国销售金额:11032976元

本期开奖号码:3 7 9 1 5

本期中奖情况

奖级	中奖注数	单注奖金	应派奖金合计
一等奖	89注	100000元	8900000元
合计	89注	...	8900000元

364212405.26元奖金滚入下期奖池。本期兑奖截止日为2020年1月10日,逾期作弃奖处理。本信息若有误以公证数据为准。

中国体育彩票浙江省20选5第19301期开奖信息

开奖日期:2019年11月11日 本期销售金额:145588元

本期开奖号码:02 10 11 14 16

本期出球顺序:16 14 10 11 02

本期中奖情况

奖级	本地中奖注数	单注奖金
一等奖	0注	0元
二等奖	196注	50元
三等奖	3524注	5元

43918.12元奖金滚入下期奖池。
本期兑奖截止日为2020年1月10日,逾期作弃奖处理。
本信息若有误以公证数据为准。

中国体育彩票超级大乐透第19129期开奖信息

开奖日期:2019年11月11日

本期出球顺序:18 13 30 23 10 06 12

本期开奖号码:10 13 18 23 30 06 12

本期中奖情况

奖级		中奖注数	单注奖金	应派奖金合计
一等奖	基本	6注	10000000元	60000000元
	追加	0注	0元	0元
二等奖	基本	[illegible]	[illegible]	[illegible]
	追加	[illegible]	[illegible]	[illegible]
三等奖		[illegible]	[illegible]	[illegible]
四等奖		[illegible]	[illegible]	[illegible]
五等奖		[illegible]	[illegible]	[illegible]
六等奖		[illegible]	[illegible]	[illegible]
七等奖		[illegible]	[illegible]	[illegible]
八等奖		[illegible]	[illegible]	[illegible]
九等奖		[illegible]	[illegible]	[illegible]
合计		...	...	[illegible]

本期一等奖出自:江苏(基本1注)、湖南(基本1注)、山东(基本2注)、[illegible](基本1注)、贵州(基本1注)。
[illegible]元奖金滚入下期奖池。[illegible]本期兑奖截止日为2020年1月10日,逾期作弃奖处理。本信息若有误以公证数据为准。

如何建设社会治理共同体

嘉　宾

杨开峰
中国人民大学交叉科学研究院院长

郁建兴
浙江工商大学党委书记

何艳玲
中国人民大学杰出学者特聘教授

党的十九届四中全会明确提出要坚持和完善共建共治共享的社会治理制度，保持社会稳定、维护国家安全。其中，“建设人人有责、人人尽责、人人享有的社会治理共同体”的提法，受到广泛关注。记者特邀 3 位专家学者，一起来谈谈如何建设社会治理共同体。

人人有责、人人尽责、人人享有

记者：党的十九届四中全会明确提出，要建设人人有责、人人尽责、人人享有的社会治理共同体。对于“社会治理共同体”这一提法，您是怎样理解和认识的？

杨开峰：共同体意味着成员之间主体地位平等、决策程序民主、资源配置公平、结果共享正义。首先要明确，尽管存在利益格局分化和社会主体多元化，但是矛盾是共同体成员之间的，是人民内部矛盾，我们要完善正确处理新形势下人民内部矛盾的有效机制。其次，“人人有责”解决的是意识问题。政府要转变观念，强调人人参与不仅是因为政府资源有限，更重要的是社会治理格局正在转型，这是相信群众、依靠群众的体现。同时，公民应该有规则意识、法治意识和参与意识，认识到参与公众事务既是宪法赋予的权利，更是公民的责任和义务。再次，“人人尽责”解决的是行动问题。一方面要用制度保障“人人尽责”的可能性、有效性；另一方面政府要给予社会组织、社会力量和人民群众更多的信任支持，完善基层群众自治机制，调动社会主体的积极性。最后，“人人享有”解决的是结果问题。要完善相关制度，保障人人享有、人人满意。这既包括完善公共服务体系、保障群众基本生活，也包括化解矛盾冲突、照顾各方利益，不断促进社会公平正义，让城乡之间、地域之间、群体之间、家庭之间更加和谐。

郁建兴：这一提法标志着我们党对于加强和创新社会治理已经有了更高标准的战略规划。过去我们讲社会治理，通常都假定治理的主体是政府，对象是社会，是政府的社会治理。社会治理的成效、对社会治理成效的评估，大多停留在政府考核的层面，与人民群众的获得感、满意度关系不是很大。

建设人人有责、人人尽责、人人享有的社会治理共同体，传达了一个非常清晰的信号：当代中国的社会治理将迈向党委、政府、社会、公众共同治理的新局面。进一步说，社会组织、广大人民群众不仅需要在执行阶段参与社会治理，更要共同规划社会治理的目标，共同设计社会治理的政策，共同探索社会治理的工具，共同开展社会治理实践，共同评估社会治理成效。

何艳玲：建设人人有责、人人尽责、人人享有的社会治理共同体，强调的是以人民为中心的发展思想，强调对人民群众美好生活向往的回应，也强调人民的主体性和责任感。

面对日益复杂的社会结构，社会需求与公共服务供给之间日益凸显出不匹配、不兼容的地方。如何通过治理变革和机制创新来弥合两者间的缝隙，需要重新思考。“人人有责”回答“谁来管”的问题，即由谁来主导和参与。“人人有责、人人尽责、人人享有”，三个“人人”互为因果、环环相扣，为探索新时代社会治理之道提供了系统方案。

建设社会治理共同体，有三个关键点：首先，党建是引领。党的领导是中国特色社会主义的本质特征和最大优势，要充分发挥党在社会治理中总揽全局、协调各方的领导核心作用。其次，制度是保障。强化各级政府抓好社会治理的责任制，引领和推动社会力量参与社会治理。最后，落地于社区。社区是社会治理的主阵地，也是人们最能体验到美好生活的空间。这就要求政府的工作重心向下、方式多元、能力提升。

改革机制、创新方式、协同治理

记者：党的十八大以来，我国基层社会治理水平得到了显著提升。要真正打造社会治理共同体，形成共建共治共享的社会治理新格局，还须克服哪些痛点、难点？

杨开峰：一是政府观念和体制机制还须改革。有些地方对建立社会治理新格局的认识不到位；有些基层政府权责失衡；部分地区社会矛盾的化解诉调机制不够有力，大量矛盾纠纷没有被消除在基层。

二是协同治理手段缺乏。食品安全、医疗安全、生态环境保护等是社会关注的焦点问题，严重影响群众获得感、幸福感、安全感，但是这些问题往往超出一个地方、一个部门的职责与能力范围。

三是应对新型社会风险形势严峻。新型社会风险不确定性大，难以预测，传播迅速而广泛，容易造成金融风险等。特别是网络社会的兴起，使社会舆论、社会情绪、社会行为的机制发生变化，网络犯罪成为第一大犯罪类型，传统社会管理模式面临挑战。

四是社会组织的权能还比较薄弱。社会治理社会化程度较低，行业自治组织、群众性组织发展不充分，新经济组织和新社会组织在推动社会治理创新方面表现还不突出。

五是多元参与方式有待创新，公民意识有待加强。特别是人口流动频繁的地方，社区认同感弱，居民参与公共事务的意识淡薄，能动性难以有效调动。

郁建兴：一方面，要解决一个关键问题：激励机制的形成和完善，即如何让社会组织、广大人民群众能够自发地、积极地参与到社会共同治理中来。而解决问题的核心是如何划分责任。我们都知道公共池塘的悲剧，因为没有人知道自己到底享受了多少池塘资源，造成了多少污染，所以没办法精确地知道每个人需要承担的维护责任。社会治理也是一样，如果没有办法在操作层面上划分主体责任，那么社会治理将始终是政府的社会治理。

另一方面，要处理好两对关系。一是顶层设计和地方创新的关系。顶层设计明确改革方向和边界，为地方自主创新提供操作空间和制度保障。而地方在此基础上和既定边界内，因地制宜探索治理模式。二是国家和社会的关系。一些地方政府为了迅速营造多元治理的格局，通过行政推动的手段，选择性地“培植”一些典型。这种“拔苗助长”的方式，不但不能促成社会治理的内源式发展，反而削弱了政府与社会、民众的整体互动。所以，推动社会治理应该多一些耐心和等待，大力培育社区社会组织，提高政府以外的社会治理主体的能力和水平。

民主协商是独特优势，科技支撑是突出特点

记者：党的十九届四中全会发展了党的十九大的理论成果，在完善社会治理体制方面增加了“民主协商”和“科技支撑”的要求，您怎么理解民主协商和科技支撑在社会治理中的重要作用？

何艳玲：民主协商是基于对“共同”的理解与挖掘，分层次有重点开展工作。社会治理共同体的打造，关键是要实现对“共”的理解，它包括三层含义：共同的利益诉求、共同的商议机制、共同的行动规则。具体而言，一是要对政府、市场与社会三者的共同诉求和意见主张进行判定和识别，寻找三者之间的“最大公约数”。二是共同利益诉求是可商议的，可以通过平台搭建和机制设计，弥补现行管理体制和反馈渠道的不足之处。三是共同的商议结果是可落地的，各主体根据对协商结果的呈现、评估采取共同的行动。

科技支撑是技术治理的重要呈现。对于社会治理格局的打造，科技支撑最大的好处在于能够实现信息的交流互通。一是打破政府职能部门间的信息壁垒，缓解政府管理过程中自身的结构性紧张，比如职能部门空心化、基层政府工作部门化等。此外，社会事务的复杂性要求建立部门间的横向联合机制，这就需要用科技手段打造跨部门甚至跨行政区划的信息平台。二是打破政府与社会之间的交流壁垒。政府职能部门管理的“点”与社会事务的“面”之间不对应，垂直部门专业化的职能设置与社会事务的多样化变动性之间无法匹配。这就需要信息技术补足两者的差异，通过网格数据的收集和精细化治理，熟知民生民情。

杨开峰：民主协商是实现党的领导的重要方式，是社会主义民主政治的特

有形式和独特优势，是解决基层人民内部矛盾的有效办法，是坚持群众路线的必然选择，是决策科学化、民主化的必然要求。我国基层社会治理的目标模式是党领导下的基层多元共治，必须坚持党的领导、民主协商、依法办事的有机统一。

科技支撑是现代社会治理的突出特点。现代信息技术不仅是技术问题，更是生产力问题，是社会本身发生深刻变化的折射，不断冲击和改变社会的边界、结构、关系、机制和认知，也深刻影响了社会治理的客观基础。社会治理的对象、理念和方式正在发生变化，新的治理问题不断涌现；同时，新兴科技为治理带来广阔的潜力和可能性，为解决一些长期积累的痛点、难点问题带来机遇。我们需要利用科技手段来重塑治理边界、改善治理结构、创新治理工具、改革治理方式，增强社会治理的执行力，提升社会治理的治理效能。

打造基层社会治理的浙江新样本

记者：从“枫桥经验”到“三治融合”“息事无讼”等，浙江在基层社会治理创新实践方面走在前列。新时代，浙江如何发挥“三个地”的独特优势，结合实际，探索打造基层社会治理新样本？

杨开峰：继续强调党建引领，建立更全面、更有效的党委、政府与社会力量凝聚合作的体制机制，更好地发挥基层党组织横向联动整合社会资源的功能。

持续转变观念，提高认识。政府部门是治理的主体，也是治理的对象，是社会治理的参与者和服务者。要努力向服务型政府、高效政府和法治政府转变。

在推进治理体系和治理能力现代化的总体大局中改善社会治理。要把社会治理同浙江其他领域的治理实践结合起来，比如同“最多跑一次”改革结合起来，同美丽乡村建设结合起来，同数字经济发展结合起来等。

建立科学评估体系，不断总结经验，实现持续创新。社会治理体系怎样才算现代化？社会治理能力怎样才算现代化？我们怎么能保证行进在正确的道路上？评估、问责、学习必不可少。

郁建兴：一项实践之所以能够成为经验，是因为它具有超越属地治理特征的普遍性。社会治理实践要成为经验，除了完善的治理体系之外，还需要与之匹配的治理能力。制度容易学习和复制，而能力的培养需要正确的引导和时间的积累。

无论是“枫桥经验”、民主恳谈会，还是“三治融合”“息事无讼”，它们的背后都是一批又一批基层精英在灵活运用制度。所以，浙江省作为当代中国众多治理经验的发源地，想要在全面深化改革中进一步领跑全国，除了在制度安排和机制设计上总结经验之外，更需要去思考提升社会治理能力的经验和方法。“最多跑一次”改革在全国范围内的广泛扩散，给浙江省各级政府总结治理经验提供了重要样本。“最多跑一次”改革不仅注重制度和机制的设计，更在如何提高干部和群众的数字化思维和能力上，为其他地方政府提供了重要参考。唯有在治理体系和治理能力上双管齐下，浙江智慧才能走出浙江，成为浙江经验，为中国方案贡献浙江智慧。

农村垃圾分类看浙江

之江会客厅

嘉　宾　联合国环境署—同济大学环境与可持续发展学院责任教授 杜欢政
浙江大学公共政策研究院首席专家 徐 林
浙江省社会科学院助理研究员 徐伟兵

主持人　本报记者 潘如龙 周宇晗

垃圾分类这件“小事”，近期成了民众热议的“新时尚”。实现垃圾减量化资源化、践行绿色生产生活方式，关系着环境保护和民生质量。事实上，浙江在推进农村生活垃圾分类方面，一直走在全国前列。本期我们特邀3位专家学者，一起来探讨浙江农村生活垃圾分类的经验和启示。

绘图：潘泓骏

浙江农村生活垃圾分类何以走在全国前列

主持人：2003年启动的“千村示范、万村整治”工程从农村垃圾集中处理、村庄环境清洁卫生入手，推进村庄整治建设，目前我省安吉、象山等7个县（市、区）成为全国第一批百个农村生活垃圾分类和资源化利用示范县（市、区），浙江的农村生活垃圾处理起步早、进展快。您认为主要原因有哪些？

杜欢政：其一，浙江省委重视发展生态文明为垃圾分类创造了良好的政治生态环境。从习近平同志在浙江工作期间提出建设生态省、打造“绿色浙江”的决策部署，到如今省委、省政府提出“大花园建设”，推动高质量发展、创造高品质生活，无不体现着浙江省一以贯之的生态发展理念和工作实践。

其二，浙江省非常注重“三农”工作，这为在农村推进垃圾分类提供了政策保障。近年来，浙江持续推动城乡均衡发展，统筹城市发展与新农村建设，在农村推行垃圾分类正是浙江破解垃圾难题、实现农村人居环境提升和社会综合治理的重要抓手。

其三，农村居民对美好生活的向往为垃圾分类提供了基础条件。浙江农村的经济发展一直领先全国，据国家统计局公布，2018年浙江农村常住居民人均可支配收入为27302元，连续34年位居全国各省区第一。较高的经济发展水平使得浙江农民对优美生态环境、健康生活的需求与日俱增，热切期盼提高生态环境质量、改善生活健康福祉。

徐伟兵：浙江农村的垃圾分类走在全国前列，得益于浙江省委、省政府较早地意识到从工业文明迈向生态文明过程中浙江所面临的现实挑战。浙江高度重视顶层设计，以农村环境整治为突破口，以小见大，持续推进，取得了卓有成效的成绩。

早在2003年，习近平同志在浙江工作期间就亲自谋划部署了生态省建设和“千村示范、万村整治”工程，开展乡村环境综合整治，推动建立城乡联动的垃圾集中处理网络体系。省委、省政府坚持一张蓝图绘到底，一任接着一任干。

2013年底，省委、省政府作出了“五水共治、治污先行”的决策部署，2014年围绕“最大限度地减少垃圾处置量，实现垃圾循环资源化利用”的总体目标，积极推动农村生活垃圾减量化和资源化处理。2017年省委、省政府召开全省生活垃圾分类处理工作动员会，将垃圾分类处理提升至浙江生态文明建设、“两个高水平”建设的高度，提出县区、城市、农村齐步共抓，打赢垃圾治理攻坚战，推动形成绿色生产生活方式。

因此，浙江提前谋划、因地制宜，使得农村生活垃圾分类工作走在了全国前列。

徐 林：浙江是改革开放先行地，在许多方面先走一步很正常。首先，经济发展到一定程度的国家和地区，对环境的诉求肯定会更高一些，例如日本、欧美等国家。而浙江是全国城乡差距最小、农民最富裕的。其次，浙江在制度创新方面一向走在全国前列。“求真务实、诚信和谐、开放图强”的浙江精神也在提供精神动力，同样激励浙江的城市和农村在垃圾分类方面做出很多创新的案例和经验。

我认为，当前在浙江农村包括城市继续推广垃圾分类，一是要集中解决后端处理技术的问题，从整个垃圾处理的产业链、从提升废弃物的资源化回收率上去考虑垃圾的前端分类；二是要从一系列的模式中总结出一个居民能够接受、成本较低、可复制的模式。

浙江农村生活垃圾分类工作的主要特点

主持人：浙江从2014年起开展农村生活垃圾分类处理工作，由最初的46个建制村试点到2018年全省1万多个建制村进行垃圾分类处理，其间涌现出一批具有代表性的地方垃圾分类措施，如金华“二次四分法”、嘉兴南湖区垃圾“云”处理、杭州萧山区垃圾分类荣誉榜等。相比城市，农村在生活垃圾分类上有哪些特点？

杜欢政：垃圾分类首先是居民生活习惯的改变，而习惯的养成与社会结构紧密相关。相较于城市，农村是“熟人社会”，邻里之间相熟，大家都要面子，不愿当落后者。比如浦江，在垃圾分类工作推行过程中创新推出垃圾分类考核“红黑榜”，农民之间无形中形成了良性竞赛，分类成果接受所有人的监督。

此外，农村生活垃圾相对量少、成分简单，决定了农村对垃圾处置设备的要求相对较低，消纳能力强。除了厨余垃圾，其余垃圾大多是生活用品的外包装，因此，农村生活垃圾分类有着更好的基础条件。在简单分类后，易腐烂的垃圾可以就地堆肥，转为肥料供农民二次利用；可回收的包装等垃圾可交由资源利用企业进行再利用；其余垃圾则可集中填埋处置。

徐 林：农村的社会资本比城市更丰富，在垃圾分类的教育、监督以及规范方面可以更好地发挥作用，更广泛地建构垃圾分类的协同机制。

“自上而下”的行政力量也在起作用。许多党组织、村干部积极推进落实相关政策制度、结合当地实际情况进行技术引进和制度创新。但是“自上而下”的行政力量应合理地嵌入到当地长久形成的村规民约、道德规范中。

徐伟兵：目前，浙江很多地方农村生活垃圾分类的标准简单明晰。先把垃圾分为“会烂”和“不会烂”，再进一步把“不会烂”的分为“可卖钱”和“不可卖钱”的，即便一部分村民文化程度低也能理解，操作性很强。另外，农村生活垃圾的处置和转换具有空间上的优势。近年来，在乡村振兴战略的带动下，浙江农村各个改革项目间的系统协调性较强，以村社为基本单位便于垃圾处置转换的区域联动整合，例如中转站、生态处理中心的建设。部分垃圾转化为资源后也有直接的去处，如就近堆肥后用于农业，垃圾处理和再利用成为良性生态循环和农业生产的一部分。

让党建在城乡垃圾分类工作中发挥引领作用

主持人：从“室内现代化、室外脏乱差”“垃圾无处去、污水到处流”，到几乎看不到垃圾，党建在推广农村生活垃圾分类的过程中起了重要作用。许多农村立足人情社会、依托党员联系户制度，坚持“就亲、就近、就便”原则，使得每名党员进得了门、讲得了理。“党建+”的模式，是否能推广到城市垃圾分类工作中来？

杜欢政：“党建+”的模式，将基层党建与当前中心工作紧密相结合，构建了以基层党组织为领导核心、各社会组织通力合作、广大党员积极参与的基层党建工作新格局，全面促进了农村各项事业又好又快协调发展。这种治理模式可以推广至城市应用，但是仍然要根据城市具体情况而定。这是因为相较于农村，城市垃圾总量更大、成分更复杂，居民结构相对松散，垃圾产生时间和地点都不固定。而要将企业、事业单位等社会主体都覆盖在内，更加大了难度。

在城市推行“党建+垃圾分类”的模式时，重点要发挥党员带头作用，通过党员的主体自觉带动和监督亲朋好友、邻里社区进行垃圾分类，实现全民行动。同时，对带动和监督不力的党员实行从严管理，让党员成为实施垃圾分类的带头人、监管人和责任人。

徐 林：寓党建于服务才能使“党建+”模式更好地发挥作用，这不仅适合于农村地区，在城市社区同样适用。以党建为引领，带动区域内党员、社会组织、物业管理、居民骨干等多方参与，提升自治、互助、共融水平。具体可以从党员主体和组织力量两方面来推进。一方面，发挥党员个体的先锋模范作用，带动周边居民形成垃圾分类的良好氛围；另一方面，发挥党组织的“堡垒”作用，通过党组织有效整合社区中的各类资源，从城市的最基层开始建构垃圾治理的协同机制。

徐伟兵：垃圾分类在某种意义上是社会发展的必然要求，集中体现人类生产生活方式转变与环境保护之间的关系，并与整个社会的价值观念、环保理念、协作精神等密不可分，是政府、市场、社会共同参与建设的系统工程。

“党建+”模式在城乡社区的垃圾治理中应起到引领作用，发动居（村）委会的干部和热心居（村）民、公益组织、志愿者等进行宣传和引导垃圾分类。尊重国情，发挥社会主义的优势，因势利导，久久为功。总之，通过政府的顶层设计、大众的观念转变、机制建设的因地制宜，形成全民共治、全民共享的治理格局与意识共识。在实现环境治理的目标上，将创新技术、商业模式和法律政策相结合，统筹城乡融合发展；在提升全民道德素质上，发挥党员的先锋模范作用，凝聚环保共识和健康理念；在实现社区基层治理上，以社区、行政和企事业为单位，发挥基层党组织在社区中的引领作用。

农村生活垃圾分类“浙江经验”的启示

主持人：目前，浙江农村垃圾集中有效处理基本实现全覆盖，也是全国唯一在农村开展生活垃圾分类的省份，40%的村庄推进农村生活垃圾分类与三化处理。作为农村生活垃圾分类处理的“优等生”，浙江在农村生活垃圾分类上的探索和实践有何启示？

杜欢政：推行垃圾分类，政策环境和民意基础缺一不可。浙江省委、省政府长期以来坚持建设生态省、打造“绿色浙江”，特别是“千村示范、万村整治”工程，重点解决工业化大发展后，农村经济发展与生态环境之间的矛盾，以垃圾处置、污水治理等为重点，从源头上推进农村环境综合整治，这是浙江实施垃圾分类的“硬实力”。而农村居民素质进一步提高、绿水青山就是金山银山的理念深入人心，则是激发垃圾分类积极性和主动性的“软实力”。要进一步通过垃圾分类让农民成为美好家园的建设者和受益者，真正实现共建共享。

徐 林：推广垃圾分类的过程中，既要有个性，又要有共性。一方面，正如习近平总书记近期对垃圾分类工作的重要批示中所强调的，因地制宜、持续推进，浙江很多地方都是在结合自己的实际情况探索适宜的模式，例如金华的阳光房、“二次四分法”，桐庐的“鸡毛换糖”，以及台州的黑水虻养殖技术等等。探索垃圾分类必须结合当地实际需求、村民或居民的文化教育水平、技术设备条件等。另一方面，垃圾分类和处理是一条完整的产业链，需要整体考虑、统筹安排，甚至可以通过后端处理技术的升级倒逼前端分类的制度改进和效率提升。垃圾分类的最终目的是实现减量化、资源化，要探索一种居民（村民）可接受、财力可承受、面上可推广、长期可持续的垃圾分类模式。

徐伟兵：要将垃圾分类作为基层社会治理的重要着力点和抓手。近年来，浙江贯彻“党委领导、政府主导、社会协同、公众参与、法治保障”的社会治理体制，围绕不断提高社会治理社会化、法治化、智能化、专业化水平的目标，打造共建共治共享的社会治理格局。垃圾分类看似是件“小事”，却是城乡社区统筹治理、推进地区治理体系和治理能力现代化的关键“大事”，关系着人居环境、民生质量、生态保护。在乡村振兴战略框架下，垃圾分类与村庄整治、农村公共服务基础设施建设、河长制、农村文化礼堂建设等同频共振，与基层社会“自治、法治、德治”建设互为呼应，共同提升群众的满意度和获得感。这也是浙江农村生活垃圾分类提供的一个重要启示。

中国新闻名专栏

之江观察

对于留守儿童的监护与管理，尽管自上而下的登记和录入工作早就由民政部门牵头开展，但落实到各个地方的实际效果如何，还是得以不发生事故作为最基本的评价标准。

谁来守护留守儿童安全

钱振霄

淳安失踪小女孩章子欣身在何处，让不少人牵肠挂肚，嫌疑人的自杀身亡让整件事变得更加扑朔迷离。复盘事件的前因后果，许多细节不免让人扼腕叹息。无论是隔代监护所暴露的问题，还是与父母分隔两地带来的隐患，都为小女孩被陌生人轻易带走这一结果埋下了祸根。谁来守护留守儿童的安全，真的是无解之题吗？

每一起偶发事件背后，都是预防机制被层层洞穿的过程。但往往人们更愿意相信，小概率的事件并不会轻易发生在自己身上，由此就在日常生活中放松了警惕。

一名二年级女生，被家中租客带走失踪，整个过程嫌疑人安排得天衣无缝，有所谓的熟人关系作掩护，甚至让人难以回绝。身处异地的父母即使鞭长莫及，也应当扪心自问：在和孩子有限的相处时间里，最基本的人身安全教育有没有做到位。同样让人百思不得其解的还有女孩的祖父母，即使为人热情好客，对陌生人都友好相待，但在涉及家人特别是孩子安全的事情上，就必须高度警惕，任何不安全的因素都该第一时间引起注意。

应该说，在这样一起不该发生的事件中，来自家庭的监护缺位了。但同样值得注意的是，这起事件是否存在有计划有预谋的可能性。因为直到事发，人们才注意到，嫌疑人夫妇很早就住到当地的一家酒店，又通过日常买卖和闲谈与女孩祖父母变成“熟人”，直至进入女孩家中成为租客。这样的案情细节与事件结果一结合，难免让人细思恐极。所以一味苛责老人，既缺乏人文关怀，也无益于解决问题，毕竟没人会知道租客看似人畜无害，内心却有多阴暗。只能说，在保护留守儿童安全上，家庭和社会都有很多功课要补。

当然，近些年来的努力是值得肯定的。无论是政府还是社会爱心人士，都尽可能让这项长期的工程不留死角。只不过现实依然是骨感的，虽说小概率事件具有偶发性，但一次偶发事件就足以暴露问题。对于留守儿童的监护与管理，尽管自上而下的登记和录入工作早就由民政部门牵头开展，但落实到各个地方的实际效果如何，还是得以不发生事故作为最基本的评价标准。这里就不妨一问，当地对留守儿童的基本状况有没有大致清晰的认识，对这些留守儿童的日常生活状况有没有给予长期的关注，对留守儿童家庭的安全宣传和教育有没有长期坚持。除此之外，也许在寻常日子里，留守儿童的安全还有学校这一关加以守护，但在学校之外的空白地带，只有家庭和社会开展有效的联防和联动，才能为留守儿童架构起相对有效的屏障。

今日时评

处处都是人生课堂

刘雪松

在杭州电子科技大学29号楼519寝室，最后离校的两位女生用3天时间清理完寝室之后，在桌子上留了一张小纸条。纸条挂在一个塑料可乐瓶上，瓶子里插着一枝百合花，纸上写着——谢谢阿姨4年的照顾，519寝室已经打扫干净啦！阿姨辛苦了！爱你！

两位有爱的女生，一位叫陈春梅，一位叫袁明霞，都是法学专业的毕业生。杭州电子科技大学校方闻知此事后为之点赞。杭州电子科技大学官方微博@两位女生：感谢你们，自律照顾Ta人的学生最美丽！点赞之余，还将宿管阿姨口中可以“拎包入住”的519寝室“靓照”分享给校友。一时间，温情弥散在校内校外。

这是一张告别的纸条，也是一份感恩的心意，更是一番启程的留言。姑娘们走了，但温情还在接续，还在传递。如同两位女生同时写给即将步入校园的新生所娓娓表述的那样——接下去的4年，会是你们人生中最温柔、最美好、最纯真的4年，好好珍惜吧！

我们，你们，不是代沟之间的干话套话，而是代际相传的学姐风范，是嘱咐也是祝福。这时候，两位学姐已经完成了转型，完成了交付，转型成一个负有社会责任感的全新角色，交付了一份传递温情与责任的精神财富。

赠人百合，手有余香。这份馨香，是给日夜照顾、看护她们的宿管阿姨的，也是留给眼中一切都是崭新的新生的。宿舍是旧的，桌椅床凳不会说话，但打扫干净的519寝室却是学姐留下来迎新的，此时无声胜有声。相信，今年的新生能够透过这张纸条，感受温情的力量、榜样的力量，未来4年之后也会将这份温情接续传递。所谓传承，便是如此。

传承未必在课堂，未必是毕业之后有机会站在育人的讲台上。人生处处是课堂。用一颗感恩的心感受别人的温情，便能在被人育与育人的衔接中找到角色定位，找到每一个细微之处自己可以担当的社会责任。杭电519寝室的两位毕业女生，使这样完成人生不同阶段的无缝对接。或许她们打扫的只是一间宿舍，留下的只是一枝百合，但她们传递的余香却会一直弥漫。大学校园里，每一间寝室都是一间课堂，每一名学长或学姐都是新生眼中的老师。你留下什么，下一批新生便收获什么。寝室很小，课堂很大。一抹余香，足以弥漫整个校园。

为“初心”保鲜

吴国超

思想漫谈

在“不忘初心、牢记使命”主题教育中，基层组织部门除了积极抓好领导干部这一重点群体的教育任务外，还应当抓些什么？我们认为，要聚焦青年党员群体，在“不忘初心、牢记使命”主题教育中，帮助他们为“初心”保鲜，这就要求基层组织干部努力当好“知心人”“热心人”“引路人”。

当好“知心人”，主动走近倾听，严防“初心”变质。青年党员思路活、观念新、兴趣广，上进欲、探索欲、求知欲都比较强，入党初期往往豪情万丈，但受制于能力、阅历、眼界等各方面原因，他们容易从自身角度、从理想状态来认识和理解世界，难免给自身发展带来局限性。在反复碰壁、受挫后，一些人“初心”异化，陷入“偏门”、走上“弯路”不能自拔，令人扼腕。因此，要进一步畅通交流渠道、搭建沟通平台、丰富交往模式，各级党组织书记要经常性地同青年党员零距离接触、面对面交流，多听听他们“倒苦水”、多送送“锦囊”，努力在互相了解、互相探讨、互相学习的过程中成为能讲真话、交真心、诉真情的知心朋友，帮助他们纠偏扶正，让他们在正确轨道上坚定不移地走下去。

当好“热心人”，真情关心关爱，严防“初心”萎缩。青年党员身为青年群体中的佼佼者，更应该在奋斗自强、报效党、报效国家、报效民族上勇立潮头。但生活不会轻易给谁做减法，青年党员初出茅庐，在学习、工作、生活中往往会遇到各种困难和苦恼，日复一日、年复一年，奋斗的“初心”逐渐变得黯淡。各级党组织要主动关注青年党员所思、所忧、所盼，帮助他们解决好在毕业求职、创新创业、社会融入、婚恋交友、老人赡养、子女教育等方面的操心事、烦心事，努力创造良好发展条件，促使他们不断为“初心”注入新鲜动力，把青春之火燃烧得更加旺盛。

当好“引路人”，悉心教育引导，严防“初心”串味。习近平总书记指出：“青年要顺利成长成才，就像幼苗需要精心培育，该培土时就要培土，该浇水时就要浇水，该施肥时就要施肥，该打药时就要打药，该整枝时就要整枝。”在青年党员成长过程中，要坚持厚爱和严管相统一、尊重规律和积极引领相统一，教育引导青年党员正确认识世界，全面了解国情，把握时代大势。要把握关键节点，多送“及时雨”“雪中炭”，多赠“指南针”“稳定器”，为他们精准护航。要精心搭建历练平台、完善历练机制，积极鼓励青年党员到基层一线吃苦磨练、增长才干，放手让青年党员在重要领域和重要岗位上攻坚克难、施展才华，积极为他们创造人人努力成才、人人皆可成才、人人尽展其才的发展空间，全力杜绝“被误导”“被围猎”的可能。

回顾中国共产党98载光辉历程，党的队伍中始终活跃着怀抱崇高理想、充满奋斗激情的青年人，这是我们党历经风雨而始终充满生机活力的一个重要原因。礼赞新中国、奋进新时代，让我们和青年党员一起再出发。

【作者为仙居县委常委、组织部长】

农村垃圾分类看浙江

嘉　宾

杜欢政
联合国环境署-同济大学环境与可持续发展学院责任教授

徐　林
浙江大学公共政策研究院首席专家

徐伟兵
浙江省社会科学院公共政策研究所副所长

垃圾分类这件“小事”，近期成了民众热议的“新时尚”。实现垃圾减量化资源化、践行绿色生产生活方式，关系着环境保护和民生质量。事实上，浙江在推进农村生活垃圾分类方面，一直走在全国前列。记者特邀 3 位专家学者，一起来探讨浙江农村生活垃圾分类的经验和启示。

浙江农村生活垃圾分类何以走在全国前列

记者：2003 年启动的“千村示范、万村整治”工程从农村垃圾集中处理、村庄环境清洁卫生入手，推进村庄整治建设，目前浙江省安吉、象山等 7 个县（市、区）成为全国第一批百个农村生活垃圾分类和资源化利用示范县（市、区），浙江的农村生活垃圾处理起步早、进展快。您认为主要原因有哪些？

杜欢政：其一，浙江省委重视发展生态文明，为垃圾分类创造了良好的政治生态环境。从习近平同志在浙江工作期间提出建设生态省、打造“绿色浙江”的决策部署，到如今省委、省政府提出“大花园建设”，推动高质量发展、创造高品质生活，无不体现着浙江省一以贯之的生态发展理念和工作实践。

其二，浙江省非常注重“三农”工作，这为在农村推进垃圾分类提供了政策保障。近年来，浙江持续推动城乡均衡发展，统筹城市发展与新农村建设，在农村推行垃圾分类正是浙江破解垃圾难题、实现农村人居环境提升和社会综合治理的重要抓手。

其三，农村居民对美好生活的向往为垃圾分类提供了基础条件。浙江农村的经济发展一直领先全国，据国家统计局公布，2018年浙江农村常住居民人均可支配收入为27302元，连续34年位居全国各省区第一。较高的经济发展水平使得浙江农民对优美生态环境、健康生活的需求与日俱增，热切期盼提高生态环境质量、改善生活健康福祉。

徐伟兵：浙江农村的垃圾分类走在全国前列，得益于浙江省委、省政府较早地意识到从工业文明迈向生态文明过程中浙江所面临的现实挑战。浙江高度重视顶层设计，以农村环境整治为突破口，以小见大，持续推进，取得了卓有成效的成绩。

早在2003年，习近平同志在浙江工作期间就亲自谋划部署了生态省建设和“千村示范、万村整治”工程，开展乡村环境综合整治，推动建立城乡联动的垃圾集中处理网络体系。省委、省政府坚持一张蓝图绘到底，一任接着一任干。

2013年底，浙江省委、省政府作出了“五水共治、治污先行”的决策部署，2014年围绕“最大限度地减少垃圾处置量，实现垃圾循环资源化利用”的总体目标，积极推动农村生活垃圾减量化和资源化处理。2017年省委、省政府召开全省生活垃圾分类处理工作动员会，将垃圾分类处理提升至浙江生态文明建设、“两个高水平”建设的高度，提出景区、城市、农村齐步共抓，打赢垃圾治理攻坚战，推动形成绿色生产生活方式。

浙江提前谋划、因地制宜，使得农村生活垃圾分类工作走在了全国前列。

徐林：浙江是改革开放先行地，在许多方面先走一步很正常。首先，经济发展到一定程度的国家和地区，对环境的诉求肯定会更高一些，例如日本、欧美等国家。而浙江是全国城乡差距最小、农民最富裕的。其次，浙江在制度创新方面一向走在全国前列。“求真务实、诚信和谐、开放图强”的浙江精神也在提供精神动力，同样激励浙江的城市和农村在垃圾分类方面做出很多创新的案例和经验。

当前在浙江农村包括城市继续推广垃圾分类，一是要集中解决后端处理技术的问题，从整个垃圾处理的产业链、从提升废弃物的资源化回收率上去考虑垃圾的前端分类；二是要从一系列的模式中总结出一个居民能够接受、成本较低、可复制的模式。

浙江农村生活垃圾分类工作的主要特点

记者：浙江从2014年起开展农村生活垃圾分类处理工作，由最初的46个建制村试点到2018年全省1万多个建制村进行垃圾分类处理，其间涌现出一批具有代表性的地方垃圾分类措施，如金华“二次四分法”、嘉兴南湖区垃圾“云”处理、杭州萧山区垃圾分类荣誉榜等。相比城市，农村在生活垃圾分类上有哪些特点？

杜欢政：垃圾分类首先是居民生活习惯的改变，而习惯的养成与社会结构紧密相关。相较于城市，农村是“熟人社会”，邻里之间相熟，大家都要面子，不愿当落后者。比如浦江，在垃圾分类工作推行过程中创新推出垃圾分类考核“红黑榜”，农民之间无形中形成了良性竞赛，分类成果接受所有人的监督。

此外，农村生活垃圾相对量少、成分简单，决定了农村对垃圾处置设备的要求相对较低，消纳能力强。除了厨余垃圾，其余垃圾大多是生活用品的外包装，因此，农村生活垃圾分类有着更好的基础条件。在简单分类后，易腐烂的垃圾可以就地堆肥，转为肥料供农民二次利用；可回收的包装等垃圾可交由资源利用企业进行再利用；其余垃圾则可集中填埋处置。

徐林：农村的社会资本比城市更丰富，在垃圾分类的教育、监督以及规范方面可以更好地发挥作用，更广泛地建构垃圾分类的协同机制。

“自上而下”的行政力量也在起作用。许多党组织、村干部积极推进落实相关政策制度、结合当地实际情况进行技术引进和制度创新。但是“自上而下”的行政力量应合理地嵌入到当地长久形成的村规民约、道德规范中。

徐伟兵：目前，浙江很多地方农村生活垃圾分类的标准简单明晰。先把垃圾分为“会烂”和“不会烂”，再进一步把“不会烂”的分为“可卖钱”和“不可卖钱”的，即便一部分村民文化程度低也能理解，操作性很强。另外，农村生活垃圾的处置和转换具有空间上的优势。近年来，在乡村振兴战略的带动下，浙江农村各个改革项目间的系统协调性较强，以村社为基本单位便于垃圾处置转换的区域联动整合，例如中转站、生态处理中心的建设。部分垃圾转化为资源后也有直接的去处，如就近堆肥后用于农业，垃圾处理和再利用成为良性生态循环和农业生产的一部分。

让党建在城乡垃圾分类工作中发挥引领作用

记者：从“室内现代化、室外脏乱差”“垃圾无处去、污水到处流”，到几乎看不到垃圾，党建在推广农村生活垃圾分类的过程中起了重要作用。许多农村立足人情社会、依托党员联系户制度，坚持“就亲、就近、就便”原则，使得每名党员进得了门、讲得了理。“党建+”的模式，是否能推广到城市垃圾分类工作中来?

杜欢政：“党建+”的模式将基层党建与当前中心工作紧密结合，构建了以基层党组织为领导核心、各社会组织通力合作、广大党员积极参与的基层党建工作新格局，全面促进了农村各项事业又好又快协调发展。这种治理模式可以推广至城市应用，但是仍然要根据城市具体情况而定。这是因为相较于农村，城市垃圾总量更大、成分更复杂，居民结构相对松散，垃圾产生时间和地点都不固定。而要将企业、事业单位等社会主体都覆盖在内，更加大了难度。

在城市推行“党建+垃圾分类”的模式时，重点要发挥党员带头作用，通过党员的主体自觉带动和监督亲朋好友、邻里社区进行垃圾分类，实现全民行动。同时，对带动和监督不力的党员实行从严管理，让党员成为实施垃圾分类的带头人、监管人和责任人。

徐林：寓党建于服务才能使“党建+”模式更好地发挥作用，这不仅适合于农村地区，在城市社区同样适用。以党建为引领，带动区域内党员、社会组织、物业管理、居民骨干等多方参与，提升自治、互助、共融水平。具体可以从党员主体和组织力量两方面来推进。一方面，发挥党员个体的先锋模范作用，带动周边居民形成垃圾分类的良好氛围；另一方面，发挥党组织的“堡垒”作用，通过党组织有效整合社区中的各类资源，从城市的最基层开始建构垃圾治理的协同机制。

徐伟兵：垃圾分类在某种意义上是社会发展的必然要求，集中体现人类生产生活方式转变与环境保护之间的关系，并与整个社会的价值观念、环保理念、协作精神等密不可分，是政府、市场、社会共同参与建设的系统工程。

“党建+”模式在城乡社区的垃圾治理中应起到引领作用，发动居（村）委会的干部和热心居（村）民、公益组织、志愿者等进行宣传和引导垃圾分类。尊重国情，发挥社会主义的优势，因势利导，久久为功。总之，通过政府的顶层设计、大众的观念转变、机制建设的因地制宜，形成全民共治、全民共享的治理格局与意识共识。在实现环境治理的目标上，将创新技术、商业模式和法律政策相结合，统筹城乡融合发展；在提升全民道德素质上，发挥党员的先锋模范作用，凝聚环保共识和健康理念；在实现社区基层治理上，以社区、行政和企事业为单位，发挥基层党组织在社区中的引领作用。

农村生活垃圾分类 “浙江经验”的启示

记者：目前，浙江农村垃圾集中有效处理基本实现全覆盖，也是全国唯一在农村开展生活垃圾分类的省份，40%的村庄推进农村生活垃圾分类与三化处理。作为农村生活垃圾分类处理的“优等生”，浙江在农村生活垃圾分类上的探索和实践有何启示？

杜欢政：推行垃圾分类，政策环境和民意基础缺一不可。浙江省委、省政府长期以来坚持建设生态省、打造“绿色浙江”，特别是“千村示范、万村整治”工程，重点解决工业化大发展后，农村经济发展与生态环境之间的矛盾，以垃圾处置、污水治理等为重点，从源头上推进农村环境综合整治，这是浙江实施垃圾分类的“硬实力”。而农村居民素质进一步提高、绿水青山就是金山银山的理念深入人心，则是激发垃圾分类积极性和主动性的“软实力”。要进一步通过垃圾分类让农民成为美好家园的建设者和受益者，真正实现共建共享。

徐林：推广垃圾分类的过程中，既要有个性，又要有共性。一方面，正如习近平总书记对垃圾分类工作的重要批示中所强调的，因地制宜、持续推进，浙江很多地方都是在结合自己的实际情况探索适宜的模式，例如金华的阳光房、“二次四分法”，桐庐的“鸡毛换糖”，以及台州的黑水虻养殖技术等。探索垃圾分类必须结合当地实际需求、村民或居民的文化教育水平、技术设备条件等。另一方面，垃圾分类和处理是一条完整的产业链，需要整体考虑、统筹安排，甚至可以通过后端处理技术的升级倒逼前端分类的制度改进和效率提升。垃圾分类的最终目的是实现减量化、资源化，要探索一种居民（村民）可接受、财力可承受、面上可推广、长期可持续的垃圾分类模式。

徐伟兵：要将垃圾分类作为基层社会治理的重要着力点和抓手。近年来，浙江贯彻“党委领导、政府主导、社会协同、公众参与、法治保障”的社会治理体制，围绕不断提高社会治理社会化、法治化、智能化、专业化水平的目标，打造共建共治共享的社会治理格局。垃圾分类看似是件“小事”，却是城乡社区统筹治理、推进地区治理体系和治理能力现代化的关键“大事”，关系着人居环境、民生质量、生态保护。在乡村振兴战略框架下，垃圾分类与村庄整治、农村公共服务基础设施建设、河长制、农村文化礼堂建设等同频共振，与基层社会“自治、法治、德治”建设互为呼应，共同提升群众的满意度和获得感。这也是浙江农村生活垃圾分类提供的一个重要启示。

政府
治理

浙江日報

ZHEJIANG DAILY

中共浙江省委机关报

浙江日报报业集团 ZHEJIANG DAILY PRESS GROUP

2020年12月8日 星期二 庚子年十月廿四

国内统一连续出版物号：CN 33-0001

邮发代号：31-1 第26128期

中共中央印发

《法治社会建设实施纲要（2020－2025年）》

近日，中共中央印发了《法治社会建设实施纲要（2020－2025年）》，并发出通知，要求各地区各部门结合实际认真贯彻落实。

- 推动全社会增强法治观念
- 健全社会领域制度规范
- 加强权利保护
- 推进社会治理法治化
- 依法治理网络空间
- 加强组织保障

（据新华社 全文详见第四版）

省委常委会会议传达学习中央重要会议精神

全省域全方位参与长江经济带高质量发展

省委书记袁家军主持

本报杭州12月7日讯（记者 刘乐平）7日上午，省委常委会召开扩大会议，传达学习推动长江经济带发展领导小组会议精神、第二十六次全国地方立法工作座谈会精神，研究部署贯彻落实意见。会议还听取全省食品药品安全工作情况汇报，研究部署相关工作。

省委书记袁家军主持。

会议指出，11月14日，习近平总书记在南京市主持召开全面推动长江经济带发展座谈会并发表重要讲话；12月1日，韩正副总理主持召开推动长江经济带发展领导小组会议，研究部署推动长江经济带高质量发展主要任务，提出具体明确的要求。我们要从"两个维护"的政治高度认真学习贯彻习近平总书记重要讲话精神，全面落实推动长江经济带发展座谈会和领导小组全体会议的各项部署要求，以更大力度、更实举措深度参与和服务长江经济带发展战略。

会议研究了我省参与和服务长江经济带发展具体工作，观看了环境污染问题警示片，重点分析讨论了所涉及的污染治理问题和生态修复工作。会议强调，要坚持问题导向、以案为鉴，压实责任、狠抓问题整改；举一反三，开展全省摸排；完善机制，推进长效管理；修复生态，完善生态功能；协同联动，推动全面提升，全面抓好大排查、大整改。要主动作为、积极有为，做好系统规划，将参与和服务长江经济带发展与全省融入长三角一体化发展有效结合起来，与高质量推进"一带一路"建设有效贯通起来；强化沟通协调，在跨区域基础设施互联互通、流域管理统筹协调等方面与中央和兄弟省份做好主动对接，全省域全方位参与长江经济带高质量发展。

会议指出，第二十六次全国地方立法工作座谈会是对习近平法治思想的再学习、再领悟，是对中央全面依法治国工作会议精神的再贯彻、再落实，是对新发展阶段地方立法工作的再动员、再部署。会议强调，要认真学习贯彻地方立法工作座谈会精神，把学习成果转化为切实做好地方立法工作的自觉行动，努力在笃学践行习近平法治思想上走在前列，在率先构建适应高质量发展的地方法规规章体系上走在前列。要以立法先行保障现代化先行，坚持地方立法和重大改革相衔接、急用先行和长远规划相兼顾、专班运作和开门立法相结合、严谨规范和务实管用相统一，加快建设法治中国示范区。

会议充分肯定我省食品药品安全工作成绩，强调食品药品安全关乎人民群众生命安全、身体健康，关乎党委、政府公信力，关乎"重要窗口"形象。各级党委、政府要认真负起属地责任，始终绷紧食品药品安全这根弦，坚守食药安全底线，抓好全受控严格管理、全链条严格监管、全时空严格执法。有关监管部门要各司其职，加强各方工作对接，当前尤其要按照防疫要求严密抓好冷链物流的全链条监管，构建严实、闭环的食品药品安全责任链条。

袁家军在全省双拥工作总结暨模范退役军人表彰大会上强调

努力打造新时代军政军民团结的『重要窗口』

郑栅洁主持

本报杭州12月7日讯（记者 刘乐平 黄珍珍）全省双拥工作总结暨模范退役军人表彰大会7日下午在杭州举行，省委书记袁家军出席会议并讲话。他强调，要深入学习贯彻习近平强军思想和总书记关于双拥工作重要论述精神，全面落实党的十九届五中全会和省委十四届八次全会精神，奋力推动退役军人工作走在前列，努力打造新时代军政军民团结的"重要窗口"，为忠实践行"八八战略"、奋力打造"重要窗口"，争创社会主义现代化先行省凝聚军政军民团结的强大合力。

省委副书记、省长郑栅洁主持，陈金彪、朱国贤、周江勇、冯文平、李新科、陈学斌、许定平、裘东耀出席。副省长、省双拥领导小组副组长王文序宣读表彰决定。随后，省军级领导为省模范退役军人代表、省退役军人工作模范个人代表和省退役军人工作模范单位代表颁发证书和授牌。会上，全国双拥模范城代表、全国双拥模范县代表、全国拥政爱民模范单位代表、省模范退役军人代表作交流发言。

袁家军首先向驻浙部队官兵和全体退役军人致敬，充分肯定这些年来我省双拥格局更加完善、服务强军更加有效、抚恤优待更加有力、驻浙部队支援地方更加有为。袁家军强调，我们要坚持把做好双拥工作和退役军人工作作为增强"四个意识"、坚定"四个自信"、做到"两个维护"的重要检验，作为有效有力应对"两个大局"特别是不稳定不确定外部环境的重要举措，作为忠实践行"八八战略"、奋力打造"重要窗口"的重要内容，弘扬光荣传统、用好经验优势，着力推动双拥工作社会化、经常化、制度化、法制化。

袁家军强调，创新推进新时代双拥工作，要聚焦战斗力标准，大力支持军队改革，持续加强基础建设，跟进抓好拥军支前，全力支持驻浙部队练兵备战；聚焦"三后"问题，拓宽"后路"、巩固"后院"、优抚"后代"，用心用情为广大官兵排忧解难；聚焦服务效能，健全数字化服务管理模式、常态化慰问机制、制度化服务体系，着力构建全过程全周期管理保障体系；聚焦军民同心，拓展丰富形式载体、完善军人荣誉体系、创新用好宣传资源，不断厚植"爱我人民爱我军"的鱼水深情；聚焦压实责任，强化统筹协调、军地协同、动态考评，完善齐抓共管、高效协同的工作格局。

会前，省军级领导看望了受表彰的省模范退役军人和退役军人工作模范单位代表、模范个人。

一桥通苏浙

12月7日，连接浙江省桐乡市和江苏省苏州市吴江区的太师大桥改建工程通车。太师大桥改建工程是京杭运河浙江段三级航道整治工程嘉兴段的重要组成部分，于2018年9月30日动工建设，桥梁全长726米、宽18米，总投资1.4亿元。图为太师大桥航拍（画面左侧为桐乡市）。

本报记者 王志杰 拍友 徐潇卓 摄

新闻提要

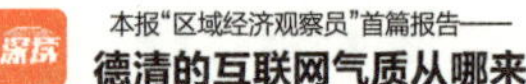

人物 **退役不褪志 退伍不褪色** ——走近"浙江省模范退役军人" 5版

深读 本报"区域经济观察员"首篇报告—— **德清的互联网气质从哪来** 7版

优化政府治理：打造"重要窗口"的着力点

——访国家行政学院原副院长周文彰教授

本报记者 潘如龙 周宇晗 章 忻

高端访谈⑩

名片

周文彰 哲学博士，中央党校（国家行政学院）教授、博士生导师，兼任中国人民大学博士生导师。曾任国家行政学院副院长。享受政府特殊津贴专家。出版《走好从政每一步》等20多部著作和译著。

党的十九届五中全会提出，"十四五"时期，国家行政体系更加完善，政府作用更好发挥，行政效率和公信力显著提升。省委十四届八次全会提出，率先推进省域治理现代化。如何创新思维，加快推进党政机关治理体系和治理能力现代化？本报记者采访了国家行政学院原副院长周文彰教授。

利民为本 整体智治

习近平总书记赋予浙江"努力成为新时代全面展示中国特色社会主义制度优越性的重要窗口"的新目标新定位。党的十九届四中全会明确，坚持和完善中国特色社会主义制度，推进国家治理体系和治理能力现代化。全面展示中国特色社会主义制度优越性，就要努力推进国家治理体系和治理能力现代化。

没有数字化，就没有政府治理现代化。政府数字化转型是实现治理现代化的重要途径。党的十九届四中全会提出，建立健全运用互联网、大数据、人工智能等技术手段进行行政管理的制度规则。推进数字政府建设，加强数据有序共享，依法保护个人信息。浙江提出，要深化政府数字化转型，建设"整体智治、唯实惟先"现代政府。

周文彰认为，浙江的政府数字化转型走在全国前列，这源于浙江省委、省政府先进的执政理念——利民为本。

利民为本，出发点是以人民为中心。"以人民为中心"是建设数字政府思想认识的前提。数字政府建设本质上是对权力的重构，首先要解决公务人员对权力的态度问题。把审批事项大幅削减，是让手中的权力"缩水"；把大量事项由见面求情办理变成网上自主办理，是对权力的"让渡"。因此，没有自我革命精神，没有以人民为中心的理念，就不可能有政府数字化转型的成功。（下转第三版）

扫一扫 看访谈视频

杭州市滨江区最高的地标建筑——272米高的"智慧之门"项目日前结顶。"智慧之门"项目位于风情大道与江南大道交叉口，由两幢超高层建筑与多层配套辅楼组成，预计2022年建成交付。 本报记者 董旭明 拍友 付小杰 摄

贯彻全会精神·打好构建新发展格局组合拳述评②

发挥战略叠加效应

本报记者 王世琪

在加快构建新发展格局的征程中，一场"1+1>2"的实践正在浙江大地如火如荼地展开——

以谋求省域高质量发展为目标的大湾区大花园大通道大都市区"四大建设"，与长三角一体化发展国家战略紧密交织，正迸发强劲动力，让浙江在更大的空间、以更广阔的视角构建以国内大循环为主体、国内国际双循环相互促进的新发展格局。

这是一个在不同维度因势利导的过程。通过借力、合作、辐射，浙江将统筹推进"四大建设"与长三角高质量一体化发展，让叠加效应充分释放，加速新发展格局的构建。

借力 ——打造新支点

构建新发展格局要循序渐进，连点成线，织线成面。基础和前提是集聚资源要素打造出优质的战略支点。短时间内"平地起高楼"并不现实，如何更好地吸纳和承接优质资源才是其中要义。

当下，全省各地乘长三角一体化发展的东风，在发展中找准定位，主动承接中心城市的辐射带动。在"四大建设"的推动下，架起资源要素流动的"快速路"。

正在台州湾掀起的一股打造战略支点新浪潮，便是力证。

今年8月20日，浙江第六个省级新区——台州湾新区揭牌成立；杭绍台铁路加速建设，预计明年年底建成通车。这围绕"四大建设"挥出的两大"手笔"，都与长三角高质量一体化发展密切相关。前者将通过建设甬台温临港产业带，加强台州与长三角中心城市的联系；后者则直接拉近了台州与长三角腹地的时空距离。

"在过去较长一段时期里，台州县域城市之间比较优势突出但互补性差，整体上呈现独行多于联动的状态，难以形成一体对外开放合作的思路与机制。"浙江清华长三角研究院新经济发展研究中心副主任吕淼认为，随着对长三角高质量要素的承接，台州的资源整合能力将进一步提升，这也将增强浙江对外开放的力量。

通过"四大建设"借力长三角已成全省共识。依托大湾区、大都市区建设提升城市竞争力，吸引优质资源；通过打造大通道疏通发展经脉，与中心城市互联互通，浙江将打造出更多新发展格局的战略支点。

合作 ——创造新可能

在扎实推进长三角一体化发展座谈会上，习近平总书记对长三角提出"率先形成新发展格局"的要求。

发展的扇面向外打开，需要扇骨齐齐向内。浙江身处其中，要放宽视野，加强区域合作，实现优势整合，加速构建新发展格局。

历史经验告诉我们，发展硬实力是参与合作的保障。以"四大建设"为引擎，浙江不断提升发展能级，在"率先形成新发展格局"的目标中唱主角、挑大梁。

通过"四大建设"，浙江在做深做大省内市场的同时，与兄弟省市联袂打造长三角大市场，扩内需、促消费，畅通国内大循环。

方辞西湖水，又见黄山松。今年6月的长三角一体化发展重大合作事项签约仪式上，皖浙两省政府签订共建杭黄世界级自然生态和文化旅游廊道战略合作框架协议。当下，浙江正在通过大花园建设，积极推进合作。跨省旅游资源的整合，必将打开更广阔的旅游市场，拉动国内旅游消费。

港通天下的浙江通过大湾区、大通道建设，持续释放海洋经济新动能，推动长三角实现更高水平开发，将发展扇面打得更开，让国际大循环转得更快、转向更远。

上海港洋山四期全自动化码头，机械设备与集装箱堆叠成一片钢铁"丛林"。与眼前的"盛景"相比，更令人期待的是小洋山的未来——去年2月，浙江省海港集团与上港集团签署协议，合力开发小洋山北侧。

"这项合作将是长三角港口群向世界级港口群迈进的关键一跃。"浙江海港集团相关负责人表示，此次合作将提高长三角乃至全国的对外开放水平，促进形成开放的国内国际双循环。（下转第二版）

优化政府治理：打造“重要窗口”的着力点

周文彰
原国家行政学院副院长

党的十九届五中全会提出，“十四五”时期，国家行政体系更加完善，政府作用更好发挥，行政效率和公信力显著提升。浙江省委十四届八次全会提出，率先推进省域治理现代化。如何创新思维，加快推进党政机关治理体系和治理能力现代化？记者采访了周文彰教授。

利民为本 整体智治

习近平总书记赋予浙江“努力成为新时代全面展示中国特色社会主义制度优越性的重要窗口”的新目标新定位。党的十九届四中全会明确，坚持和完善中国特色社会主义制度，推进国家治理体系和治理能力现代化。全面展示中国特色社会主义制度优越性，就要努力推进国家治理体系和治理能力现代化。

没有数字化，就没有政府治理现代化。政府数字化转型是实现治理现代化的重要途径。党的十九届四中全会提出，建立健全运用互联网、大数据、人工智能等技术手段进行行政管理的制度规则。推进数字政府建设，加强数据有序共享，依法保护个人信息。浙江提出，要深化政府数字化转型，建设“整体智治、唯实惟先”现代政府。

周文彰认为，浙江的政府数字化转型走在全国前列，这源于浙江省委、省政府先进的执政理念——利民为本。

利民为本，出发点是以人民为中心。“以人民为中心”是建设数字政府思想认识的前提。数字政府建设本质上是对权力的重构，首先要解决公务人员对权力的态度问题。把审批事项大量削减，是让手中的权力“缩水”；把大量事项由见面求情办理变成网上自主办理，是对权力的“让渡”。因此，没有自我革命精神，没有以人民为中心的理念，就不可能有政府数字化转型的成功。

“利民为本”，落脚点是“让人民得利”。政府之所以向数字化转型，是为了变“群众跑腿”为“数据跑路”，变“群众来回跑”为“部门协同办”，使政府整体智治、使群众方便得利。

周文彰认为，数字化转型需要政府具有足够强大的数字治理头脑和数字治理能力，努力使自己成为管理网络化、办公自动化、政务公开化、运行程序优化的服务型政府，改变传统政府自上而下的单向度管理模式，建起以公共服务为核心、“用数据对话、用数据决策、用数据服务、用数据创新”的现代治理模式。

“三转”并举 优化治理

周文彰指出，政府治理体系是党的十九届四中全会提出的坚持和完善 13 个制度体系中的重要组成部分。因此，优化政府治理，可以说是彰显中国特色社会主义制度优越性的突破口，是打造“重要窗口”的着力点。

制度的生命力在于执行。周文彰认为，把制度的优越性转化为治理效能，政府在其中扮演着极为重要的角色。完成机构改革、实现机构科学设置以后，优化政府治理就要转职能、转方式、转作风。

转变政府职能，要使政府从资源配置当中腾出手来，投入经济调节、市场监管、公共服务、社会管理和环境保护等工作。过去，政府治理更多地被理解为一个“管”字，主要靠行政审批。因此，转变政府职能，重点是大量削减审批事项，将权力下放。

转变行政方式，重点是简化规范审批程序，尽量减少前置审批，一般事项“不见面”，复杂事项“一次办”。第一要公开透明，一次性向社会公布审批的条件、程序等，实行一个窗口受理、网上审批、并联审批。第二要规范中介服务，避免“红顶中介”垄断业务，可以通过招标来确定中介机构，把服务费用纳入政府财政预算。

转变作风，重点是克服官僚主义和形式主义，提高办事效率。坚决不让形式主义的东西过关，坚决不用搞形式主义的人。同时打破信息孤岛，完善政务服务平台，打破地域、层级、行业限制，使这张网从中央到地方互联互通、共享共治。

周文彰认为，只有做到上述“三个转”，才能实现浙江省委提出的“构建系统完备、科学规范、运行高效的工作机制”目标，优化政府治理，展示制度优越性。

有限权力 无限服务

政府改革的目标，是建设与市场经济相适应的现代政府，把过去的“无限政府”变成公开透明的服务型法治政府。政府的权力是法定的，法无授权不可为；权力是有清单的，清单之外的不能行使。按照清单来行使权力的思维，可以称之为清单思维。但是，不能把权力清单当成责任清单，滥用清单思维，把它作为规避责任的理由、不给老百姓办事的借口。

行使权力是有限的， 而为人民服务是无限的

周文彰认为，过去的“无限政府”多半表现在审批上，什么都要批、什么都要管，重事前审批、轻事中事后监管。现代政府则要轻事前审批、重事中事后监管。同时，不仅是谁审批、谁监管，而且是谁主管、谁监管。因此，也可以说，在生态环境、市场规则等监管上，政府应当做无限政府。概括起来，政府的角色，在权力上，应是有限政府；在服务上，应是无限政府。

优化政府治理必须加强自身建设，使政府变得更加为民、公平、高效、科学、廉洁。其中，“为民”具有引领性作用。要自觉践行以人民为中心的发展思想，政府治理工作就要始终遵循这个准则。

周文彰将“为民”的内涵和要求概括为 6 个方面：奋斗目标奔人民而去，手中权力为民所用，根本利益为民所谋，心中位置数人民最高，工作好坏依民而定，干部系人民公仆。只有牢固树立以人民为中心的理念，才能从根本上实现政府的无限服务。

浙江日報

ZHEJIANG DAILY

中共浙江省委机关报

浙江日报报业集团 ZHEJIANG DAILY PRESS GROUP

2020年9月28日 星期一 庚子年八月十二

国内统一连续出版物号：CN 33-0001

邮发代号：31-1 第26057期

浙江在线 浙江新闻

十九届中央第六轮巡视将开展

对北京上海浙江等32个地方和单位党组织开展常规巡视

新华社北京9月27日电 经党中央批准，十九届中央第六轮巡视将对北京市、天津市、内蒙古自治区、吉林省、上海市、浙江省、安徽省、江西省、湖北省、广西壮族自治区、重庆市、云南省、西藏自治区、陕西省、甘肃省、青海省、新疆维吾尔自治区、新疆生产建设兵团、全国人大常委会机关、全国政协机关、公安部、财政部、水利部、农业农村部、国家卫生健康委员会、审计署、国家医疗保障局、国家移民管理局、国家中医药管理局、中国农业科学院、中国国际贸易促进委员会、中国残疾人联合会等32个地方、单位党组织开展常规巡视。根据《中国共产党巡视工作条例》规定，对第六轮巡视涉及的长春、杭州、宁波、武汉、西安等5个副省级城市党委和人大常委会、政府、政协党组主要负责人，一并纳入巡视范围。

住甘肃全国政协委员来浙考察

袁家军会见 葛慧君欧阳坚出席座谈会并参加考察

本报讯 （记者 沈吟） 根据全国政协办公厅的部署安排，9月24日至27日，住甘肃全国政协委员考察团来浙围绕"实施乡村振兴战略"和"新冠肺炎疫情防控"情况进行考察交流。省委书记袁家军会见了以甘肃省政协主席欧阳坚为团长的考察团一行。省政协主席葛慧君出席座谈会并参加考察。

袁家军对考察团一行表示欢迎。他说，浙江和甘肃两省经济互补性强、合作潜力大，我们愿与甘肃进一步丰富合作内涵、拓展合作领域、提升合作层次，深化产业合作优势互补，共同推动形成以国内大循环为主体、国内国际双循环相互促进的新发展格局，努力推动浙甘交流合作开拓新局面。

葛慧君表示，甘肃是古代"丝绸之路"的重要枢纽，浙江是古代"海上丝绸之路"的起点，两地还有陆上的"义新欧"班列紧紧相连，希望考察团为浙江发展和政协工作多提宝贵意见，加强交流合作，为两地经济社会发展作出政协应有的贡献。

欧阳坚肯定了浙江在乡村振兴和疫情防控方面的工作。他说，甘肃和浙江友谊深厚，考察团将积极学习借鉴浙江的好做法、好经验，希望加强工作交流互鉴，推动两地更深层次更宽领域的合作。

在浙期间，考察团一行深入杭州、湖州、嘉兴等地进行实地考察。

陈金彪参加会见，朱从玖、马光明参加座谈会或陪同考察。

杭州市直机关与镇街党组织开展常态化共建

助企帮户，来了就不再离开

本报讯 （记者 孙磊 通讯员 周震平） "感谢杭州开展的'助万企、帮万户'活动，帮我们渡过了前段时间资金周转的难关，目前企业发展已进入正轨。"前不久，杭州市委办收到一封来自江干区闸弄口街道某市政建设企业的来信，表达对市发改委党员干部全心全力纾难解困的感激。

原来，受新冠肺炎疫情影响，这家公司大量款项无法按期收回。与闸弄口街道结对的杭州市发改委干部了解情况后积极协调，为企业从工商银行杭州分行争取到2200万元低息贷款，并对其发展需求保持常态关注，让企业吃下了定心丸。

据了解，目前杭州86个市直机关与191个镇街党组织已全部开展常态化共建。"这是我们对战'疫'期间临时党支部工作的进一步深化和对现有机制的优化固化。"杭州市直机关相关负责人告诉记者。

疫情发生后，杭州市直机关派出196支服务小分队赴镇街一线助企帮户，同时在战"疫"一线建立临时党支部，筑起了抗击疫情和助力复工复产的红色阵地。

疫情防控常态化阶段，如何继续把临时党支部的作用发挥好，让党建在基层扎深根、结硕果？今年7月，杭州市推动"助万企、帮万户"活动转入常态化新阶段，引导86个市直机关的196支服务小分队与此前结对的镇街开展常态化共建，延伸部门工作，为基层赋能减负，并在共建中纳入农村指导员、助企服务网格员和镇街联络员。值得一提的是，参加共建的市直机关党员干部中，原服务小分队队员占80%，不仅确保了前期驻点工作的延续性，也有效避免了重复走访和半拉子工程。

以镇街的目标为工作目标，把企业群众的事当作自己的事。杭州市直机关的党员干部把身份照片、工作任务在镇街阵地上墙，还建立工作群，把"镇村吹哨、部门报到"落细落具体。

在临安区天目山镇，结对的杭州市规划和自然资源局党员干部定期到企业、农户家中走访。今年7月，他们在走访中获悉临安杰森包装有限公司因历史原因无法合并宗地、扩大生产。经积极协调，杭州市规划和自然资源局采取"多道联审、一次出证"的办法，帮助企业在1个月内解决了问题。"实实在在帮企业解决了镇街层面难以协调的一些问题。"天目山镇党委书记陶国英说。

据了解，两个多月来，杭州"助万企、帮万户"活动通过常态化共建，已帮助基层企业和百姓协调解决问题1万余个，切实做了一些让基层干部群众"竖大拇指"的实事，真正打造一支"来了就不再离开"的助企驻村服务队。

忠实践行"八八战略" 奋力打造"重要窗口"

衢宁铁路昨日开通，"绿巨人"穿岭越谷通山海

浙江四县市加入铁路"朋友圈"

本报庆元9月27日电 （记者 张帆 杨世丹 见习记者 王玉宾） "我们洋背村离火车站就几百米，火车一来，我们村里的农产品更好卖了，村里农家乐民宿生意肯定好。"9月27日上午7时30分，庆元居民杨传宗脸上洋溢着幸福的笑容，和他一样，当天不少百姓早早地赶到现场，只为亲眼见证这历史性的时刻。

9时28分，汽笛声中，D9558次"绿巨人"动力集中式动车组列车缓缓驶离庆元火车站奔向沪杭，至此衢州至宁德铁路开通运营。开通当日，在福建省宁德市也有一列火车驶向和庆元毗邻的福建省松溪县。

"家乡通铁路，内心真的非常激动。"D9558次列车的列车长叶春燕说，自己是一名庆元姑娘，希望能有更多的机会为家乡服务。

衢宁铁路的开通，意味着我省丽水市遂昌、松阳、龙泉、庆元4县市结束了不通铁路的历史。作为2015年开工建设的68个国家重点铁路项目之一、浙江省铁路"八八计划"的重要工程，衢宁铁路正线全长379公里，为国铁Ⅰ级客货共线单线电气化铁路，客货兼运，设计行车时速160公里，项目总投资超300亿元。

在10月11日今年四季度列车运行图实施后，衢宁铁路全线每天计划安排开行旅客列车7对，其中开行庆元至上海南、庆元至杭州动力集中式动车组列车2对，福州至北京、福州至重庆、徐州至福州3对旅客列车通过变更运行区段、延长径路的方式，经由衢宁铁路运行。庆元至衢州、福州、杭州、上海最快运行时间分别为2小时7分钟、3小时33分钟、4小时44分钟、6小时29分钟，沿线群众出行将更方便快捷。

按照开行车次，从衢宁铁路沿线城市坐火车出发，向南可直达宁德、福州等东南沿海城市，向西可直达武昌、重庆等华中、西南城市，向北可直达北京、天津、济南等华北城市。另外从庆元、龙泉、松阳、遂昌等地出发，可直达长三角区域内上海、杭州、南京、嘉兴、苏州、无锡、常州、徐州等城市。

遂昌、松阳、龙泉、庆元四县市均是革命老区，拥有大量红色旅游资源。铁路通车，既让老区人民享受到更高水平的交通出行服务；也方便外地游客走进革命老区，感受红色革命文化熏陶。当地的经济发展和百姓致富迎来新契机，丽水生态产品价值实现也增添了新的动能。

衢宁铁路线路示意图

扫一扫 看精彩报道

衢宁铁路龙泉溪大桥。拍友 单新元 摄

9月27日，衢宁铁路开通。9时28分，首趟D9558次列车从庆元火车站出发。本报记者 王建龙 拍友 吴春平 摄

更多内容详见第六版——

穿山达海开新衢

黄岩统筹集成多元力量推进矛调中心建设

群众"找说法" 最多跑一地

本报讯 （记者 戴睿云 陈久忍 通讯员 卢阳） "下沉巡回"的智慧司法服务，引领"一地调解"更高效。近日，在全省首个巡回智慧法庭——台州市黄岩区院桥镇矛调分中心的巡回智慧法庭内，庭长朱伟正在现场办公。当日上午，他力促一起儿童在商场摔倒引起的赔偿纠纷调解成功，并做好调解结果司法确认。

除每周一日到镇矛调分中心现场办公，其余工作日，只要通过一部手机，巡回智慧法庭团队就能远程为乡镇（街道）矛调分中心提供在线调解、司法确认、开庭审理等司法服务，补上了乡镇（街道）的司法资源短板，从源头减少了诉讼增量。目前，该区实现巡回智慧法庭乡镇（街道）全覆盖。截至8月底，累计诉前分流案件1970件，成功调解822件。

近年来，黄岩区在探索矛调中心建设上不断优化创新，走出了"线下一站式、线上一体化、区乡村联动"的特色之路，努力打造社会治理领域"最多跑一地"的示范窗口。自2018年成立以来，该区矛调中心累计成功调解案事件约1.8万件，其中区级中心调解占比35.67%；今年上半年，区法院民商事及行政案件收案数、信访初访四级登记量同比分别下降22.5%、38.9%。

面对五花八门的社会矛盾，矛调中心集成多元力量统筹共治。区级矛调中心由法院、信访、司法行政等七部门联合发起，入驻机构达21个。这里不仅有相关部门工作人员，还引入了行政争议、医疗、物业等专业调解团队以及心理咨询机构等，开放23个服务窗口，对矛盾纠纷一站式接收、一揽子调处、全链条解决。一些社会机构虽然没有入驻中心，也成为联动的对象。 （下转第二版）

在宁波市北仑区柴桥街道，芦江畔新修建的生态河埠头成为靓丽风景线。生态河埠头洗衣等用水抽取自河道，使用后的污水排入污水管网，实现污水零直排，既保护了水环境，又便利了居民。图为芦江畔的生态河埠头俯瞰。 本报记者 应磊 贺元凯 摄

引领政府数字化转型继续走在前列

——访国务院发展研究中心研究员、著名电子政务专家李广乾

本报记者 潘如龙 周宇晗 章 忻

高端访谈④

忠实践行"八八战略"、奋力打造"重要窗口"，要扬起数字赋能的"冲浪帆"，加快推进省域治理体系和治理能力现代化。2018年以来，省委、省政府大力推进政府数字化转型取得显著成效。面对"重要窗口"的新目标新定位，浙江如何继续引领政府数字化转型走在前列？记者采访了国务院发展研究中心研究员、著名电子政务专家李广乾。

整体智治

理念和技术的全面创新

浙江的政府数字化转型走在全国前列。从事电子政务研究20余年的李广乾研究员表示，浙江在数字政府建设上的一些探索创新，不仅在实践上具有示范引领作用，也是理论界研究人员关注和学习的对象，比如城市大脑建设、"一图一码一指数"精密智控机制等。李广乾认为，浙江省委提出的"整体智治"，既是理念的创新，也是技术应用的创新。"整体"意味着政府数字化转型是以用户需求为导向，这与浙江省委提出的"利民为本"的价值导向一致。"整体"使群众和企业办事从"找部门"转变为"找政府"，使党政机关服务方式从"碎片化"转变为"一体化"，实现各机关部门协同高效运作。

"智治"意味着加强新一代信息技术的应用创新。要求更好地运用云计算、大数据、人工智能等数字技术，加快形成新型治理形态、提高治理能力。李广乾认为，当前，"智治"可能需要推进三个方面的工作。一是以云计算中心为主要内容的新型基础设施建设。"智治"涉及数据采集和处理，需要相应的基础设施支持，如5G、云计算中心、人工智能等基础设施的建设，这也是当前国家正在开展的新基建的重要内容。二是对数据的管理和应用。各部门、各行业归集的数据如何处理、如何利用，对于政府治理能力现代化建设特别重要。三是相应的管理制度建设。"智治"要求法律法规和制度的创新发展，以保障网络安全、数据安全，保护个人信息安全。

数据开放

数字治理和数字经济的突破口

抢抓数字化新机遇，实施数字赋能，就要不断深化"数字浙江"建设，以政府数字化转型带动经济、社会、文化、生态治理的数字化转型。李广乾认为，浙江省委提出的"三个新突破"，准确把握了实施政府数字化转型的三个特别重要的内容，是高屋建瓴的战略性举措。当前的工作重点建议可以考虑放在公共数据的开放和应用创新上。

（下转第四版）

扫一扫 看访谈视频

专家名片

李广乾 国务院发展研究中心研究员、博士，长期从事国家IT和信息化发展战略与政策研究工作，主持或参与30余项重大课题研究，发表专业学术论文百余篇。其中，电子政务、二维码支付、工业互联网平台等方面的研究报告引起广泛重视，推动了行业和领域的发展。

新闻提要

引领政府数字化转型继续走在前列

嘉　宾

李广乾
国务院发展研究中心研究员

忠实践行“八八战略”、奋力打造“重要窗口”，要扬起数字赋能的“冲浪帆”，加快推进省域治理体系和治理能力现代化。2018年以来，浙江省委、省政府大力推进政府数字化转型取得显著成效。面对“重要窗口”的新目标新定位，浙江如何继续引领政府数字化转型走在前列？记者采访了著名电子政务专家李广乾。

整体智治　理念和技术的全面创新

浙江的政府数字化转型走在全国前列。从事电子政务研究20余年的李广乾研究员表示，浙江在数字政府建设上的一些探索创新，不仅在实践上具有示范引领作用，也是理论界研究人员关注和学习的对象，比如城市大脑建设、“一图一码一指数”精密智控机制等。李广乾认为，浙江省委提出的“整体智治”，既是理念的创新，也是技术应用的创新。“整体”意味着政府数字化转型是以用户需求为导向，这与浙江省委提出的“利民为本”的价值导向一致。“整体”使群众和企业办事从“找部门”转变为“找政府”，使党政机关服务方式从“碎片化”转变为“一体化”，实现各机关部门协同高效运作。

“智治”意味着加强新一代信息技术的应用创新。这要求更好地运用云计算、大数据、人工智能等数字技术，加快形成新型治理形态、提高治理能力。李广乾认为，当前，“智治”需要推进三个方面的工作。一是以云计算中心为主要内容的新型基础设施建设。“智治”涉及数据采集和处理，需要相应的基础设施支持，如5G、云计算中心、人工智能等基础设施的建设，这也是当前国家正在开展的新基建的重要内容。二是对数据的管理和应用。各部门、各行业归集的数据如何处理、如何利用，对于政府治理能力现代化建设特别重要。三是相应的管理制度建设。“智治”要求法律法规和制度的创新发展，以保障网络安全、数据安全，保护个人信息安全。

数据开放 数字治理和数字经济的突破口

抢抓数字化新机遇，实施数字赋能，就要不断深化“数字浙江”建设，以政府数字化转型带动经济、社会、文化、生态治理的数字化转型。李广乾认为，浙江省委提出的“三个新突破”，准确把握了实施政府数字化转型的三个特别重要的内容，是高屋建瓴的战略性举措。当前的工作重点可以考虑放在公共数据的开放和应用创新上。

李广乾认为，在电商数据、社交媒体数据、工业大数据、政府数据等各类数据中，政府公共数据的价值是最大的，比如人口、法人、自然资源和空间地理信息等。这些数据都是各行各业开展业务非常需要的，也是必不可少的。浙江高度重视数据的共享和开放，先后成立省数据管理中心和省大数据局，在全国率先推出政府数据统一开放平台。

事实上，数据开放也体现一种“利民为本”的价值取向。以往的信息公开是以政府部门为中心，数据开放则是以用户为中心。因此，数据开放要从用户需求的角度出发，强化顶层设计，加强政府部门业务协同和流程再造，并进行技术上的建设。国际上，政府数据开放包含了很多的技术要求。比如，首先它是数字化的，同时是一个完整的数据库，此外还有制度上的要求，包括网络安全和个人隐私保护等。

李广乾认为，数据开放更是数据要素价值实现和数字经济发展的必要条件。党的十九届四中全会把数据列为生产要素。促进全社会整个数据资源资产化，政府公共数据发挥着特别重要的基础作用。建议发展和完善数据要素市场，开放公共数据，培育数字经济新产业、新业态和新模式，推动公共数据在经济调节、市场监管、公共服务、社会管理和环境保护等领域的开发利用。应当探索建立多元化的行业数据合作交流机制，加强数据资源整合，提升社会数据资源价值，引导和培育大数据交易市场，推动数据确权和数据交易。作为数据大省和数字经济大省，浙江可以在推进政府公共数据共享、开放方面进行更多的探索，为全国作出更大的贡献。

平台治理 治理体系和治理能力的新探索

当今世界每时每刻都在发生深刻变化，面对数字化带来的新事物新现象，应该运用数字化的理念和手段进行应对。李广乾认为，在数字经济时代，平台的发展发挥了特别重大的作用，并带动党政机关治理体系和治理能力的变革。学界因此提出了“平台治理”的概念，英国则实施了“数字政府即平台”计划。李广乾将平台称为“第四法人”——像 BAT（百度、阿里巴巴、腾讯）这种大型的平台，不只是一个营利企业，也是政府治理在技术上的合作对象，是一种新型法人。

探索数字经济时代政府与平台及企业的关系，实际上也是探索新型的国家治理体系。为此，可以跳出政府自身的视角，从全社会层面思考政府数字化转型。建议尝试建立适应数字经济发展需要的平台治理体系。探索政府与各类平台，如电子商务平台、社交媒体平台、工业互联网平台等的治理关系，积极构建一种新型社会治理模式。

李广乾认为，新型的政府与社会、市场关系中，互联网平台起到一种承上启下的作用。政府对市场的管理，可以由原来直接对市场或企业的监管一定程度上转移到对于平台的监管上来。通过建立数据共享平台或者数据监管平台，让各种平台提供数据给数据共享平台或监管平台，从而实现政府对整体市场的监管。

李广乾认为，加强政府数字化转型、建设数字政府，需要从多方面先行先试并加强研究和总结，将具体实践提炼为理论创新成果。正如浙江省委提出的，要把数字化转型的改革实践上升为理论成果，固化为制度性成果，转化为治理效能。李广乾建议，在数字政府建设过程中，浙江可以在以下几个方面加强理论创新并将其固化为制度化成果。一是建立完善高效的政府数据管理体系，为实现政府数据共享与开放奠定坚实基础。二是构建新型平台治理体系，理顺政府、平台、企业之间的关系，尝试数字经济时代的国家治理体系和治理能力新探索。三是打造一体化政务服务平台的浙江模式。国家层面正在开始探索全国一体化政务服务平台建设，省级一体化政务服务平台是全国一体化政务服务平台建设的重要基础，浙江省可以在一体化政务服务平台建设方面先行先试，率先打造浙江的成功模式。

深化“最多跑一次”改革的“化学反应”

嘉　宾　清华大学政治系主任 张小劲
浙江大学公共管理学院院长 郁建兴
浙江省社科院公共政策研究所副所长 周　盛

主持人　本报记者 潘如龙

“最多跑一次”改革是浙江的金字招牌。7月5日，习近平总书记在深化党和国家机构改革总结会议上强调，完成组织架构重建、实现机构职能调整，只是解决了“面”上的问题，真正要发生“化学反应”，还有大量工作要做。“最多跑一次”改革就是其中的一种“化学反应”。本期我们特邀3位嘉宾一起谈谈如何深化“最多跑一次”改革的“化学反应”，使改革产生更多的“热能”，形成更多新的“分子”。

“最多跑一次”改革是机构改革的“化学反应”

主持人：“最多跑一次”改革是浙江省把习近平总书记提出的以人民为中心的发展思想和浙江群众、企业呼声结合起来所进行的一个改革创新。请问，如何理解“最多跑一次”改革就是习近平总书记所说的“化学反应”？

张小劲：把“最多跑一次”改革看成是一种机构改革的“化学反应”，是一种生动形象的比喻。早期的政务服务改革主要着力于将分散在各部门的办事窗口集中起来，建立政务超市。这还停留在物理反应阶段，其中政府职能转变尚未到位，大量不必要的、重复的行政审批事项仍然存在，市民、企业获得政务服务的成本还比较高。为了彻底地解决上述问题，必须来一次“化学反应”。

“最多跑一次”改革通过数据共享、流程再造和部门协同，不断地减事项、减流程和减成本，真正实现政府转变职能、优化机构和简政放权的“化学反应”，从而推动政府办事效率和服务质量的不断提升。它是新时代以互联网技术为支撑的政府管理革命的集中体现，起到“牛鼻子”的作用，牵动着政府、市场和社会在不同系统、层次上互动模式的变革更新，统筹推进重要领域和关键环节改革取得重大突破。实际上，它还引发了政府管理理念、管理制度、管理技术和管理方法的系统性、整体性、革命性变革。

郁建兴：“化学反应”就是根本性的变化，是从“量变”到“质变”的转变。浙江省的“最多跑一次”改革，正是一场“化学反应”式的改革。浙江省委、省政府在提出“最多跑一次”改革之初，就明确将这项改革定义为政府的自我革命。

它有两方面的内涵：

首先是横向上的系统性、整体性、协同性。每一项改革在推进过程中要照应左右、兼顾先后，而非过去那种在单一领域、单一部门的单兵突进，让每一个改革元素在规定的时间、以特定的形式抵达相应的位置。

其次是通过纵向上的有效性，形成改革效果的溢出性。要让每一个改革元素（每一项改革）在完成改革目标的同时，产生积极的外部效应。浙江省委、省政府将“最多跑一次”改革作为全面深化改革的突破口，充分发挥“最多跑一次”改革的牵引作用，以此撬动各领域、全方位的改革，充分发挥了政府自我革命的溢出效应，产生了积极的外部性。

周盛：习近平总书记所说的“化学反应”，实质上就是要求治理的组织结构与运行机制进行系统性、整体性重构。

首先，作为行政审批制度改革的3.0版本，“最多跑一次”改革区别于大幅度削减审批事项的“减量型改革模式”，走出了“精减—膨胀—再精简—再膨胀”的形式主义怪圈。

同时，“最多跑一次”改革也是撬动浙江省全面深化改革的关键支点，它正在引发更大范围的一系列“化学反应”。一是在价值理念层面，“最多跑一次”改革贯穿始终的“用户思维”和清晰明确的目标导向，随着改革的提质扩面迅速拓展到了整个公共治理体系之中。二是在方法论层面，“最多跑一次”改革在攻坚克难过程中探索出的破除体制机制障碍和技术障碍的有效经验正在其他领域得以复制推广。特别是全方位打破信息孤岛和数据壁垒的努力，在较短时间内迅速推动了政府的数字化转型。

绘图：潘泓璇

以人民为中心是“化学反应”的基本元素

主持人：以往的机构改革侧重于政府的绩效，更多地考虑发展的需求。而真正要发生“化学反应”的改革是否要坚持群众需求导向？

郁建兴：以人民为中心是政府治理逻辑从本位主义向民众导向、需求导向转变的重要标志，也是政府改革应然的逻辑出发点和落脚点。

“化学反应”作为党中央对当下及未来改革提出的新要求，需要把以人民为中心的原则贯穿于“化学反应”的所有领域和各个环节。改革要在形式上做对、实质上做足，更要相互促进变得更好。形式上做对，就是需要根据民众的需求来确定改革的路径；实质上做足，需要听取民众的反馈和评价，来衡量改革的有效性，评判改革是否实现了预期目标。

比如说，浙江“最多跑一次”改革以企业、群众定义的“一件事”为行动基础，而传统的行政审批以政府部门相互分割的“一个事项”为标准。“最多跑一次”改革的第一步就是主动转变立场，从企业和群众的视角定义“一件事”。以人民群众定义的“一件事”为改革的行动基础，既是浙江“最多跑一次”改革在较短时间内取得显著成效、获得人民群众很高评价的重要原因，更是这场改革得以在政府及其部门实现“化学反应”的根本保证。

周盛：建设人民满意的服务型政府，是党的十九大确立的深化机构和行政体制改革的目标，是以人民为中心的发展思想在机构改革领域的具体实践。以浙江“最多跑一次”改革为例，贯穿改革全过程的正是以人民为中心的发展思想，这一基本元素在一系列机构重组、职权重构、流程再造之后得以升华。

首先，以人民为中心的发展思想要求从群众的视角确定政府改革“改什么”。作为一次刀刃向内的自我革命，“最多跑一次”改革以群众诉求倒逼政府不断突破自身治理能力的极限。

第二，以人民为中心的发展思想要求用群众的语言设定政府改革“怎么改”。“最多跑一次”这一看似模糊的概念确保了“最多跑一次”始终运行在践行为民初心的轨道之上。

第三，以人民为中心的发展思想要求以群众的感受评判政府改革改得“好不好”。“最多跑一次”改革的价值取向是群众的满意度、获得感。

加速“化学反应”的地方探索

主持人：2018年5月，中央提出深入推进审批服务便民化的指导意见，在进行顶层设计的同时，推广了浙江“最多跑一次”改革的经验，现在全国很多地方结合实际进行特色创新。请问，各地的改革有何异同，是否存在共性？

郁建兴：截至2018年9月，全国除港澳台以外的31个省、直辖市、自治区，已有29个实施了“最多跑一次”改革或类似改革。比较典型的有江苏省的“不见面审批”、武汉市的“三办”改革等。这些改革的共同点在于都是运用技术革命来推动政府改革。它们之间的不同点主要在于，以人民为中心的发展思想的落实程度略有差异。一些地方将以人民为中心作为改革设计的原则，但在改革路径、方法、机制上还有提升空间。而在另一些地方，以人民为中心的发展思想则具体落实在工作中，运用实时的大数据分析来精准调配人力资源，动态调整工作时间和内容等。

此外，一些地方主要采用代办制来帮助群众、企业分忧解难，而较少进行体制改革。我们的调研表明，采用代办制在全国同类改革中占据了半壁江山；一窗受理、一口受理也是各地较多采用的改革形态。相比之下，无差别全科受理只在非常有限的地区得到了采用。无疑，较少进行体制改革的地方，政府付出的成本较高，改革的成效、可持续性会被打较大的折扣。

周盛：全国很多地方逐步形成了目标趋同化、路径多样化的格局。

在目标导向上，各地改革都瞄准企业和群众办事难、办事慢、多头跑等问题，行政审批制度改革的价值取向逐渐从追求行政效率转向赢得群众满意。

在路径方法上，各地的改革方案各有侧重：以天津为代表的地区实行“一枚印章管审批”，以行政审批职能的一体化整合提高审批服务效能；以上海为代表的地区，着力打造宽松平等的市场准入环境和规范审慎的政府监管环境；以广东、江苏为代表的地区，重点推进“不见面审批”“一网式办理”，以技术手段简化审批流程，改善群众办事体验。

深化“最多跑一次”改革的“化学反应”

主持人：7月12日，在国务院新闻办举办的庆祝新中国成立70周年浙江专场新闻发布会上，省委主要领导提出，把“最多跑一次”改革进一步再创新、再发展，向社会治理领域延伸，探索矛盾纠纷化解“最多跑一地”。请谈谈如何深化“最多跑一次”改革的“化学反应”？

张小劲：浙江省委主要领导近日提出这项改革的新目标，即“跑一次是底线，一次不用跑是常态，跑多次是例外”，以及3个新任务，一是“刀刃向内”，积极推动改革向党政机关内部管理领域延伸；二是“提质扩面”，既向外延伸到医院、学校、能源这些公共服务领域，又向下延伸到基层，推进到群众家门口；三是将“最多跑一地”运用到矛盾纠纷化解的社会治理领域。特别是要在第3个新任务——“最多跑一地”上着力。老百姓遇到矛盾纠纷、有个性化诉求时，只要跑某一个部门或某一级政府，就能得到解决。

要实现上述新目标和新任务，深化“最多跑一次”改革在价值维度上要充分体现以人民为中心的发展思想，在技术维度上要发挥好数字技术的催化剂作用，在治理维度上要实现简约高效治理体系的系统化再造。

一是要继续深化“放管服”改革，厘清并理顺政府组织内部、政府与社会之间的权力边界和关系，致力于社会监管、社会服务模式与手段的创新，实现政府与社会各界力量的协同联动，进一步释放社会活力和创造力。这需要在深度和广度两个层面创新公众参与机制，更好地发挥倒逼机制，从而实现“最多跑一次”在社会治理领域的全面推行。

二是政府内部要实现组织革命，进一步打破政府组织间的壁垒和部门主义，彻底实现横向和纵向组织在资源共享、协同合作方面的无缝对接，提高政府运作效率和效能。

三是深入推进数字化政府建设。必须切实破解数据壁垒，实现政务数据全面共享；打通各自为政的政务平台，真正实现平台之间互联互通；推进政府数字化转型，打造无证明政府。

郁建兴：在我看来，深化“最多跑一次”改革的核心工作是做好政府的数字化转型，用技术革命撬动政府改革，这是让改革发生“化学反应”的最佳突破口。“数字化”就意味着可标准化、可透明化，最大化地降低组织运行成本，提高效率。

政府的数字化转型，既需要技术支持，也需要管理保障和社会支持。数字化转型的管理保障，就是要求建构一套跨部门、跨层级的有效协调机制，让数据推动整体性政府建设成为可能。数字化转型的社会支持，就是要充分激发社会组织、公民个人共同参与公共事务治理，共同参与生产公共服务。

周盛：要促使“最多跑一次”改革发生进一步的“化学反应”，就是要在“先立后破”的过程中，以群众获得感为导向，构建起全新的现代化治理体系。

一是以“最小颗粒度”的标准进一步细化办事事项清单，充分释放简政放权改革的空间，夯实部门协同和数据共享的基础，以机关内部事务“最多跑一次”巩固群众办事“最多跑一次”的改革成效，实现优化权力结构和运行机制的“分解反应”。

二是以大数据和人工智能等技术手段推动治理现代化，在已有政务服务系统和数据共享平台的基础上，不断优化群众办事体验，提升行政审批与公共服务便捷化水平。

三是把贯穿“最多跑一次”改革的价值取向、改革精神、经验方法深度融合到其他领域，以对标群众需求做好民生小事为重点撬动公共服务体制改革，以对标“最多跑一地”化解纠纷为重点撬动基层社会治理改革。

钱塘论坛

垃圾分类宣传要有受众意识

薛文春

眼下什么最热？除了天气，当然还有垃圾分类。

从今年开始，许多城市全面启动生活垃圾分类工作。为了广泛宣传和普及垃圾分类知识，我省各地干部群众开展了一系列别开生面的创意宣传活动。这些活动内容丰富、形式新颖，得到了市民的热烈欢迎和积极参与。

相比于枯燥乏味的政策讲解，这种“接地气”的宣教方式令人耳目一新，值得点赞！群众反映在玩游戏、听歌曲、答题目中，轻轻松松就掌握了分类要领。由此可见，想把垃圾分类普及工作做好，宣传者得树立和强化受众意识。

受众，在传播学中是读者、听众、观众的统称。受众意识是指在新闻报道中，采访者要心中有受众，因为他们才是新闻传播的终端。传播是否有效，关键在受众反馈。如果撇开受众搞宣传，传播效果不佳，就达不到想要的目的。

普及垃圾分类知识也同理。这是一项全民参与的系统性工程，不能只靠政府“单兵突击”，需要政府和群众相互协作完成。群众是垃圾分类的主体，只有调动起他们的积极性，才能抓住垃圾分类工作的“牛鼻子”。那么，群众的积极性如何调动？

一是受众在哪里，宣传就到哪里。垃圾分类的宣传对象是群众。今年以来，全省一些地方开展了不少类似的活动，推动垃圾分类宣传进学校、进社区、进企业。比如，金华把“垃圾分类流动学校”开到了公交车上，着实让人眼前一亮。车站、车厢被营造出了“垃圾分类”主题氛围，志愿者抱着四色垃圾桶，与乘客一起分类，分好后让另外一名乘客辨别，由工作人员来判断正确与否。车辆一路经过各乡镇、农村、山区，向群众宣传推广垃圾分类对保护生态环境的重要性。市民利用乘车的短暂空隙，既学习了垃圾分类知识，也打发了时间，可谓一举两得。

二是创新宣传方式，增强互动性。让群众参与到垃圾分类的宣传中来，效果更佳。垃圾分类趣味运动会、垃圾分类有奖竞猜、垃圾分类广场舞等活动，其实都是互动性极强的宣传形式。为了提高垃圾分类知识的普及率和传播力，策划组织一些参与度高的活动，可以达到事半功倍的效果。比如，海宁某社区为了提高居民的垃圾分类积极性，举办了“垃圾换购”活动。每一种可回收垃圾都按照市场价格“明码标价”，称重回收后市民可按照四舍五入原则兑换等价积分券。积分券除了用来买菜，还可以买绿植，特别实用。活动一开始，就聚集了大批的居民，大伙儿纷纷称赞这样的活动真有意义。

今日时评

小红书下架是咎由自取

钱振霄

内容涉黄、恶意刷粉、违禁品变着法招摇过市等，一度是不少APP的顽疾，这种在法律边缘玩火的行为必须受到惩罚。据媒体报道，人气颇高的小红书APP近日遭遇各大安卓应用商店下架处理，原因同样是内容违规。

面对下架，小红书是这样回应的：对黑产打击到底，坚决捍卫社区生态。表态之外，则是尴尬的现实。

以小红书为例，作为一个主打UGC内容的电商平台，从2013年至今，小红书主打的种草笔记精准吸引了不少用户，也让自身的体量逐步壮大。截至2019年5月，小红书用户量超过2.5亿，每日社区笔记曝光次数超过30亿，其中70%是UGC内容。庞大的数据背后，人们看到的是，从内容低俗化开始逐步向违规的方向演变。这既有内容运营方面的原因，也有平台方的监管失职。从实质上看，给人感觉更像是一种纵容。遭遇下架之后，小红书的火速表态并不能带来多少说服力。

一家企业如果不把好社会责任关，只顾在业内攻城略地，迟早会有东窗事发的一天。今年3月15日，媒体曝光的“种草笔记”黑色产业链就曾让小红书陷于被动。

对于入驻平台的内容生产者而言，专业代写、关键词置顶、花钱买热度等一系列行为，是一条庞大的需求产业链、利益链。即使斩断利益链需要巨大投入，平台方也不能浑水摸鱼。否则，把打造爆款产品的工作交给入驻者，平台方只负责收获曝光量，奉行不干预的运营态度，看似双赢，实质上造成监管真空。改变现状不能靠几家企业，而应当有严格的行业共识，这样才能防止黑色产业链对电商行业的进一步渗透。

只要有利益，就永远不乏以身犯险的下一个。在移动互联网高度发达的今天，监管部门责无旁贷。据报道，对于存在违规行为的互联网平台，监管部门会以约谈、下架、停止更新的方式，一步步收紧规矩的框架，直至完成整改。

小红书不是第一个被下架的，相信也不会是最后一个。对于游走在法律边缘的互联网应用，监管部门的利剑必须时刻高悬，保证相关内容维持在允许的经营范围内，倒逼行业自律。否则，就难免违规企业“野火烧不尽，春风吹又生”。

诸暨市秉持民生为先　拆后利用惠及百姓

“三改一拆”改变生活

旧厂区“变身”现代化主题广场，未经审批的违建均被拆除，村民居住环境明显提升，城市有了更大更好的发展空间……这些都是诸暨做活“无违建”拆后利用工作，为城乡环境带来的惊喜变化。

自2013年以来，诸暨市强势推进“三改一拆”工作，取得了显著成效，并于2017年被评为浙江省“无违建县市”。在此基础上，诸暨市自我加压，做好做活“拆后利用”工作，通过拆转结合、拆改结合、拆建结合、拆创结合，全力念好“拆治归”三字经，打好转型升级组合拳，让百姓切实感受到“无违建”带来的红利。

究竟拆后土地的利用情况如何？

早年弹簧产业发达，后因市场发展、行业转型，遗留的旧厂房较多，不仅存在大量安全隐患，还严重影响了城市整体形象。对此，诸暨市以“无违建”工作为主抓手，拆转结合，大力开展专项整治行动，以此淘汰落后产能、消除安全隐患，倒逼传统产业转型升级。位于诸暨市大唐街道的原钢板弹簧厂地块，旧厂房建筑面积995平方米，进行拆后重建，厂区被打造成袜艺主题广场。

不仅如此，大唐街道还借着“三改一拆”的东风，拆除各类小搭小建、私搭乱建袜业生产场所4200处，拆违面积达65万平方米；同时利用拆后土地建成启动袜业智库，有力推动大唐袜业脱胎换骨、转型升级，袜艺小镇也被评为省级示范小镇，大唐入选为首批中国特色小镇。

同时，诸暨市将巩固深化“无违建县市”创建与“五星·3A”、小城镇环境综合整治等重点工作相结合，并坚持以人民为中心的发展思想，坚持民生为先的拆违理念，把拆出来的地块用于建设村级公共服务中心、公共停车场等公共服务项目，做到项目共建、基础共创、成果共享，切实增强了百姓群众的获得感。

诸暨市大唐街道莼塘西村老旧的集体房，将拆后土地改造成一个洁净的停车场，解决了村里停车难问题；暨阳街道浣南村结合拆后土地利用推进整村新农村改造；暨阳街道郭家村利用主要道路两侧拆出的发展空间，建设商住用房和办公用房，有效提升村级集体收入；同时，诸暨利用拆后土地，建成了16.2万平方米的市民公园和20多公里的城区游步道。

此外，诸暨市把拆违同重点工程建设相连，将拆出的土地作为工程建设用地进行利用，使重点工程能得益于违建拆除快速推进，同时又能使被拆出土地快速转变身份，得到合理有效开发利用。2013年以来，诸暨市结合“无违建”创建，根据拆后地块大小和规划用途主动走出去，已引进浙商回归项目10余只，用地面积达3.6万平方米。

“每拆除一处违法建筑，就要做好拆后土地利用工作，即拆即用，避免新的违法建筑产生，实现土地资源的有效利用。同时，通过拆后地块改造，美化了城市面貌，大大改善了人居环境。”诸暨市“控违拆违”办相关负责人说。如今，诸暨不仅市域面貌得到改善，而且还腾出了更多的发展空间，“无违建”有力地促进了民生改善和经济社会的发展转型。

据悉，截至目前，诸暨市累计实现拆后利用总面积906万平方米，利用率达89.25%。其中，结合“四边三化”“两路两侧”专项行动，新增绿化面积3280万平方米；结合“美丽乡村”建设，完成4条以“西施”为主题的美丽乡村景观带建设，创成国家生态市，成功获得中国人居环境奖。

（孙金良 赵若含）

·资 讯·

深化“最多跑一次”改革的“化学反应”

张小劲
清华大学数据治理研究中心主任、政治学系教授

郁建兴
浙江工商大学党委书记

周　盛
浙江省社会科学院社会学研究所所长

“最多跑一次”改革是浙江的金字招牌。2019年7月5日，习近平总书记在深化党和国家机构改革总结会议上强调，完成组织架构重建、实现机构职能调整，只是解决了“面”上的问题，真正要发生“化学反应”，还有大量工作要做。“最多跑一次”改革就是其中的一种“化学反应”。记者特邀3位嘉宾一起谈谈如何深化“最多跑一次”改革的“化学反应”，使改革产生更多的“热能”，形成更多新的“分子”。

“最多跑一次”改革是机构改革的“化学反应”

记者：“最多跑一次”改革是浙江省把习近平总书记提出的以人民为中心的发展思想和浙江群众、企业呼声结合起来所进行的一个改革创新。请问，如何理解“最多跑一次”改革就是习近平总书记所说的“化学反应”？

张小劲：把“最多跑一次”改革看成是一种机构改革的“化学反应”，是一种生动形象的比喻。早期的政务服务改革主要着力于将分散在各部门的办事窗口集中起来，建立政务超市。这还停留在“物理反应”阶段，其中政府职能转变尚未到位，大量不必要的、重复的行政审批事项仍然存在，市民、企业获得政务服务的成本还比较高。为了彻底地解决上述问题，必须来一次“化学反应”。

“最多跑一次”改革通过数据共享、流程再造和部门协同，不断地减事项、减流程和减成本，真正实现政府转变职能、优化机构和简政放权的“化学反应”，从而推动政府办事效率和服务质量的不断提升。它是新时代以互联网技术为支撑的政府管理革命的集中体现，起到“牛鼻子”的作用，牵动着政府、市场和社会在不同系统、层次上互动模式的变革更新，统筹推进重要领域和关键环节改革取得重大突破。实际上，它还引发了政府管理理念、管理制度、管理技术和管理方法的系统性、整体性、革命性变革。

郁建兴：“化学反应”就是根本性的变化，是从“量变”到“质变”的转变。浙江省的“最多跑一次”改革，正是一场“化学反应”式的改革。浙江省委、省政府在提出“最多跑一次”改革之初，就明确将这项改革定义为政府的自我革命。

它有两方面的内涵：首先是横向上的系统性、整体性、协同性。每一项改革在推进过程中都要照应左右、兼顾先后，而非过去那种在单一领域、单一部门的单兵突进，让每一个改革元素在规定的时间、以特定的形式抵达相应的位置。其次是通过纵向上的有效性，形成改革效果的溢出性。要让每一个改革元素（每一项改革）在完成改革目标的同时，产生积极的外部效应。浙江省委、省政府将“最多跑一次”改革作为全面深化改革的突破口，充分发挥“最多跑一次”改革的牵引作用，以此撬动各领域、全方位的改革，充分发挥了政府自我革命的溢出效应，产生了积极的外部性。

周盛：习近平总书记所说的“化学反应”，实质上就是要求治理的组织结构与运行机制进行系统性、整体性重构。

首先，作为行政审批制度改革的 3.0 版本，“最多跑一次”改革区别于大幅度削减审批事项的“减量型改革模式”，走出了“精减—膨胀—再精简—再膨胀”的形式主义怪圈。

同时，“最多跑一次”改革也是撬动浙江省全面深化改革的关键支点，它正在引发更大范围的一系列“化学反应”。一是在价值理念层面，“最多跑一次”改革贯穿始终的“用户思维”和清晰明确的目标导向，随着改革的提质扩面迅速拓展到了整个公共治理体系之中。二是在方法论层面，“最多跑一次”改革在攻坚克难过程中探索出的破除体制机制障碍和技术障碍的有效经验正在其他领域得以复制推广。特别是全方位打破信息孤岛和数据壁垒的努力，在较短时间内迅速推动了政府的数字化转型。

以人民为中心是“化学反应”的基本元素

记者：以往的机构改革侧重于政府的绩效，更多地考虑发展的需求。而真正要发生“化学反应”的改革是否要坚持群众需求导向？

郁建兴：以人民为中心是政府治理逻辑从本位主义向民众导向、需求导向转变的重要标志，也是政府改革应然的逻辑出发点和落脚点。

“化学反应”作为党中央对当下及未来改革提出的新要求，需要把以人民为中心的原则贯穿于“化学反应”的所有领域和各个环节。改革要在形式上做对、实质上做足，更要相互促进变得更好。形式上做对，就是需要根据民众的需求来确定改革的路径；实质上做足，需要听取民众的反馈和评价，来衡量改革的有效性，评判改革是否实现了预期目标。

比如说，浙江“最多跑一次”改革以企业、群众定义的“一件事”为行动基础，而传统的行政审批以政府部门相互分割的“一个事项”为标准。“最多跑一次”改革的第一步就是主动转变立场，从企业和群众的视角定义“一件事”。以人民群众定义的“一件事”为改革的行动基础，既是浙江“最多跑一次”改革在较短时间内取得显著成效、获得人民群众很高评价的重要原因，更是这场改革得以在政府及其部门实现“化学反应”的根本保证。

周盛：建设人民满意的服务型政府，是党的十九大确立的深化机构和行政体制改革的目标，是以人民为中心的发展思想在机构改革领域的具体实践。以浙江“最多跑一次”改革为例，贯穿改革全过程的正是以人民为中心的发展思想，这一基本元素在一系列机构重组、职权重构、流程再造之后得以升华。

第一，以人民为中心的发展思想要求从群众的视角确定政府改革“改什么”。作为一次刀刃向内的自我革命，“最多跑一次”改革以群众诉求倒逼政府不断突破自身治理能力的极限。

第二，以人民为中心的发展思想要求用群众的语言设定政府改革“怎么改”。“最多跑一次”这一看似模糊的概念确保了“最多跑一次”始终运行在践行为民初心的轨道之上。

第三，以人民为中心的发展思想要求以群众的感受评判政府改革“改得好不好”。“最多跑一次”改革的价值取向是群众的满意度、获得感。

加速“化学反应”的地方探索

记者：2018年5月，中央提出深入推进审批服务便民化的指导意见，在进行顶层设计的同时，推广了浙江“最多跑一次”改革的经验，现在全国很多地方结合实际进行特色创新。请问，各地的改革有何异同，是否存在共性？

郁建兴：截至2018年9月，全国除港澳台以外的31个省、自治区、直辖市，已有29个实施了“最多跑一次”改革或类似改革。比较典型的有江苏省的“不见面审批”、武汉市的“三办”改革等。这些改革的共同点在于都是运用技术革命来推动政府改革。它们之间的不同点主要在于，以人民为中心的发展思想的落实程度略有差异。一些地方将以人民为中心作为改革设计的原则，但在改革路径、方法、机制上还有提升空间。而在另一些地方，以人民为中心的发展思想则具体落实在工作中，运用实时的大数据分析来精准调配人力资源，动态调整工作时间和内容等。

此外，一些地方主要采用代办制来帮助群众、企业分忧解难，而较少进行体制改革。我们的调研表明，采用代办制在全国同类改革中占据了半壁江山；一窗受理、一口受理也是各地较多采用的改革形态。相比之下，无差别全科受理只在非常有限的地区得到了采用。无疑，较少进行体制改革的地方，政府付出的成本较高，改革的成效、可持续性会被打较大的折扣。

周盛：全国很多地方逐步形成了目标趋同化、路径多样化的格局。

在目标导向上，各地改革都瞄准企业和群众办事难、办事慢、多头跑等问题，行政审批制度改革的价值取向逐渐从追求行政效率转向赢得群众满意。

在路径方法上，各地的改革方案各有侧重：以天津为代表的地区实行“一枚印章管审批”，以行政审批职能的一体化整合提高审批服务效能；以上海为代表的地区，着力打造宽松平等的市场准入环境和规范审慎的政府监管环境；以广东、江苏为代表的地区，重点推进“不见面审批”“一网式办理”，以技术手段简化审批流程，改善群众办事体验。

深化“最多跑一次”改革的“化学反应”

记者：2019 年 7 月 12 日，在国务院新闻办举办的庆祝新中国成立 70 周年浙江专场新闻发布会上，省委主要领导提出，把“最多跑一次”改革进一步再创新、再发展，向社会治理领域延伸，探索矛盾纠纷化解“最多跑一地”。请谈谈如何深化“最多跑一次”改革的“化学反应”?

张小劲：浙江省委主要领导近日提出这项改革的新目标，即“跑一次是底线，一次不用跑是常态，跑多次是例外”，以及 3 个新任务：一是“刀刃向内”，积极推动改革向党政机关内部管理领域延伸；二是“提质扩面”，既向外延伸到医院、学校、能源这些公共服务领域，又向下延伸到基层，推进到群众家门口；三是将“最多跑一地”运用到矛盾纠纷化解的社会治理领域。特别是要在第 3 个新任务——“最多跑一地”上着力。老百姓遇到矛盾纠纷、有个性化诉求时，只要跑某一个部门或某一级政府，就能得到解决。

要实现上述新目标和新任务，深化“最多跑一次”改革在价值维度上要充分体现以人民为中心的发展思想，在技术维度上要发挥好数字技术的催化剂作用，在治理维度上要实现简约高效治理体系的系统化再造。

一是要继续深化“放管服”改革，厘清并理顺政府组织内部、政府与社会之间的权力边界和关系，致力于社会监管、社会服务模式与手段的创新，实现政府与社会各界力量的协同联动，进一步释放社会活力和创造力。这需要在深度和广度两个层面创新公众参与机制，更好地发挥倒逼机制，从而实现“最多跑一次”在社会治理领域的全面推行。

二是政府内部要实现组织革命，进一步打破政府组织间的壁垒和部门主义，彻底实现横向和纵向组织在资源共享、协同合作方面的无缝对接，提高政府运作效率和效能。

三是深入推进数字化政府建设。必须切实破解数据壁垒，实现政务数据全面共享；打通各自为政的政务平台，真正实现平台之间互联互通；推进政府数字化转型，打造无证明政府。

郁建兴：在我看来，深化“最多跑一次”改革的核心工作是做好政府的数字化转型，用技术革命撬动政府改革，这是让改革发生“化学反应”的最佳突破口。“数字化”就意味着可标准化、可透明化，最大化地降低组织运行成本，提高效率。

政府的数字化转型既需要技术支持，也需要管理保障和社会支持。数字化转型的管理保障，就是要求建构一套跨部门、跨层级的有效协调机制，让数据推动整体性政府建设成为可能。数字化转型的社会支持，就是要充分激发社会组织、公民个人共同参与公共事务治理，共同参与生产公共服务。

周盛：要促使“最多跑一次”改革发生进一步的“化学反应”，就是要在“先立后破”的过程中，以群众获得感为导向，构建起全新的现代化治理体系。

一是以“最小颗粒度”的标准进一步细化办事事项清单，充分释放简政放权改革的空间，夯实部门协同和数据共享的基础，以机关内部事务“最多跑一次”巩固群众办事“最多跑一次”的改革成效，实现优化权力结构和运行机制的“分解反应”。

二是以大数据和人工智能等技术手段推动治理现代化，在已有政务服务系统和数据共享平台的基础上，不断优化群众办事体验，提升行政审批与公共服务便捷化水平。

三是把贯穿“最多跑一次”改革的价值取向、改革精神、经验方法深度融合到其他领域，以对标群众需求做好民生小事为重点撬动公共服务体制改革，以对标“最多跑一地”化解纠纷为重点撬动基层社会治理改革。

让“最多跑一次”改革跑得更远

——访中国行政体制改革研究会副会长许耀桐

本报记者 潘如龙

专家学者看两会

嘉宾简介

许耀桐，国家行政学院一级教授、博士生导师，中国行政体制改革研究会副会长、中国科学社会主义学会副会长。国家社会科学基金项目学科评审组专家、马克思主义理论研究与建设工程专家。享受国务院颁发的政府特殊津贴。学术研究范围集中在政治学原理和方法、社会主义理论与实践、中国政治体制和行政体制改革、政治文明与民主政治发展、中国共产党党的建设和党内民主发展等方面。出版有《社会主义的本质和特征》《马克思主义干部学说与实践》《空想社会主义分析》《中国基本国情与发展战略》《政治文明建设与民主政治发展》《西方政治学史》《政治学》《中国基本政治制度》《中国政治新特征研究》《中国国家治理体系现代化总论》《当代中国政治》《中国共产党党内民主研究》等20余部著作、教材；发表论文及文章400余篇。

“最多跑一次”改革的内涵与本质

记者：“最多跑一次”改革，是当年习近平同志在浙江工作时大力倡导的机关效能建设的深化；是“四张清单一张网”改革的再推进、供给侧结构性改革的制度供给、政府“放管服”改革的重要内容；是以人民为中心发展思想的浙江探索与实践。“最多跑一次”改革得到了中央全面深化改革领导小组第二次会议的肯定，并被写进了今年的政府工作报告。作为长期研究行政体制改革的专家，您认为“最多跑一次”改革的本质是什么？

许耀桐：“最多跑一次”是指企业和群众到政府办事“一次办结”甚至“零上门”。“最多跑一次”这句话非常通俗、形象，而且十分提气、响亮。我关注“最多跑一次”改革已有一段时间了。我认为，实行“最多跑一次”改革，是浙江省深入贯彻落实习近平同志以人民为中心的发展思想的具体行动，是新时代深化供给侧结构性改革、“放管服”改革，优化发展环境、推进党风廉政建设的重要抓手，是坚定不移贯彻“八八战略”、再创浙江体制机制新优势的重大创新。习近平总书记在中央全面深化改革领导小组第十次会议上指出，要推出一批能叫得响、立得住、群众认可的硬招实招，处理好改革“最先一公里”和“最后一公里”的关系，突破“中梗阻”，防止不作为，把改革方案的含金量充分展示出来，让人民群众有更多获得感。因此，“最多跑一次”在行政体制改革方面具有重大意义，它的本质就是一场深刻的革命，在于提供高效率、高标准、高品质的政务服务，彻底碾压了衙门作风，密切了官民关系，政府办事部门和人民群众之间的隔阂和鸿沟从此被填平了。

我们可以简要回顾一下，发端于上世纪90年代末的行政审批制度改革，是针对传统的高度集中的计划经济体制行政管理领域实行严格审批造成的体制性障碍，转变政府职能，实行简政放权。自国务院成立行政审批改革工作领导小组启动行政审批制度改革以来，十多年间在国家层面已取消2600多项行政审批项目，调整、下放的行政审批项目达440多项，取得了可喜的成果，非行政许可审批则成为了历史。的确，在行政审批制度改革的大潮中，浙江成为排头兵。不过，这样的行政审批制度改革，虽然大大地减少了审批的事项，减轻了单位和个人的负担，但是真正要办起事来，还谈不上简明、便捷、快速，提高政府的行政效率还有很大的改进空间。现在的“最多跑一次”改革，主要在提高政府的行政效率、取得良好的办事效果上下功夫。

记者：在您看来，“最多跑一次”改革，跟以往的行政审批制度改革有什么不同？

许耀桐：它和以往的行政审批制度改革的不同之处主要在于：一是改革理念不同。改革“以办事便利为导向”，政府的领导亲自去体验政务服务，把改革方案落实到如何增强企业和群众办事的便利化程度上，实实在在地提升人民群众的获得感。二是改革力度不同。从中央领导同志多次强调“放管服”改革的重要性，出台多份重磅文件指导改革，到浙江省领导同志主抓改革，努力把“最多跑一次”改革打造成浙江全面深化改革的一块金字招牌。浙江各地各部门按照省政府《加快推进“最多跑一次”改革实施方案》给出时间表、路线图和任务书，在全省纵深推进，势如破竹。三是改革条件不同。以移动互联网、大数据、云计算等为代表的新一代信息科技释放的“技术红利”，为改革提供技术保障，将“互联网+”运用于政务服务创新，如构建政府信息共享的政务云平台打通“部门壁垒”，用大数据技术实现不同部门异构数据的标准统一，群众使用移动服务端APP随时办理业务等。四是改革方式不同。从以往“单一部门式”的行政审批制度改革转变为跨部门、整体性、协同性、系统性改革，由以往政府部门“各自为政”进行简政放权改革到跨部门联动协作，并联审批、信息共享、业务协同、全程代办等，为群众和企业提供高效集成的政务服务，以数据“多跑路”换来群众和企业“跑一次”。

“最多跑一次”改革推动行政体制改革的深化

记者：“最多跑一次”改革与行政体制改革有何内在的联系？

许耀桐：随着近代以来的社会变迁和时代发展，行政体制改革必然发生。迄今为止，数得上来的重大的、具有革命性的行政体制改革有三次。第一次，从18世纪50年代开始，主要以英国制定公务员考试和择优录用的制度为标志，以及韦伯强调行政科层制和须遵从法规、实行法治，突出了依法行政。第二次，从上世纪50年代开始，西方国家发起了“新公共行政运动”，强调政府也要按照市场规律，讲成本，强调管理的成效，注重市场导向和顾客导向。第三次，从上世纪90年代中期开始，提倡“新公共服务”，塑造服务型政府，改变了政府漠视公民权利的弊端，强调“公民至上”“公益至上”，突出了以人为本。

“最多跑一次”改革要解决的问题，就是行政体制改革要达到法治、效率和服务的根本目的，代表着正确的方向。具体地说，在我国要深化行政体制改革，必须以转变政府职能为抓手。现在通过“最多跑一次”来倒逼政府部门减权、放权、治权，从制度、政策、环境等方面优化政务服务供给，倒逼政府效能和作风的转变，实现政府流程再造、服务理念革新、行政方式转变、组织机构优化、管理机制创新和服务能力提升。事实表明，“最多跑一次”改革已成为我国深化行政体制改革内在的、最强大的推进器，成为引领行政体制改革的标帜。

记者：在“最多跑一次”改革的探索与实践中，有可能会遇到优化办事流程与中央政府部门规章发生矛盾的情况，您认为如何协调这种关系？

许耀桐：毋庸置疑，当前我国行政领域的立法工作存在着滞后于行政体制改革需要的状况。地方政府在改革中，难免会遇到改革新举措与上位法相矛盾，或与中央政府部门规章相冲突的情况，处置不好的话，容易使改革举措得不到支撑，虎头蛇尾，难以持续。

凡事预则立，不预则废。“最多跑一次”改革中遇到的一些创新举措如果与中央政府部门规章发生矛盾的问题，应及时总结相关案例，由省政府主导，并携职能部门与相关国家部委建立跨层级跨部门的工作协调机制、沟通交流机制、业务协同机制，以更加主动、更大勇气和更多智慧化解矛盾，为改革铺路。

“最多跑一次”改革的着力点和主攻方向

记者：“最多跑一次”改革实施一年多来，势如破竹，成效显著，但也面临着一些难点和堵点，您认为首先要解决的是什么？

许耀桐：这是一个大问题，有必要先了解和弄清楚当代行政体制改革的特点。我曾经在1998年发表的《变革时期的公共行政：改革与发展》一文中，把政府的行政发展分为不同的阶段。现在可以进一步确立为三个阶段：一是农业社会的“手工化行政”；二是工业社会的“半机械化行政”；三是高科技和信息社会的“智能化行政”。手工化行政的特点就是只靠人，没有什么技术含量；半机械化行政要用到电话、电报、传真、录音等，就有了相当的技术含量；智能化行政依靠互联网、大数据库、云计算、信息平台等，则完全被技术含量所覆盖。因此，当前实施行政体制改革，实现“最多跑一次”，首先要解决的难点和堵点问题，就是提高信息化的整体水平，充分满足“最多跑一次”改革的技术要求和条件。加快开发综合受理专用平台、电子证照库平台、信息共享平台、电子监察平台等，为“最多跑一次”改革提供全方位的技术支撑。

但是，“最多跑一次”改革绝不只是单纯的技术问题，更重要的是受到行政体制的制约和影响。因此，在技术发展和条件具备之后，还要推进行政体制的改革，不改革好行政体制，反过来还会限制技术的运用。其实，“最多跑一次”改革更难的还在于体制性障碍，体制性障碍使跨部门信息共享与业务协同阻力重重，无法实现信息系统平台互联互通，一些垂管部门出于自身利益考量和信息安全考虑，不开放共享政务信息数据，加之数据格式不统一，标准不一致，造成各部门、各层级间出现“信息孤岛”“部门壁垒”的难点和堵点，无法利企便民。

记者：从行政服务中心的设立到“一窗受理、集成服务”的推行，“最多跑一次”改革推动行政服务机构从“物理”集中向“化学”集聚。

许耀桐：是的，推动行政服务机构由“物理”集中转向“化学”集聚，一是政府应转变观念和服务模式，立足用户办事方便，从“政府端菜”转为“用户点菜”。二是再造政府服务流程，实施行政事项分类化、标准化、规范化改革，做到“同一事项、同一标准、同一编码”。进一步简化优化审批流程，从部门挨个“串联审批”向多部门“并联审批”转变，从“条块分割”向“整体联动”转变，从“群众来回跑”向“部门协同办”转变。例如“最多跑一次”改革中做到了前台“一窗受理、集成服务”，后台“一网通办、信息共享”，政府内部流程优化、信息共享、业务协同、资源整合。三是充分发挥信息技术红利，实现“互联网+政务服务”推进政务服务的协同化、便捷化和智能化，切实做到“证件联用、信息联通、服务联动”，力促“群众跑腿”向“数据跑路”转变。

“最多跑一次”改革撬动各方面各领域的改革

记者：“最多跑一次”改革为当前全面深化改革找到了一个重要的支点，可以撬动各方面各领域的改革。

许耀桐：是的。阿基米德说：“给我一个支点，我就能撬动地球。”“最多跑一次”改革可以撬动经济体制改革，通过全面实施市场准入负面清单制度，加快投资贸易等领域的改革，深化商事制度改革，完善事中事后监管制度，营造出公平便利的营商环境，充分调动市场主体积极性，激发了市场活力。它也可以撬动社会体制改革，推进教科文卫、社会保障、收入分配、就业等各领域改革。以“最多跑一次”改革便利于创业，提供全方位公共就业创业服务；方便群众预约就医解决看病难以及办理报销等问题。它更可以撬动行政体制改革，理清和规范部门间权责关系，着力解决部门间职责交叉、公共资源碎片化、部门间推诿扯皮等问题，提高行政效能，进一步推动政府职能转变。

记者：事实上，群众到政府办事，除了商务事项，更让人费心费力的恐怕是行政投诉，您认为“最多跑一次”改革如何向群众信访、投诉等方面延伸？

许耀桐：妥善处理信访、投诉，关涉服务型政府良好形象的问题。要拓宽群众意见表达的制度化渠道，构建一套完备的投诉处理机制，做到群众信访、投诉即时受理、限时反馈、及时解决，力争实现同一投诉“一次性解决”，同一问题“最多投诉一次”。

浙江省统一政务咨询投诉举报平台，整合了省内原先分散的服务热线和投诉平台，方便了群众投诉举报。但是，如何切实提高办事效率，还要进一步健全督查督办制度、满意度评价制度等，落实责任，加强考核。

“最多跑一次”改革的复制和推广

记者：“最多跑一次”改革是由党委、政府自行发起的一场自上而下的政府自身改革，如何通过制度性安排，保障类似的改革能应群众需求随时随地进行？

许耀桐：“最多跑一次”改革，不愧为因服务于当前推进国家治理现代化目标而由党委、政府自行发起的一场自我革命。我在《中国国家治理体系现代化总论》一书中认为，党和政府是国家治理的核心、关键，要坚持党和政府对国家治理和改革的领导、主导。这样做的作用是成功的密码，是任何组织无法替代的。

行政体制改革和国家治理要走制度化道路。2017年我曾写过一篇短文，强调“国家的强大就在于制度的强大”。改革需要创新，创新需要制度。“最多跑一次”改革要有制度来保障，建议党委、政府制定条例办法，给予改革创新以政策依据，规范主要内容、具体形式、识别方法、发起机制、实施举措、反馈机制，为实现政府改革创新的可持续、可复制、可推广提供强有力支撑。

当前我国政府的改革创新，我认为主要有两条路径：一是中央统筹规划、权威决策，推动改革执行，职能部门自上而下落实；二是地方先行先试，或依托中央赋权进行政策试验、创新试点，地方创新形成可复制、可推广经验，自下而上向决策层提供有益参考，同时扩散到其他地区学习借鉴。当然，这两条路径应很好地结合起来，相得益彰、互相促进。

浙江的“最多跑一次”改革走的是地方先行先试的路径，但它受到了中央的关注，得到了中央的支持。下一步，中央可以一方面整合以浙江“最多跑一次”等为代表的地方改革创新举措，形成工作意见深化“放管服”改革，另一方面根据浙江改革中遇到的与中央政府部门规章之间的矛盾问题，帮助协调相关部委，助力浙江“最多跑一次”改革不断深化，并使改革经验得到复制、推广。

让“最多跑一次”改革跑得更远

嘉 宾

许耀桐

中央党校（国家行政学院）教授、中国行政体制改革研究会原副会长

“最多跑一次”改革的内涵与本质

记者：“最多跑一次”改革，是当年习近平同志在浙江工作时大力倡导的机关效能建设的深化；是“四张清单一张网”改革的再推进、供给侧结构性改革的制度供给、政府“放管服”改革的重要内容；是以人民为中心发展思想的浙江探索与实践。“最多跑一次”改革得到了中央全面深化改革领导小组第二次会议的肯定，并被写进了2018年的政府工作报告。作为长期研究行政体制改革的专家，您认为“最多跑一次”改革的本质是什么？

许耀桐：“最多跑一次”是指企业和群众到政府办事“一次办结”甚至“零上门”。“最多跑一次”这句话非常通俗、形象，而且十分提气、响亮。我关注“最多跑一次”改革已有一段时间了。我认为，实行“最多跑一次”改革，是浙江省深入贯彻落实习近平同志以人民为中心的发展思想的具体行动，是新时代深化供给侧结构性改革、“放管服”改革，优化发展环境、推进党风廉政建设的重要抓手，是坚定不移贯彻“八八战略”、再创浙江体制机制新优势的重大创新。习近平总书记在中央全面深化改革领导小组第十次会议上指出，要推出一批能叫得响、立得住、群众认可的硬招实招，处理好改革“最先一公里”和“最后一公里”的关系，突破“中梗阻”，防止不作为，把改革方案的含金量充分展示出来，让人民群众有更多获得感。因此，“最多跑一次”在行政体制改革方面具有重大意义，它的本质就是一场深刻的革命，在于提供高效率、高标准、高品质的政务服务，彻底碾压了衙门作风，密切了官民关系，政府办事部门和人民群众之间的隔阂和鸿沟从此被填平了。

我们可以简要回顾一下，发端于 20 世纪 90 年代末的行政审批制度改革，是针对传统的高度集中的计划经济体制行政管理领域实行严格审批造成的体制性障碍，转变政府职能，实行简政放权。自国务院成立行政审批改革工作领导小组启动行政审批制度改革以来，十多年间在国家层面已取消 2600 多项行政审批项目，调整、下放的行政审批项目达 440 多项，取得了可喜的成果，非行政许可审批则成为历史。的确，在行政审批制度改革的大潮中，浙江成为排头兵。不过，这样的行政审批制度改革，虽然大大地减少了审批的事项，减轻了单位和个人的负担，但是真正要办起事来，还谈不上简明、便捷、快速，提高政府的行政效率还有很大的改进空间。现在的“最多跑一次”改革，主要在提高政府的行政效率、取得良好的办事效果上下功夫。

记者：在您看来，“最多跑一次”改革，跟以往的行政审批制度改革有什么不同？

许耀桐：它和以往的行政审批制度改革的不同之处主要在于：一是改革理念不同。改革“以办事便利为导向”，政府的领导亲自去体验政务服务，把改革方案落实到如何增强企业和群众办事的便利化程度上，实实在在地提升人民群众的获得感。二是改革力度不同。从中央领导同志多次强调“放管服”改革的重要性，出台多份重磅文件指导改革，到浙江省领导同志主抓改革，努力把“最多跑一次”改革打造成浙江全面深化改革的一块金字招牌。浙江各地各部门按照省政府《加快推进“最多跑一次”改革实施方案》给出时间表、路线图和任务书，在全省纵深推进，势如破竹。三是改革条件不同。以移动互联网、大数据、云计算等为代表的新一代信息科技释放的“技术红利”，为改革提供技术保障，将“互联网+”运用于政务服务创新，如构建政府信息共享的政务云平台打通“部门壁垒”，用大数据技术实现不同部门异构数据的标准统一，群众使用移动服务端 App 随时办理业务等。四是改革方式不同。从以往“单一部门式”的行政审批制度改革转变为跨部门、整体性、协同性、系统性改革，由以往政府部门“各自为政”进行简政放权改革到跨部门联动协作，并联审批、信息共享、业务协同、全程代办等，为群众和企业提供高效集成的政务服务，以数据“多跑路”换来群众和企业“跑一次”。

“最多跑一次”改革推动行政体制改革的深化

记者：“最多跑一次”改革与行政体制改革有何内在的联系？

许耀桐：随着近代以来的社会变迁和时代发展，行政体制改革必然发生。迄今为止，数得上来的重大的、具有革命性的行政体制改革有三次。第一次，从18世纪50年代开始，主要以英国制定公务员考试和择优录用的制度为标志，以及韦伯强调行政科层制和须遵从法规、实行法治，突出了依法行政。第二次，从20世纪50年代开始，西方国家发起了“新公共行政运动”，强调政府也要按照市场规律，讲成本，强调管理的成效，注重市场导向和顾客导向。第三次，从20世纪90年代中期开始，提倡“新公共服务”，塑造服务型政府，改变了政府漠视公民权利的弊端，强调“公民至上”“公益至上”，突出了以人为本。

“最多跑一次”改革要解决的问题，就是行政体制改革要达到法治、效率和服务的根本目的，代表着正确的方向。具体地说，在我国要深化行政体制改革，必须以转变政府职能为抓手。现在通过“最多跑一次”来倒逼政府部门减权、放权、治权，从制度、政策、环境等方面优化政务服务供给，倒逼政府效能和作风的转变，实现政府流程再造、服务理念革新、行政方式转变、组织机构优化、管理机制创新和服务能力提升。事实表明，“最多跑一次”改革已成为我国深化行政体制改革内在的、最强大的推进器，成为引领行政体制改革的标帜。

记者：在“最多跑一次”改革的探索与实践中，有可能会遇到优化办事流程与中央政府部门规章发生矛盾的情况，您认为如何协调这种关系？

许耀桐：毋庸置疑，当前我国行政领域的立法工作存在着滞后于行政体制改革需要的状况。地方政府在改革中，难免会遇到改革新举措与上位法相矛盾，或与中央政府部门规章相冲突的情况，处置不好的话，容易使改革举措得不到支撑，虎头蛇尾，难以持续。

凡事预则立，不预则废。“最多跑一次”改革中遇到的一些创新举措如果与中央政府部门规章发生矛盾的问题，应及时总结相关案例，由省政府主导，并携职能部门与相关国家部委建立跨层级跨部门的工作协调机制、沟通交流机制、业务协同机制，以更加主动、更大勇气和更多智慧化解矛盾，为改革铺路。

“最多跑一次”改革的着力点和主攻方向

记者：“最多跑一次”改革实施一年多来，势如破竹，成效显著，但也面临着一些难点和堵点，您认为首先要解决的是什么？

许耀桐：这是一个大问题，有必要先了解和弄清楚当代行政体制改革的特点。我曾经在1998年发表的《变革时期的公共行政：改革与发展》一文中，把政府的行政发展分为不同的阶段。现在可以进一步确立为三个阶段：一是农业社会的“手工化行政”；二是工业社会的“半机械化行政”；三是高科技和信息社会的“智能化行政”。手工化行政的特点就是只靠人，没有什么技术含量；半机械化行政要用到电话、电报、传真、录音等，就有了相当的技术含量；智能化行政依靠互联网、大数据库、云计算、信息平台等，则完全被技术含量所覆盖。因此，当前实施行政体制改革，实现“最多跑一次”，首先要解决的难点和堵点问题，就是提高信息化的整体水平，充分满足“最多跑一次”改革的技术要求和条件。加快开发综合受理专用平台、电子证照库平台、信息共享平台、电子监察平台等，为“最多跑一次”改革提供全方位的技术支撑。

但是，“最多跑一次”改革绝不只是单纯的技术问题，更重要的是受到行政体制的制约和影响。因此，在技术发展和条件具备之后，还要推进行政体制的改革，不改革好行政体制，反过来还会限制技术的运用。其实，“最多跑一次”改革更难的还在于体制性障碍，体制性障碍使跨部门信息共享与业务协同阻力重重，无法实现信息系统平台互联互通，一些垂管部门出于自身利益考量和信息安全考虑，不开放共享政务信息数据，加之数据格式不统一，标准不一致，造成各部门、各层级间出现“信息孤岛”“部门壁垒”等难点和堵点，无法利企便民。

记者：从行政服务中心的设立到“一窗受理、集成服务”的推行，“最多跑一次”改革推动行政服务机构从“物理”集中向“化学”集聚。

许耀桐：是的，推动行政服务机构由“物理”集中转向“化学”集聚，一是政府应转变观念和服务模式，立足用户办事方便，从“政府端菜”转为“用户点菜”。二是再造政府服务流程，实施行政事项分类化、标准化、规范化改革，做到“同一事项、同一标准、同一编码”。进一步简化优化审批流程，从部门挨个“串联审批”向多部门“并联审批”转变，从“条块分割”向“整体联动”转变、从“群众来回跑”向“部门协同办”转变。例如“最多跑一次”改革中做到了前台“一窗受理、集成服务”，后台“一网通办、信息共享”，政府内部流程优化、信息共享、业务协同、资源整合。三是充分发挥信息技术红利，实现“互联网+政务服务”推进政务服务的协同化、便捷化和智能化，切实做到“证件联用、信息联通、服务联动”，力促“群众跑腿”向“数据跑路”转变。

“最多跑一次”改革撬动各方面各领域的改革

记者：“最多跑一次”改革为当前全面深化改革找到了一个重要的支点，可以撬动各方面各领域的改革。

许耀桐：是的。阿基米德说：“给我一个支点，我就能撬动地球。”“最多跑一次”改革可以撬动经济体制改革，通过全面实施市场准入负面清单制度，加快投资贸易等领域的改革，深化商事制度改革，完善事中事后监管制度，营造出公平便利的营商环境，充分调动市场主体积极性，激发了市场活力。它也可以撬动社会体制改革，推进教科文卫、社会保障、收入分配、就业等各领域改革。以“最多跑一次”改革便利于创业，提供全方位公共就业创业服务；方便群众预约就医解决看病难以及办理报销等问题。它更可以撬动行政体制改革，厘清和规范部门间权责关系，着力解决部门间职责交叉、公共资源碎片化、部门间推诿扯皮等问题，提高行政效能，进一步推动政府职能转变。

记者：事实上，群众到政府办事，除了商务事项，更让人费心费力的恐怕是行政投诉，您认为“最多跑一次”改革如何向群众信访、投诉等方面延伸？

许耀桐：妥善处理信访、投诉，关涉服务型政府良好形象的问题。要拓宽群众意见表达的制度化渠道，构建一套完备的投诉处理机制，做到群众信访、投诉即时受理、限时反馈、及时解决，力争实现同一投诉“一次性解决”，同一问题“最多投诉一次”。

浙江省统一政务咨询投诉举报平台，整合了省内原先分散的服务热线和投诉平台，方便了群众投诉举报。但是，如何切实提高办事效率，还要进一步健全督查督办制度、满意度评价制度等，落实责任，加强考核。

“最多跑一次” 改革的复制和推广

记者：“最多跑一次”改革是由党委、政府自行发起的一场自上而下的政府自身改革，如何通过制度性安排，保障类似的改革能应群众需求随时随地进行？

许耀桐：“最多跑一次”改革，不愧为因服务于当前推进国家治理现代化目标而由党委、政府自行发起的一场自我革命。我在《中国国家治理体系现代化总论》一书中认为，党和政府是国家治理的核心、关键，要坚持党和政府对国家治理和改革的领导、主导。这是成功的密码，是任何组织无法替代的。

行政体制改革和国家治理要走制度化道路。2017 年我曾写过一篇短文，强调“国家的强大就在于制度的强大”。改革需要创新，创新需要制度。“最多跑一次”改革要有制度来保障，建议党委、政府制定条例办法，给予改革创新以政策依据，规范主要内容、具体形式、识别方法、发起机制、实施举措、反馈机制，为实现政府改革创新的可持续、可复制、可推广提供强有力支撑。

当前我国政府的改革创新，我认为主要有两条路径：一是中央统筹规划、权威决策，推动改革执行，职能部门自上而下落实；二是地方先行先试，或依托中央赋权进行政策试验、创新试点，地方创新形成可复制、可推广经验，自下而上向决策层提供有益参考，同时扩散到其他地区学习借鉴。当然，这两条路径应很好地结合起来，相得益彰、互相促进。

浙江的“最多跑一次”改革走的是地方先行先试的路径，但它受到了中央的关注，得到了中央的支持。下一步，中央可以一方面整合以浙江“最多跑一次”等为代表的地方改革创新举措，形成工作意见深化“放管服”改革，另一方面根据浙江改革中遇到的与中央政府部门规章之间的矛盾问题，帮助协调相关部委，助力浙江“最多跑一次”改革不断深化，并使改革经验得到复制、推广。

后　记

都说十月怀胎，而此书则“孕育”了长达七年之久。

2017 年 11 月，党的十九大刚过，中国宏观经济研究院常修泽教授便来到杭州，参加浙江日报报业集团组织的党的十九大精神学习交流会。我有幸结识了常教授，并就党的十九大提出的经济发展动力变革与其进行了深入探讨，形成了《中国：如何推进动力变革——访著名经济学家常修泽教授》一文，以一个整版的篇幅，作为开篇之作，刊发于浙江日报“之江会客厅”栏目。

浙江日报报业集团时任总编辑鲍洪俊先生很欣赏此文，认为“此文甚好，是解读党的十九大精神的佳作”，并勉励我将“之江会客厅”继续做下去，将来结集出版，还表示“书名都给你想好了”。受其鼓舞，我立足栏目定位，深入阐释习近平新时代中国特色社会主义思想的深刻理论渊源与巨大实践指导意义，针对社会热点和发展难题，以浙江的改革发展为素材，展望中国的未来。形象地说，是在“之江会客厅”问答中国。毕竟，浙江的今天就是中国的明天。

于是，开栏没几天，我便飞赴海口，就加快实体经济建设这个话题，采访了著名经济学家、中国（海南）改革发展研究院院长迟福林，形成了一个整版的《中国：如何高质量发展实体经济》。转眼进入 2018 年，马克思诞辰 200 周年，我采访了中宣部原副部长徐光春，就如何续写马克思主义中国化新篇章进行深入探讨，又刊发了一个整版。

2020 年 3 月，习近平总书记考察浙江，赋予浙江努力成为新时代全面展示中国特色社会主义制度优越性的重要窗口的新定位新使命。2021 年 5 月，以习近平同志为核心的党中央作出重大决策，支持浙江高质量发展建设共同富裕示范区。“重要窗口”和“共同富裕示范区”，这两项重要使命，既是浙江的，也是全国的，因而，也就成了我这几年的思考重点，连同思想引领和政府治理两个主题，便构成了本书的基本内容。当然，核心还是改革发展，篇幅占近一半。在中国经济体制改革研究会陆琪研究员的引荐下，我荣幸地邀请到该研究会会长、国家发展改革委原副主任，长期从事宏观经济政策和体制改革研究的彭森先生为本书作序，引导读者从“之江会客厅”看中国的明天。

在栏目形态上，实际上还有 2.0 版的“之江会客厅”——“高端访谈”。2020 年 9 月 14 日，理论版上已编排了一篇“之江会客厅”专栏的文章，而当天又有重要选题“八八战略”急需上版。于是，9 月 13 日晚上，张燕总编辑运筹帷幄，说那就叫“高端访谈”吧，并一字一句地口授编者按内容，还指示美编即刻设计栏花。第二天，《以“八八战略”引领“重要窗口”建设——访马克思主义理论研究和建设工程首席专家韩庆祥》这篇理论文章难得地上了头版头条。新颖的栏目、深刻的理论、生动的表达，立刻受到时任浙江省委常委、宣传部部长朱国贤的青睐，他作了一大段批示，并开了一张专家名单，要求报社各采编部门分头去采访。因主题、形态类似，我将“高端访谈”归入本书，只是栏目元素略有不同，“高端访谈”通常刊发在头版，因版面受限而未配人物头像。

本书的顺利出版更是得到了浙江日报报业集团姜军社长、李杲总编辑的关心和鼓励，也得到历任分管领导程为民、金波、钱伟刚的指导和帮助，在此表示衷心的感谢。

本书是访谈集，因而也是嘉宾的智慧结晶，感谢每一位嘉宾的辛劳付出。

在七年来的采访写作中，我还得到部门同事的支持，有些是集体行动，有的还是集体署名，借此向肖国强、吴晔、周宇晗、章忻、李雅南、郑亚丽表示感谢。从版面的编排、文字的检校到栏花的设计、人物的画像，此书也凝结了浙江日报社周纯钧、蔡文彪、吴雄伟、潘泓璇、戚建卫、陈仰东、陈伟杰等同事的汗水，一并表示感谢。

如同呱呱坠地的婴儿，本书内容的稚嫩和不足，敬请广大读者批评指正。

2024 年 4 月